2023

四川调查年鉴

SICHUAN SURVEY YEARBOOK

国家统计局四川调查总队　编

Compiled by Survey Office of the National Bureau of Statistics in Sichuan

中国统计出版社

China Statistics Press

图书在版编目（CIP）数据

四川调查年鉴. 2023 / 国家统计局四川调查总队编. -- 北京 : 中国统计出版社, 2023.5
ISBN 978-7-5230-0128-8

Ⅰ. ①四… Ⅱ. ①国… Ⅲ. ①统计资料—四川—2023—年鉴 Ⅳ. ①C832.71-54

中国国家版本馆 CIP 数据核字（2023）第 066539 号

四川调查年鉴 2023

作　　者 / 国家统计局四川调查总队
责任编辑 / 张　洁
封面设计 / 李雪燕
出版发行 / 中国统计出版社有限公司
通信地址 / 北京市丰台区西三环南路甲 6 号　邮政编码 /100073
电　　话 / 邮购（010）63376909　书店（010）68783171
网　　址 / http://www.zgtjcbs.com/
印　　刷 / 河北鑫兆源印刷有限公司
经　　销 / 新华书店
开　　本 / 880mm×1230mm　1/16
字　　数 / 460 千字
印　　张 / 17.25　2.5 彩页
版　　别 / 2023 年 5 月第 1 版
版　　次 / 2023 年 5 月第 1 次印刷
定　　价 / 318.00 元

本书附同版本 CD-ROM 一张，光盘内容以书面文字为准。
如有印装差错，由本社发行部调换。

2022 年 1 月 28 日，国家统计局四川调查总队举办 2022 年新春联谊会，总队党组书记、总队长赵太想，党组成员、总统计师黄加才，党组成员、纪检组长岳忠诚，党组成员、副总队长谢洪波，党组成员、副总队长陈山俊，一级巡视员谢承渊，二级巡视员白焰出席会议，总队机关全体干部职工参加会议。

2022 年 1 月 27 日，四川省委副秘书长、政研室主任、改革办常务副主任李文星（左三）到国家统计局四川调查总队座谈交流工作。国家统计局四川调查总队党组书记、总队长赵太想（右三）会见李文星，国家统计局四川调查总队有关领导出席会议。

2022 年 3 月 25 日，国家统计局四川调查总队在东安湖体育公园组织开展“喜迎二十大，奋进新征程”春季健步走活动。总队党组书记、总队长赵太想，党组成员、副总队长黄加才，党组成员、纪检组长岳忠诚，党组成员、副总队长李诗刚，一级巡视员谢承渊、杜先继出席活动。

2022 年 4 月 27 日，国家统计局四川调查总队与商务部驻成都特派员办事处、四川省统计局召开工作座谈会，围绕商务统计、如何服务建立全国统一大市场等相关工作进行座谈交流。商务部驻成都特派员办事处特派员付艳（正前二）、副特派员邓德雄，四川省统计局党组成员、总统计师蒋勇（右二），国家统计局四川调查总队党组书记、总队长赵太想（左二），党组成员、副总队长黄加才出席会议。

2022 年 6 月 20 日，四川省委常委、常务副省长李云泽（左二）到国家统计局四川调查总队调研，并主持召开统计调查工作座谈会。四川省统计局党组书记、局长范毅（右二），国家统计局四川调查总队党组书记、总队长赵太想（左一）陪同调研，有关人员参加座谈会。

2022 年 6 月 27 日至 29 日，国家统计局四川调查总队党组书记、总队长赵太想，一级巡视员谢承渊到凉山州开展定点帮扶文化惠民系列活动，调研乡村振兴、产业发展及文明城市创建工作。

2022年7月7日上午，国家统计局四川调查总队领导参观总队机关展出的系统“喜迎二十大、奋进新征程”主题书法绘画摄影展，听取总队机关党办、机关工会对展览的介绍，对主题书法绘画摄影展的效果予以充分肯定。

2022年8月3日，四川省委宣传部副部长周青（左二）到国家统计局四川调查总队调研，就进一步推动文明城市创建工作、加强文明单位建设等进行座谈交流。国家统计局四川调查总队党组书记、总队长赵太想（右三），一级巡视员谢承渊（右二）出席座谈会。

2022 年 8 月 18 日，四川省发展和改革委员会党组成员、副主任、省能源局局长梁武湖（左三）到国家统计局四川调查总队就当前四川物价形势进行座谈。国家统计局四川调查总队党组书记、总队长赵太想（右三），党组成员、副总队长李诗刚（右二）出席座谈会。

2022 年 10 月 17 日，国家统计局四川调查总队召开党组暨党建工作领导小组（扩大）会议，及时跟进学习习近平总书记代表第十九届中央委员会作的大会报告。总队党组书记、总队长赵太想主持会议并带头交流学习体会，对全系统学习宣传贯彻党的二十大报告精神提出具体要求。

2022 年 10 月 20 日，国家统计局四川调查总队党组书记、总队长赵太想深入成都市青羊区抚琴综合农贸市场，调研了解猪肉、蔬菜等重要民生商品价格以及供应情况。总队党组成员、副总队长陈山俊陪同调研。

2022 年 11 月 8 日，四川省副省长胡云（前中四）到国家统计局四川调查总队调研座谈“三农”统计调查工作，参观国家统计局四川调查总队农业遥感办公室，听取工作汇报。国家统计局四川调查总队党组书记、总队长赵太想就有关农业农村调查工作开展情况作汇报。

2022 年 11 月 9 日，国家统计局四川调查总队与国家统计局成都调查队开展“凝心共学二十大，逐梦奋进新征程”青年干部主题联学活动。国家统计局四川调查总队党组书记、总队长赵太想出席活动并讲话。

2022 年 11 月 18 日，国家统计局四川调查总队在金堂甘御兰铁皮石斛养殖基地举办“奋进新征程，建功新时代”学习贯彻党的二十大精神主题工会活动，开展党的二十大知识竞赛。同日，还举行了趣味体育比赛，并开展产业兴农、乡村振兴调研。

2022 年 12 月 8 日，国家统计局四川调查总队党组书记、总队长赵太想到成都市金堂县调研指导新一轮住户调查记账工作，向社区干部颁发了“国家调查点办公室”铭牌，标志着新一轮城乡住户调查工作正式启动。

2023 年 1 月 17 日，国家统计局四川调查总队党组书记、总队长赵太想，党组成员、副总队长黄加才看望慰问聘用职工，给大家表示亲切的问候和新年的祝福。

2023 年 2 月 3 日，国家统计局四川调查总队举行统计资料馆开馆仪式，总队党组书记、总队长赵太想为统计资料馆揭牌并宣布开馆。

2023 年 2 月 6 日至 9 日，国家统计局四川调查总队党组理论学习中心组专题调研米易县特色农产品种植产业发展现状、“天府第二粮仓”建设情况，了解基层发展建设现状，聆听基层群众的意见建议，并围绕如何运用现代化的统计调查服务保障乡村振兴和共同富裕召开专题座谈会。

2023 年 3 月 9 日，国家统计局四川调查总队机关青年走进成都市青羊区少城街道，与街道团工委联合开展“弘扬雷锋精神，争当国调先锋”主题团日活动。总队机关党委委员、青年理论学习小组部分成员、志愿者服务队队员、少城街道办部分青年参加此次活动。

2023 年 3 月 14 日，国家统计局四川调查总队党组书记、总队长赵太想出席总队机关党委、机关妇委会组织的全体机关女职工赴成都东部新区开展“巾帼心向党，奋斗绽芳华”三八节主题活动。

乘势而上 勇立潮头 在新征程上奋力谱写四川国家调查事业新篇章

—— 国家统计局四川调查总队党组书记、总队长 赵太想

一、回顾过去一年，在攻坚克难、苦干实干中取得极其不易的成绩

2022 年，是极不平凡的一年。我们喜迎党的二十大胜利召开，组织了内容丰富、形式多样的学习会、宣讲会、交流会，深刻认识党的二十大的重大意义和取得的主要成果，深入学习、准确把握党的二十大精神，深刻领悟“两个确立”的决定性意义，坚定推动党的二十大决策部署在四川调查队系统落地生根、开花结果。

2022 年，是极为不易的一年。面对严峻复杂的国内外形势和疫情灾情的冲击影响，四川调查队系统坚定以习近平新时代中国特色社会主义思想为指导，全面贯彻落实国家统计局党组工作部署，统筹疫情防控和调查工作，锚定“四个一流”目标接续奋斗、勇争一流，系统各项工作取得新成绩、迈上了新台阶，为稳定宏观经济大盘，保持经济运行在合理区间，提供了优质高效的统计调查服务。总队在国家局各专业考核中获得 18 个优秀、5 个良好，优秀数量较上年增加 7 个，位居全国调查队系统第 4 位。

一年来，我们胸怀“国之大者”，不折不扣推动党中央重大决策部署落地见效。贯彻落实中央《关于更加有效发挥统计监督职能作用的意见》精神。协同省统计局推动省两办印发《关于更加有效发挥统计监督职能作用的实施方案》，联合省级相关部门对 21 个市（州）首次开展高质量发展综合绩效评价。制定总队贯彻实施方案，探索建立《统计监督意见书》制度，向地方党委政府发出首份统计监督意见书。围绕贯彻国家粮食安全战略，抓好粮食数据生产和解读，加强农业生产形势调研和监测预警。围绕成渝地区双城经济圈建设，持续深化川渝调查总队战略合作，构建经济圈民生监测指标体系，编纂民生经济年鉴，开展数据整合研究，编发 10 余篇调查报告。围绕贯彻落实总体国家安全观，做好中央网信办抽查迎检工作，全面开展网络安全和数据安全自查，建立健全制度，完善防范措施，实现全年安全零事故。

——我们以争创“一流党建工作”目标为抓手，加强政治机关建设，落实全面从严治党主体责任，系统风清气正的政治生态进一步巩固，党建工作整体推进、亮点纷呈。总队连续 12 年被表彰为省直机关理论学习中心组先进单位，连续两年荣获国家局创建模范机关先进单位，总队探索打造基层党建示范点被国家局《党建工作情况交流》

刊发。开展“天府轻骑 国调先锋”党建品牌创建，评选出11个优秀党建子品牌。开展“喜迎二十大、奋进新征程”系列活动，积极参加国家局统计行业原创歌曲和新中国政府统计机构成立70年书画作品评选工作，6个作品获奖。系统19名党员干部当选为省市县各级党代表，11个市县队在各级党建工作会议上作经验交流发言。推动党史学习教育常态化长效化，制定的“我为群众办实事”1684条具体措施得到有效落实，开展基层党组织结对共建96个，组织党员常态化开展志愿服务700余人次。系统干部对调查工作满意度达到90.2%，比上年提高5.87个百分点。严格落实意识形态工作责任制，加强网络等制度建设和管理。适应疫情形势开展对口援疆工作，省内定点帮扶联动国企参与，投入加大。严肃开展巩固深化“三项清理”专项治理，扎实开展巡视巡察整改“回头看”工作，严肃查处违规违纪问题，举一反三，全面推动其他问题整改。组织开展廉政集体谈话，修订完善廉政风险防控措施，常态化开展系统警示教育。

——我们以确保“一流数据质量”目标为抓手，面对粮食畜牧业生产、居民收入、就业、价格等较为复杂的形势，坚持实事求是，真实客观反映。结合国家局要求，组织修订各专业调查工作规范化规程和数据质量评估实施细则，加大基层基础考核权重，抓实抓细数据审核和评估工作。积极推进非产粮大县遥感测量、生猪监测可视化试点、分市州调查失业率测算、住户调查电子化数据采集和行政记录应用、企业电子统计台账、房价数据联审、消价商超扫描数据应用等调查方式手段革新。组织开展分专业数据质量抽查和重点检查，加强对工作薄弱环节、薄弱地区的指导整改。认真落实防惩统计造假弄虚作假责任制，组织统计执法检查和“双随机”抽查，发现查处统计违法行为36起。克服疫情影响，强化政府行为，加强社会动员，高质量完成住户大样本轮换和农作物对地抽样调查样本轮换工作。探索开展基层基础工作管理平台建设试点，发挥信息技术对基层基础工作支撑保障作用。

——我们以强化“一流调查服务”目标为抓手，围绕保持经济运行在合理区间，加强重点民生指标跟踪监测和形势分析，加强与相关部门、地方党政、院校合作，服务发展更加有力有效。2022年，总队编发各类信息分析4360篇，被国家局、省委省政府采用2152篇次，省部级以上领导批示45篇次，网络信息考核得分居全国调查队系统第1位，省委办公厅考核继续保持第一方阵，省政府办公厅考核列中央驻川单位第1位、省直部门第4位。召开新闻发布会4次，发布新闻通稿57条，在川各大主流媒体发布新闻稿件110余篇次。创新开展“第十三届中国统计开放日宣传月”线上活动，组织21个市级队首次编辑调查年鉴。改版升级总队微信公众号，公众号粉丝数量从年初6461增长到4.7万，在全国统计调查系统微信公众号月度排行位居前列。完成2022年全面从严治党民意调查、四川省文明城市测评、四川省一级示范性普通高中动态监测等专项调查工作。依规审批并公示地方调查项目28项。

——我们以打造“一流人才队伍”目标为抓手，持续选优配强各级领导班子，统筹规划干部成长路径，有力推动系统内外干部交流。全年调配市县队领导干部61名，选拔二级巡视员3人，晋升职级147人次，内外交流干部93人。系统内遴选干部 11名，统筹安排33名干部到国家局、总队机关、地方党政、基层一线学习锻炼。加强领军人才队伍建设，1名同志成功入选第一期全国统计高层次人才培养工程，3名同志选聘为总队第一批首席统计师，两支参赛队在第八届全国统计建模大赛中获奖。总队组织拍摄的脱贫普查微视频获得中组部表彰。部分市县队与高校建立合作机制，67个市县队全部纳入地方党校培训序列，系统参加党校学习168人次，人均在线学习183学时。南充队被表彰为全国统计系统先进集体，系统5名同志被表彰为全国统计系统先进工作者和先进个人。认真贯彻《推动领导干部能上能下工作规定》，完善从严管理干部队伍制度体系。开展市县调查队领导班子考评工作，建立系统干部人员信息数据库和公务员考核系统，完善干部业绩档案和负面清单考核机制。

——我们进一步完善工作保障，制定实施《“十四五”时期四川国家调查现代化改革发展实施意见》，推动省政府出台《关于进一步加强四川国家调查工作的通知》，与省委农办等三部门联合印发《进一步做好乡村统计工作六条措施》，督促各地抓好落实。目前，全省133个市县明确提出贯彻意见，26个市县相继出台相关文件，23个市县增加了工作经费，57个市县增加了调查人员，10个市县改善了办公条件。全面清理纠正违反统计法律法规文件18件，开展普法宣传活动67场次，征集法治宣传作品54件。围绕全年重点工作任务清单抓好督办落实，着力解决形式主义问题为基层减负。严格执行国家局《公务出差用餐管理办法》等相关规定，修订完善30余项制度规范，调整更新15个总队议事协调机构。建立健全市县队津贴补贴发放审核工作机制，全面规范和从严审核市县队津贴补贴发放。持续有力推进节约型机关创建行动，总队机关和14个市级队成功创建节约型机关。稳步推进统计云建设，完成总队工作网站升级改造，做好网络安全设备更新，统筹推进信创工作，全系统信创终端替代率达100%，单轨率达95.8%。

同时，全系统政务管理、财务管理、后勤保障、安全生产、老干部服务、群团组织等方面也做了大量工作，取得显著成效。

这些成绩的取得，是习近平新时代中国特色社会主义思想科学指引的结果，是国家统计局正确领导的结果，是各级党政和部门关心支持的结果，是社会各界特别是调查对象积极参与配合的结果，更是系统广大干部职工凝心聚力、奋斗拼搏的结果。面对多重困难挑战、多重目标任务叠加，大家心怀对统计调查事业的热爱和责任，战高温、斗酷暑、防疫情、抗地震，访遍千家万户、深入市场街巷、走进田间地头，用心血和汗水做好每一项调查、做实每一项数据、做靓每一份报告，在攻坚克难、苦干实干中成就了我们的事业，锻造出过硬的队伍。

我们必须清醒看到，工作中还存在一些不足，面临不少困难和问题。主要表现在：

面对日趋复杂的经济社会发展形势和世纪疫情跌宕反复，搞准搞实数据、精准及时预警的难度加大，同时排除各种因素干扰，维护国家统计公信力的难度加大。系统和专业发展不平衡不充分问题仍然突出，推进统计现代化改革还有许多卡点瓶颈，统计信息化建设、应用及维护比较滞后。工作统筹、部门协作、考评机制还有不足，增加工作任务与减轻基层负担的矛盾还比较突出。党建与业务融合还不够深入，基层基础工作、源头数据质量存在薄弱环节，高素质、专业化、复合型统计高层次人才比较匮乏，一些党员、干部主动作为意识、担当进取意识、创先争优意识还不够强，落实全面从严治党责任的弦绷得还不够紧，等等。针对这些问题，我们要积极采取措施，努力改进。

二、顺应时代潮流，在抢抓机遇、锚定一流上牢牢把握新征程新形势新任务

党的二十大擘画了中国式现代化的宏伟蓝图。我们要在新时代新征程党和国家工作大局中、统计现代化改革大势中、治蜀兴川再上台阶的宏伟实践中明确方位、找准定位，以中国式现代化引领统计调查现代化，释放全川一千多名国家调查人的积极性、创造性，紧跟时代前进步伐。

（一）旗帜鲜明讲政治。坚持和加强党的领导，是调查事业取得成功的根本政治保证。康义局长在全国统计工作会上，深刻阐释推进统计现代化要着力做到“六个始终坚持”，确保党始终成为调查事业发展的坚强核心。

——讲政治是走好“两个维护”第一方阵的必然要求。四川调查队系统是中央在川单位，是党中央了解掌握四川经济社会动态和社情民意的重要渠道，服务党中央最直接，是践行“两个维护”的第一方阵。调查部门不是单纯的业务机关，首先是政治机关，政治性是第一属性，讲政治是第一要求。我们必须牢固树立政治机关意识，高度重视政治建设，深刻领悟“两个确立”的决定性意义，把“两个维护”落实到统计调查工作各方面各环节，推动系统党的建设走在前列、作出表率，打造让党放心人民满意的模范机关。

——讲政治是履行好国家调查职能的必然要求。统计造假、弄虚作假是统计领域最大的腐败。国家调查队依法行使独立调查、独立报告、独立监督的职权，必须坚持实事求是，以数据质量为生命线。我们要深入学习领会中央《意见》《办法》《规定》《监督意见》文件精神，把党中央关于统计工作的重要决策部署贯彻落实到位，把习近平总书记关于统计工作的重要讲话指示批示精神贯彻落实到位，坚决防范和惩治统计造假、弄虚作假。

——讲政治是践行以人民为中心的发展理念的必然要求。国家调查是“源于百姓、服务民生”的重要民生调查工作，承载着传递民生政策、反映民情民意，架起党和人民“连心桥”的职责使命，体现了以人民为中心的发展理念，实践着全过程人民民主。我们要牢固树立以人民为中心的发展理念，切实发挥系统基层党组织政治功能，锻造

政治过硬、作风优良的国家调查队伍，既当好数据采集的“轻骑兵”，更当好党的理论和路线方针政策的宣传员。

（二）牢牢把握新机遇。在服务发展中发现机遇、抓住机遇，赢得事业发展，是四川调查队系统不断推进改革发展的历史经验。要牢固树立机遇意识，敏锐发现机遇，积极抢抓机遇，大胆创造机遇。

——抢抓发展机遇是顺应时代发展的必然举措。以全面推进中国式现代化引领统计调查事业现代化，推动四川国家调查工作现代化，这是国家发展给我们带来的机遇。我们要聚焦高质量发展、共同富裕、乡村振兴、新型城镇化、扩大中等收入群体、扩大国内需求、重点人群就业、稳定物价等重要领域深入开展调查研究，按照国家局部署积极探索构建中国式现代化统计调查体系，努力实现服务理念现代化、调查手段现代化、制度方法现代化、组织管理现代化、干部队伍现代化，为全面建设社会主义现代化国家提供现代化的统计调查保障。

——抢抓战略机遇是服务经济社会发展的必然举措。四川省委对标对表党的二十大部署要求，作出“四化同步、城乡融合、五区共兴”的战略部署，以成渝地区双城经济圈建设为牵引，推动新型工业化、信息化、城镇化和农业现代化，加快推进城乡融合，促进省内先发地区同欠发达地区协同共兴，开辟了发展新领域新赛道，不断塑造发展新动能新优势。我们要积极深入思考，主动谋划推动，坚持国家、地方所需和调查所能，更加有效发挥国家调查职能作用，走出一条把握大局大势、体现调查特色、服务国家建设、助力地方发展的现代化之路。

——抢抓政策机遇是增强自身发展能力的必然举措。一方面对已出台的与统计调查工作密切相关的文件，如中央印发《关于更加有效发挥统计监督职能作用的意见》、省政府《关于进一步加强四川国家调查工作的通知》等等，我们要进一步吃透文件精神、抓住机遇、发挥作用、解决问题、推动自身发展。另一方面我们要关心关注党中央、国务院、省委省政府出台的一系列民生政策、产业发展政策，认真分析研究，主动从文件中找政策、从政策中找机遇。今年省政府工作报告提出的六大预期目标，属于调查队负责监测的就有四个——调查失业率、消费价格、居民收入、粮食产量，我们要积极谋划如何在服务发展的同时增强自身发展能力。

（三）锚定目标不松劲。总队党组提出“四个一流”奋斗目标两年来，凝聚起了系统上下争先创优的精神力量，激发出了干事创业的热情动力，形成了百舸争流的生动局面，取得了有目共睹的明显成效。但是，我们也要看到，在奋进“四个一流”的进程中，也出现了认为基层任务过重、干部压力过大而产生的是否要坚持目标、可否松劲歇脚的思想。在当前爬坡上坎、巩固提升的关键时期，需要我们进一步统一思想认识，形成继续朝着一个共同目标奋进的强大合力。

——争一流是凝聚奋进力量的必然选择。我们要用共产主义远大理想和中国特色社会主义共同理想凝心铸魂，也要用国家调查事业的美好愿景凝心聚力。争一流是实现美好愿景的题中应有之义，也是国家局党组对我们的希望和期待，更是打造让党放心人民满意模范机关的必然要求。总队党组提出“四个一流”奋进目标，体现的是推进事业发展的思想自觉、政治自觉和行动自觉，展现的是对党、对事业、对干部的责任担当，需要转化为系统上下的共同意志，形成同心共逐美好愿景的精神力量。

——争一流是建设调查强省的必然选择。在近三年考核中，调查队系统排名第一的总队，专业考核优秀数量从18个上升至21个，标杆不断被拉高。我们也在奋力追赶，获得优秀专业的个数从5个上升至18个，优秀率由25%上升至64%，优秀数量排位由16名上升至第4名。全国调查队系统已形成竞相发展态势，不进则退、慢进也退。我们要发扬四川调查干部敢扛红旗、敢争第一的传统，把“比”的坐标定得更高，把“拼”的劲头卯得更足，真正让“敢比敢拼”成为四川国调人的鲜明特质，始终干在实处、走在前列，实现从调查工作大省到调查工作强省的跨越。

——争一流是干部成长成才的必然选择。集体有形象，个人才有荣誉，跨入一流行列，干部优秀名额分配会得到倾斜，这是重要的精神财富和现实利益。要实现一流的目标就要树立一流意识、一流定位、一流标准，要有一流干劲、一流能力、一流业绩。干部队伍需要在争先创优中、在和优秀同行竞争中提高能力、展示才华、体现价值。我们要在争创一流的过程中，发现、锻炼和培养干部，用一流标准来检验干部的能力和水平。我们更要处理好工作任务与基层负担的关系，注重合理规划、完善考核、减负增效。

新征程呼唤新担当、新使命激励新作为，我们通过一流目标牵引创造了一流业绩，也一定能用一流干劲拼搏创造新的成绩。面对新征程新形势新任务，我们要结合系统实际，创造性贯彻落实。2023年，四川国家调查工作总体思路是：以习近平新时代中国特色社会主义思想为指导，深入学习贯彻党的二十大精神和习近平总书记关于统计工作重要讲话指示批示精神，全面贯彻落实全国统计工作暨党建工作会议和省委、省政府工作部署，树牢一流目标意识，坚持稳中求进工作总基调，不断扬优势、补短板、强弱项，更加有效发挥国家调查队职能作用，持续增强调查事业发展新动能，深入推进系统党的建设，为扎实推进统计现代化事业贡献四川国家调查力量。

三、着眼中心大局，在优化服务、深化监督上更加有效发挥国家调查队职能作用

始终坚持服务中国式现代化的使命担当，围绕中心，服务大局，着力提升能力，在服务中监督，在监督中服务，更加有效发挥国家调查队职能作用，擦亮国家调查品牌。

（一）增强数据服务能力。在保证数据质量的基础上，立足发展大局，抓好数据生产和解读，推动数据品类、数量、结构等全链条发展，不断满足服务对象需求，充分体现调查数据价值。一要拓宽服务领域。健全完善调查制度方式方法，继续推进非

产粮大县遥感测量工作，做好玉米大豆带状复合种植、蓄留再生稻、秋冬季马铃薯等特色粮食调查工作。做好财政部粮食专项调查经费观察评审县调查工作。做好畜牧业监测调查样本轮换工作，开展川西高原畜牧业产业化发展研究，做好农业投入产出调查。加强对重点人群就业失业监测。配合做好第五次全国经济普查工作。二要丰富数据产品。编制脱贫县农村住户监测年度报告，探索测算分市州农民工数据，开展商品住宅销售价格绝对水平测算研究。抽选1000家采购经理调查重点企业开展分行业的用工、生产、价格等关联数据变化情况分析，提供更加丰富、立体的企业调查产品。围绕粮食、猪肉等涉及多个专业的民生商品做好关联数据挖掘和使用。三要做好数据解读。采取线上与线下互动、新媒体与传统媒体联动等多种形式，用通俗易懂的语言把老百姓关心关注的“菜篮子”“米袋子”，以及收入、就业等重要民生指标讲清楚、讲透彻，及时传播四川国调声音，提振发展信心，引导社会预期。改进经济形势分析工作，探索“走出去”与“请进来”相结合、面上情况介绍与重点问题讨论相结合，进一步提高民生经济形势分析实效性。创新形式办好统计开放日活动。

（二）增强信息服务能力。充分发挥国家调查“轻骑兵”优势，围绕实现经济运行质的有效提升和量的合理增长，不断拓展服务领域，提升信息服务的及时性、有效性、针对性。一要提升快速调查能力。改进约稿调查组织管理，充分运用总队约稿调查网络管理平台，创新打造综合调研问卷平台，进一步提高工作统筹性、时效性、严谨性；动态把握党政所需，提高信息稿件质量，增强服务决策的针对性、实效性。利用粮食、畜牧业、住户、劳动力、价格等调查网络，建设“万户民情网”，快速反映人民群众最关心最直接最现实的民生问题。力争全年经济信息综合采编率提升至35%以上，在国家局考核中保持优秀，在省“两办”考核保持在第一方阵。二要加强信息共享。健全部门统计调查工作信息交流机制，牵头设立民生监测指标数据目录，明确共享数据信息内容、报送时间和方式等，做好与相关部门统计数据、行政记录和政策信息对接，推动部门间信息共享。及时编印四川民生调查年鉴、数据手册以及成渝地区双城经济圈相关资料，积极服务地方高质量发展。三要扩大新媒体平台影响力。聚焦社会热点，贴合用户需求，提高原创稿件在统计微讯等国家媒体平台的采用率。加强系统微信公众号管理，聚焦主责主业，及时发布解读调查数据和调查信息，展示调查工作风貌，扩展党政用户增量，提升媒体宣传能力。

（三）增强智库资政能力。坚持需求导向、问题导向，丰富研究内容，提高研究质量，针对一个地方、一个行业、一个领域的具体问题进行深入分析研究，提高课题研究的前瞻性、实用性、学术性，发挥好以研资政作用。一要提高研究的广度和深度。围绕党的二十大关于中国式现代化、共同富裕、乡村振兴、充分就业等一系列部署；围绕中央经济工作会议关于扩大国内需求、现代化产业体系建设、落实“两个毫不动摇”、防范化解房地产市场风险等工作部署；围绕打造新时代更高水平“天府粮仓”、各地区特色产业发展开展调查分析研究，不断学习积累，掌握前沿理念方法，深入理解分析数据，提出合理化建议。二要提高资源整合能力。改进课题研究模式，设立调查分析研究中心，集中系统之力，加强上下左右协作，聚力打造精品课题项目。探索采取重点课题特邀参与和公开招标相结合等方式，加强与院校合作，引进高端智力，组建统计高端人才团队，优化资源配置，构建“优长互补、特色累加、跨界组合”工作机制。力争在国家局分析报告专项考核获得更好等次，省部级课题立项1项。三要不断深化对外合作。抓好既有战略合作，推动建立新的战略合作，创新载体，务实推进。发挥文明城市测评示范牵引作用，开展21个市州文明城市测评全覆盖可行性分析、抓点示范，拓展专项调查服务领域，做好新增地方调查项目审批，形成一批有影响力、有决策参考价值、有成果运用的调查报告。

（四）增强统计监督能力。统计监督是党和国家监督体系的重要组成部分，是政府统计的一项基本职能，也是统计部门的重大政治责任。国家调查队在更加有效发挥统计监督职能作用方面具有独特优势，我们要切实增强统计监督能力，推动统计监督落实落细。一要增强监督意识。当前我们统计监督角色意识还不强、思维观念有时还跟不上形势要求。要持续推进实现政府统计部门的角色由服务者向服务者和监督者同台转变，做到服务优质高效，监督理直气壮，真正认识到做好统计监督是中央的要求，是落实习近平总书记关于统计工作重要讲话指示批示精神的重要举措，是做到“两个维护”的具体体现，是对统计部门有无斗争精神、是否敢于斗争、善于斗争的检验。二要明确监督重点。中央《监督意见》明确了统计监督的五大任务。我们要切实抓好防惩统计造假、弄虚作假责任制的落实，按照国家局部署做好统计督察有关工作。结合调查工作实际，重点加强对各地区各部门贯彻落实中央、省委重大发展战略情况、重大风险挑战应对成效、人民群众反映突出问题的解决情况，开展统计监督。围绕中央经济工作会议关于做好稳增长、稳就业、稳物价的部署要求，对农牧业生产、就业、物价等重点领域开展统计监督，围绕有效防范化解重大经济金融风险，加强对房地产市场的统计监测预警等。三要增强监督效果。加强日常统计监督，及时发现苗头性、倾向性问题，及时监测预警，提出监督意见。加强重大专项统计监督，继续探索推行《统计监督意见书》制度，实行重大专项统计监督项目化管理，形成高质量的统计监督成果。继续会同省级有关部门对21个市（州）进行高质量发展综合绩效评价。加强与省级相关部门的协同配合，积极推动统计监督与其他各类监督贯通协同。

四、坚持守正创新，在夯基垒台、强化保障上不断增强四川国家调查事业发展新动能

不断深化调查队改革发展，探索加强基层国家调查工作力量，巩固完善国家调查队保障机制，筑牢统计调查工作安全防线，激发创新活力，增强发展动能，促进四川国家调查事业高质量发展。

（一）夯实基层基础。深入推进省政府加强四川国家调查工作文件落实落细，会同省统计局发文加强未设国家调查队的县（市、区）国家调查工作。充实基层调查力量，力争未设国家调查队的县（市、区）落实 1 名分管联系领导、1 个专责国家调查机构、3 至 5 名专职国家调查人员，及时总结经验，选树先进典型，适时召开基层基础工作现场会。推进基层基础工作规范化建设，按照“有人员、有制度、有阵地、有台账、有保障”的总体要求，总结提炼各专业基层基础工作建设经验，形成实践成果和制度成果。加快推进基层基础工作管理平台建设，做好消费价格调查和粮食产量调查平台管理的试点扩面，研究生猪、劳动力、住户、农民工、采购经理等调查专业纳入平台管理试点。做好住户、农作物调查新抽选样本维护和数据衔接，切实提高新样本数据质量。严格各专业全流程数据质量管控，做到采集真实规范、审核层层把关、监管及时精准、检查有力有效、“凡查必通报”。进一步完善分市县居民收入、粮食生猪产量、分市城镇调查失业率等重要调查数据评估办法，确保公正客观。加强调查员管理、考核与激励，严格把好调查员选聘、任用关口。

（二）加强法治保障。强化法治思维，提升依法治队能力和水平。坚持系统统计法治工作“一盘棋”格局，围绕“双随机”执法检查专业和区域两个全覆盖的工作要求，进一步推行“总队统筹主导，市队协同推动，县队主动配合”的统计执法常态化检查工作机制，严肃开展统计造假屡禁难绝问题专项治理，切实加大执法检查力度和频度。加快推进系统公职律师和法律顾问工作，统筹优化全系统公职律师和法律顾问跨层级、跨地域调配使用。认真组织好全国统计执法证资格考试工作，鼓励支持系统干部考取全国统计执法资格证。加强系统统计法治骨干人员教育培训和管理使用，创造条件，组织系统统计法治骨干积极参加各级统计执法检查和普法宣传。省、市、县三级协同，及早谋划，精心组织开展纪念《统计法》颁布 40 周年系列宣传活动，评选、表扬一批统计法治宣传方面先进集体和个人。

（三）加快科技赋能。继续完善“天空地”一体化遥感测量调查体系，扩大空间分布测量的范围和品种，加强产粮县无人机等硬件配备。加强生猪调查可视化建设，搭建总队监测平台，实现有条件的市县队应接尽接。推进新一轮住户调查电子记账工作，电子记账率达 80% 以上，住户 E 调查实现全覆盖，全面推行行政记录在住户调查中的应用。加快实现联通大数据在农民工监测调查应用成果转化，实现工价调查企业电子统计台账全覆盖，研究开发消价数据辅助审核程序，推进大数据和数据扫描在消价调查中的应用。建立专项调查信息化平台，开发专项调查手持终端应用程序。完成统计资料电子化建设，做好文书档案、人事档案电子化建设规划，协同做好省政府政务数据汇集，提高统计资料开发利用水平。

（四）强化人才支撑。加强领导班子建设，制定关于进一步加强系统各级领导班子建设的意见，完善领导班子考核机制，有效提升领导班子配备的系统性、前瞻性、针对性。充实干部队伍，缓解基层人员短缺困难，系统占编率力争达到95%以上。大力培育选拔优秀年轻干部，建立健全各专业人才库，加强与国家局、地方党政沟通衔接，采取推荐到国家局跟班学习、基层一线锻炼、地方主干线历练、参与专项工作等方式，开阔视野、提高能力，塑造好、宣传好、使用好国家调查干部品牌，拓宽干部发展路径。统筹系统资源，开展跨区域人才帮扶工作，促进交流协作、共同进步。探索开设“每月开讲”课堂，发挥统计高层次人才、首席统计师、各处室业务骨干带头示范作用，开展调查业务普及培训。采取“请进来、走出去”相结合的方式，定期邀请高校统计学、经济学等专业专家授课，强化业务理论学习；推进“统计进党校”“统计干部进党校”常态化，加大统计调查工作宣传力度。举办系统第二届青年建模大赛、统计调查技能大赛，以赛代训、以训促学、以学促干。完善考核评价机制，坚持以业绩为导向，制定公务员平时考核办法、二级巡视员晋升业绩量化方案。全面推进总队公务员考核系统应用，推动干部能上能下，形成能者上、优者奖、庸者下、劣者汰的良好局面。

（五）筑牢安全保障。落实系统网络安全和数据安全责任制，完善重要统计数据目录，健全并严格执行统计网络和数据安全管理办法，开展统计网络和数据安全隐患排查治理，做好信息系统等级保护测评。配合开展网络安全攻防演练，做好网络和数据安全迎检工作。加强市县队网络安全工作，抓好网络安全业务培训，提高统计网络安全突发事件的应急响应和服务能力。巩固提升国产化替代工作。做好信息化设备、设施和服务采购工作，保障网络稳定运行。推动总队自建劳动力、工价等调查应用系统纳入国家局“统计云”部署。利用省政府电子政务内网平台，接通到21市州队的公文交换系统，实现机要文件电子交换市州全覆盖。加强机关消防、食品卫生、综治维稳等安全保障工作，确保全年无重大安全责任事故发生。

（六）优化系统管理。树牢系统观念，制定系统年度重点工作任务清单及各专业工作要点，修订完善党务、政务、业务管理制度，做好总队及各处室规范性发文、会议培训计划、表扬通报、约稿调研、数据质量检查等统筹安排，进一步减轻市县队工作负担。鲜明目标导向，加强总队党组发展思路和考核办法的宣传解读，各级班子要定目标、想办法、争一流，抓好目标进度检查和反馈通报，开展重点工作季度检查、综合目标半年督查。做好系统争创“四个一流”课题研究，总结提炼争创经验，及时推动形成制度成果。加大资金争取力度，进一步稳固“双保障”机制，树牢过“紧日子”意识，持续深化厉行节约，通过预算绩效评价结果应用，强化预算管理对调查工作的牵引作用，通过“一文一编一册一流程”，巩固财务基层基础工作，建立系统审计“回头看”制度，进一步发挥内审监督职能。

五、坚持严的基调，在凝心铸魂、团结奋进上深入推进四川调查队系统新时代党的建设

紧紧围绕党的二十大关于大抓基层党建工作的鲜明导向，加强党对调查工作的领

导，切实增强党组织政治功能和组织功能，把严的基调、严的措施、严的氛围长期坚持下去，推动基层党组织全面进步、全面过硬，持续营造风清气正的良好政治生态。

（一）全面学习贯彻党的二十大精神。坚定不移维护党中央集中统一领导，深刻领悟“两个确立”的决定性意义，增强“四个意识”、坚定“四个自信”、做到“两个维护”，推动党的二十大精神在四川调查队系统落实落细。印发系统党员干部学习贯彻党的二十大精神集中轮训工作实施方案，举办川渝两地总队机关党支部书记专题培训班、四川调查队系统党的二十大精神专题学习班、系统青年理论学习骨干专题培训班，开展系统学习贯彻党的二十大精神网上专题班等。开展大学习大讨论，用好“五级联动”学习机制，结合调查业务培训开设学习专题，围绕党的二十大重大部署开展“微调研”。紧密结合贯彻落实党的二十大精神，抓好“四好一强”领导班子创建工作，持续做好对口援疆和定点帮扶工作，落实人财物保障条件，推动帮扶工作走深走实。把学习贯彻党的二十大精神作为今年巡察工作重要内容，督促各级认真贯彻落实。

（二）加强党的创新理论武装。严格落实“第一议题”制度，深刻领会习近平新时代中国特色社会主义思想的丰富内涵和核心要义，全面把握这一思想的世界观和方法论，全力推动党中央关于统计工作重大决策部署和习近平总书记关于统计工作重要讲话指示批示精神落实落细。按照中央和国家局统一部署，以县处级以上领导干部为重点，抓好习近平新时代中国特色社会主义思想主题教育。加强统筹协调，安排党员和党务干部参加各级党校培训，搭建多形式、多渠道的学习交流展示平台。严格落实意识形态工作责任制，加强对工作网站、微信公众号、调查报告、调查快讯、经济形势发布会等阵地的建设管理，牢牢把握意识形态领域主导权。做深做细做实思想政治工作，持续开展经常性谈心谈话、思想交流，加强正面引导、心理疏导。做好干部职工思想动态调查分析，重视意见反映，积极回应关切，用心用情、力所能及解决好实际问题。

（三）锻造坚强有力的基层党组织。严格执行总队班子成员督导基层党建工作制度，推动各级党组织书记履行第一责任人职责、领导干部履行“一岗双责”。制定总队机关“五好”党支部评选办法，在“一支部一品牌”基础上，突出抓好“一支部一看点”建设工作。开展系统党建品牌成果展示及经验交流，选树基层优秀党建品牌示范点。深化党建与业务融合，支持系统内开展跨地区跨专业党建联建、与系统外党组织结对共建活动。扎实推进党支部标准化规范化建设，完善党建责任制考评机制，组织开展机关党支部书记抓党建集中述职评议。强化分类指导，统筹推进市县队党建工作分类提升，加强对市县队党的创新理论学习情况、“三级五岗”党建责任制履职情况、基层基础工作等开展抽查、互查，针对党建工作关键部位、薄弱环节开展联合检查。加强系统精神文明建设，持续深化模范机关创建，巩固提升文明单位创建成效，扎实开展节约型机关创建工作，积极开展政策允许、富有调查特色、干部职工广泛参与、具有示范引领作用的评选活动。坚持以党建带群建，积极支持青联、团委、工会、妇工委开展活动，组织开展系统职工运动会等喜闻乐见的文体活动。做好老干部服务工作。

（四）驰而不息正风肃纪反腐。严格执行全面从严治党各项制度规定，锲而不舍落实中央八项规定精神，持续深入开展警示教育，及时通报国家局和驻委纪检组查处的个别干部违规违纪典型案例。持续深化纠治“四风”，重点整治形式主义、官僚主义。巩固“三项清理”专项治理成果，扎实开展“三项清理”专项治理问题处置工作。严格落实《中共中央关于加强对“一把手”和领导班子监督的意见》和国家局党组实施意见，修订完善《廉政风险防控手册》，进一步加强对“一把手”和领导班子的监督和提醒。建立领导干部过问打探工作事项记录管理制度。完善内部监督工作贯通协同机制。制定巡察工作五年规划，开启党的二十大后新一轮周期的巡察工作，今年将对 16 个市县调查队开展巡察。切实加强日常监督，加强制度执行监督检查。持续开展对重要会议会风会纪的专项监督，对会议培训费支出结算情况进行专项抽查。持续聚焦重要节日节点强化警示教育，督促廉洁过节。综合运用“四种形态”，对违规违纪问题从严查处、通报曝光。

千帆竞发勇者胜，百舸争流奋楫先。让我们更加紧密地团结在以习近平同志为核心的党中央周围，在国家局党组的正确领导下，自信自强、守正创新，乘势而上开新局，勇立潮头争一流，奋力谱写四川国家调查事业新篇章。

2000-2022 年四川全年粮食产量情况

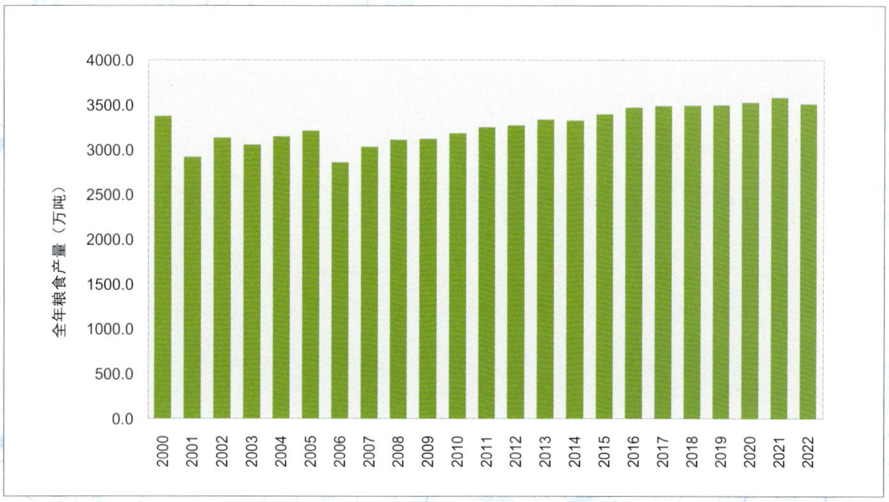

2000-2022 年四川全年粮食产量增长情况

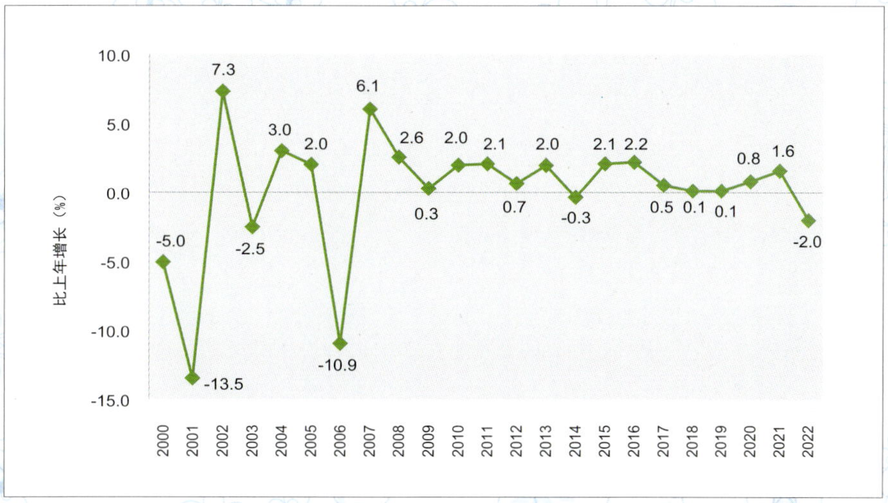

2000-2022 年四川夏粮食产量情况

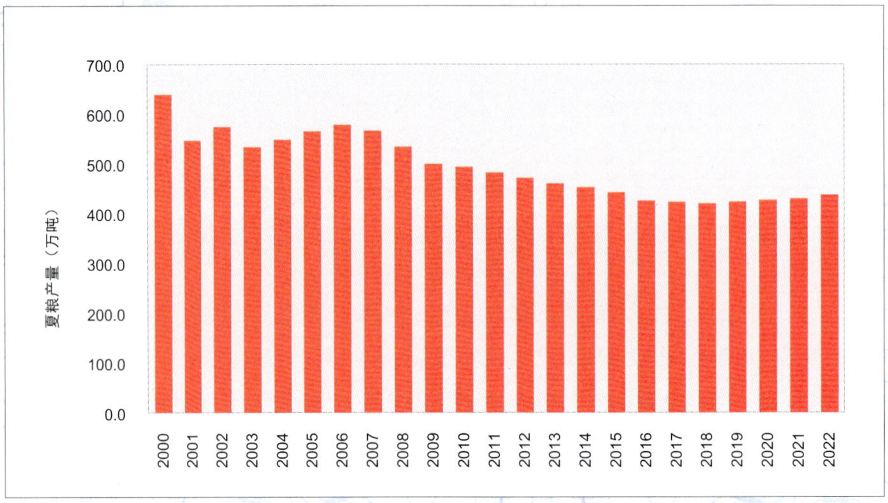

2000-2022 年四川夏粮食产量增长情况

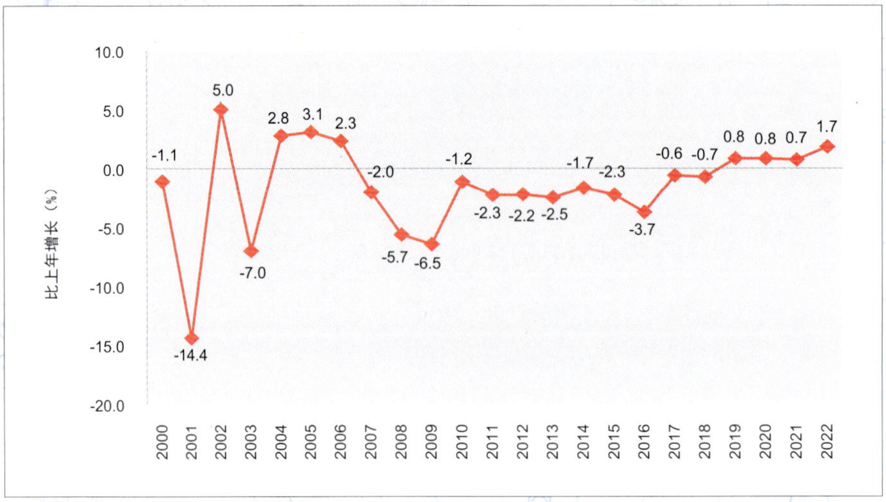

2000-2022 年四川秋粮食产量情况

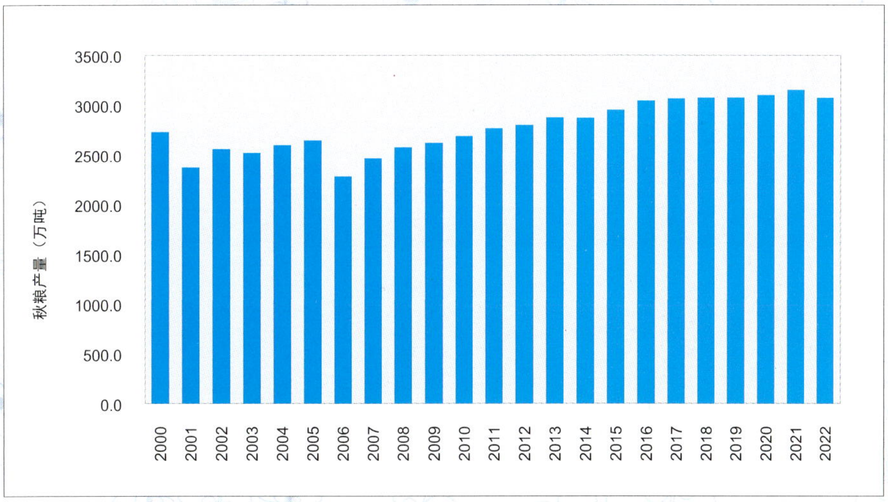

2000-2022 年四川秋粮食产量增长情况

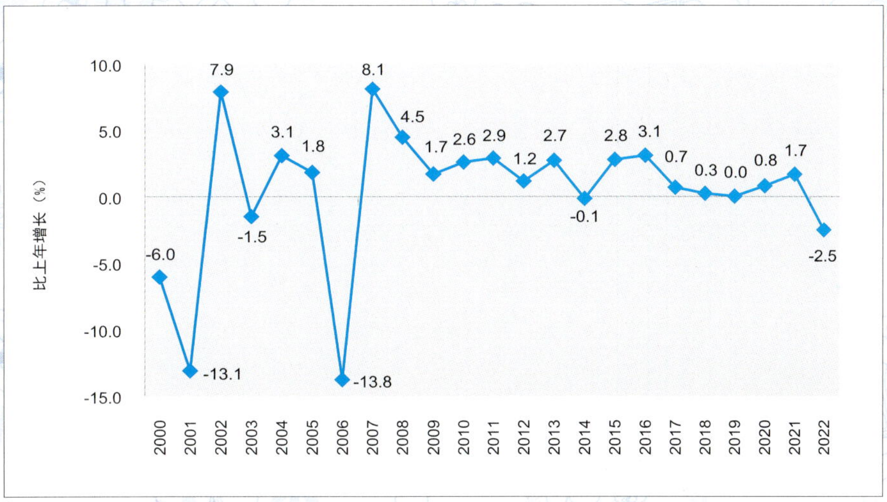

2011-2022 年四川农产品生产者价格指数（上年 =100）

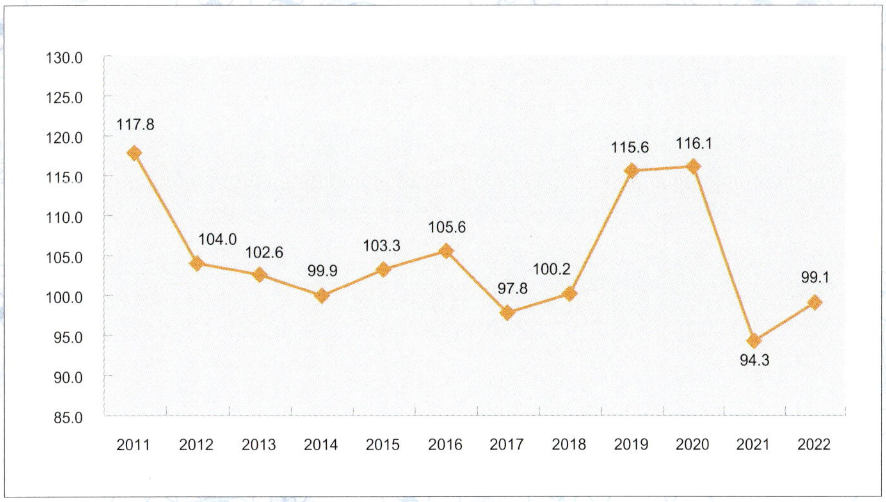

2015-2022 年四川生猪生产情况

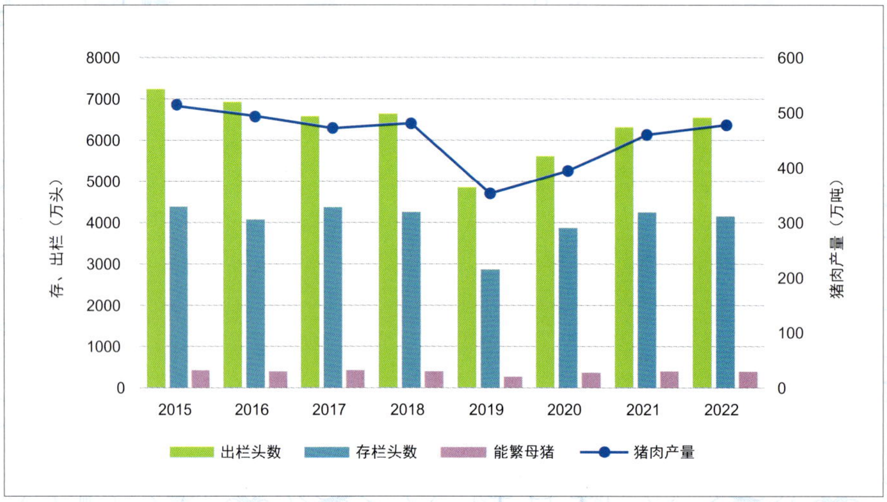

2015-2022 年四川牛生产情况

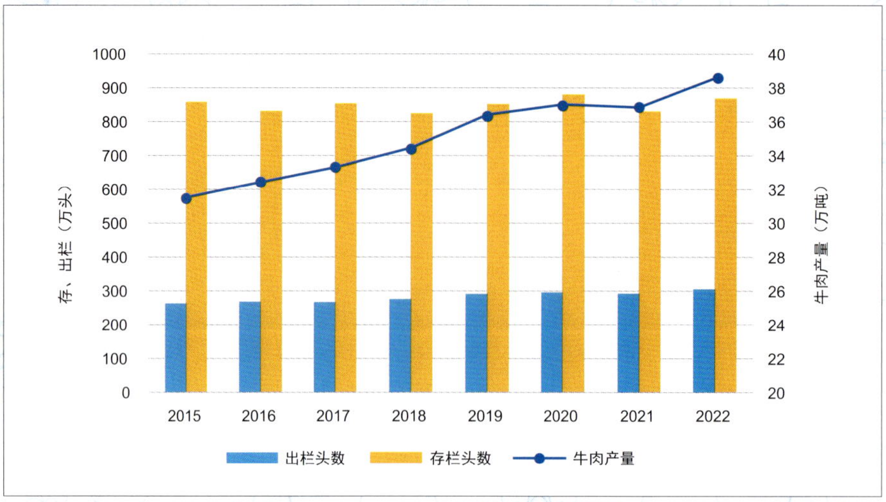

2015-2022 年四川羊生产情况

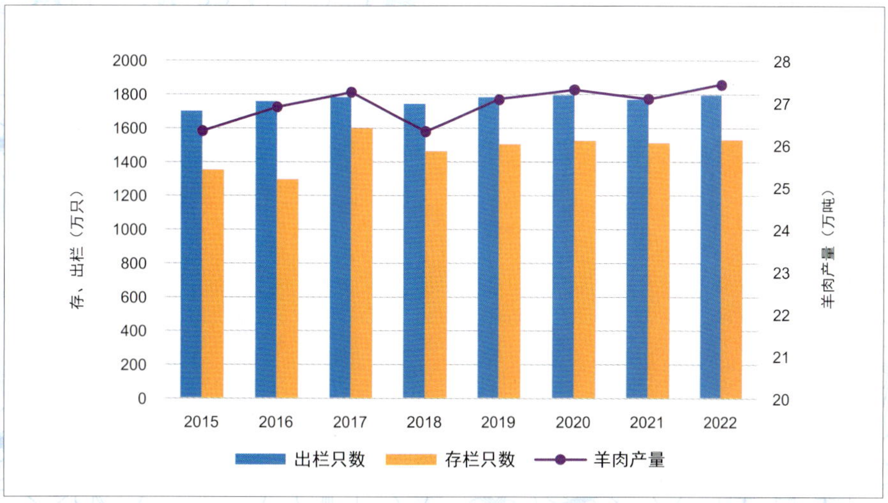

2015-2022 年四川家禽生产情况

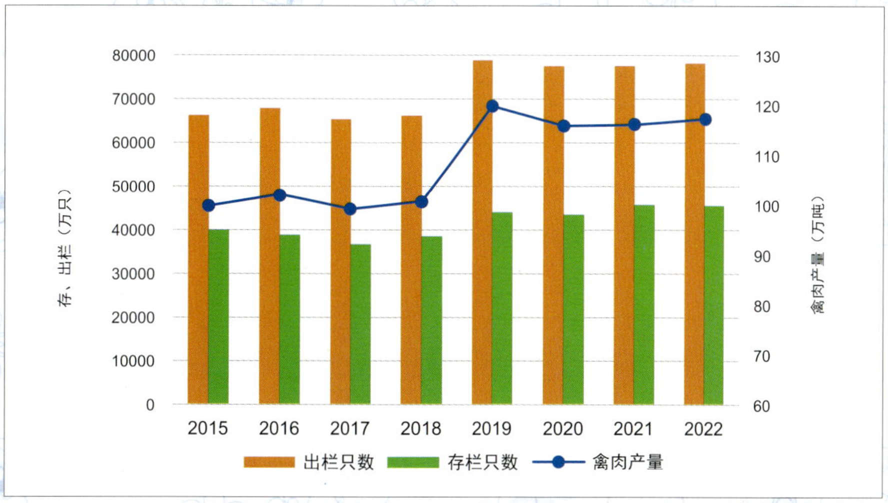

2007-2022 年四川城镇居民人均可支配收入

（单位：元）

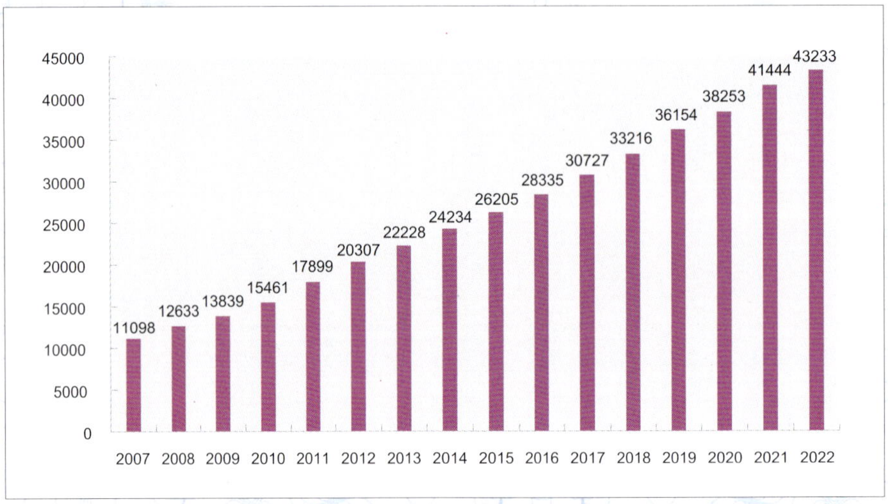

2007-2022 年四川城镇居民人均生活消费支出

（单位：元）

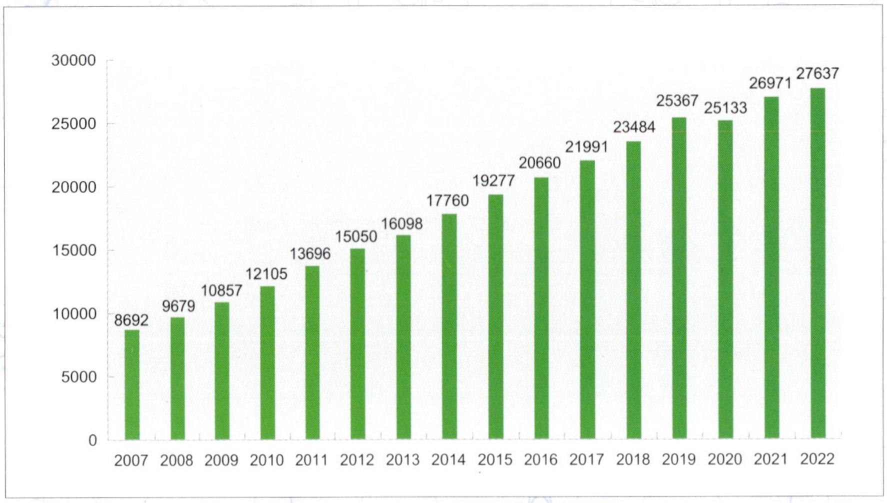

2007-2022年四川农村居民人均可支配收入

（单位：元）

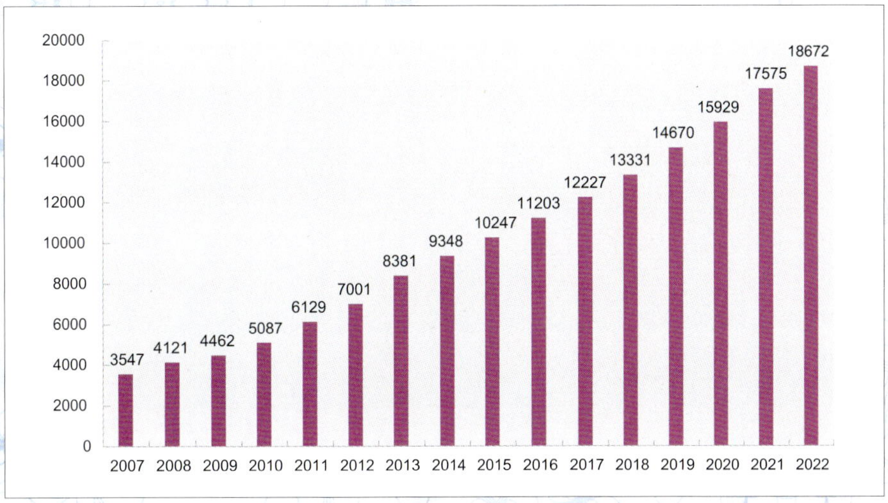

2007-2022年四川农村居民人均生活消费支出

（单位：元）

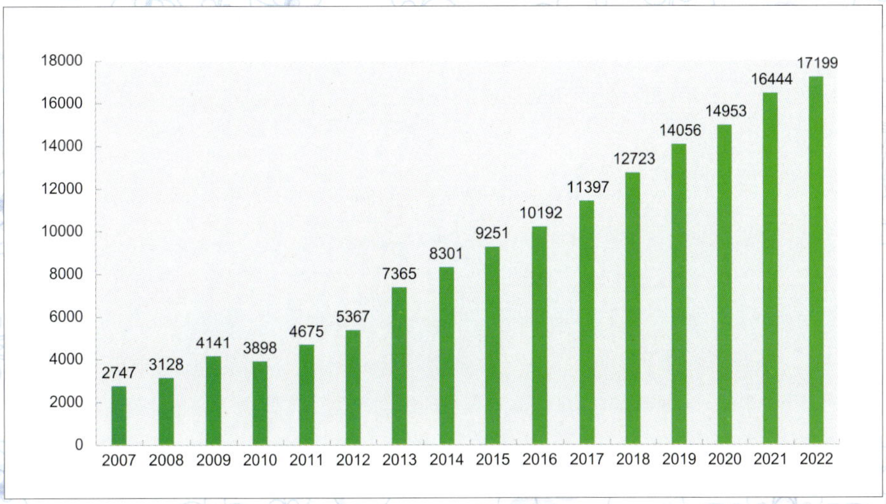

2021-2022年全国农民工数量变化情况

（单位：万人）

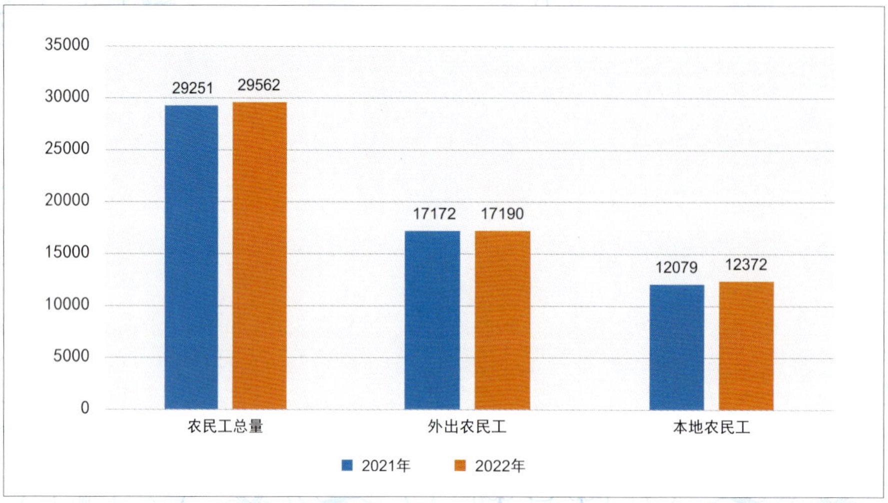

2021-2022年四川农民工数量变化情况

（单位：万人）

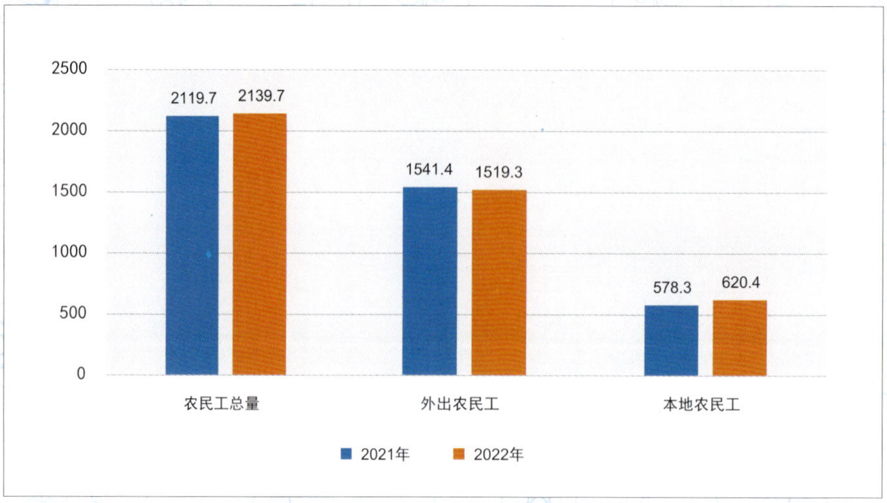

2022年四川分月工业生产者出厂价格环比指数（上月=100）

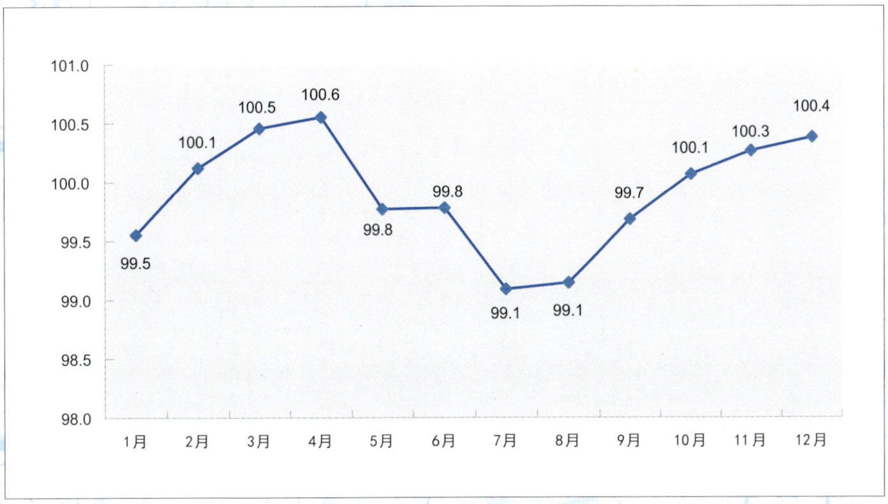

2022年四川分月工业生产者购进价格环比指数（上月=100）

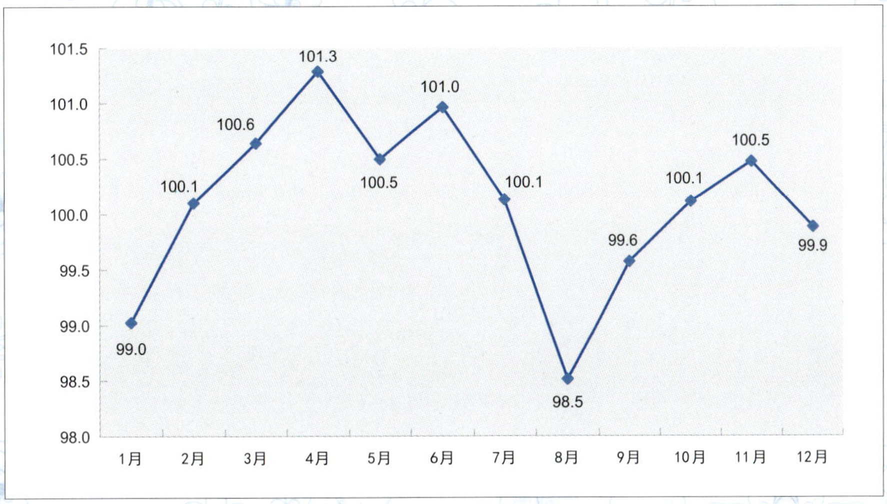

1992-2022 年四川工业生产者出厂价格指数（上年 =100）

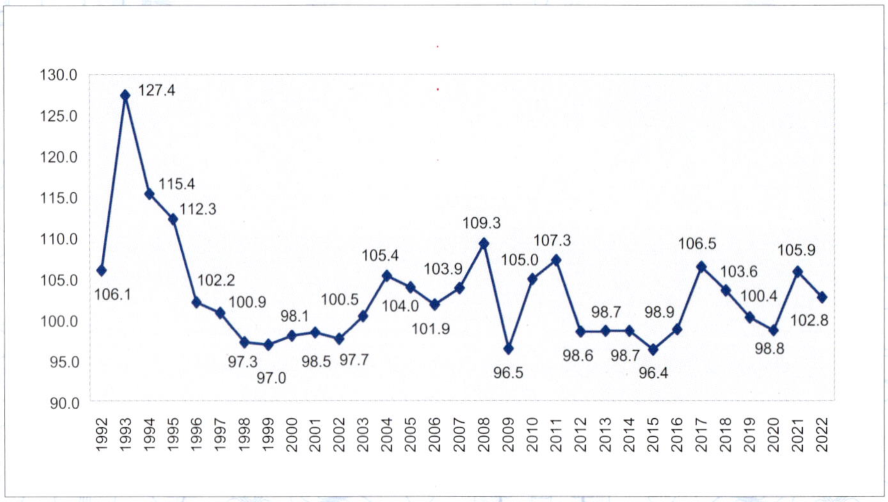

1992-2022 年四川工业生产者购进价格指数（上年 =100）

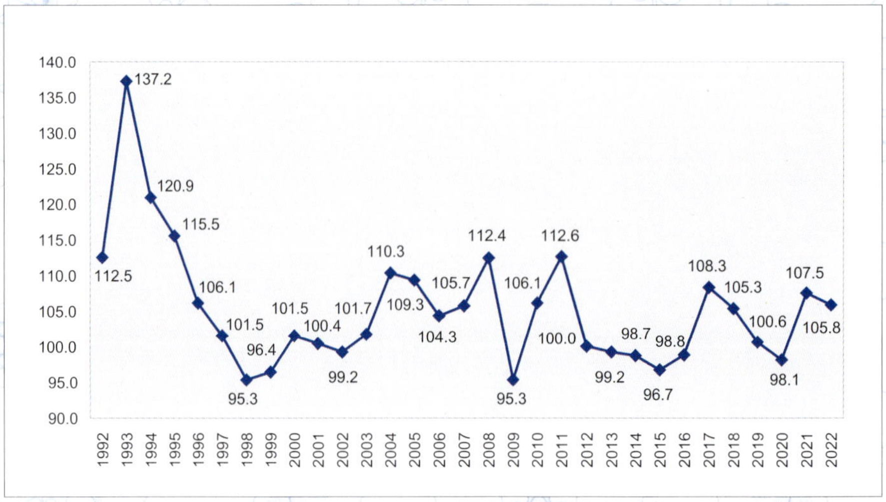

2001-2022 年四川居民消费价格指数（上年 =100）

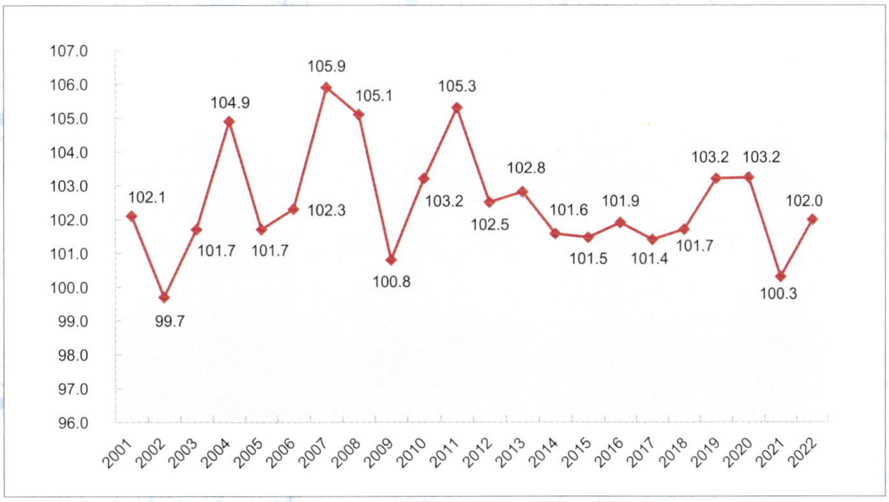

2001-2022 年四川城市居民消费价格指数（上年 =100）

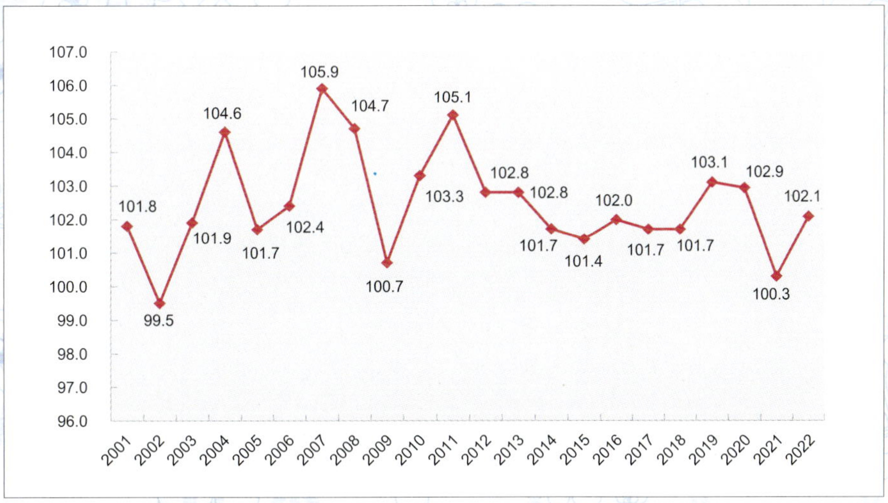

2001-2022 年四川农村居民消费价格指数（上年 =100）

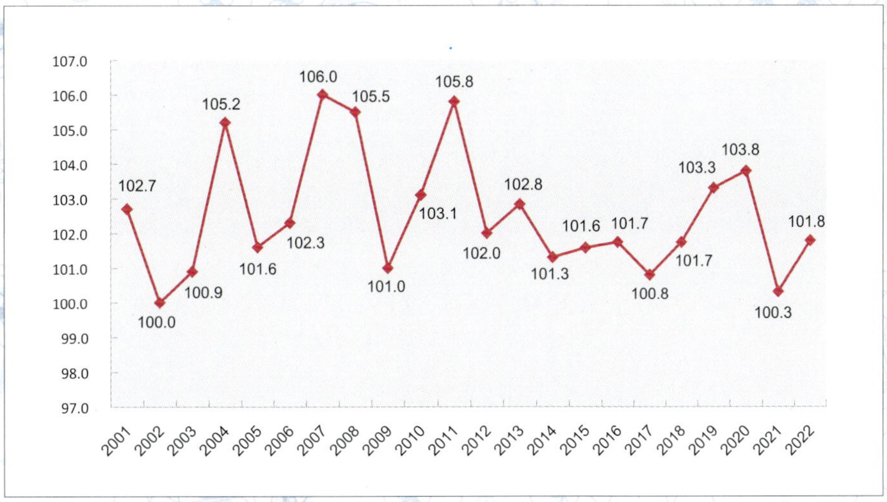

2001-2022年四川商品零售价格指数（上年=100）

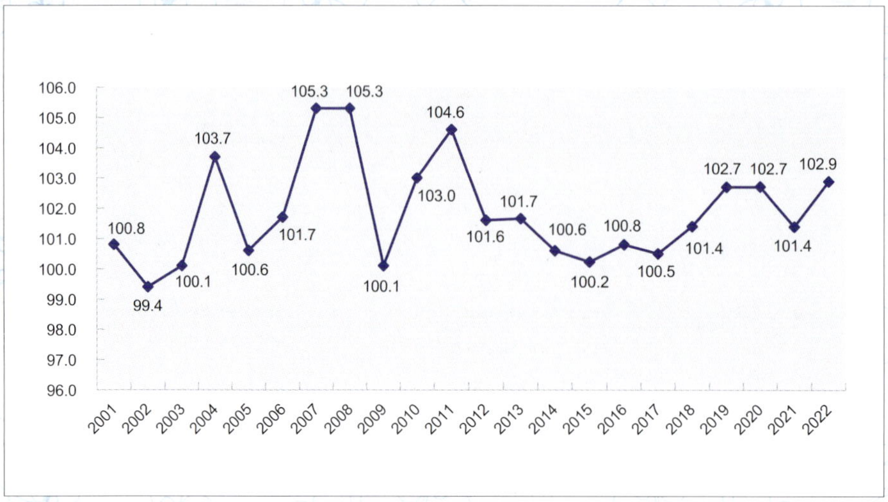

2001-2022年四川城市商品零售价格指数（上年=100）

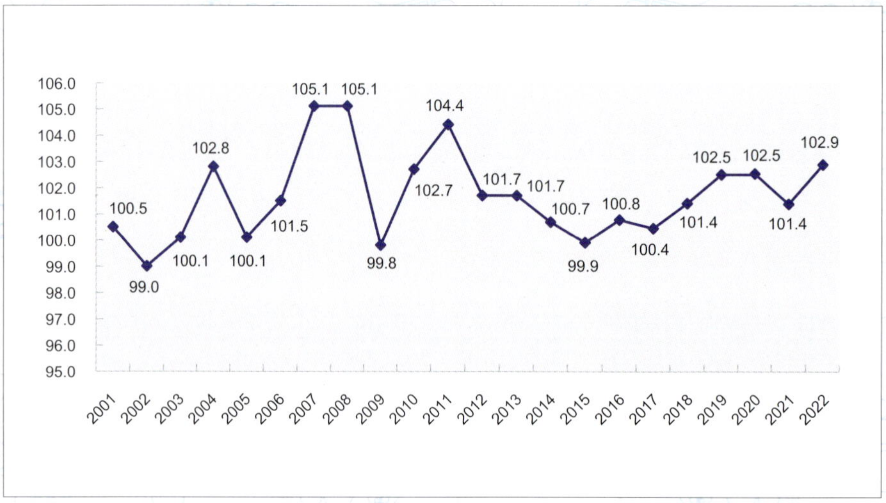

2001-2022年四川农村商品零售价格指数（上年=100）

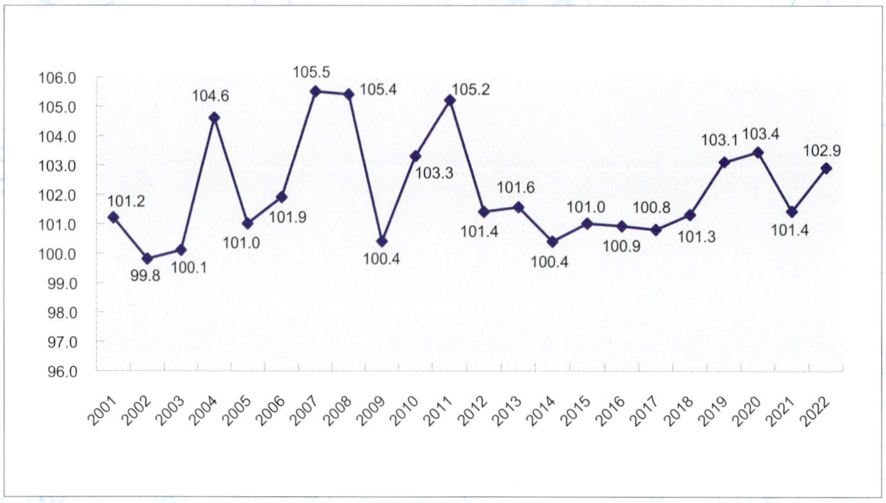

2022 年成都、北京、上海、重庆新建商品住宅环比价格指数（上月 =100）

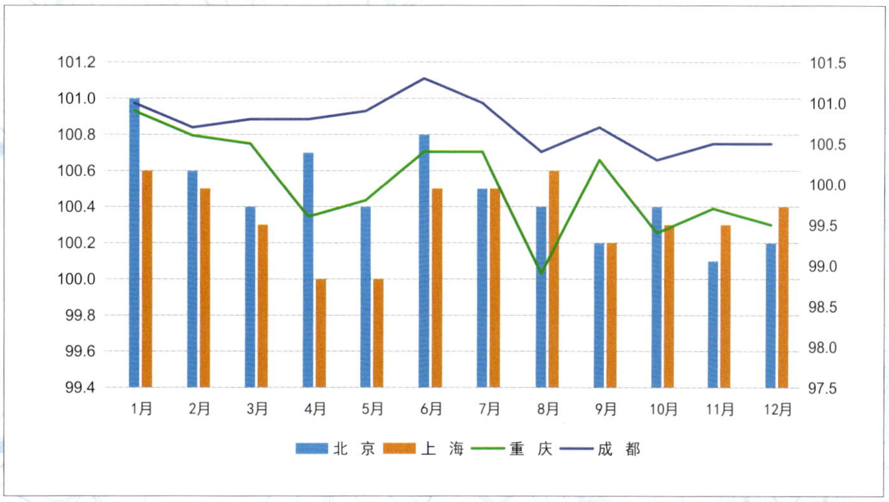

《四川调查年鉴 2023》
编委会和编辑人员

编辑委员会

编 辑 部

编者说明

一、《四川调查年鉴 2023》是国家统计局四川调查总队编辑出版的大型资料性年刊，本《年鉴》收录了近年全省农村、城市等方面的各项统计调查数据，以及全国和各省区市重要年份的主要经济、社会指标。

二、全书内容分为 5 个篇章，即 1. 综合；2. 住户调查；3. 价格调查；4. 农业调查；5. 附录. 全国及各省区市主要统计调查指标。为方便读者使用，主要篇章末附有《主要统计指标解释》。

三、本年鉴所涉及的全国性统计数据均未包括香港、澳门特别行政区和台湾省数据。

四、资料中所使用的度量衡单位均采用国际统一标准计量单位。

五、本《年鉴》总量指标计算所采用的价格均为现行价格。

六、本《年鉴》部分数据合计数或相对数对于单位取舍不同产生的计算误差均未作机械调整。

七、符号使用说明：

“…”或“0.0”表示数据不足本表最小计量单位数；

“#”表示其中的主要项；

“ ”表示没有、不详或未掌握该项数据；

“①”表示本表下有注解。

八、在本年鉴的编辑过程中，得到了许多单位和同志的大力支持，在此我们深表谢意。限于我们的水平，年鉴中的错误和不足之处在所难免，恳请广大读者给予批评指正。

目　　录

第一篇　综　　合

第二篇　住户调查

第三篇　价格调查

第四篇　农业调查

附　　录

一　综　合

粮食生产获得丰收

——2022年四川粮食产量情况分析

2022年，四川各级党委、政府认真学习贯彻习近平总书记关于“三农”工作重要论述和来川视察重要讲话精神，坚决扛起粮食安全政治责任，真抓实干落实党中央、国务院粮食工作决策部署，多措并举抓好粮食生产，奋力打造新时代更高水平的“天府粮仓”，克服大灾之年的不利影响，粮食生产获得丰收。据国家统计局核定，2022年四川粮食总产量3510.5万吨，较上年减少71.6万吨，减幅为2.0%，全年粮食总产量连续三年稳定在3500万吨以上。

一、全年粮食生产特点

（一）播种面积明显增加

2022年，四川各级党委、政府认真落实粮食安全党政同责政治责任，努力抓好撂荒地复垦复种，腾退林果园草等改种粮食，进一步扩大播种面积。

分季节来看，夏粮播种面积达1105.8千公顷，比上年增加15.4千公顷，增长1.4%；秋粮播种面积5357.7千公顷，比上年增加90.4千公顷，增长1.7%；全年粮食播种面积6463.5千公顷，较上年增加105.8千公顷，增长1.7%，是近10多年来增加最多的一年。

表1　2022年四川粮食播种面积分季节情况表

单位：千公顷

指 标	2022年	2021年	增减额	增减幅（%）
全年粮食	6463.5	6357.7	105.8	1.7
夏 粮	1105.8	1090.4	15.4	1.4
秋 粮	5357.7	5267.3	90.4	1.7

分作物品种来看，稻谷面积基本稳定，小麦面积有所增加，玉米面积稳中有增，高粱面积持续扩大，大豆和马铃薯面积大幅增加，甘薯由于结构调整面积有所减少。

表2　2022年四川粮食播种面积分品种情况表

单位：千公顷

指 标	2022年	2021年	增减额	增减幅（%）
全年粮食	6463.5	6357.7	105.8	1.7
1.谷物	4478.2	4463.3	14.9	0.3
其中：稻谷	1874.0	1875.0	-1.0	-0.1
小麦	588.8	582.9	5.9	1.0
玉米	1855.0	1849.4	5.6	0.3
高粱	65.0	64.0	1.0	1.6
2.豆类	696.2	615.2	81.0	13.2
其中：大豆	520.0	443.4	76.6	17.3
3.薯类	1289.1	1279.3	9.8	0.8
其中：马铃薯	734.1	688.3	45.8	6.7
甘薯	555.0	591.0	-36.0	-6.1

2022 年，全省谷物播种面积 4478.2 千公顷，比上年增加 14.9 千公顷，增长 0.3%。其中：稻谷播种面积 1874 千公顷，比上年减少 1 千公顷，减少 0.1%；玉米播种面积 1855 千公顷，比上年增加 5.6 千公顷，增长 0.3%；高粱播种面积 65 千公顷，比上年增加 1 千公顷，增长 1.6%；小麦播种面积 588.8 千公顷，比上年增加 5.9 千公顷，增长 1.0%。

豆类播种面积 696.2 千公顷，比上年增加 81 千公顷，增长 13.2%。其中：大豆播种面积 520 千公顷，比上年增加 76.6 千公顷，增长 17.3%。

薯类播种面积 1289.1 千公顷，比上年增加 9.8 千公顷，增长 0.8%。其中：马铃薯播种面积 734.1 千公顷，比上年增加 45.8 千公顷，增长 6.7%；甘薯播种面积 555 千公顷，比上年减少 36 千公顷，减少 6.1%。

（二）单产水平普遍下降

2022 年，四川夏粮单产提高，秋粮单产下降，全年粮食单产下降。

分季节来看，夏粮生产期间，光温水匹配整体较好，粮食单产提高，夏粮单产达 3949.3 公斤/公顷，比上年增加 13.1 公斤/公顷，增 0.3%；秋粮生产前期，农业气候适宜，作物长势良好，但 7 月下旬以来，全省出现高温干旱天气过程，秋粮遭受旱灾影响，作物单产普遍下降，秋粮单产 5737.2 公斤/公顷，下降 248.8 公斤/公顷，降 4.2%；秋粮单产明显下降导致全年粮食单产下降，全年粮食综合单产 5431.4 公斤/公顷，下降 202.9 公斤/公顷，减少 3.6%。

表 3　2022 年四川粮食单产分季节情况表

单位：公斤/公顷

指　标	2022 年	2021 年	增减额	增减幅（%）
全年粮食	5431.4	5634.3	-202.9	-3.6
夏　粮	3949.3	3936.2	13.1	0.3
秋　粮	5737.2	5986.0	-248.8	-4.2

主要作物品种中，除小麦单产提高外，其余品种单产全面下降。

2022 年，四川谷物单产 6285.4 公斤/公顷，比上年下降 165.9 公斤/公顷，减少 2.6%。其中，稻谷 7803 公斤/公顷，比上年下降 161.8 公斤/公顷，减少 2.0%；小麦 4241.3 公斤/公顷，比上年提高 33.2 公斤/公顷，提高 0.8%；玉米 5640 公斤/公顷，比上年下降 225.1 公斤/公顷，减少 3.8%；高粱 4800 公斤/公顷，比上年下降 168.8 公斤/公顷，减少 3.4%。

表 4　2022 年四川粮食单产分品种情况表

单位：公斤/公顷

指　标	2022 年	2021 年	增减额	增减幅（%）
全年粮食	5431.4	5634.3	-202.9	-3.6
1.谷物	6285.4	6451.3	-165.9	-2.6
其中：稻谷	7803.0	7964.8	-161.8	-2.0
小麦	4241.3	4208.1	33.2	0.8
玉米	5640.0	5865.1	-225.1	-3.8
高粱	4800.0	4968.8	-168.8	-3.4
2.豆类	2088.2	2332.7	-244.5	-10.5
其中：大豆	2025.0	2354.5	-329.5	-14.0
3.薯类	4270.0	4371.2	-101.2	-2.3
其中：马铃薯	4209.5	4248.0	-38.5	-0.9
甘薯	4350.1	4514.4	-164.3	-3.6

豆类单产 2088.2 公斤/公顷，比上年下降 244.5 公斤/公顷，减少 10.5%。其中，大豆 2025 公斤/公顷，比上年下降 329.5 公斤/公顷，减少 14%。

薯类单产 4270 公斤/公顷，比上年下降 101.2 公斤/公顷，减少 2.3%。其中，马铃薯 4209.5 公斤/公顷，比上年下降 38.5 公斤/公顷，减少 0.9%；甘薯 4350.1 公斤/公顷，比上年下降 164.3 公斤/公顷，减少 3.6%。

（三）总产量有所减少

2022 年，四川夏粮总产量增加，秋粮总产量减少，全年粮食总产量减少。

分季节看，夏粮总产量 436.7 万吨，比上年增加 7.5 万吨，增 1.7%；秋粮总产量 3073.8 万吨，减少 79.1 万吨，减 2.5%；全年粮食总产量 3510.5 万吨，减少 71.6 万吨，减 2.0%。

表 5　2022 年四川粮食产量分季节情况表

单位：万吨

指　标	2022 年	2021 年	增减额	增减幅（%）
全年粮食	3510.5	3582.1	-71.6	-2.0
夏　粮	436.7	429.2	7.5	1.7
秋　粮	3073.8	3152.9	-79.1	-2.5

分品种看，除小麦、大豆和马铃薯总产量增加外，其他作物总产量均有所减少。

2022 年，四川谷物产量 2814.7 万吨，比上年下降 64.7 万吨，减少 2.3%。其中，稻谷 1462.3 万吨，比上年减少 31.1 万吨，减 2.1%；小麦 249.7 万吨，增加 4.4 万吨，增 1.8%；玉米 1046.2 万吨，减少 38.5 万吨，减 3.6%；高粱 31.2 万吨，减少 0.6 万吨，减 1.9%。

豆类产量 145.4 万吨，比上年增加 1.9 万吨，增 1.3%。其中，大豆 105.3 万吨，增加 0.9 万吨，增 0.9%。

薯类产量 550.5 万吨，比上年下降 8.8 万吨，减 1.6%。其中，马铃薯 309 万吨，增加 16.6 万吨，增 5.7%；甘薯 241.4 万吨，减少 25.4 万吨，减 9.5%。

表 6　2022 年四川粮食产量分品种情况表

单位：万吨

指　标	2022 年	2021 年	增减额	增减幅（%）
全年粮食	3510.5	3582.1	-71.6	-2.0
1.谷物	2814.7	2879.4	-64.7	-2.3
其中：稻谷	1462.3	1493.4	-31.1	-2.1
小麦	249.7	245.3	4.4	1.8
玉米	1046.2	1084.7	-38.5	-3.6
高粱	31.2	31.8	-0.6	-1.9
2.豆类	145.4	143.5	1.9	1.3
其中：大豆	105.3	104.4	0.9	0.9
3.薯类	550.5	559.2	-8.8	-1.6
其中：马铃薯	309.0	292.4	16.6	5.7
甘薯	241.4	266.8	-25.4	-9.5

二、四川粮食总产量稳居全国第 9

（一）全国粮食总产量增 0.5%

2022 年，全国粮食播种面积 118332 千公顷，比上年增加 676.7 千公顷，增 0.5%；单产 5520 公斤/公顷，与上年基本持平；粮食总产量68653万吨，比上年增加368万吨，增0.5%。

（二）四川粮食总产量稳居全国第9

2022年，四川粮食产量在全国31个省（区、市）中，排在黑龙江（7763万吨）、河南（6789万吨）、山东（5544万吨）、安徽（4100万吨）、吉林（4081万吨）、内蒙古（3901万吨）、河北（3865万吨）、江苏（3769万吨）之后，居全国第9位，排在四川后两位的是湖南（3018万吨）、湖北（2741万吨）。

三、粮食生产影响因素

（一）有利因素

近年来，四川省委、省政府高度重视粮食生产，千方百计扩大粮食播种面积，持续推进高标准农田和水利灌溉设施建设，大力加强农业科技投入，大范围推广高产耐旱抗病虫害优良品种，农业生产条件持续改善，粮食生产基础越来越好。

1.党委、政府高度重视，压实生产责任。四川各级党委、政府切实提高粮食生产政治站位，全面落实粮食安全党政同责要求，压实粮食安全责任制，勇担粮食安全重责。及早下达粮食面积、产量目标任务，抓早抓紧动员部署粮食生产。把粮食扩面增产目标任务纳入市、县党委、政府和乡村振兴目标考核，充分调动地方党委、政府重农抓粮的积极性。及时召开全省农村工作会议、粮食生产视频会议和生产现场会议，安排部署粮食生产工作，首次重点推广大豆玉米带状复合种植，狠抓大豆扩面政治任务落实，补损失抓好晚秋扩面工作，建立“周监测、月调度、季盘点”工作机制，建立耕地“非粮化”“非农化”情况通报机制，坚决守住粮食安全底线，充分调动农民种粮积极性，努力实现全省粮食扩面增产。全年超额完成粮食播种面积目标任务195.2万亩，超额完成大豆目标生产任务14.9万亩。

2.持续加大财政投入，提高种粮积极性。通过政策引导、加大补贴力度、推广农业保险、出台最低收购价等一系列政策，保障农民种粮效益，提高各类种植主体的种粮积极性。2022年，全省提前下达农业生产补助资金168亿元，其中下达水利发展资金45.3亿元，安排耕地地力保护补贴资金66.2亿元，为粮食优质产出提供资金支持。巴中市提前下达预算安排支农专项资金8.4亿元，较上年增长5%以上。凉山州对复耕复种的农民、新型农业经营主体水稻播种每亩奖补200元，旱粮作物播种每亩奖补100元。成都市开展都江堰精华灌区恢复水稻耕种补偿，鼓励生产经营主体腾退果木改种水稻，每亩一次性给予补助3000元，区（市）县地方政府积极响应，结合本地实际，除市级补助外，县级财政再补助每亩1200元。南充市新增市级财政投入粮食生产970万元，培育小麦种植面积250亩以上规模经营面积3.1万亩。

3.加大撂荒地整治，力促复垦复耕复种。各地狠抓撂荒地复垦，千方百计向撂荒地要面积，竭力遏制耕地“非农化”防止“非粮化”。据初步统计，截至7月底，全省共治理撂荒耕地153万亩，其中用于复耕新增秋粮粮食面积123万亩。德阳市动员县、乡、村、组四级力量，自下而上开展耕地撂荒情况排查，建立撂荒地信息台账，锁定农户承包耕地撂荒面积6.84万亩，截至8月22日，已复耕复种5.65万亩，完成目标任务的82.7%。南充市在全省率先探索撂荒耕地持续治理长效机制，推广撂荒地前3年“零租金、低租金”复耕模式，仅上半年复耕复种撂荒地38.65万亩。遂宁市以县（市、区）为单位，全面摸清撂荒地底数，对撂荒地建档立卡、上图入库，建立电子信息台账，推行“三方共耕”模式，截至7月底，已整治撂荒地22.81万亩，占年度目标任务80.77%，复耕土地主要用于种粮。成都市针对耕地撂荒建立问题清单和整改台账，6月底撂荒耕地全部复耕复种到位，推进环城生态带优质耕地种植粮食3.05万亩。

4.大力改善基础设施，推进高标准农田建设。各地不断加大基础设施改造力度，加快高标准农田建设，提高粮食生产能力，在一定程度上抵御了高温干旱对粮食生产的影响。全省安排农田建设补助资金33.9亿元，新建高标准农田450万亩，累计建成高标准农田5000万亩左右。成都市利用地方政府专项债4亿元3年内新建高标准农田95万亩。凉山州加快28.4万亩高标准农田任务建设进度，启动42.3万亩高标准农田勘察设计、招标施工工作。绵阳市投资10.63亿元，完成2021年高标准农田建设任务34.09万亩。广元市完成28.2万亩高标准农田和3.45万亩高效节水灌溉工程建设，对22座水库除险加固，整治疏浚各类田间渠系、作业道 150 多公里，完成 1436 座机电提灌站检修。遂宁市 2022 年新建高标准农田 18.7 万亩，进一步改善农业生产条件，保障粮食生产。

5.夏粮气候适宜，秋粮生产前期气候条件有利，农作物长势较好。3 月至 7 月中旬，全省大部分地区光热条件较好，降水适宜，夏粮实现增产，秋粮农作物实现满栽满插，长势普遍较好。如盆地南部及盆东北区域，春季气温回温早，水稻玉米普遍实现早播早栽，生长过程中光温水匹配好，抽穗扬花灌浆成熟等各阶段表现较好；以成都平原为代表的盆西区域，前期水源充沛，水稻苗架长势均衡，灌浆条件好，7 月份开始的晴日天气，有利于晒田控制无效分蘖，增强根系活力，成穗率增加，有效穗数充足；攀西大部农区雨季较常年偏早，降水分布均匀，光温水气象条件匹配较好，大部分秋粮作物长势良好，增产趋势明显。

6.高温干旱气候抑制，病虫害明显偏轻。2022 年秋粮生产期间，四川大部地区温度高、空气湿度低，较好地抑制了各种病虫害的发生发展，水稻叶瘟病、玉米纹枯病等均偏轻发生。进入 6 月以来，高空风场受南风、西南风控制状况弱于常年，也相当程度上减轻了稻飞虱、稻纵卷叶螟等迁飞性害虫带来的影响。据省植保站大春病虫数据看，病虫发生情况较去年偏轻，有利于秋粮作物产量提高。据对全省 297 名农情观察员的调查显示，认为 2022 年病虫害比上年轻的占 40.0%，与上年差不多的占 52.2%，也表明秋粮作物受病虫害的总体情况较去年轻得多。

（二）不利因素

影响 2022 年四川粮食生产的不利因素，主要是 7 月底至 8 月下旬的持续高温干旱天气，对大部分地区秋粮生产造成不同程度影响。具体来看，攀西地区影响较小，农作物长势趋于正常偏弱，秋粮稳中略减；盆西、盆西北沿山地区水源保障充足，灌溉条件好，旱情影响较小，秋粮减产幅度有限；盆南、盆东北旱情偏重，盆中丘陵地区旱情最重，秋粮受影响较大，减产明显。

1.水稻受灾影响较小。干旱期间，四川水稻大面积进入成熟收获期，受灾影响较小。其中，盆西及盆西北地区灌溉条件相对较好，大部分农田有水源条件，影响较小；盆南地区头季稻的抽穗扬花期一般在 7 月中旬，6 月份较好的自然降水条件为该区域绝大部分农田保留了较好的水层，也没有受到旱情影响，但后期再生稻发苗率下降，产量有所下降；盆东北地区水稻抽穗扬花期一般在 7 月中旬后期至 7 月下旬，干旱导致秕壳和半花米增多，千粒重有所下降；盆中丘陵区部分稻田灌溉条件较差或无水源保障的深丘区农田或坡台农田，水稻在孕穗至破口阶段，就开始脱水导致空秕率上升，而部分海拔较高又无水源灌溉的稻田，水稻无法实现正常抽穗扬花，减产较为明显。

2.夏玉米受灾影响减产。四川玉米生产主要分春玉米和夏玉米。占七成的春玉米成熟收获季节一般在 7 月下旬之前，大部分没有受旱情影响，产量影响小。占全省播种面积三成的夏玉米，由于成熟收获季节较晚，一般集中在 8 月份，受旱情影响，存在植株矮细，挂苞延后，果穗突尖、稀癞等现象，产量形成受到较大影响。

3.夏大豆受灾影响较大。全省大豆近 780 万亩，其中 200 多万亩春大豆没有受到影响。500 多万亩夏大豆在干旱少雨环境下，水源条件较好的地区整体长势较为正常，干旱影响较小，但无水源保障的高台地、坡薄地的夏大豆结荚受到影响，土壤墒情较差，叶片提前枯萎，未结荚或空壳的现象较普遍，单产下降明显。

4.甘薯受灾影响较大。干旱期间正是四川甘薯蔓藤生长及结薯关键时期。通过实地调研情况看，前期水分条件较好的区域甘薯整体长势较为正常，受影响较小；盆中丘陵旱区，大部分甘薯蔓藤出现枯萎状况，结薯状况不理想，单产下降明显。

（三）强力推动减小旱情影响

四川省委、省政府高度重视抗旱保产工作，省委书记、省长等省领导多次作出批示高位推动部署，各项抗旱措施强力推动，取得较好成效。

1.全面加强旱情监测预警。农业、气象、水利、调查等部门迅速响应，专题研究，启动抗旱应急响应，加强部门会商，推动灾情信息共享，密切关注农作物长势和天气变化，科学制定防灾减灾预案，强化预警信息和抗旱措施宣传力度，指导农民提前做好应对准备。

2.调动各方努力抗旱保收。全省累计投入抗旱资金超过 2 亿元，调度水库和灌区向旱区供水 12.2 亿立方米，浇灌受旱作物 228 万亩，充分发动农户就近取水保苗，积极开展生产自救，第一时间抢收成熟作物，努力减少收储损耗，确保颗粒归仓。

3.抓紧推进晚秋作物生产。全省按照每亩 20 元、60 元的标准分别对再生稻、秋马铃薯等晚秋粮食作物进行补助，分解下达 500 万亩再生稻蓄留和 410 万亩（其中新增 150 万亩）秋马铃薯生产任务；8 月 25 日开始降温降水后，全力组织抓好甘薯、秋玉米、秋大豆等的抗旱保苗；首次实施“保丰收四川秋粮专项补贴”，截至 9 月 18 日，中省投入资金 3.7 亿元，市县投入资金 5.3 亿元。

保供能力实现新跃升　生猪价格“过山车”

——2022年四川主要畜禽生产形势分析

2022年，四川省委、政府始终坚持以人民为中心的发展思想，充分发挥“三农”压舱石作用，全省上下同心，攻坚克难，畜牧业高质量发展取得新成效。全年生猪出栏量突破6500万头，牛羊禽发展势头持续向好，肉蛋奶供应量足质优，全省畜牧业综合生产能力不断增强，在保障食物安全、繁荣农村经济、促进农民增收等方面发挥了重要作用。

一、四川主要畜禽稳产保供能力实现新跃升

（一）生猪出栏突破6500万头

2022年四川生猪出栏6548.4万头，同比增长3.7%；其中四季度出栏1882.5万头，同比减少1.6%，生猪生产供给充足。从存栏情况看，2022年末全省生猪存栏4158.6万头，同比减少2.3%，较三季度末减少3.9%。其中能繁母猪存栏398.0万头，同比减少1.8%，较三季度末减少2.5%，产能处于合理水平，后期市场供应有保障。

（二）牛发展势头良好，羊、禽基本稳定

2022年四川牛、羊、禽出栏均有不同幅度增长。其中，牛出栏306.0万头，同比增长4.4%；羊出栏1792.7万只，同比增长1.5%；家禽出栏78087.1万只，同比增长0.8%。从存栏情况看，2022年末全省牛存栏868.7万头，同比增长4.6%；羊存栏1529.9万只，同比增长1.2%；家禽存栏45473.7万只，同比减少0.5%。

（三）主要畜禽产品增产保供能力进一步提升

2022年四川肉蛋奶供应量进一步提升，全年猪牛羊禽肉产量661.2万吨，同比增长3.2%。其中猪肉产量478.0万吨，同比增长3.8%；牛肉产量38.6万吨，同比增长4.7%；羊肉产量27.4万吨，同比增长1.3%；禽肉产量117.1万吨，同比增长1.0%。禽蛋产量175.5万吨，同比增长3.7%；牛奶产量70.8万吨，同比增长3.6%。

二、生猪价格“过山车”，牛羊禽价格稳中有涨

（一）猪：淡季不淡，旺季不旺

2022年以来，在供给基本面未明显变化的情况下，受养殖户出栏节奏等因素影响，养殖户涨价跟风、跌价踩踏，导致生猪价格“过山车”，在短期内快速涨跌，且呈现“淡季不淡，旺季不旺”现象，消费相对淡的夏季，价格快速上涨，消费相对旺的冬季，特别是春节前腊肉、香肠制作高峰期，价格反而快速下跌。此外，价格波动幅度较大，年内峰值较低谷上涨116.8%。具体看，2022年全省生猪出栏均价19.1元/公斤，同比下降11.6%。分旬看，每公斤价格从1月上旬（17.8元）起逐旬下跌，至3月中旬（12.5元）跌至年内最低点，随后逐旬回升，6月下旬（16.0元）至7月上旬（20.3元）出现一轮快速上涨，7月中旬至8月下旬为稳中略涨的平台期（维持在21～22元之间），9月起开始第二轮快速上涨直至10月下旬（27.1元）涨至年内最高点，随后快速回落，12月下旬已回落至19.1元/公斤。

仔猪价格与生猪价格走势趋同，但波动幅度不及生猪。具体看，全年全省仔猪均价30.0元/公斤，同比下跌37.8%。分季看，仔猪出售均价分别为每公斤24.2元、26.9元、33.7元、35.2元，同比分别下降67.2%、

下降 54.3%、上涨 0.3%、上涨 32.8%。分旬看，10 月中旬为年内最高点，均价为每公斤 37.6 元，高于 3 月中旬（22.9 元）的年内最低点 64.2%，高于年初（25.6 元）46.9%。

（二）牛羊禽：肉牛、肉禽有所上涨，肉羊基本稳定

一是肉牛价格有所上涨。全年肉牛出栏均价 35.7 元/公斤，同比上涨 1.7%。分季看，一、二、三、四季度均价为每公斤 35.8 元、35.1 元、35.7 元、35.9 元，同比分别上涨 0.8%、1.4%、2.3%、1.7%。

二是肉羊价格基本稳定。全年肉羊出栏均价 42.1 元/公斤，同比持平。分季看，一、二、三、四季度均价分别为每公斤 41.9 元、40.5 元、42.9 元、43.1 元，同比分别下降 1.9%、下降 1.9%、上涨 2.6%、上涨 0.9%。

三是肉禽价格明显上扬。全年肉鸡、土鸡均价分别为 25.8 元/公斤、42.6 元/公斤，同比分别上涨 6.6%、7.0%。鸡蛋均价为每公斤 16.7 元，同比上涨 11.3%。

输入性传导压力缓解　四川 PPI 涨幅回落

——2022 年四川工业生产者价格运行情况分析

2022 年以来，面对复杂严峻的宏观环境和疫情散发多发、高温缺电、地震灾害等超预期因素冲击，四川高效统筹疫情防控和经济社会发展，着力做好保供稳价工作，陆续出台一系列助企纾困政策，生产领域价格涨幅持续回落。全年，四川工业生产者出厂价格指数（PPI）上涨 2.8%，涨幅较上年回落 3.1 个百分点；购进价格上涨 5.8%，涨幅较上年回落 1.7 个百分点。

一、四川工业生产者价格运行情况

（一）PPI 同比回落至下跌区间

2022 年，四川工业品价格走势总体平稳，但受 2021 年对比基数较高影响，PPI 同比总体呈回落趋势。分季度看，一季度同比上涨 6.4%，二季度同比上涨 4.7%，三季度同比上涨 1.7%，四季度同比下降 1.3%。分月看，1 月同比上涨 6.9%，此后涨幅逐月回落。10 月 PPI 同比在上涨 21 个月后转跌，下降 1.3%。11 月 PPI 同比跌幅扩大，下降 1.6%。12 月 PPI 同比跌幅收窄，下降 1.2%。购进价格同比与出厂价格趋势基本一致。

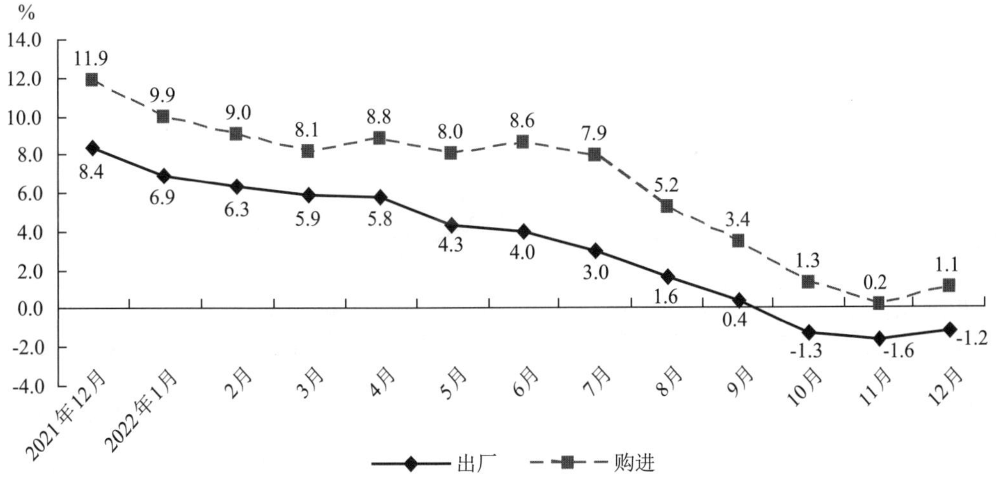

图 1　四川工业生产者出厂和购进价格同比涨跌幅

（二）PPI 环比波动运行

2022 年 1 月，国内保供稳价政策效果持续显现，PPI 环比下降 0.5%，是自 2020 年 8 月以来首次下降。2—4 月，国际原油、有色金属大幅上涨，加之疫情导致部分行业供应链受阻，环比分别上涨 0.1%、0.5%、0.6%。5—9 月，随着全球流动性持续收紧，主要国际大宗商品价格高位回落，叠加高温限电、疫情反复等因素影响，环比分别下降 0.2%、0.2%、0.9%、0.9%、0.3%。10—12 月，国际大宗商品价格趋稳，气候好转下企业生产有序恢复，部分行业需求回升，环比分别上涨 0.1%、0.3%、0.4%。购进价格环比与出厂价格趋势基本一致，变化幅度略大于出厂价格。

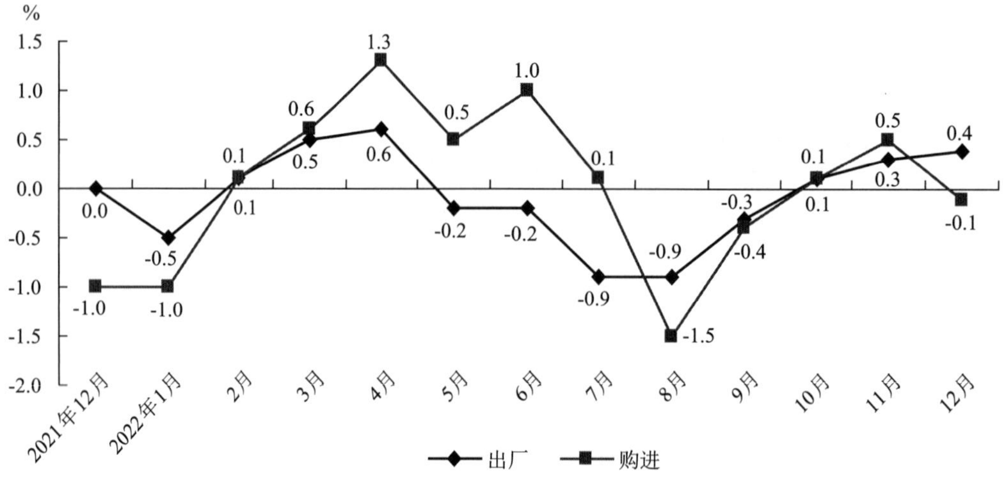

图 2 四川工业生产者出厂和购进价格环比涨跌幅

二、四川工业生产者价格运行特点

（一）PPI 结构性回落特征明显

2022 年，处于中上游的生产资料价格涨幅回落幅度较大，下游生活资料价格运行相对平稳。全年，生产资料价格上涨 3.6%，涨幅较上年回落 3.7 个百分点，其中，采掘、原材料、加工工业价格分别上涨 9.0%、10.0%、1.2%。生活资料价格温和上涨，上涨 0.6%，涨幅较上年回落 1.7 个百分点，其中，食品、衣着、一般日用品价格分别上涨 0.9%、0.3%、2.4%，耐用消费品价格下降 2.4%。

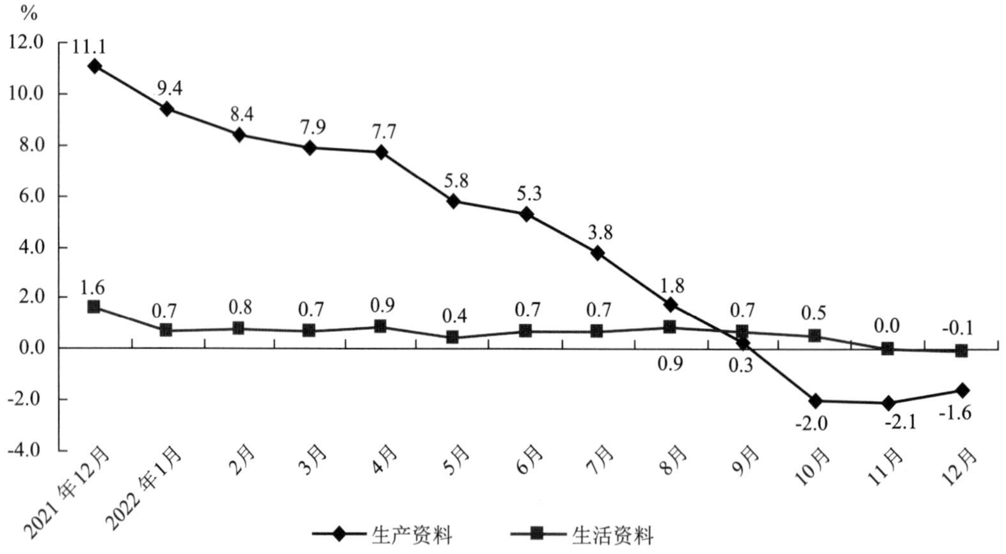

图 3 四川生产资料和生活资料出厂价格涨跌幅

（二）PPI 行业上涨面缩小

2022 年，调查的 39 个行业大类出厂价格“28 涨 2 平 9 降”，行业上涨面为 71.8%，较上年缩小 7.7 个百分点。其中，影响上涨较大的行业包括化学原料和化学制品制造业、石油煤炭及其他燃料加工业、煤炭开采和洗选业、非金属矿物制品业、有色金属冶炼和压延加工业、农副食品加工业，价格分别上涨 14.6%、25.1%、25.9%、2.6%、8.8%、3.6%，共拉动工业生产者出厂价格总水平上涨约 2.48 个百分点。影响下降较大的行业包括黑色金属冶炼和压延加工业、计算机通信和其他电子设备制造业，价格分别下降 5.7%、1.8%，共拉动工业生产者出厂价格总水平下降约 0.57 个百分点。

表 1　影响四川工业生产者出厂价格变动的前十大行业

工业行业分类	2022 年涨跌幅（%）	对总指数影响（百分点）
总指数	**2.8**	—
化学原料和化学制品制造业	14.6	0.91
石油、煤炭及其他燃料加工业	25.1	0.54
煤炭开采和洗选业	25.9	0.38
非金属矿物制品业	2.6	0.23
有色金属冶炼和压延加工业	8.8	0.21
农副食品加工业	3.6	0.21
燃气生产和供应业	17.2	0.20
电气机械和器材制造业	5.2	0.18
计算机、通信和其他电子设备制造业	-1.8	-0.23
黑色金属冶炼和压延加工业	-5.7	-0.34

（三）九大类原材料购进价格“7 涨 2 降”

2022 年下半年以来，原材料价格有下降趋势，但上半年原油、有色等国际大宗商品累积了较高涨幅，企业仍面临较大成本压力。涨幅居首的是燃料、动力类，价格上涨 23.1%；其次是化工原料类、有色金属材料及电线类、纺织原料类，价格分别上涨 7.5%、6.6%、5.5%；仅黑色金属材料类、建筑材料及非金属类价格下降，分别下降 1.9%、0.2%。

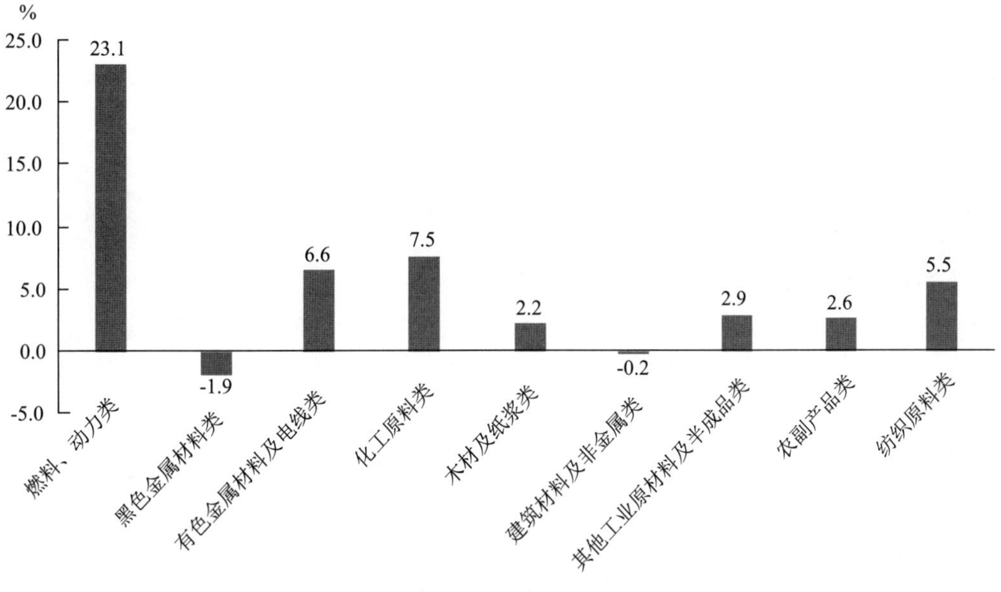

图 4　四川工业生产者九大类原材料购进价格涨跌幅

（四）与全国趋势一致但排名靠后

2022 年，四川 PPI 走势与全国基本一致，但涨幅略低于全国平均。四川工业生产者出厂价格比全国低 1.3 个百分点，涨幅居全国第 24 位，居西部省份第 10 位；购进价格比全国低 0.3 个百分点，涨幅居全国第 18 位，居西部省份第 10 位。

三、四川 PPI 变动原因分析

（一）输入性价格传导压力有所缓解

2022 年以来，国际政治经济形势复杂多变，大宗商品价格随之起伏。上半年，国际地缘政治冲突加剧，新冠疫情下国际供应链尚未完全恢复，国际大宗商品价格持续上涨，带动国内石油、有色金属、农产品相关行业价格上涨。下半年，随着美国加息政策连续推进，市场对经济衰退的担忧增强，需求预期下滑，大宗商品价格分化回调。石油、煤炭及其他燃料加工业价格上涨 25.1%，涨幅较上半年回落 14.5 个百分点，较上年扩大 1.3 个百分点；化学原料和化学制品制造业价格上涨 14.6%，涨幅较上年回落 4.3 个百分点；橡胶和塑料制品业价格上涨 1.2%，涨幅较上年回落 3.5 个百分点；有色金属冶炼和压延加工业价格上涨 8.8%，涨幅较上年回落 15.5 个百分点。

（二）保供稳价政策见效

2021 年，受供应偏紧和需求旺盛影响，煤炭价格大幅飙升。2022 年以来，受极端天气和国内复工复产持续推进影响，用电需求增加，煤炭需求旺盛。为稳定煤炭价格，保证电力热力供应充足，国内煤炭保供稳价政策持续发力，产能加快释放，煤炭价格较快上涨势头得到有效遏制，特别是下半年涨幅有明显回落。煤炭开采和洗选业价格上涨 25.9%，涨幅较上半年回落 14.3 个百分点，较上年回落 0.4 个百分点。

（三）部分行业需求偏弱

2022 年以来，基础设施项目建设、房地产等下游行业需求减少，钢材、水泥价格支撑不足，特别是水泥近两年本就处于历史较低价格水平，企业利润收缩，生产积极性下降，行业总体供需两弱。黑色金属冶炼和压延加工业价格下降 5.7%，相比上年由涨转降，低 28.1 个百分点。非金属矿物制品业价格上涨 2.6%，涨幅较上年回落 1.1 个百分点。电子设备行业芯片价格回落，疫情冲击下市场需求疲软。计算机、通信和其他电子设备制造业价格下降 1.8%，相比上年由涨转降，低 5.9 个百分点。

（四）高基数效应影响

2021 年，受疫情冲击和国际大宗商品价格大幅上涨影响，四川 PPI 连续 12 个月处于上涨区间，且涨幅逐月扩大。2022 年，PPI 整体走势受到对比基数较高影响，持续回落，年底由正转负。

四、需关注的问题

（一）中下游企业面临成本较高和需求不足双重压力

随着部分国际大宗商品价格逐渐从高位回落，输入性通胀压力有所改善，但能源和部分原材料价格仍处高位，虽然 12 月份购销同比差额由年初的 3.0 个百分点回落至 2.3 个百分点，但仍高于近十年的平均水平约 1 个百分点，工业企业仍面临较大成本压力。与此同时，需求端表现疲软，市场竞争激烈，中下游企业很难将上游原材料上涨完全转嫁给终端消费者。建议积极扩大有效需求，持续推进助企纾困政策，加大金融扶持力度，帮助企业渡过难关。

（二）高温限电等超预期因素对企业影响较大

2022 年夏季，连续的干旱高温天气导致四川“汛期反枯”，水电供应不足的同时用电需求激增，全省超过 3/4、约 1.3 万户规模以上工业企业停产 11 天，对企业的连续生产和经营收益均造成较大影响。8 月，出厂价格和购进价格环比分别下降 0.9%、1.5%，均为年度最大环比降幅，工业企业面临阶段性供需两弱的局面。面对持续增长的电力需求，建议要抓好火电、燃气电厂发电供应保障，优化调整电价政策，做好监测预警等，提高电力体系应对极端情况冲击的能力。

（三）大宗商品输入性影响仍存

我国对大宗商品依存度较大，主要包括原油、铁矿石、铜、大豆等。目前，随着全球流动性收紧和经济增速放缓，大宗商品价格有降温趋势，但国际环境仍然复杂，受北溪管道泄漏、全球能源供需失衡等因素影响，对油价产生一定支撑，国际能源价格可能延续高位震荡态势。建议密切关注国内外大宗商品价格趋势变化，加大能源和原材料市场供需调节力度，保持生产领域价格基本稳定。

五、2023 年走势预判

虽然 2022 年四川 PPI 总体温和上涨，但年底已连续三个月在负区间内运行。对于 2023 年，2022 年的平均翘尾影响约-0.5 个百分点。随着国际供应链逐步恢复，全球流动性收紧下欧美发达国家经济衰退风险加大，国际大宗商品价格趋势有所分化，但整体处于震荡回落阶段。加之国内疫情防控政策逐步优化，需求回暖有利于供应端的扩张，保供稳价政策持续推进保障主要能源价格稳定。预计 2023 年四川 PPI 将呈现整体回落、前低后高的走势。

CPI 冲高回落　整体涨幅温和

——2022 年四川 CPI 运行情况分析

2022 年，受国际地缘冲突，国内猪肉价格波动、疫情反复，省内高温限电、地震灾害等多重因素影响，四川居民消费价格（CPI）呈现冲高回落走势，全年上涨 2.0%，涨幅温和可控。展望 2023 年，随着我国从“后疫情时代”走向“疫情后时代”，四川 CPI 可能呈现震荡走势，整体能够运行在合理区间内。

一、2022 年 CPI 运行主要特点

（一）同比冲高回落，全年涨幅处于温和上涨区间

2022 年，面对国内外不确定、不稳定因素较多的复杂局面，四川 CPI 同比走势呈现冲高回落态势。其中 1、2、3 月同比分别上涨 0.4%、0.6%和 0.9%，延续了上年低位运行的走势。4、5、6 月受翘尾因素扩大影响，CPI 同比分别上涨 1.5%、1.8%、2.6%，出现小幅攀升势头。进入三季度，遭遇高温、缺电、疫情、地震等多重困难，又叠加较高翘尾影响，CPI 上涨压力显现，7 月上涨 3.1%、8 月上涨 3.0%，9 月更是在疫情影响下达到 3.8%，创下 2020 年 8 月以来的 26 个月新高。面对 CPI 上涨压力，全省各级政府积极采取投放储备肉，落细落实猪七条，做好疫情防控，保障重要民生商品供应，向困难群众发放临时价格补贴等措施，取得良好效果。10 月 CPI 同比上涨 2.8%，涨幅明显收窄。11 月由于气温偏高利于蔬菜生长，加之猪肉消费不及预期，价格走弱，当月 CPI 重回“1 时代”，同比仅上涨 1.7%。12 月由于猪肉消费旺季不旺，价格继续回落，加上双 12 促销，成品油价格下调等，CPI 环比下跌 0.4%，同比上涨 1.7%，与上月持平。

2022 年四川 CPI 全年上涨 2.0%，较 2021 年回升 1.7 个百分点，但明显低于调控目标，也比 2020 年同期低 1.2 个百分点，处于温和上涨区域。与此同时，四川扣除食品和能源价格的核心 CPI 全年上涨 1.1%，较 2021 年小幅回升 0.3 个百分点。分月看，除 1 月上涨 1.5%外，其余月份在 0.8%～1.3%之间窄幅波动，整体涨幅不大，运行较为平稳。

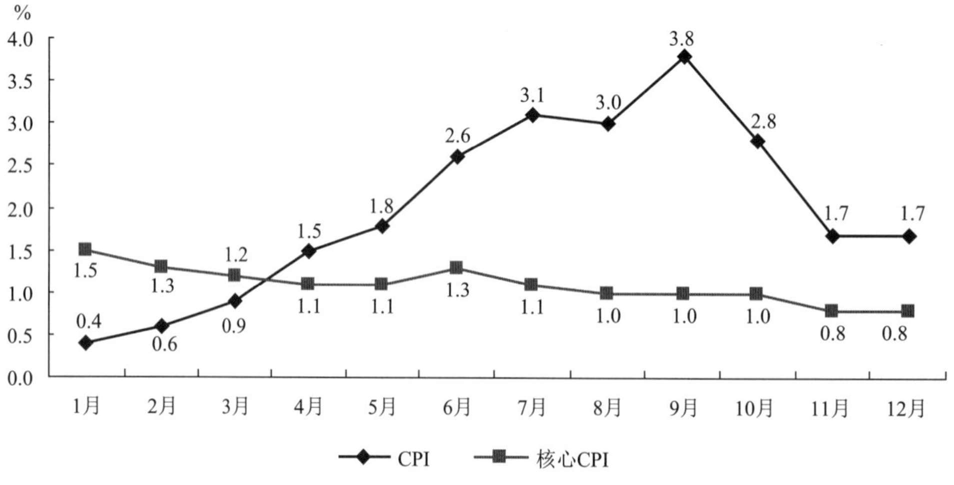

图 1　2022 年四川 CPI 与核心 CPI 同比涨幅

（二）猪肉价格影响明显，食品价格先跌后涨，全年涨幅不大

2022 年全省生猪出栏 6548.4 万头，较上年增长 3.7%，供给充足，但受养殖户出栏节奏等因素影响，生

猪价格在短期内大幅涨跌，使得四川食品价格受到明显影响，走势呈先跌后涨态势，全年上涨 2.0%，涨幅不大。

分月看，1、2、3 月由于生猪供给相对充裕，四川猪肉价格同比分别下跌 42.2%、43.1%和 43.4%，同期食品价格分别下跌 7.1%、5.5%和 4.4%。二季度在收储政策刺激下，四川猪肉价格反弹，4、5、6 月环比分别上涨 0.1%、5.6%、4.2%，同比跌幅明显收窄，6 月份只下跌了 2.4%，较 3 月份的低点收窄了 41.0 个百分点，当月食品价格同比上涨 2.2%，猪肉对食品价格的负向拉动作用显著减少。三季度原本是传统消费淡季，但猪肉价格在养殖户惜售、成本上涨、疫情封控居民囤积需求增加等因素刺激下环比一度出现大涨，其中 7 月上涨 28.5%、8 月上涨 3.6%、9 月上涨 10.8%，同期猪肉同比分别上涨 26.4%、31.0%、49.1%，使得食品价格 7 月同比涨幅陡增至 7.4%，9 月达到年内高点 12.5%，猪肉对食品价格的拉动作用转为正向。10 月中旬猪肉价格开始回落，但全月环比仍上涨 4.9%，推动当月猪肉价格同比涨幅达到 52.9%，创下阶段新高。同期食品价格上涨 8.7%，较上月涨幅有所回落，主要是鲜菜跌幅较大抵消了部分猪肉影响。针对猪肉价格快速上涨，国家发展改革委同有关部门迅速采取了一系列调控措施，使得市场预期发生改变，加之腌腊制作需求不及预期，11 月猪肉价格环比下跌 3.0%，同比上涨 25.7%，涨幅较上月高点大幅收窄 27.2 个百分点，同期食品价格仅上涨 3.2%，相比 9 月高点明显回落。12 月猪肉消费旺季不旺，同比涨幅进一步收窄至 18.1%，同期食品价格受鲜菜跌幅收窄以及禽肉、水产品等涨幅扩大，抵消了猪肉价格涨幅回落影响，上涨 3.5%，略有回升。

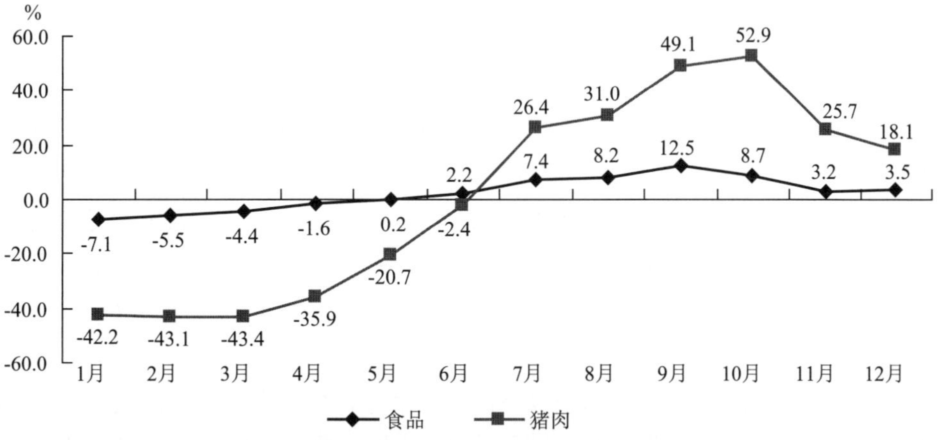

图 2　2022 年四川食品与猪肉价格同比涨跌幅

2022 年四川食品价格涨幅不大，但主要品种涨多跌少，如粮食价格上涨 3.8%、食用植物油上涨 6.3%、禽上涨 3.7%、鸡蛋上涨 6.0%、水产品上涨 0.7%、鲜菜上涨 1.8%、鲜果上涨 10.6%、猪肉下跌 6.2%。

（三）受能源价格影响工业消费品价格冲高回落，全年涨幅较大

2022 年以来大宗商品价格一度涨幅较大，PPI 传导效应有所显现，推动四川工业消费品价格稳步上扬，从 1 月同比上涨 2.8%到 6 月上涨 4.7%，创下该指数编制以来新高。随着美联储开启加息模式，对世界经济陷入衰退的担忧加剧，国际大宗商品价格纷纷回落，全国以及四川 PPI 涨幅从高点回撤，四川工业消费品价格同比涨幅开始收窄，7 月上涨 3.8%、8 月上涨 3.3%、9 月上涨 3.0%。10 月开始四川 PPI 同比由涨转跌，10、11、12 月 PPI 同比分别下跌 1.3%、1.6%、1.2%，同期工业消费品价格同比分别上涨 2.0%、1.8%、1.5%，12 月的低点已较 6 月高点大幅回落 3.2 个百分点，全年呈现冲高回落走势。

2022 年工业消费品价格运行的一大特点是受能源价格影响明显。2 月突然爆发的俄乌冲突一度导致国际原油和天然气等能源价格大涨，由于我国原油、天然气对外依存度高，国际市场的价格上涨传导到国内，导致上半年四川能源价格一路震荡走高，6 月涨幅一度达到 18.8%的阶段高点，同期工业消费品价格同比涨幅也创下编制以来新高。随后伴随着美联储激进加息，对全球经济陷入衰退的担忧升温，叠加欧美对俄石油价格限价，原油价格震荡回落，四川能源价格逐步回落，12 月只上涨 6.6%，不过全年仍大涨 12.3%，同期工业消费品价格上涨 3.1%。

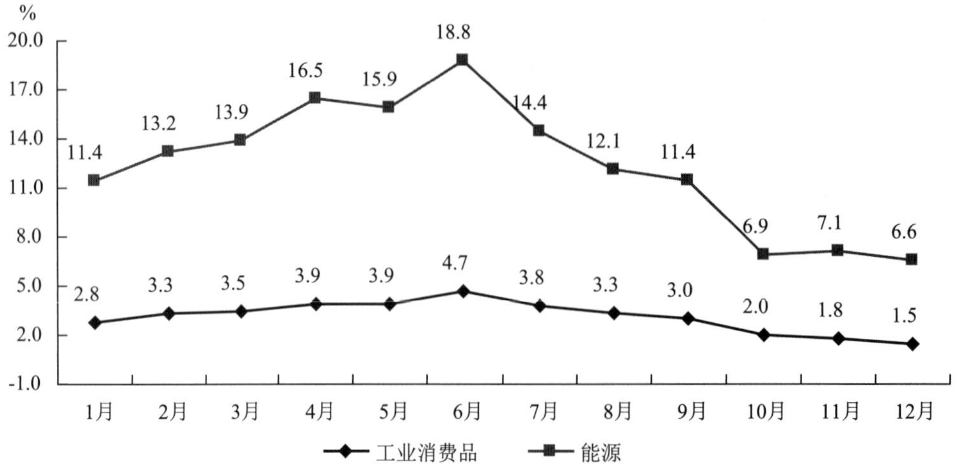

图 3　2022 年四川工业消费品与能源价格同比涨幅

2022 年工业消费品价格在创下新高后逐步走低，但全年仍上涨 3.1%，对 CPI 的贡献率达到 50%，高于同期食品烟酒的 28%（食品 19%）和服务的 22%，罕见地成为领涨板块。但值得注意的是扣除能源后的工业消费品价格仅上涨 0.8%，显示工业消费品主要受到输入性通胀影响，居民消费低迷难以支撑其价格走高。

（四）疫情反复，服务行业屡受冲击，价格低位运行

2022 年以来国内新冠肺炎疫情点多、面广、频发，导致接触性、聚集性服务行业消费遭受反复冲击，疫情影响难以完全消除，居民相关消费恢复一波三折，服务价格整体走势依然较弱。四川上半年服务价格除 1 月上涨 2.0%外，其余各月涨幅在 1.0%～1.4%之间，基本延续了上年低位运行走势。进入三季度后，特别是成都“8.25”新冠疫情发生以来，省内多地实施了不同程度的静态管理，影响服务价格进一步走低，7、8、9 月服务价格同比涨幅分别为 0.9%、0.8%、0.9%。10 月疫情形势缓解加之节日效应提振，服务价格整体有所反弹，同比上涨 1.0%。11 月进入旅游淡季，加之“二十条”公布后，居民观望气氛浓厚，消费需求并未得到释放，服务价格再次回落，同比上涨 0.8%，平了 8 月的涨幅低点。12 月“新十条”出台，各地防疫优化措施进一步细化和落地，加之省内第一波疫情逐步平息，感染人员逐步恢复，出行信心和热情逐渐升温，部分相关价格出现上涨，如飞机票环比上涨 7.2%、交通工具租赁费环比上涨 7.3%、长途汽车环比上涨 0.5%。在部分服务价格反弹带动下，当月四川服务价格同比上涨 0.9%，较上月回升 0.1 个百分点。

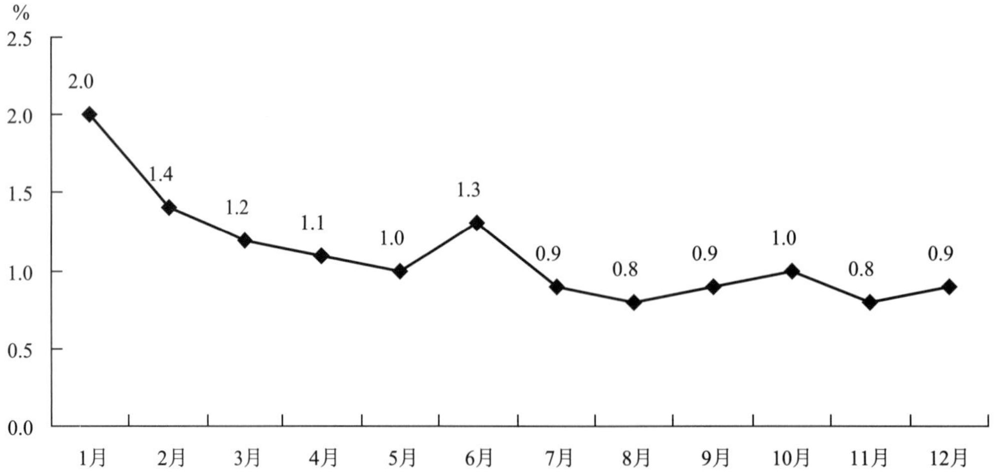

图 4　2022 年四川服务价格同比涨幅

2022 年四川服务价格上涨 1.1%，虽然涨幅较上年同期回升 0.2 个百分点，较 2020 年回升 1.1 个百分点，但仍低于 2019 年 0.1 个百分点，继续处于低位运行态势。2022 年受疫情影响较大的交通、旅游、住宿等行业价格出现恢复性上涨但涨幅不大，除飞机票上涨 14.9%外，长途汽车、宾馆住宿、旅行社收费分别只上涨了 2.3%、1.3%和 2.6%。

（五）与全国走势趋同，涨幅持平

2022 年四川与全国 CPI 走势大体趋同，涨幅与全国持平，在全国居第 13 位。分月看，1—5 月四川 CPI 不同程度低于全国，6 月开始四川反超全国 0.1 个百分点。进入三季度后，四川先后受到高温、缺电、疫情等多重因素影响，再叠加猪价反弹、去年基数低，导致四川 CPI 涨幅 7、8、9 月分别高于全国 0.4、0.5 和 1.0 个百分点。随着保供稳价政策效力显现，猪肉价格见顶回落等影响，10 月开始四川与全国均从 9 月高点不同程度回落，四川与全国的差距也开始明显收窄，其中 10 月四川比全国高 0.7 个百分点，11 月四川只比全国高 0.1 个百分点，12 月四川反低于全国 0.1 个百分点。

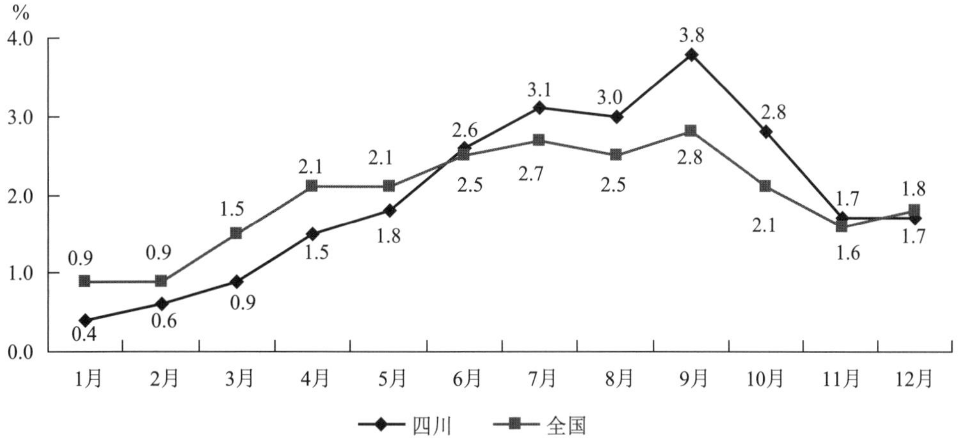

图 5　2022 年四川与全国 CPI 同比涨幅

二、当前抑制和推高 CPI 的因素分析

当前，保持四川 CPI 基本平稳运行的条件和基础有：一是中央定调 2023 年经济工作突出一个“稳”字，有利于形成物价稳定的政策氛围。二是我国经济韧性强、后劲足的基本面没有根本改变，一旦度过疫情防控政策调整动荡期后，有条件、有能力保持经济运行在合理区间，意味着没有全面通胀的氛围也没有明显通缩的基础。三是 2022 年国内粮食再迎丰收，2022 年 12 月中央经济工作会议提出实施新一轮千亿斤粮食产能提升行动。与此同时，2022 年末四川能繁母猪存栏 398.0 万头，产能处于合理水平，全国能繁母猪存栏超过正常保有量，未来粮食、生猪供应预计有保障，对 CPI 稳定将起到“压舱石”作用。四是欧美等发达经济体大概率在 2023 年陷入衰退。据 IMF 在 2022 年 10 月的预测，发达经济体 GDP 增速将由 2022 年的 2.4%锐减至 2023 年的 1.1%，需求趋缓，大宗商品价格回落，甚至不排除明显下跌，国内输入性通胀压力减轻。五是虽然中央经济工作会议提出“要把恢复和扩大消费摆在优先位置”，但不可忽视的“疤痕效应”（创伤留下的后遗症和持久性影响，这里指三年疫情对居民消费信心和预期的持续负面作用）使得投资与消费信心恢复不会一蹴而就，价格上涨缺乏消费驱动力。

虽然稳价的积极因素较多，但推高 CPI 的因素依然存在。一是在平稳度过疫情流行期后，疫情对服务消费的影响有望明显减弱，服务价格存在恢复性甚至报复性上涨可能。二是 2023 年猪肉价格存在复制上年急涨猛跌“过山车”行情的可能性。特别是 2022 年上半年低基数效应，对 CPI 有向上牵引力。三是极端天气带来的直接影响与“次生风险”。四是俄乌冲突走向的不确定性，对国际能源和粮食市场的影响。五是美联储货币政策走向对国际金融及大宗商品价格的影响。

三、2023 年走势预判

展望 2023 年，抑制 CPI 上涨的因素和推高 CPI 的风险并存，CPI 运行存在不确定性。从目前基本面看，预计季节性、节假日及翘尾影响等因素可能导致部分月份 CPI 涨幅较大，但不会持续，且由于政府保供稳价决心强、消费需求恢复力度弱，当前 CPI 无明显上涨压力，少数商品、服务价格的大幅上涨不会持续推动整体物价水平的明显上行。因此，2023 年四川 CPI 有望呈现结构性涨跌，振荡前行，但保持在合理区间内运行。

勠力同心共克时艰　居民收支平稳增长

——2022年四川城乡居民收入消费增长形势分析

2022年，面对疫情、旱情、灾情叠加等超预期因素冲击，四川全省上下全力以赴拼经济搞建设，大力实施“决战四季度、大干一百天”攻坚行动，抢进度、补损失，全力稳住了经济基本盘，带动城乡居民收入消费实现平稳增长。全年全省居民人均可支配收入30679元，较上年增长5.5%，人均生活消费支出22302元，较上年增长3.6%。

一、2022年四川居民收入增长情况

（一）收入增长持续放缓

2022年，四川居民人均可支配收入为30679元，较上年增长5.5%，从全年各季度收入增幅看，收入增长呈持续放缓态势。对比近三年收入增长情况，2022年居民收入增幅仅高于疫情暴发初期2020年一季度的2.9%。受疫情影响，2020—2022年的三年间城乡居民人均可支配收入年均增幅为7.5%，较之正常年份（以2014—2019年年均增幅计）下降1.9个百分点。

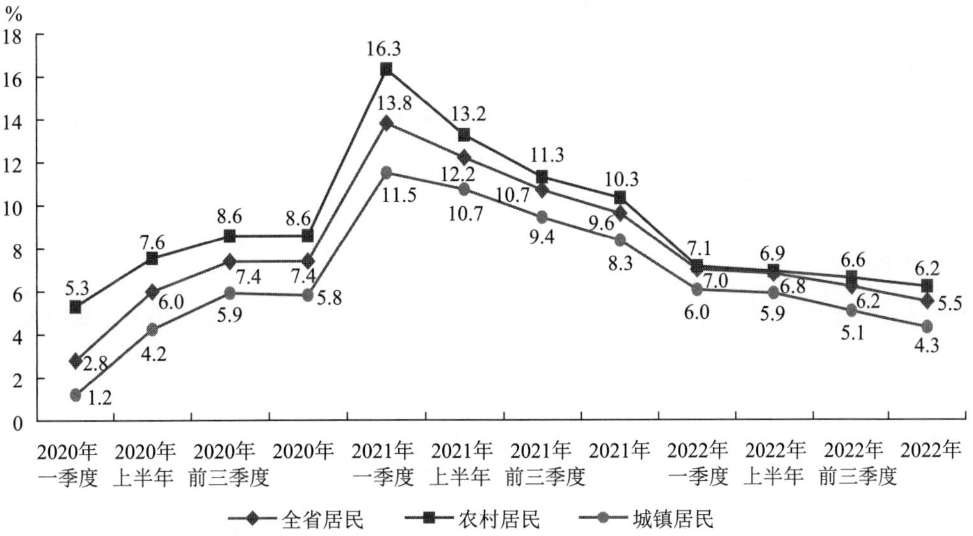

图1　2020—2022年四川居民人均可支配收入增长情况

（二）收入增长快于全国，城乡差距进一步缩小

2022年四川居民人均可支配收入增长快于全国，增幅较全国高0.5个百分点，在全国各省（区、市）中居第10位，在西部12个省（区、市）中居第4位。人均可支配收入绝对额为30679元，相当于全国平均水平的83.2%，较上年提升了0.4个百分点，全省与全国平均收入差距正稳步缩小。分城乡看，城镇居民人均可支配收入43233元，较上年增长4.3%，农村居民人均可支配收入18672元，较上年增长6.2%，农村居民收入增长快于城镇居民，城乡居民收入比由上年的2.36下降为2.32，城乡收入相对差距继续缩小。

（三）居民各分项收入增长不平衡

一是工资性收入为居民增收关键支撑。2022年，全省城乡居民人均工资性收入为15234元，收入占比49.7%，为居民第一收入来源；较上年增长5.8%，为全年收入增长最快项；增收贡献率达52.6%，为支撑居

民增收的第一主力。二是转移净收入实现平稳增长。2022 年，依托政策持续发力助推农业产业发展和效益提升，提高困难群众救助补助水平及城乡低保和特困人员救助标准，社会保障得以进一步强化，有力支撑居民转移性增收。全省居民人均转移净收入为 7427 元，较上年增长了 5.7%，增收贡献率为 25.2%，为仅次于工资性收入的增收第二来源。三是经营净收入增幅明显回落。全省范围内实施“降、缓、返、补”等新的组合式税费支持政策，一定程度上缓解了市场主体资金压力，稳定了市场预期，激发了市场活力。但疫情、高温干旱极端天气等超预期因素对居民经营性增收影响显著，2022 年全省居民人均经营净收入为 6045 元，较上年增长 5.0%，增幅较上年回落 3.9 个百分点。四是财产净收入增长乏力。伴随着经济增速放缓，银行利率持续下调，楼市持续疲软，居民房屋出租等资产性收益、银行存款等利息收入明显下降。2022 年全省居民人均财产净收入为 1974 元，较上年仅增长 3.6%，为四大收入来源中增长最缓项。

表 1　2022 年四川居民收入增长情况

指 标 名 称	绝对值（元）	增幅（%）	增加额（元）	占比（%）	贡献率（%）
可支配收入	30679	5.5	1599	—	—
工资性收入	15234	5.8	842	49.7	52.6
经营净收入	6045	5.0	286	19.7	17.9
财产净收入	1974	3.6	68	6.4	4.3
转移净收入	7427	5.7	403	24.2	25.2

二、2022 年四川居民生活消费支出变动情况

（一）居民生活消费总体仍较低迷

受疫情等多重因素影响，居民消费意愿降低，生活消费总体仍较低迷。2022 年全省城乡居民人均生活消费支出 22302 元，较上年增长 3.6%。增幅较上年明显回落，回落幅度达 5.2 个百分点；消费增幅较同期收入增幅低 1.9 个百分点，且较收入增幅多回落 1.1 个百分点；对比全年各季度情况，城乡居民生活消费支出增速呈持续回落态势。

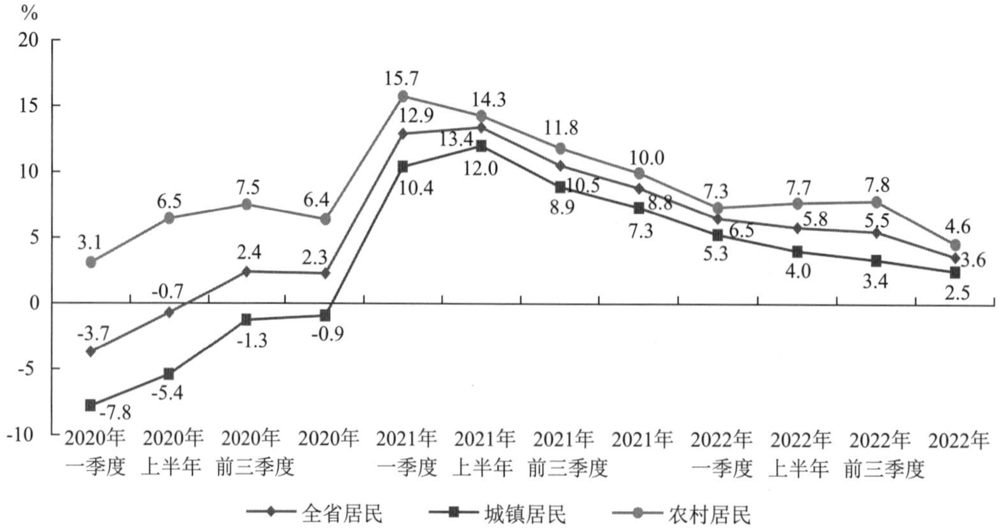

图 2　2020—2022 年四川城乡居民人均生活消费支出增长情况

（二）居民各类生活消费增长呈现差异化

分城乡看，2022 年四川城乡居民人均消费支出分别为 27637 元和 17199 元，较上年分别增长 2.5%和

4.6%。对比各分项消费支出，居民在其他用品和服务、居住等消费支出呈现较快增长，较上年分别增长 9.4% 和 8.1%，在消费总体低迷背景下表现十分抢眼；教育文化娱乐、生活用品及服务等消费增长相对较快，较上年分别增长 6.0%和 5.6%，增速明显快于生活消费支出的 3.6%；而医疗保健类消费仅增长 1.6%，衣着和交通通信类等消费支出仅与上年持平，增长乏力态势明显。

（三）持续高温天气增加居住类消费

2022 年夏受高温极端天气影响，居民在空调、电扇和冰箱等降温家电上表现出消费热情，家用电器消费支出增长 23.7%，带动生活用品及服务类消费较上年增长 5.6%。同时，高温天气明显增加了居民生活水电气等消费支出，全年居民的水电燃气支出较上年增长 9.7%；再者为提升房屋隔热性能和舒适性，居民还极大增加了住房维修及管理消费，消费支出较上年增长 22.6%，共同推动居住类消费较上年增长 8.1%。

（四）两因素导致居民餐饮类消费增长明显放缓

2022 年全省居民人均食品烟酒消费支出为 7738 元，较上年增长 2.5%，居民在食品餐饮这一必需消费方面增长亦明显放缓，增幅较上年回落了 4.9 个百分点。分析原因，2022 年猪肉价格明显低于上年，居民肉类消费支出明显减少，全年居民人均肉类消费支出较上年下降 10.7%。其次，多点散发的疫情使广大居民尤其是城镇居民外出就餐、聚会等餐饮消费受到极大限制。

（五）文化娱乐消费持续低迷

疫情影响居民聚集性消费和旅游出行，在生活消费支出中表现为文化娱乐消费的持续低迷，较之正常年份存在较大差距，与上年相比也明显下降。2022 年全省居民人均文化娱乐支出为 475 元，较上年呈现负增长，降幅为 5.1%，仅相当于 2019 年水平的 73.9%。其中文化娱乐服务消费尤为低迷，较上年下降幅度高达 21.4%，仅相当于 2019 年水平的 43.3%。

（六）出行受限影响居民交通类消费

多地散发的疫情及静态管理使居民日常出行受阻，2022 年全省居民交通类消费支出较上年下降 1.8%。其中，交通费支出方面下降明显，降幅为 10.0%；交通工具、交通工具使用及维修支出分别下降 7.1%和 7.0%。另一方面，受国内成品油价格大幅上涨的影响，居民交通燃料支出均快速上涨，增幅达 13.2%。

表 2　2022 年四川城乡居民生活消费支出增长情况

指标名称	绝对值（元）	增幅（%）	增加额（元）	占比（%）
生活消费支出	**22302**	**3.6**	**784**	—
食品烟酒	7738	2.5	189	34.7
衣着	1317	0.1	1	5.9
居住	4362	8.1	326	19.6
生活用品及服务	1465	5.6	78	6.6
交通通信	2806	0.0	-1	12.6
教育文化娱乐	2006	6.0	114	9.0
医疗保健	2105	1.6	33	9.4
其他用品和服务	502	9.4	43	2.3

三、2022 年四川居民收入增长支撑因素分析

（一）全省经济发展有着较强韧性

2022 年，面对世所罕见的超预期因素冲击，全省上下全力以赴，大干苦干，采取超常举措实现了市场主体和就业稳定，稳住了经济大盘，全省经济表现出较强韧性。全年地区生产总值按可比价格计算比上年

增长 2.9%，其中工业生产波动回升，规模以上工业增加值较上年增长 3.8%；固定资产投资较快增长，较上年增长 8.4%，外贸进出口总额首破万亿大关，较上年增长 6.1%。

（二）助企纾困政策力度不断加大

全面落实新的组合式税费支持政策，在退税减税降费等方面加大政策红利释放力度。截至 2022 年 11 月底，全省为各类市场主体累计办理新增减税降费和退税缓税缓费超 1630 亿元；实施普惠小微贷款 9256 亿元，同比增长 25.1%；为 36.22 万户市场主体发放稳岗返还、留工培训补贴等补助资金 23.7 亿元；国有企业为 8.6 万户小微企业和个体工商户减免房屋租金 27.4 亿元。这些举措有效缓解了市场主体资金压力，稳定了市场预期，激发了市场活力。

（三）政策持续发力助推农业产业发展和效益提升

据省财政厅资料，2022 年全省共下达中央和省级财政衔接乡村振兴补贴资金 174.43 亿元；统筹安排一般公共预算农业转移支付支持粮食生产资金 222 亿元，较上年增长 22 亿元；安排中省财政资金 67.5 亿元，按照亩均 1500 元的标准支持建设高标准农田 450 万亩；安排省级财政补助资金 5.3 亿元，支持 48 个县启动农业种植园地改造；安排农机购置补贴资金 5.7 亿元，加大了粮食类农机具补贴力度。

（四）织牢社会保障网促进居民转移性增收

据省财政厅资料，2022 年共下达困难群众救助补助资金 133.65 亿元。其中，中央补助资金 119.85 亿元，位列全国第一；省级补助资金 13.8 亿元，较上年增长 40.8%。2022 年 7 月全省进一步提高了城乡低保和特困人员救助标准低限，全力做好困难群众生活保障，支撑了居民转移性增收。

四、需重点关注的问题

（一）疫情对生产生活造成严重冲击且短期内仍难消除

疫情对居民生产生活影响显著。2022 年，全省先后经历多轮疫情冲击，波及范围广、影响程度深。尤其是 9—11 月全省大范围静默管理，对经济增长和居民生产生活均产生了显著影响。随着国内正在全面实施疫情防控政策优化调整，预计 2023 年疫情对经济影响将逐步减弱，但春节期间人口流动暴增，疫情仍存在较大不确定性，预计对经济的影响在 2023 年一季度仍将持续。

（二）高温干旱对工农业生产和居民增收影响较大

2022 年夏，全省遭遇了“三最”叠加的极端高温干旱天气，全省超过 3/4 合计约 1.3 万户的规上工业企业因缺电被迫停产 11 天，造成严重经济损失。在农业生产领域，各地采取措施抗旱补种，虽挽回粮食生产部分损失，但高温干旱天气对粮食、蔬菜和水果等农作物生产仍产生了显著影响，全省粮食减产 2.0%，同时极端高温干旱天气还造成部分农作物品质下降影响农产品价格，明显影响了农业经营性增收。

（三）国内外宏观经济形势依然复杂严峻

2023 年，工作重心重回经济发展，在防疫政策优化调整和国内“加力提效”“精准有力的财政货币”等稳经济一揽子政策措施的推动下，经济有望出现明显好转。但我国经济复苏的基础仍不牢固，需求收缩、供给冲击、预期转弱的三重压力仍然较大，经济发展内外环境也存在较多问题。外部环境方面，俄乌战争及欧美制裁导致逆全球化趋势加剧，也引发了全球能源市场、金融市场和供应链的巨大波动；全球经济面临较大下行风险，美国等主要贸易伙伴大概率步入衰退，出口将继续承压；中美摩擦还将加大我国参与国际分工和供应链的成本。从国内看，2023 年“三稳”工作要求地方政府财政支出力度不减，而其收入端却面临税费减免、土地出让减少等挑战，存在地方债务外溢风险。2022 年房地产市场呈整体下行趋势，2023 年房地产市场会迎来修复，但在长周期人口拐点背景下，全面摆脱低迷实现调整恢复存在较大不确定性。综上，预期 2023 年中国经济明显向好，但何时开始筑底反弹，能否恢复到疫情前较高水平，能否实现持续较快增长均难以准确研判。

（四）居民消费预期较弱，完全恢复有待时日

面对疫情反复及收入预期转弱，居民消费明显下滑，且回落幅度大于收入，居民消费预期普遍较弱。

一是 2022 年居民部门存在超额储蓄。据央行推算数据，2022 年全年居民部门新增存款或超过 16 万亿，对比往年平均，超额储蓄规模或在 6 万亿左右。二是超额储蓄难以转化为消费。因超额储蓄集中在城镇居民和高收入人群，低收入群体储蓄率在近年来持续下降，因而居民边际消费倾向和消费转化率均较低。三是居民收入和信心恢复需要时间。央行四季度问卷调查数据显示，居民部门收入感受指数和就业感受指数环比均仍在下滑，考虑到 2023 年一季度国内疫情仍未结束，居民收入和信心恢复还需较长时间。

二 住户调查

2-1 居民人均可支配收入(2017-2022年)

单位：元

指 标	2017	2018	2019	2020	2021	2022
居民人均可支配收入	**20579.8**	**22460.6**	**24703.1**	**26522.1**	**29080.1**	**30679.2**
工资性收入	**10013.6**	**11069.9**	**12048.8**	**13031.6**	**14392.4**	**15234.2**
工资	9393.2	10304.8	11460.5	12420.1	13693.1	14497.3
按月发放的工资	7875.6	8598.0	9321.4	9954.8	10537.9	11231.6
补发工资	239.7	299.7	315.5	302.6	250.5	290.2
不按月发放的奖金、津贴、过节费等	1277.9	1407.1	1823.6	2162.7	2904.7	2975.5
实物福利	59.4	70.1	90.9	103.9	135.8	131.6
从单位或雇主得到的实物产品折价	10.2	11.2	19.5	22.0	22.6	19.0
食品	8.1	7.5	13.3	15.4	17.6	15.1
谷物、薯类及豆类	1.6	2.0	4.9	6.5	7.5	6.2
食用油(植物油)	1.7	1.6	2.5	2.9	2.3	2.8
蔬菜及制品		0.1		0.1	0.1	0.0
肉、禽、蛋、奶及制品	0.9	0.8	1.7	1.4	1.2	1.0
水产品及制品			0.1	0.1	0.0	0.0
糖、烟、酒、饮料类	1.5	1.7	2.7	2.5	4.4	3.5
干鲜瓜果类	0.2	0.3	0.6	0.7	0.9	0.8
其他类食品	2.2	1.0	0.8	1.2	1.2	0.8
衣着	0.2	0.1	0.3	0.7	0.4	0.4
居住		0.1		0.0	0.0	
家庭设备和日用品	0.8	1.3	3.1	3.0	1.7	1.9
交通、通信工具及用品	0.5	1.0	1.3	0.5	0.6	0.2
教育文化娱乐用品		0.2	0.1	0.1	0.0	0.1
医疗保健用品	0.1	0.2	0.2	0.7	0.6	0.3
其他用品	0.6	0.7	1.3	1.6	1.7	1.1
从单位或雇主得到的服务折价	49.2	58.9	71.4	81.9	113.1	112.6
免费或低价提供的工作餐	47.1	55.3	65.7	76.5	106.3	107.1
免费或低价提供的住宿	1.0	1.5	4.1	2.8	4.4	3.7
单位缴纳的水电费、取暖费、物业费等		0.1	0.1	0.3	0.1	0.3
免费或低价提供的交通和通信服务	0.1	0.5	0.5	0.4	0.8	0.5
单位缴纳的教育入学赞助费	0.1	0.1		0.0		
免费或低价提供的旅游服务	0.5	0.2	0.1	0.0	0.6	0.0
其他服务	0.2	1.2	0.8	1.9	0.9	1.0
单位或雇主实物福利报销所得						
其他	560.9	694.9	497.4	507.6	563.5	605.2
住房公积金	311.2	328.7	397.6	457.7	479.1	522.0
辞退金	5.6	6.1	0.6	3.8	25.5	27.6
自由职业劳动所得(如稿费、翻译费)	6.5	13.5	25.8	21.9	41.7	41.6
安家费		5.9	3.0	1.1	4.0	2.0
股票期权	0.4					
其他劳动所得	237.3	340.7	70.5	23.0	13.1	12.0
经营净收入	**4263.7**	**4558.1**	**5058.1**	**5289.3**	**5758.4**	**6044.7**
第一产业经营净收入	2099.8	2088.4	2260.2	2364.3	2338.2	2423.6
农业	1241.5	1278.8	1278.6	1275.3	1503.0	1519.5
林业	147.8	201.8	212.5	169.8	213.9	227.0
牧业	676.5	576.6	733.6	882.6	599.3	645.6
渔业	33.9	31.2	35.4	36.6	22.0	31.6

2-1 续表 1

单位：元

指　　标	2017	2018	2019	2020	2021	2022
第二产业经营净收入	139.0	150.5	247.5	273.6	371.5	400.1
采矿业	-0.5	3.0	-0.7	0.3	0.0	0.0
制造业	66.1	73.0	69.5	83.2	151.6	155.4
电力、热力、燃气及水生产和供应业	12.0	6.3	9.0	10.3	1.5	-1.2
建筑业	61.5	68.2	169.7	179.8	218.4	245.9
第三产业经营净收入	2024.9	2319.2	2550.5	2651.3	3048.7	3220.9
批发和零售业	987.0	1131.6	1257.1	1361.1	1555.4	1502.0
交通运输、仓储和邮政业	302.1	313.0	314.5	365.1	407.9	409.9
住宿和餐饮业	297.3	370.9	423.6	399.9	460.0	457.5
房地产业	1.4	3.9	-2.1	2.7	-0.2	-1.3
租赁和商务服务业	15.5	27.8	11.5	-13.1	-51.8	58.1
居民服务、修理和其他服务业	334.8	376.6	378.3	367.9	538.1	651.1
其他	74.9	88.2	147.7	156.2	131.1	138.7
农林牧渔服务业	11.9	7.2	19.9	11.7	8.1	4.9
财产净收入	**1362.9**	**1443.1**	**1593.3**	**1719.6**	**1905.3**	**1973.6**
利息净收入	54.3	60.7	-45.2	-36.2	32.3	103.9
红利收入	104.8	131.3	229.9	315.7	366.5	374.3
集体分配的红利	17.4	42.0	27.1	14.5	15.6	10.6
其他红利收入	88.0	89.3	202.8	301.2	350.9	363.7
储蓄性保险净收益	4.8	6.6	3.8	1.8	3.8	2.9
转让承包土地经营权租金净收入	83.0	87.0	105.0	112.9	121.2	111.2
出租房屋财产性收入	458.5	419.6	487.9	532.2	526.9	499.1
出租机械、专利、版权等资产的收入	24.8	38.1	48.8	30.1	23.4	24.9
其他财产净收入	16.3	21.0	14.5	2.8	13.6	0.7
房屋虚拟租金	616.5	678.8	748.7	760.4	817.6	856.7
转移净收入	**4939.6**	**5389.4**	**6002.9**	**6481.6**	**7024.1**	**7426.7**
转移性收入	6244.7	6778.1	7444.2	7953.4	8652.9	9263.6
养老金或离退休金	3844.4	3720.7	3991.2	4330.1	4433.6	4860.1
离退休金	2896.2	2662.5	2802.8	3018.3	3157.9	3422.9
城乡居民基本养老保险	721.2	870.3	938.1	1048.7	1011.7	1160.6
其他养老金	227.0	188.0	250.3	263.1	264.0	276.6
社会救济和补助	159.5	187.2	176.8	202.8	247.1	253.0
最低生活保障费	53.3	61.4	64.1	77.4	94.0	95.4
五保户救助金	1.7	7.3	9.3	10.4	12.8	14.0
扶贫款	32.6	29.1	5.7	6.0	0.9	1.3
救灾款	2.3	0.5	0.4	0.5	0.3	0.2
抚恤金	40.3	38.3	56.8	72.8	91.6	93.8
医疗救助专项补贴				8.3	15.5	12.0
教育救助专项补贴				6.3	5.3	5.4
其他社会救济收入	29.2	39.5	40.4	21.0	26.8	31.0
政策性生活补贴	53.6	129.5	131.5	126.2	129.2	112.1
家电补贴	1.7	0.6		0.1	0.2	0.1
能源补贴	1.3	0.1	0.3	0.0	0.0	0.0
免费或低价提供的住宿(廉租房)	0.7	0.5	0.2	0.3	0.2	0.3
居住专项补贴				10.0	9.3	6.0

2-1 续表 2 单位：元

指 标	2017	2018	2019	2020	2021	2022
建房改造专项补贴				12.7	14.1	7.5
其他生活补贴	50.6	66.1	131.0	103.1	105.5	98.4
报销医疗费	253.9	296.3	426.0	419.3	504.0	504.4
家庭外出从业人员寄回带回收入	1103.1	1515.5	1685.3	1798.3	2192.9	2258.3
赡养收入	566.2	635.3	710.0	780.3	803.2	912.5
其他经常转移收入	103.3	131.4	117.2	131.0	145.6	120.1
失业保险金	11.4	18.0	23.0	25.2	29.0	16.5
经常性捐赠收入	6.5	6.3	4.9	8.3	0.5	0.6
经常性赔偿收入	3.7	5.2	10.4	3.8	8.3	4.8
社保支出专项补贴				6.1	7.9	9.0
扶贫补助金孳息收入				0.4	0.1	0.0
扶贫贷款利息补助收入				0.3	0.0	
其他转移性收入	81.7	96.1	78.9	87.0	99.9	89.3
从政府和组织得到的实物产品和服务折价	53.0	58.9	46.9	42.0	63.7	64.1
食品	11.5	16.0	18.9	17.8	25.8	23.0
谷物、薯类及豆类	2.7	3.7	3.2	3.8	5.4	5.0
食用油(植物油)	2.9	3.8	3.9	5.1	7.9	6.1
蔬菜及制品				0.0	0.0	0.4
肉、禽、蛋、奶及制品	2.6	3.1	5.9	5.7	8.5	6.9
水产品及制品	0.2			0.0	0.0	
糖、烟、酒、饮料类	0.5	0.3	1.8	0.2	0.7	0.5
干鲜瓜果类		0.1	0.2	0.1	0.1	0.4
其他类食品	2.6	5.0	3.9	2.7	3.1	3.8
衣着	2.7	0.3	0.2	0.1	0.1	0.0
居住	2.9	0.7		0.2	0.1	0.0
家庭设备和日用品	6.8	17.2	14.0	9.4	7.9	8.6
交通、通信工具及用品	0.3	0.3	0.4	0.0	2.5	3.9
教育文化娱乐用品	0.3	2.6	0.3	0.1	0.2	0.1
医疗保健用品	0.1	0.3	0.2	0.3	9.1	2.4
其他用品	6.6	2.3	1.9	2.2	0.4	1.5
其他服务折价(不含廉租房)	21.7	19.2	11.0	11.8	17.7	24.5
现金政策性惠农补贴	107.8	103.3	159.4	123.5	133.6	179.0
转移性支出	1305.1	1388.7	1441.3	1471.8	1628.9	1836.9
个人所得税	35.2	70.1	61.8	62.6	54.4	78.1
社会保障支出	1099.6	1106.5	1194.1	1239.2	1374.2	1583.0
个人缴纳的养老保险	742.1	703.5	746.3	748.7	859.2	974.6
个人缴纳的医疗保险	301.8	347.5	375.9	406.2	440.4	528.4
个人缴纳的失业保险	23.2	20.8	25.6	27.3	26.1	28.5
其他社会保障支出	32.6	34.7	46.3	57.0	48.5	51.6
外来从业人员寄给家人的支出	0.4	2.2	5.0	5.4	3.9	0.3
赡养支出	117.8	140.1	118.1	113.9	141.6	126.9
其他转移性支出	52.2	69.9	62.4	50.7	54.8	48.6
经常性捐赠支出	14.2	16.0	16.4	9.8	4.8	4.9
经常性赔偿支出	0.1	0.2	0.8	0.1	0.2	
其他经常转移支出	37.9	53.7	45.2	40.8	49.8	43.6

2-2 居民人均总收入(2017-2022年)

单位：元

指　　标	2017	2018	2019	2020	2021	2022
居民人均总收入	**25784.7**	**28583.0**	**31022.4**	**32919.3**	**36775.7**	**38132.6**
工资性收入	**10013.6**	**11069.9**	**12048.8**	**13031.6**	**14392.4**	**15234.2**
工资	9393.2	10304.8	11460.5	12420.1	13693.1	14497.3
实物福利	59.4	70.1	90.9	103.9	135.8	131.6
其他	560.9	694.9	497.4	507.6	563.5	605.2
经营性收入	**8071.1**	**9103.0**	**9694.2**	**9945.5**	**11593.9**	**11411.6**
第一产业经营收入	3989.8	4051.1	4329.1	4237.0	4514.1	4449.0
第一产业经营收入(不含惠农补贴)	3989.8	4051.1	4329.1	4237.0	4514.1	4449.0
农业	1749.4	2017.2	2025.3	1901.3	2285.9	2390.1
林业	164.0	226.1	231.7	192.7	230.8	250.9
牧业	2004.2	1738.9	2003.2	2075.6	1936.1	1726.1
渔业	72.2	68.8	68.9	67.4	61.3	82.0
第二产业经营收入	432.9	574.6	603.3	616.6	662.0	693.5
采矿业	1.7	7.3	0.6	0.4		
制造业	169.8	230.0	217.9	257.4	282.5	306.2
电力、热力、燃气及水生产和供应业	24.2	9.7	10.9	13.4	2.9	
建筑业	237.1	327.5	373.9	345.4	376.6	387.3
第三产业经营收入	3648.4	4477.3	4761.8	5091.8	6417.9	6269.0
批发和零售业	1803.5	2436.1	2487.6	2762.6	3460.5	3131.9
交通运输、仓储和邮政业	528.6	501.3	552.6	594.3	711.1	714.3
住宿和餐饮业	661.2	659.8	669.8	632.4	1163.6	1090.2
房地产业	2.3	4.7	0.8	4.4		0.5
租赁和商务服务业	38.0	44.6	103.2	107.9	77.1	179.7
居民服务、修理和其他服务业	475.7	655.8	645.2	692.5	777.6	933.9
其他	116.1	154.6	266.4	266.5	211.1	205.8
农林牧渔服务业	23.1	20.5	36.3	31.3	16.9	12.6
财产性收入	**1455.2**	**1632.0**	**1835.1**	**1988.8**	**2136.5**	**2223.0**
利息收入	144.8	146.3	191.9	226.0	258.6	350.8
红利收入	104.8	232.1	229.9	315.7	366.5	374.3
储蓄性保险净收益	4.8	6.6	3.8	1.8	3.8	2.9
转让承包土地经营权租金净收入	83.0	87.0	105.0	112.9	121.2	111.2
出租房屋财产性净收入	458.5	419.6	487.9	532.2	526.9	499.1
出租机械、专利、版权等资产的净收入	24.8	38.1	48.8	30.1	23.4	24.9
其他财产净收入	18.1	23.6	19.2	9.7	18.6	3.1
房屋虚拟租金	616.5	678.8	748.7	760.4	817.6	856.7
转移性收入	**6244.8**	**6778.1**	**7444.2**	**7953.4**	**8652.9**	**9263.9**
养老金或离退休金	3844.4	3720.7	3991.2	4330.1	4433.6	4860.1

2-2 续表

单位：元

指　　标	2017	2018	2019	2020	2021	2022
社会救济和补助	159.5	187.2	176.8	202.8	247.1	253.0
政策性生活补贴	53.6	129.5	131.5	126.2	129.2	112.1
家庭外出从业人员寄回带回收入	1103.1	1515.5	1685.3	1798.3	2192.9	2258.3
赡养收入	566.2	635.3	710.0	780.3	803.2	912.5
报销医疗费	253.9	296.3	426.0	419.3	504.0	504.4
从政府和组织得到的实物产品和服务折价	53.0	58.9	46.9	42.0	63.7	64.3
现金政策性惠农补贴	107.8	103.3	159.4	123.5	133.6	179.0
其他转移性收入	103.3	131.4	117.2	131.0	145.6	120.1
非收入所得	**2135.3**	**2339.9**	**2954.5**	**2707.4**	**2960.2**	**2661.2**
出售资产所得	816.7	723.9	1009.2	817.6	721.5	353.2
出售住房本金所得	66.4	242.7	171.8	126.7	247.2	48.3
出售住房溢价所得(含亏损)	6.4	1.7	50.0	31.2	52.5	
出售股票、基金、收藏品本金所得	41.6	0.8	2.4	3.7	0.8	6.2
出售股票、基金、收藏品所得(含亏损)	1.4	5.0	3.1	14.4	2.6	18.1
出售生产性固定资产所得	32.0	18.5	35.3	30.6	33.2	21.7
拆迁征地补偿所得	513.5	377.2	678.7	530.5	291.2	158.4
出售其他财物和收回其他投资本金所得	155.4	78.0	67.9	80.5	94.0	100.4
非经常性转移所得	1308.9	1608.1	1938.3	1881.9	2221.0	2304.0
博彩所得	27.9	104.0	70.1	56.1	139.9	140.1
婚丧嫁娶礼金所得	440.4	556.1	562.9	439.3	586.2	469.7
遗产及一次性馈赠所得	218.6	338.4	411.0	402.0	548.6	620.3
一次性赔偿所得	133.7	84.3	79.4	125.9	81.6	100.1
提取住房公积金	20.2	60.3	146.9	106.0	141.8	116.6
调查补贴	397.6	448.7	637.7	721.5	692.6	807.3
其他非经常性转移所得	70.4	16.3	30.2	31.0	30.5	49.9
其他非收入所得	9.7	7.9	6.9	7.9	17.7	4.1
借贷性所得	**2111.3**	**2525.0**	**2628.0**	**2008.9**	**2199.8**	**1373.6**
提取储蓄存款	1565.3	1773.2	1750.0	1355.0	1592.0	1075.8
借入款	296.0	399.5	404.1	272.0	235.6	100.9
收回借出款	112.2	161.0	166.9	101.3	117.4	103.3
收回储蓄性保险本金	1.1	5.4	1.0	0.2	3.6	2.4
住房贷款	35.4	51.9	163.5	146.7	148.1	58.4
汽车贷款	5.9	10.6	52.1	18.9	13.0	8.9
教育贷款	4.5	11.3	8.9	6.2	4.7	6.4
其他贷款	78.9	94.5	72.3	101.3	64.6	16.6
其他借贷所得	12.0	17.7	9.2	7.4	20.9	0.9

2-3 居民人均总支出(2017-2022年)

单位：元

指　标	2017	2018	2019	2020	2021	2022
居民人均总支出	**26197.5**	**29924.1**	**32330.6**	**31649.6**	**35720.9**	**35592.5**
消费支出	**16179.9**	**17663.6**	**19338.3**	**19783.4**	**21518.0**	**22301.9**
食品烟酒	5632.2	5937.9	6466.8	7026.4	7549.0	7738.3
食品	3977.1	4004.1	4224.8	4908.2	4930.8	4858.3
谷物	527.6	515.7	487.5	532.4	515.8	488.4
薯类	100.3	101.2	107.1	109.4	103.0	94.7
豆类	61.3	58.1	60.1	66.3	63.6	63.3
食用油	195.4	186.2	175.2	215.1	225.3	221.5
蔬菜和食用菌	562.7	519.8	521.9	588.7	579.9	613.7
肉类	1129.3	1138.7	1230.3	1652.4	1672.3	1493.9
禽类	288.3	279.8	352.4	407.4	387.3	402.7
水产品	149.0	148.2	189.9	204.3	218.9	246.4
蛋类	115.1	126.8	139.0	151.7	135.4	143.5
奶类	217.6	277.2	265.4	256.5	278.3	275.5
干鲜瓜果类	338.9	345.7	383.3	383.8	402.1	445.9
糖果糕点类	116.1	130.6	132.9	130.5	144.3	156.2
其他食品	175.4	176.2	179.7	209.5	204.6	212.6
烟酒	545.1	638.0	708.3	741.6	828.0	947.7
烟草	360.6	441.2	515.7	555.9	649.9	714.1
酒类	184.5	196.8	192.6	185.6	178.1	233.7
饮料	90.3	106.0	117.7	122.7	142.5	173.0
饮食服务	1019.7	1189.7	1416.0	1254.0	1647.8	1759.3
食堂用餐	201.9	168.0	187.6	190.2	268.8	255.3
其他在外饮食	805.7	1010.5	1219.6	1055.4	1369.0	1495.6
食品加工服务费	12.1	11.2	8.8	8.4	10.0	8.4
衣着	1152.7	1173.8	1213.0	1190.4	1315.4	1316.5
衣类	880.2	922.4	954.2	936.8	1032.0	1027.9
鞋类	272.5	251.4	258.8	253.6	283.4	288.6
居住	2946.8	3368.0	3678.8	3855.7	4035.5	4361.8
租赁房房租	77.6	120.4	148.2	130.5	145.5	140.1
住房维修及管理	462.1	526.9	591.1	681.8	746.0	914.8
水电燃料及其他	619.1	657.2	678.8	703.8	719.9	789.9
自有住房折算租金	1788.0	2063.6	2260.7	2339.7	2424.1	2517.0
生活用品及服务	1062.9	1182.2	1201.3	1234.8	1387.6	1465.4
家具及室内装饰品	165.9	173.7	184.8	182.4	215.8	224.6
家用器具	293.8	321.4	297.8	301.7	336.5	416.2
家用纺织品	90.1	99.2	101.9	100.6	117.6	113.6
家庭日用杂品	294.3	302.9	295.5	316.7	328.1	322.2
个人用品	187.7	234.8	268.2	282.4	330.4	328.1
家庭服务	31.0	50.1	53.1	50.9	59.3	60.7
交通通信	2200.0	2398.8	2576.4	2465.1	2807.4	2806.4
交通	1543.2	1717.2	1914.2	1715.5	2011.0	1974.5
交通工具	655.4	576.9	655.1	592.3	687.9	639.1

2-3 续表 1

单位：元

指　　标	2017	2018	2019	2020	2021	2022
交通费	206.3	303.3	352.0	263.8	280.2	252.2
交通工具用燃料	446.2	525.0	521.2	468.8	561.8	635.9
交通工具使用及维修	235.4	312.0	385.9	390.6	481.1	447.4
其中：车辆保险支出	78.2	101.5	134.8	147.6	186.5	176.4
通信	656.8	681.6	662.3	749.7	796.4	831.9
通信工具	174.8	211.1	172.9	211.9	236.5	231.9
通信服务	482.0	470.5	489.3	537.8	559.8	600.0
教育文化娱乐	1468.2	1599.7	1813.5	1650.5	1891.9	2005.7
教育	751.8	936.2	1171.4	1171.8	1391.8	1531.0
学前教育	84.1	156.4	199.3	168.3	240.1	236.6
小学教育	103.1	156.4	206.5	207.8	256.7	276.8
初中教育	102.0	126.7	163.6	170.5	207.9	202.5
高中教育	127.1	148.5	200.0	221.1	254.3	330.1
中专职高教育	24.1	17.7	11.9	22.1	19.0	18.8
大专及以上教育	255.2	261.6	322.2	324.5	349.7	397.3
成人教育	56.1	68.9	67.8	57.5	64.2	68.9
文化娱乐	716.4	663.5	642.1	478.7	500.1	474.7
文娱耐用消费品	112.3	108.8	111.4	135.6	118.4	133.5
其他文娱用品	112.2	146.3	158.2	151.8	176.6	180.0
文化娱乐服务	491.9	408.4	372.5	191.3	205.1	161.2
医疗保健	1320.2	1568.6	1934.9	1908.0	2071.9	2105.4
医疗器具及药品	423.3	485.2	493.8	511.3	530.5	535.1
医疗服务	896.9	1083.4	1441.1	1396.7	1541.4	1570.2
门诊总费用	347.7	423.4	518.1	498.8	617.4	622.4
住院总费用	549.2	660.1	923.0	897.9	924.0	947.9
其他用品及服务	396.8	434.5	453.7	452.4	459.3	502.4
其他用品	157.6	173.0	180.7	187.3	193.9	198.8
其他服务	239.3	261.5	273.0	265.1	265.3	303.6
生产经营费用支出	**3465.5**	**4187.2**	**4264.0**	**4313.0**	**5450.8**	**5063.9**
第一产业经营费用支出	1753.6	1825.7	1939.8	1750.5	2015.9	1894.2
农业	426.4	655.3	661.1	557.9	676.1	788.4
林业	16.0	23.5	17.7	22.1	15.4	22.7
牧业	1276.0	1110.2	1228.9	1140.8	1289.8	1035.3
渔业	35.2	36.8	32.2	29.7	34.5	47.8
第二产业经营费用支出	267.3	394.4	335.6	325.2	269.5	280.2
采矿业	2.1	3.5	0.3	0.1	0.0	0.0
制造业	91.4	149.8	142.4	166.9	121.9	147.3
电力、热力、燃气及水生产和供应业	10.5	2.3	1.5	2.7	0.5	0.1
建筑业	163.3	238.9	191.5	155.5	147.1	132.8
第三产业经营费用支出	1444.6	1967.1	1988.6	2237.3	3165.4	2889.5
批发和零售业	734.9	1212.3	1123.9	1307.3	1824.1	1561.5
交通运输、仓储和邮政业	191.8	158.5	199.3	189.6	260.1	273.0
住宿和餐饮业	347.8	262.1	215.7	214.3	664.8	608.1

2-3 续表 2 单位：元

指　　标	2017	2018	2019	2020	2021	2022
房地产业	0.8	0.7	2.9	1.7	0.2	1.8
租赁和商务服务业	10.5	13.1	84.4	95.6	123.4	117.1
居民服务、修理和其他服务业	117.1	252.4	240.6	307.3	211.9	256.4
其他	36.1	57.3	108.7	105.5	75.1	65.3
农林牧渔服务业	5.6	10.6	12.9	16.0	5.8	6.2
财产性支出	**92.3**	**188.9**	**241.8**	**269.2**	**231.2**	**249.4**
生活贷款利息支出	90.4	186.4	237.1	262.3	226.3	247.0
住房贷款利息支出	82.1	169.7	225.8	250.5	215.4	236.6
其他生活贷款利息支出	8.3	16.7	11.3	11.7	10.9	10.4
其他财产性支出	1.9	2.5	4.7	7.0	5.0	2.4
非储蓄性财产保险支出	0.2	0.6	0.8	0.4	0.6	0.9
其他财产性支出	1.6	1.9	3.9	6.6	4.3	1.5
转移性支出	**1305.1**	**1388.7**	**1441.3**	**1471.8**	**1628.9**	**1836.9**
个人所得税	35.2	70.1	61.8	62.6	54.4	78.1
社会保障支出	1099.6	1106.5	1194.1	1239.2	1374.2	1583.0
个人缴纳的养老保险	742.1	703.5	746.3	748.7	859.2	974.6
个人缴纳的医疗保险	301.8	347.5	375.9	406.2	440.4	528.4
个人缴纳的失业保险	23.2	20.8	25.6	27.3	26.1	28.5
其他社会保障支出	32.6	34.7	46.3	57.0	48.5	51.6
外来从业人员寄给家人的支出	0.4	2.2	5.0	5.4	3.9	0.3
赡养支出	117.8	140.1	118.1	113.9	141.6	126.9
其他转移性支出	52.2	69.9	62.4	50.7	54.8	48.6
部分商业保险支出	**61.3**	**137.9**	**143.2**	**150.3**	**208.6**	**181.8**
意外伤害保险	10.4	19.0	19.5	22.5	29.2	26.8
商业医疗保险(含大病保险)	24.0	64.0	70.4	75.2	105.7	97.6
其他非储蓄性商业保险	10.1	17.7	19.9	12.3	16.2	16.7
其他储蓄性商业保险	16.7	37.2	33.4	40.4	57.5	40.7
购置资产及非经常性转移支出	**3085.9**	**3757.3**	**4569.7**	**3581.6**	**4493.1**	**3830.1**
购置资产支出	877.8	1317.5	1896.2	1446.4	1555.0	1061.4
建造住房支出	171.5	247.0	376.2	288.5	198.8	215.9
建造住房材料	109.1	153.0	261.3	223.8	144.4	138.2
建造住房雇工	62.4	52.8	66.4	51.9	40.3	70.2
购买住房支出	539.2	834.2	1298.9	846.1	1091.6	636.8
购建第一产业生产性固定资产支出	92.2	76.6	99.7	130.3	121.8	112.3
购买或建造农业生产性用房	28.3	15.0	46.3	42.5	37.9	29.5
购买用房建筑材料	21.2	12.3	30.4	27.0	26.3	16.7
建筑农业生产用房雇工	6.5	2.0	9.1	3.8	2.6	8.2
购买农业生产用房		0.2	3.9	10.0	3.6	1.5
其他	0.7	0.4	2.8	1.7	5.5	3.0
购买役畜	11.2	6.7	9.1	2.1	5.7	0.7
购买产品畜	14.7	5.2	7.8	31.1	16.0	15.4
购买或建造农业设施	18.0	19.2	19.4	19.1	27.4	25.3
大棚、温室	16.4	15.8	14.3	7.8	22.6	19.3

2-3 续表 3

单位：元

指 标	2017	2018	2019	2020	2021	2022
自备井	0.4	0.8	0.8	3.0	0.7	1.3
喷灌设施	0.2	1.3	1.2	4.8	1.6	1.7
其他农业设施	0.9	1.4	3.1	3.7	2.6	2.9
购买农业机械	20.1	30.5	17.2	35.5	34.8	41.5
大中型农用拖拉机	2.2	6.6	1.0	0.7	3.1	4.9
小型(手扶)农用拖拉机	1.1	2.3	1.1	2.0	0.2	0.8
农用排灌动力机械	0.5	0.5	0.2	0.8	0.7	1.0
插秧机	0.1		0.1	12.8		
收割机	1.0	1.2	0.3	3.9	3.6	9.9
脱粒机	1.2	2.5	1.0	2.3	1.9	1.2
其他农业机械	13.9	17.5	13.3	12.9	25.2	23.8
购建第二产业生产性固定资产支出	13.0	2.7	5.5	8.0	16.2	23.4
采矿业						
制造业	5.6	0.5	0.4	0.9	1.7	1.7
电力、热力、燃气及水生产和供应业	0.8		0.6		0.4	0.4
建筑业	6.6	2.2	4.6	7.2	14.1	21.3
购建第三产业生产性固定资产支出	56.6	143.5	100.6	147.2	101.8	59.1
批发和零售业	14.9	33.1	10.4	21.8	55.4	7.3
交通运输、仓储和邮政业	16.8	32.7	67.3	70.0	25.7	36.9
住宿和餐饮业	9.5	56.1	5.6	40.5	9.3	8.2
房地产业		1.0		1.3	1.9	0.6
租赁和商务服务业	1.7	0.2	11.8	2.5	1.4	3.6
居民服务、修理和其他服务业	7.7	10.9	5.3	10.8	3.5	2.4
其他	6.0	9.3	0.1	0.4	4.7	0.1
购建其他资产支出	5.5	13.5	15.3	26.3	24.7	13.9
非经常性转移支出	2208.1	2439.8	2673.4	2135.2	2938.2	2768.7
博彩支出	24.4	51.1	63.2	50.1	110.2	110.4
婚丧嫁娶礼金支出	1546.4	1617.8	1628.4	1286.2	1612.5	1519.4
一次性赔偿支出	9.8	3.7	27.5	3.1	19.2	28.6
一次性馈赠支出	377.0	478.7	679.4	574.4	862.2	813.7
其他非经常性转移支出	60.2	288.5	274.8	221.4	28.4	15.5
借贷性支出	**2007.4**	**2600.5**	**2332.3**	**2080.2**	**2190.3**	**2128.4**
存入储蓄款	1129.8	953.3	807.3	777.8	855.4	1025.2
借出款	72.7	72.6	55.1	76.5	54.5	69.4
归还借款	191.1	312.2	317.3	207.8	210.5	118.9
购买有价证券	27.5	84.3	43.1	21.9	10.1	10.7
其他投资支出	24.6	111.1	70.3	35.8	108.0	34.8
归还住房贷款	391.1	674.7	798.6	677.3	699.0	672.0
归还汽车贷款	87.1	179.5	163.4	144.5	163.8	144.2
归还教育贷款	0.4	2.5	6.3	2.4	1.7	1.8
归还其他贷款	27.9	149.3	50.9	90.4	75.8	50.6
其他借贷支出	55.1	61.0	20.0	45.8	11.3	0.8

2-4 居民人均现金收入(2017-2022年)

单位：元

指标	2017	2018	2019	2020	2021	2022
居民现金收入	**23777.7**	**26512.6**	**28778.9**	**30595.0**	**34153.5**	**35571.8**
现金工资性收入	**9954.2**	**10999.8**	**11957.9**	**12927.7**	**14256.6**	**15102.6**
工资	9393.2	10304.8	11460.5	12420.1	13693.1	14497.3
其他工资性收入	560.9	694.9	497.4	507.6	563.5	605.2
现金经营性收入	**7046.9**	**8136.6**	**8763.2**	**8946.8**	**10492.8**	**10407.7**
第一产业现金经营收入	2965.6	3084.7	3398.1	3238.3	3412.9	3445.2
农业	1049.4	1377.6	1423.6	1296.4	1539.1	1746.9
林业	127.8	176.2	184.3	148.0	191.9	207.5
牧业	1721.3	1465.6	1724.6	1730.3	1623.8	1412.6
渔业	67.2	65.2	65.6	63.6	58.1	78.1
第二产业现金经营收入	432.9	574.6	603.3	616.6	662.0	693.5
采矿业	1.7	7.3	0.6	0.4		
制造业	169.8	230.0	217.9	257.4	282.5	306.2
电力、热力、燃气及水生产和供应业	24.2	9.7	10.9	13.4	2.9	
建筑业	237.1	327.5	373.9	345.4	376.6	387.3
第三产业现金经营收入	3648.4	4477.3	4761.8	5091.8	6417.9	6269.0
批发和零售业	1803.5	2436.1	2487.6	2762.6	3460.5	3131.9
交通运输、仓储和邮政业	528.6	501.3	552.6	594.3	711.1	714.3
住宿和餐饮业	661.2	659.8	669.8	632.4	1163.6	1090.2
房地产业	2.3	4.7	0.8	4.4		0.5
租赁和商务服务业	38.0	44.6	103.2	107.9	77.1	179.7
居民服务、修理和其他服务业	475.7	655.8	645.2	692.5	777.6	933.9
其他行业	116.1	154.6	266.4	266.5	211.1	205.8
农林牧渔服务业	23.1	20.5	36.3	31.3	16.9	12.6
现金财产性收入	**838.7**	**953.3**	**1086.4**	**1228.4**	**1318.9**	**1366.3**
利息收入	144.8	146.3	191.9	226.0	258.6	350.8
红利收入	104.8	232.1	229.9	315.7	366.5	374.3
储蓄性保险收益	4.8	6.6	3.8	1.8	3.8	2.9
转让承包土地经营权租金收入	83.0	87.0	105.0	112.9	121.2	111.2
出租房屋财产性净收入	458.5	419.6	487.9	532.2	526.9	499.1
出租机械、专利、版权等资产的净收入	24.8	38.1	48.8	30.1	23.4	24.9
其他财产性收入	18.1	23.6	19.2	9.7	18.6	3.1
现金转移性收入	**5937.8**	**6422.9**	**6971.3**	**7492.1**	**8085.2**	**8695.1**
养老金或离退休金	3844.4	3720.7	3991.2	4330.1	4433.6	4860.1

2-4 续表 单位：元

指　　标	2017	2018	2019	2020	2021	2022
社会救济和补助	159.5	187.2	176.8	202.8	247.1	253.0
政策性生活补贴	53.6	129.5	131.5	126.2	129.2	112.1
家庭外出从业人员寄回带回收入	1103.1	1515.5	1685.3	1798.3	2192.9	2258.3
赡养收入	566.2	635.3	710.0	780.3	803.2	912.5
其他转移性收入	103.3	131.4	117.2	131.0	145.6	120.1
现金政策性惠农补贴	107.8	103.3	159.4	123.5	133.6	179.0
非收入所得	**2135.3**	**2339.9**	**2954.5**	**2707.4**	**2960.2**	**2661.2**
出售资产所得	816.7	723.9	1009.2	817.6	721.5	353.2
出售住房本金所得	66.4	242.7	171.8	126.7	247.2	48.3
出售住房溢价所得(含亏损)	6.4	1.7	50.0	31.2	52.5	
出售股票、基金、收藏品本金所得	41.6	0.8	2.4	3.7	0.8	6.2
出售股票、基金、收藏品所得(含亏损)	1.4	5.0	3.1	14.4	2.6	18.1
出售生产性固定资产所得	32.0	18.5	35.3	30.6	33.2	21.7
拆迁征地补偿所得	513.5	377.2	678.7	530.5	291.2	158.4
出售其他财物和收回其他投资本金所得	155.4	78.0	67.9	80.5	94.0	100.4
非经常性转移所得	1308.9	1608.1	1938.3	1881.9	2221.0	2304.0
博彩所得	27.9	104.0	70.1	56.1	139.9	140.1
婚丧嫁娶礼金所得	440.4	556.1	562.9	439.3	586.2	469.7
遗产及一次性馈赠所得	218.6	338.4	411.0	402.0	548.6	620.3
一次性赔偿所得	133.7	84.3	79.4	125.9	81.6	100.1
提取住房公积金	20.2	60.3	146.9	106.0	141.8	116.6
调查补贴	397.6	448.7	637.7	721.5	692.6	807.3
其他非经常性转移所得	70.4	16.3	30.2	31.0	30.5	49.9
其他非收入所得	9.7	7.9	6.9	7.9	17.7	4.1
借贷性所得	**2111.3**	**2525.0**	**2628.0**	**2008.9**	**2199.8**	**1373.6**
提取储蓄存款	1565.3	1773.2	1750.0	1355.0	1592.0	1075.8
借入款	296.0	399.5	404.1	272.0	235.6	100.9
收回借出款	112.2	161.0	166.9	101.3	117.4	103.3
收回储蓄性保险本金	1.1	5.4	1.0	0.2	3.6	2.4
住房贷款	35.4	51.9	163.5	146.7	148.1	58.4
汽车贷款	5.9	10.6	52.1	18.9	13.0	8.9
教育贷款	4.5	11.3	8.9	6.2	4.7	6.4
其他贷款	78.9	94.5	72.3	101.3	64.6	16.6
其他借贷所得	12.0	17.7	9.2	7.4	20.9	0.9

2-5 居民人均现金支出(2017-2022年)

单位：元

指　　标	2017	2018	2019	2020	2021	2022
居民人均现金支出	**23070.9**	**26554.2**	**28678.7**	**27914.8**	**31740.9**	**31525.1**
现金消费支出	**13346.4**	**14573.6**	**15923.0**	**16223.2**	**17767.8**	**18490.3**
食品烟酒	4909.7	5295.8	5820.3	6298.8	6806.1	7024.6
食品	3301.8	3417.4	3644.1	4257.2	4294.5	4251.9
谷物	382.5	398.6	379.7	425.6	405.3	391.0
薯类	48.0	51.6	54.9	63.0	57.7	61.5
豆类	57.0	54.9	56.8	63.2	60.8	60.3
食用油	143.8	142.5	135.1	160.2	169.9	168.8
蔬菜和食用菌	438.5	436.8	444.5	502.4	488.3	523.1
肉类	966.3	971.2	1066.4	1468.0	1505.5	1323.3
禽类	211.2	223.8	290.9	313.2	285.0	301.6
水产品	143.9	144.6	186.5	200.5	215.7	242.9
蛋类	75.8	80.6	89.3	97.3	94.8	106.6
奶类	217.2	276.3	261.4	256.5	278.3	275.5
干鲜瓜果类	336.1	341.3	378.9	378.5	396.3	438.9
糖果糕点类	114.1	128.7	128.4	127.8	139.1	152.3
其他食品	167.6	166.5	171.2	201.0	197.8	206.1
烟酒	545.1	638.0	708.3	741.5	828.0	947.6
烟草	360.5	441.2	515.7	555.9	649.9	714.0
酒类	184.5	196.8	192.6	185.6	178.1	233.7
饮料	90.3	106.0	117.6	122.6	142.2	172.7
饮食服务	972.6	1134.4	1350.3	1177.5	1541.4	1652.4
食堂用餐	155.9	113.7	122.7	114.5	162.5	148.4
其他在外饮食	804.5	1009.4	1218.8	1054.7	1369.0	1495.6
食品加工服务费	12.1	11.2	8.8	8.4	10.0	8.4
衣着	1149.7	1173.3	1212.5	1189.6	1314.9	1316.1
衣类	877.2	921.9	953.7	936.0	1031.5	1027.5
鞋类	272.5	251.4	258.8	253.6	283.4	288.6
居住	1118.3	1251.9	1366.6	1468.9	1568.4	1797.5
租赁房房租	77.6	120.4	148.2	130.5	145.5	140.1
住房维修及管理	462.1	526.9	591.1	681.8	746.0	914.8
水电燃料及其他	578.6	604.6	627.3	656.6	676.8	742.6
生活用品及服务	1051.3	1161.0	1183.3	1221.6	1377.2	1452.4
家具及室内装饰品	161.8	171.0	183.9	181.7	215.1	222.2
家用器具	293.8	321.4	297.8	301.7	336.5	416.2
家用纺织品	90.1	99.2	101.9	100.6	117.6	113.6
家庭日用杂品	286.8	284.4	278.4	304.3	318.4	311.6
个人用品	187.7	234.8	268.2	282.4	330.4	328.1
家庭服务	31.0	50.1	53.1	50.9	59.3	60.7
交通通信	2199.1	2397.0	2574.2	2464.1	2803.5	2801.8
交通	1542.3	1715.4	1911.9	1714.5	2007.1	1969.9
交通工具	655.4	576.9	655.1	592.3	687.9	639.1
交通费	205.4	301.5	349.7	262.8	276.3	247.5
交通工具用燃料	446.2	525.0	521.2	468.8	561.8	635.9

2-5 续表 1 单位：元

指 标	2017	2018	2019	2020	2021	2022
交通工具使用及维修	235.4	312.0	385.9	390.6	481.1	447.4
其中：车辆保险支出	78.2	101.5	134.8	147.6	186.5	176.4
通信	656.8	681.6	662.3	749.7	796.4	831.9
通信工具	174.8	211.1	172.9	211.9	236.5	231.9
通信服务	482.0	470.5	489.3	537.8	559.8	600.0
教育文化娱乐	1467.2	1596.6	1813.0	1650.3	1891.1	2005.6
教育	751.6	936.2	1171.4	1171.8	1391.8	1531.0
学前教育	84.1	156.4	199.3	168.3	240.1	236.6
小学教育	103.1	156.4	206.5	207.8	256.7	276.8
初中教育	102.0	126.7	163.6	170.5	207.9	202.5
高中教育	127.1	148.5	200.0	221.1	254.3	330.1
中专职高教育	24.1	17.7	11.9	22.1	19.0	18.8
大专及以上教育	255.2	261.6	322.2	324.5	349.7	397.3
成人教育	56.0	68.9	67.8	57.5	64.2	68.9
文化娱乐	715.6	660.4	641.6	478.5	499.2	474.6
文娱耐用消费品	112.3	108.8	111.4	135.6	118.4	133.5
其他文娱用品	111.9	143.4	157.9	151.6	176.4	179.9
文化娱乐服务	491.4	408.2	372.4	191.3	204.5	161.2
医疗保健	1066.2	1271.0	1508.2	1487.7	1558.3	1604.9
医疗器具及药品	423.1	484.6	493.4	510.2	520.9	532.4
医疗服务(不含报销医疗费)	643.0	786.4	1014.8	977.4	1037.5	1072.5
门诊费用(不含报销医疗费)	283.0	370.8	440.0	414.6	524.7	525.8
住院费用(不含报销医疗费)	360.0	415.6	574.8	562.8	512.8	525.8
其他用品及服务	384.8	427.1	445.0	442.2	448.3	487.6
其他用品	150.3	169.9	177.5	183.5	191.9	196.2
其他服务	234.5	257.1	267.4	258.7	256.4	291.4
生产经营现金费用支出	**3172.5**	**3907.3**	**4027.4**	**4138.4**	**5221.0**	**4808.0**
第一产业经营现金费用支出	1460.5	1545.8	1703.2	1575.9	1786.1	1638.4
农业	383.8	606.6	638.7	542.0	660.5	771.7
林业	16.0	23.5	17.7	22.1	15.4	22.7
牧业	1025.8	879.1	1015.3	982.2	1078.0	798.5
渔业	34.9	36.7	31.5	29.6	32.1	45.4
第二产业经营现金费用支出	267.3	394.4	335.6	325.2	269.5	280.2
采矿业	2.1	3.5	0.3	0.1	0.0	0.0
制造业	91.4	149.8	142.4	166.9	121.9	147.3
电力、热力、燃气及水生产和供应业	10.5	2.3	1.5	2.7	0.5	0.1
建筑业	163.3	238.9	191.5	155.5	147.1	132.8
第三产业经营现金费用支出	1444.6	1967.1	1988.6	2237.3	3165.4	2889.5
批发和零售业	734.9	1212.3	1123.9	1307.3	1824.1	1561.5
交通运输、仓储和邮政业	191.8	158.5	199.3	189.6	260.1	273.0
住宿和餐饮业	347.8	262.1	215.7	214.3	664.8	608.1
房地产业	0.8	0.7	2.9	1.7	0.2	1.8
租赁和商务服务业	10.5	13.1	84.4	95.6	123.4	117.1
居民服务、修理和其他服务业	117.1	252.4	240.6	307.3	211.9	256.4
其他	36.1	57.3	108.7	105.5	75.1	65.3
农林牧渔服务业	5.6	10.6	12.9	16.0	5.8	6.2

2-5 续表 2 单位：元

指 标	2017	2018	2019	2020	2021	2022
现金财产性支出	**92.3**	**188.9**	**241.8**	**269.2**	**231.2**	**249.4**
生活贷款利息支出	90.4	186.4	237.1	262.3	226.3	247.0
住房贷款利息支出	82.1	169.7	225.8	250.5	215.4	236.6
其他生活贷款利息支出	8.3	16.7	11.3	11.7	10.9	10.4
其他财产性支出	1.9	2.5	4.7	7.0	5.0	2.4
非储蓄性财产保险支出	0.2	0.6	0.8	0.4	0.6	0.9
其他财产性支出	1.6	1.9	3.9	6.6	4.3	1.5
现金转移性支出	**1305.1**	**1388.7**	**1441.3**	**1471.8**	**1628.9**	**1836.9**
个人所得税	35.2	70.1	61.8	62.6	54.4	78.1
社会保障支出	1099.6	1106.5	1194.1	1239.2	1374.2	1583.0
个人缴纳的养老保险	742.1	703.5	746.3	748.7	859.2	974.6
个人缴纳的医疗保险	301.8	347.5	375.9	406.2	440.4	528.4
个人缴纳的失业保险	23.2	20.8	25.6	27.3	26.1	28.5
其他社会保障支出	32.6	34.7	46.3	57.0	48.5	51.6
外来从业人员寄给家人的支出	0.4	2.2	5.0	5.4	3.9	0.3
农村外来从业人员寄给家人的支出	0.3	2.0	1.4	2.6	2.9	0.3
城镇外来从业人员寄给家人的支出	0.1	0.2	3.7	2.8	1.0	
赡养支出	117.8	140.1	118.1	113.9	141.6	126.9
其他转移性支出	52.2	69.9	62.4	50.7	54.8	48.6
经常性捐赠支出	14.2	16.0	16.4	9.8	4.8	4.9
经常性赔偿支出	0.1	0.2	0.8	0.1	0.2	
其他经常转移支出	37.9	53.7	45.2	40.8	49.8	43.6
部分商业保险支出	**61.3**	**137.9**	**143.2**	**150.3**	**208.6**	**181.8**
意外伤害保险	10.4	19.0	19.5	22.5	29.2	26.8
商业医疗保险(含大病保险)	24.0	64.0	70.4	75.2	105.7	97.6
其他非储蓄性商业保险	10.1	17.7	19.9	12.3	16.2	16.7
其他储蓄性商业保险	16.7	37.2	33.4	40.4	57.5	40.7
购置资产及非经常性转移支出	**3085.9**	**3757.3**	**4569.7**	**3581.6**	**4493.1**	**3830.1**
购置资产支出	877.8	1317.5	1896.2	1446.4	1555.0	1061.4
建造住房支出	171.5	247.0	376.2	288.5	198.8	215.9
建造住房材料	109.1	153.0	261.3	223.8	144.4	138.2
建造住房雇工	62.4	52.8	66.4	51.9	40.3	70.2
购买住房支出	539.2	834.2	1298.9	846.1	1091.6	636.8
购建第一产业生产性固定资产支出	92.2	76.6	99.7	130.3	121.8	112.3
购买或建造农业生产性用房	28.3	15.0	46.3	42.5	37.9	29.5
购买用房建筑材料	21.2	12.3	30.4	27.0	26.3	16.7
建筑农业生产用房雇工	6.5	2.0	9.1	3.8	2.6	8.2
购买农业生产用房		0.2	3.9	10.0	3.6	1.5
其他	0.7	0.4	2.8	1.7	5.5	3.0
购买役畜	11.2	6.7	9.1	2.1	5.7	0.7
购买产品畜	14.7	5.2	7.8	31.1	16.0	15.4
购买或建造农业设施	18.0	19.2	19.4	19.1	27.4	25.3

2-5 续表 3

单位：元

指　　标	2017	2018	2019	2020	2021	2022
大棚、温室	16.4	15.8	14.3	7.8	22.6	19.3
自备井	0.4	0.8	0.8	3.0	0.7	1.3
喷灌设施	0.2	1.3	1.2	4.8	1.6	1.7
其他农业设施	0.9	1.4	3.1	3.7	2.6	2.9
购买农业机械	20.1	30.5	17.2	35.5	34.8	41.5
大中型农用拖拉机	2.2	6.6	1.0	0.7	3.1	4.9
小型(手扶)农用拖拉机	1.1	2.3	1.1	2.0	0.2	0.8
农用排灌动力机械	0.5	0.5	0.2	0.8	0.7	1.0
插秧机	0.1		0.1	12.8		
收割机	1.0	1.2	0.3	3.9	3.6	9.9
脱粒机	1.2	2.5	1.0	2.3	1.9	1.2
其他农业机械	13.9	17.5	13.3	12.9	25.2	23.8
购建第二产业生产性固定资产支出	13.0	2.7	5.5	8.0	16.2	23.4
采矿业						
制造业	5.6	0.5	0.4	0.9	1.7	1.7
电力、热力、燃气及水生产和供应业	0.8		0.6		0.4	0.4
建筑业	6.6	2.2	4.6	7.2	14.1	21.3
购建第三产业生产性固定资产支出	56.6	143.5	100.6	147.2	101.8	59.1
批发和零售业	14.9	33.1	10.4	21.8	55.4	7.3
交通运输、仓储和邮政业	16.8	32.7	67.3	70.0	25.7	36.9
住宿和餐饮业	9.5	56.1	5.6	40.5	9.3	8.2
房地产业		1.0		1.3	1.9	0.6
租赁和商务服务业	1.7	0.2	11.8	2.5	1.4	3.6
居民服务、修理和其他服务业	7.7	10.9	5.3	10.8	3.5	2.4
其他行业	6.0	9.3	0.1	0.4	4.7	0.1
购建其他资产支出	5.5	13.5	15.3	26.3	24.7	13.9
非经常性转移支出	2208.1	2439.8	2673.4	2135.2	2938.2	2768.7
博彩支出	24.4	51.1	63.2	50.1	110.2	110.4
婚丧嫁娶礼金支出	1546.4	1617.8	1628.4	1286.2	1612.5	1519.4
一次性赔偿支出	9.8	3.7	27.5	3.1	19.2	28.6
一次性馈赠支出	377.0	478.7	679.4	574.4	862.2	813.7
其他非经常性转移支出	60.2	43.5	274.8	221.4	28.4	15.5
借贷性支出	**2007.4**	**2600.5**	**2332.3**	**2080.2**	**2190.3**	**2128.4**
存入储蓄款	1129.8	953.3	807.3	777.8	855.4	1025.2
借出款	72.7	72.6	55.1	76.5	54.5	69.4
归还借款	191.1	312.2	317.3	207.8	210.5	118.9
购买有价证券	27.5	84.3	43.1	21.9	10.1	10.7
其他投资支出	24.6	111.1	70.3	35.8	108.0	34.8
归还住房贷款	391.1	674.7	798.6	677.3	699.0	672.0
归还汽车贷款	87.1	179.5	163.4	144.5	163.8	144.2
归还教育贷款	0.4	2.5	6.3	2.4	1.7	1.8
归还其他贷款	27.9	149.3	50.9	90.4	75.8	50.6
其他借贷支出	55.1	61.0	20.0	45.8	11.3	0.8

2-6 按五等份分组的居民人均可支配收入(2022年)

单位：元

指　　标	总平均	低收入户	中低收入户	中等收入户	中高收入户	高收入户
居民人均可支配收入	**30679.2**	**6399.7**	**17336.8**	**26616.7**	**39718.1**	**74448.9**
工资性收入	**15234.2**	**3264.6**	**6822.5**	**12943.7**	**20021.4**	**39018.7**
工资	14497.3	3189.9	6670.4	12620.6	19351.8	36092.7
按月发放的工资	11231.6	1973.2	4754.6	10233.1	15941.9	27503.6
补发工资	290.2	70.2	144.9	201.6	265.8	901.5
不按月发放的奖金、津贴、过节费等	2975.5	1146.5	1770.9	2185.9	3144.1	7687.6
实物福利	131.6	46.6	82.0	142.2	165.9	255.8
从单位或雇主得到的实物产品折价	19.0	7.0	7.0	16.8	22.8	48.4
食品	15.1	4.3	5.0	13.9	18.6	39.5
谷物、薯类及豆类	6.2	1.2	1.7	4.0	10.4	16.6
食用油(植物油)	2.8	1.2	1.1	1.7	3.0	7.8
蔬菜及制品	0.0	0.1	0.0	0.0	0.0	0.1
肉、禽、蛋、奶及制品	1.0	0.7	0.4	1.2	0.8	1.9
水产品及制品	0.0		0.0	0.0	0.0	
糖、烟、酒、饮料类	3.5	0.9	1.1	5.4	2.6	8.6
干鲜瓜果类	0.8	0.1	0.3	0.9	1.0	2.2
其他类食品	0.8	0.1	0.3	0.7	0.7	2.4
衣着	0.4	0.3	0.1	0.1	0.1	1.5
居住						
家庭设备和日用品	1.9	1.3	1.4	1.6	1.7	4.1
交通、通信工具及用品	0.2			0.1	0.7	0.4
教育文化娱乐用品	0.1	0.0	0.0	0.0	0.1	0.3
医疗保健用品	0.3	0.1	0.1	0.3	0.6	0.4
其他用品	1.1	1.0	0.4	0.8	1.2	2.1
从单位或雇主得到的服务折价	112.6	39.6	75.0	125.5	143.0	207.4
免费或低价提供的工作餐	107.1	39.2	69.9	120.2	139.4	192.1
免费或低价提供的住宿	3.7	0.2	3.1	4.7	1.6	10.2
单位缴纳的水电费、取暖费、物业费等	0.3		1.0	0.1	0.0	0.3
免费或低价提供的交通和通信服务	0.5	0.0	0.4	0.2	0.9	1.3
单位缴纳的教育入学赞助费						
免费或低价提供的旅游服务	0.0					0.1
其他服务	1.0	0.2	0.6	0.2	1.1	3.6
单位或雇主实物福利报销所得						
其他	605.2	28.2	70.1	180.8	503.7	2670.2
住房公积金	522.0	20.5	35.7	164.8	474.7	2281.4
辞退金	27.6				0.1	163.6
自由职业劳动所得(如稿费、翻译费)	41.6	3.2	4.0	10.5	27.8	192.9
安家费	2.0	0.9				10.8
股票期权						
其他劳动所得	12.0	3.6	30.4	5.5	1.1	21.5
经营净收入	**6044.7**	**-149.9**	**4823.9**	**6095.0**	**7641.6**	**14058.1**
第一产业经营净收入	2423.6	1269.3	2890.8	2677.6	2002.0	3604.8
农业	1519.5	910.4	1554.8	1540.2	1084.0	2782.5
林业	227.0	367.8	355.9	188.6	112.1	56.3
牧业	645.6	17.1	945.8	865.9	755.9	741.7
渔业	31.6	-26.0	34.3	82.9	49.9	24.3

2-6 续表 1

单位：元

指　　标	总平均	低收入户	中低收入户	中等收入户	中高收入户	高收入户
第二产业经营净收入	400.1	-56.7	193.8	166.6	572.8	1353.7
采矿业	0.0			0.0		
制造业	155.4	-65.2	143.4	111.7	300.1	354.9
电力、热力、燃气及水生产和供应业	-1.2	0.0	0.0	-0.9	-3.7	-1.5
建筑业	245.9	8.5	50.4	55.7	276.4	1000.2
第三产业经营净收入	3220.9	-1362.5	1739.3	3250.9	5066.8	9099.6
批发和零售业	1502.0	-1536.0	830.7	1867.5	2479.1	4889.2
交通运输、仓储和邮政业	409.9	116.2	319.2	475.6	676.5	533.8
住宿和餐饮业	457.5	32.1	262.3	338.8	603.6	1248.5
房地产业	-1.3	-0.2	-0.2	-2.6	-3.0	-0.6
租赁和商务服务业	58.1	3.0	-1.1		44.7	290.2
居民服务、修理和其他服务业	651.1	46.4	262.8	504.5	927.8	1804.2
其他	138.7	-19.1	43.2	73.5	332.3	324.6
农林牧渔服务业	4.9	-4.8	22.3	-6.5	5.8	9.7
财产净收入	**1973.6**	**312.0**	**635.7**	**1293.2**	**2611.7**	**5948.1**
利息净收入	103.9	76.5	88.3	49.3	78.1	255.4
红利收入	374.3	25.3	79.7	104.5	351.3	1558.9
集体分配的红利	10.6	6.9	7.1	16.8	17.3	4.7
其他红利收入	363.7	18.3	72.5	87.7	334.1	1554.2
储蓄性保险净收益	2.9	0.5	2.5	0.6	3.9	8.2
转让承包土地经营权租金净收入	111.2	71.3	120.2	118.0	130.4	124.0
出租房屋财产性收入	499.1	57.9	141.1	313.6	763.8	1453.7
出租机械、专利、版权等资产的收入	24.9	2.4	0.8	9.3	12.0	118.7
其他财产净收入	0.7	-0.9	-1.5	0.8	3.9	1.7
房屋虚拟租金	856.7	79.0	204.8	697.1	1268.4	2427.5
转移净收入	**7426.7**	**2973.0**	**5054.7**	**6284.7**	**9443.4**	**15424.1**
转移性收入	9263.6	3916.6	6143.3	7818.4	11653.7	19323.5
养老金或离退休金	4860.1	914.1	1843.4	3660.0	6974.9	12912.3
离退休金	3422.9	153.9	400.2	1823.7	5116.5	11526.2
城乡居民基本养老保险	1160.6	587.6	1090.7	1464.7	1590.9	1164.4
其他养老金	276.6	172.6	352.5	371.7	267.5	221.8
社会救济和补助	253.0	306.0	400.0	224.9	171.9	128.1
最低生活保障费	95.4	154.9	163.1	82.3	36.2	15.7
五保户救助金	14.0	14.5	37.3	8.4	6.1	0.4
扶贫款	1.3	2.7	2.2	0.9		
救灾款	0.2	0.4	0.1	0.2		0.1
抚恤金	93.8	77.0	126.6	100.8	102.6	57.9
医疗救助专项补贴	12.0	11.2	19.3	7.7	14.5	6.5
教育救助专项补贴	5.4	10.6	9.2	2.3	3.0	0.0
其他社会救济收入	31.0	34.6	42.2	22.4	9.5	47.5
政策性生活补贴	112.1	72.0	88.0	90.7	124.0	208.2
家电补贴	0.1		0.4	0.0		0.0
能源补贴	0.0	0.0		0.0	0.0	0.1
免费或低价提供的住宿(廉租房)	0.3	0.5	0.1	0.5	0.5	0.1
居住专项补贴	6.0	7.5	5.2	8.4	6.4	1.9

2-6 续表 2 单位：元

指 标	总平均	低收入户	中低收入户	中等收入户	中高收入户	高收入户
建房改造专项补贴	7.5	10.2	10.2	10.2		6.1
其他生活补贴	98.4	54.3	72.2	72.1	117.6	200.1
报销医疗费	504.4	208.3	332.9	412.0	539.0	1187.5
家庭外出从业人员寄回带回收入	2258.3	1523.8	2156.4	2044.3	2706.4	3120.5
赡养收入	912.5	574.7	946.2	1085.0	812.9	1238.9
其他经常转移收入	120.1	63.9	70.9	98.1	176.3	218.4
失业保险金	16.5	4.1	5.6	15.1	40.8	20.1
经常性捐赠收入	0.6	0.1	1.3	0.3	0.0	1.4
经常性赔偿收入	4.8	0.2	2.5	4.5	6.6	11.9
社保支出专项补贴	9.0	11.1	13.0	5.0	9.2	6.0
扶贫补助金孳息收入	0.0		0.0			0.1
扶贫贷款利息补助收入						
其他转移性收入	89.3	48.5	48.5	73.3	119.6	179.0
从政府和组织得到的实物产品和服务折价	64.1	65.1	80.8	63.3	58.3	50.1
食品	23.0	24.6	26.9	19.6	21.0	22.5
谷物、薯类及豆类	5.0	5.1	3.8	5.1	4.5	6.4
食用油(植物油)	6.1	4.8	4.8	6.2	7.0	8.5
蔬菜及制品	0.4	0.0	0.0	0.2	0.4	1.4
肉、禽、蛋、奶及制品	6.9	11.3	11.8	3.8	3.5	2.3
水产品及制品						
糖、烟、酒、饮料类	0.5	0.3	0.4	0.5	0.8	0.4
干鲜瓜果类	0.4	0.4	0.3	0.4	0.3	0.6
其他类食品	3.8	2.6	5.8	3.4	4.4	2.9
衣着	0.0	0.1	0.1		0.0	
居住	0.0	0.1	0.0	0.0	0.1	
家庭设备和日用品	8.6	6.4	7.9	9.5	9.6	10.4
交通、通信工具及用品	3.9	2.3	4.3	2.9	5.1	5.3
教育文化娱乐用品	0.1	0.0	0.0	0.3	0.0	0.1
医疗保健用品	2.4	2.2	3.1	1.8	2.9	2.3
其他用品	1.5	1.7	1.0	1.4	1.3	2.2
其他服务折价(不含廉租房)	24.5	27.8	37.4	27.8	18.2	7.4
现金政策性惠农补贴	179.0	188.7	224.6	140.0	90.2	259.4
转移性支出	1836.9	943.6	1088.6	1533.7	2210.4	3899.4
个人所得税	78.1	69.1	11.3	23.7	47.7	272.6
社会保障支出	1583.0	808.8	961.6	1386.5	1955.7	3201.0
个人缴纳的养老保险	974.6	435.7	516.4	843.1	1254.4	2102.2
个人缴纳的医疗保险	528.4	363.6	429.7	507.3	622.8	789.4
个人缴纳的失业保险	28.5	4.2	6.8	17.1	35.3	93.8
其他社会保障支出	51.6	5.3	8.7	19.0	43.2	215.6
外来从业人员寄给家人的支出	0.3	0.4	1.2			
赡养支出	126.9	44.2	63.8	92.7	178.3	298.1
其他转移性支出	48.6	21.1	50.7	30.7	28.7	127.6
经常性捐赠支出	4.9	2.8	3.3	4.8	0.6	14.8
经常性赔偿支出						
其他经常转移支出	43.6	18.3	47.4	25.9	28.0	112.9

2-7 按五等份分组的居民人均总收入(2022年)

单位：元

指 标	总平均	低收入户	中低收入户	中等收入户	中高收入户	高收入户
居民人均总收入	**38132.6**	**15320.5**	**22244.1**	**31543.2**	**46568.1**	**86744.9**
工资性收入	**15234.2**	**3264.6**	**6822.5**	**12943.7**	**20021.4**	**39018.7**
工资	14497.3	3189.9	6670.4	12620.6	19351.8	36092.7
实物福利	131.6	46.6	82.0	142.2	165.9	255.8
其他	605.2	28.2	70.1	180.8	503.7	2670.2
经营性收入	**11411.6**	**7757.7**	**8517.8**	**9278.2**	**11947.2**	**21857.2**
第一产业经营收入	4449.0	4015.7	5206.6	4150.7	3338.4	5751.1
第一产业经营收入(不含惠农补贴)	4449.0	4015.7	5206.6	4150.7	3338.4	5751.1
农业	2390.1	1758.5	2470.1	2216.5	1710.5	4143.6
林业	250.9	413.2	369.6	205.8	128.6	80.0
牧业	1726.1	1797.9	2308.8	1578.3	1381.4	1490.5
渔业	82.0	46.1	58.0	150.1	117.9	37.0
第二产业经营收入	693.5	284.6	407.1	300.7	907.0	1823.8
采矿业						
制造业	306.2	164.6	329.0	166.0	449.8	473.1
电力、热力、燃气及水生产和供应业						
建筑业	387.3	120.0	78.1	134.8	457.2	1350.7
第三产业经营收入	6269.0	3457.3	2904.1	4826.7	7701.8	14282.3
批发和零售业	3131.9	1562.3	1512.4	2786.0	3727.6	6974.2
交通运输、仓储和邮政业	714.3	415.6	491.1	698.1	991.6	1092.6
住宿和餐饮业	1090.2	1355.1	411.3	554.1	1027.2	2275.6
房地产业	0.5					3.2
租赁和商务服务业	179.7	4.7	3.9		56.0	991.0
居民服务、修理和其他服务业	933.9	110.3	401.5	702.7	1335.7	2518.3
其他	205.8	7.6	50.3	84.7	554.0	408.5
农林牧渔服务业	12.6	1.8	33.6	1.2	9.7	18.9
财产性收入	**2223.0**	**381.6**	**760.5**	**1501.9**	**2945.7**	**6545.5**
利息收入	350.8	144.7	211.0	257.3	408.5	847.7
红利收入	374.3	25.3	79.7	104.5	351.3	1558.9
储蓄性保险净收益	2.9	0.5	2.5	0.6	3.9	8.2
转让承包土地经营权租金净收入	111.2	71.3	120.2	118.0	130.4	124.0
出租房屋财产性净收入	499.1	57.9	141.1	313.6	763.8	1453.7
出租机械、专利、版权等资产的净收入	24.9	2.4	0.8	9.3	12.0	118.7
其他财产净收入	3.1	0.5	0.5	1.5	7.5	6.9
房屋虚拟租金	856.7	79.0	204.8	697.1	1268.4	2427.5
转移性收入	**9263.9**	**3916.6**	**6143.3**	**7819.4**	**11653.8**	**19323.5**
养老金或离退休金	4860.1	914.1	1843.4	3660.0	6974.9	12912.3

2-7　续表　　单位：元

指　　标	总平均	低收入户	中低收入户	中等收入户	中高收入户	高收入户
社会救济和补助	253.0	306.0	400.0	224.9	171.9	128.1
政策性生活补贴	112.1	72.0	88.0	90.7	124.0	208.2
家庭外出从业人员寄回带回收入	2258.3	1523.8	2156.4	2044.3	2706.4	3120.5
赡养收入	912.5	574.7	946.2	1085.0	812.9	1238.9
报销医疗费	504.4	208.3	332.9	412.0	539.0	1187.5
从政府和组织得到的实物产品和服务折价	64.3	65.1	80.8	64.3	58.3	50.1
现金政策性惠农补贴	179.0	188.7	224.6	140.0	90.2	259.4
其他转移性收入	120.1	63.9	70.9	98.1	176.3	218.4
非收入所得	**2661.2**	**2076.7**	**2087.1**	**2301.2**	**3008.6**	**4188.3**
出售资产所得	353.2	238.9	152.4	393.9	418.3	630.1
出售住房本金所得	48.3	55.2		13.6		195.6
出售住房溢价所得(含亏损)						
出售股票、基金、收藏品本金所得	6.2		0.1	9.4		25.4
出售股票、基金、收藏品所得(含亏损)	18.1		1.2	12.8	44.0	40.1
出售生产性固定资产所得	21.7	14.4	8.9	19.2	7.5	66.6
拆迁征地补偿所得	158.4	116.4	43.2	270.1	225.9	144.6
出售其他财物和收回其他投资本金所得	100.4	53.0	99.0	68.9	141.0	157.7
非经常性转移所得	2304.0	1836.6	1926.4	1904.8	2585.5	3554.5
博彩所得	140.1	77.7	89.9	71.4	116.6	395.5
婚丧嫁娶礼金所得	469.7	490.4	441.2	465.8	440.4	515.3
遗产及一次性馈赠所得	620.3	567.4	485.8	412.4	673.4	1044.2
一次性赔偿所得	100.1	9.5	114.5	74.0	253.1	60.4
提取住房公积金	116.6	2.8	5.2	47.7	183.0	413.5
调查补贴	807.3	625.2	741.2	807.7	886.1	1044.3
其他非经常性转移所得	49.9	63.7	48.6	25.8	32.9	81.4
其他非收入所得	4.1	1.2	8.4	2.4	4.8	3.7
借贷性所得	**1373.6**	**1101.1**	**912.3**	**1069.5**	**1944.4**	**2013.3**
提取储蓄存款	1075.8	957.3	753.6	911.5	1111.7	1786.2
借入款	100.9	63.3	75.8	73.5	227.2	69.5
收回借出款	103.3	47.1	58.9	43.6	238.0	149.6
收回储蓄性保险本金	2.4	4.7			7.0	0.0
住房贷款	58.4		18.5	0.5	279.3	0.9
汽车贷款	8.9			19.2	25.8	
教育贷款	6.4	11.5	0.9	10.8	4.4	3.1
其他贷款	16.6	16.6	4.5	10.2	50.6	
其他借贷所得	0.9	0.4	0.1	0.1	0.3	4.0

2-8　按五等份分组的居民人均总支出(2022年)

单位：元

指　　标	总平均	低收入户	中低收入户	中等收入户	中高收入户	高收入户
居民人均总支出	**35592.5**	**26405.6**	**25558.8**	**30047.9**	**39277.2**	**62746.3**
消费支出	**22301.9**	**14333.7**	**16813.3**	**20218.4**	**25626.2**	**38509.3**
食品烟酒	7738.3	5206.5	6134.9	7239.5	9021.5	12258.8
食品	4858.3	3557.4	4168.5	4795.2	5566.9	6728.6
谷物	488.4	461.4	497.2	483.0	479.3	531.1
薯类	94.7	94.1	109.7	100.3	80.8	86.6
豆类	63.3	51.8	61.6	63.3	67.7	76.2
食用油	221.5	188.6	211.4	229.0	239.2	249.1
蔬菜和食用菌	613.7	386.7	478.1	608.1	754.8	932.3
肉类	1493.9	1120.1	1346.8	1504.5	1697.3	1934.4
禽类	402.7	281.4	344.1	406.3	478.6	547.2
水产品	246.4	136.5	174.0	229.9	322.5	416.2
蛋类	143.5	102.3	131.7	142.1	163.5	192.4
奶类	275.5	177.5	194.8	270.0	338.0	441.6
干鲜瓜果类	445.9	282.0	312.4	412.1	528.4	777.2
糖果糕点类	156.2	115.0	118.3	141.9	177.8	250.9
其他食品	212.6	160.0	188.3	204.6	238.8	293.3
烟酒	947.7	720.6	862.5	852.3	1075.3	1327.9
烟草	714.1	554.2	654.2	650.5	825.9	951.7
酒类	233.7	166.4	208.3	201.7	249.4	376.2
饮料	173.0	130.1	146.5	150.4	190.9	270.3
饮食服务	1759.3	798.4	957.4	1441.7	2188.4	3932.0
食堂用餐	255.3	203.0	196.8	265.4	280.0	357.4
其他在外饮食	1495.6	587.7	751.0	1166.9	1900.7	3567.4
食品加工服务费	8.4	7.7	9.6	9.4	7.7	7.3
衣着	1316.5	782.2	880.2	1148.5	1583.7	2469.8
衣类	1027.9	589.4	677.6	890.8	1234.0	1979.1
鞋类	288.6	192.8	202.6	257.7	349.7	490.6
居住	4361.8	2686.8	3110.7	3790.8	5123.7	7974.1
租赁房房租	140.1	74.8	76.0	100.1	231.2	249.8
住房维修及管理	914.8	561.4	561.5	616.9	1027.1	2054.7
水电燃料及其他	789.9	583.7	701.5	774.7	874.9	1098.4
自有住房折算租金	2517.0	1466.8	1771.6	2299.1	2990.6	4571.3
租赁房房租中租赁公房房租	5.6	1.6	2.9	5.7	12.3	6.6
租赁房房租中租赁私房房租	134.5	73.2	73.2	94.5	218.9	243.2
住房维修及管理中物业管理费	99.5	19.8	30.3	61.9	129.8	302.8
生活用品及服务	1465.4	889.8	1108.7	1274.0	1642.6	2709.2
家具及室内装饰品	224.6	130.5	148.9	182.8	246.9	469.5
家用器具	416.2	234.9	363.4	365.4	479.1	715.5
家用纺织品	113.6	71.2	83.3	90.6	124.6	223.1
家庭日用杂品	322.2	249.7	280.8	301.2	335.7	480.8
个人用品	328.1	178.2	195.3	293.2	399.2	654.2
家庭服务	60.7	25.2	37.0	40.8	57.1	166.2
其中：家政服务	25.4	6.0	10.3	8.6	20.2	96.7

2-8 续表 1　　　　单位：元

指标	总平均	低收入户	中低收入户	中等收入户	中高收入户	高收入户
交通通信	2806.4	1693.9	2031.9	2500.0	3177.4	5205.5
交通	1974.5	1091.5	1359.0	1721.6	2207.9	3961.7
交通工具	639.1	301.0	445.0	585.8	674.7	1359.0
交通费	252.2	209.6	202.8	201.8	259.3	422.4
交通工具用燃料	635.9	363.8	426.0	551.1	770.8	1208.4
交通工具使用及维修	447.4	217.1	285.3	382.9	503.0	971.9
其中：车辆保险支出	176.4	81.1	117.3	152.2	208.8	369.7
通信	831.9	602.4	672.9	778.3	969.5	1243.7
通信工具	231.9	152.8	186.3	203.2	290.8	361.6
通信服务	600.0	449.5	486.6	575.1	678.7	882.1
教育文化娱乐	2005.7	1455.2	1563.3	1853.1	2311.3	3125.7
教育	1531.0	1206.0	1299.6	1479.2	1743.0	2073.3
学前教育	236.6	159.5	162.8	240.7	309.9	342.4
小学教育	276.8	208.7	211.2	246.8	294.5	464.8
初中教育	202.5	168.1	166.5	170.3	237.0	291.7
高中教育	330.1	293.0	329.9	318.9	386.3	329.6
中专职高教育	18.8	21.3	42.4	17.4	5.8	3.0
大专及以上教育	397.3	304.6	334.8	403.8	455.1	525.6
成人教育	68.9	50.8	51.8	81.2	54.4	116.2
文化娱乐	474.7	249.2	263.7	373.9	568.2	1052.4
文娱耐用消费品	133.5	76.2	63.3	95.3	168.4	302.7
其他文娱用品	180.0	117.8	130.4	162.2	201.9	321.5
文化娱乐服务	161.2	55.1	70.0	116.4	198.0	428.1
医疗保健	2105.4	1335.9	1690.4	1995.0	2234.0	3643.1
医疗器具及药品	535.1	372.2	441.6	494.1	530.6	925.6
医疗服务	1570.2	963.6	1248.8	1501.0	1703.4	2717.6
门诊总费用	622.4	417.7	513.0	574.6	712.1	988.2
住院总费用	947.9	545.9	735.9	926.4	991.4	1729.4
其他用品及服务	502.4	283.5	293.4	417.5	532.0	1123.0
其他用品	198.8	133.4	105.3	138.4	206.9	465.2
其他服务	303.6	150.1	188.2	279.1	325.1	657.8
生产经营费用支出	**5063.9**	**7546.2**	**3453.4**	**2953.5**	**4056.5**	**7348.8**
第一产业经营费用支出	1894.2	2527.2	2162.5	1385.8	1264.5	2040.9
农业	788.4	735.1	813.2	620.3	577.1	1275.5
林业	22.7	44.5	11.2	16.4	15.5	23.3
牧业	1035.3	1682.3	1314.7	684.1	606.2	729.5
渔业	47.8	65.3	23.4	65.0	65.7	12.6
第二产业经营费用支出	280.2	326.2	209.5	130.2	317.3	440.9
采矿业	0.0			0.0		
制造业	147.3	222.9	182.2	52.9	148.7	112.9
电力、热力、燃气及水生产和供应业	0.1		0.0	0.3	0.1	0.1
建筑业	132.8	103.3	27.3	77.0	168.5	327.9
第三产业经营费用支出	2889.5	4692.8	1081.4	1437.5	2474.6	4867.0
批发和零售业	1561.5	3050.3	651.9	854.1	1174.0	1944.6
交通运输、仓储和邮政业	273.0	249.4	156.5	193.2	278.8	536.4

2-8 续表 2

单位：元

指标	总平均	低收入户	中低收入户	中等收入户	中高收入户	高收入户
住宿和餐饮业	608.1	1301.6	137.0	195.6	405.3	969.6
房地产业	1.8	0.2	0.2	2.6	3.0	3.8
租赁和商务服务业	117.1	0.4	4.8		7.6	680.1
居民服务、修理和其他服务业	256.4	59.9	115.3	176.5	386.4	642.1
其他	65.3	26.6	7.0	9.6	216.3	81.2
农林牧渔服务业	6.2	4.4	8.9	5.9	3.2	9.2
财产性支出	**249.4**	**69.6**	**124.7**	**208.6**	**334.0**	**597.5**
生活贷款利息支出	247.0	68.2	122.7	208.0	330.4	592.3
住房贷款利息支出	236.6	61.5	115.7	194.3	325.7	570.3
其他生活贷款利息支出	10.4	6.7	7.1	13.7	4.7	22.0
其他财产性支出	2.4	1.4	2.0	0.6	3.6	5.2
非储蓄性财产保险支出	0.9	1.2	1.3	0.2	1.1	0.7
其他财产性支出	1.5	0.2	0.7	0.5	2.5	4.5
转移性支出	**1836.9**	**943.6**	**1088.6**	**1533.7**	**2210.4**	**3899.4**
个人所得税	78.1	69.1	11.3	23.7	47.7	272.6
社会保障支出	1583.0	808.8	961.6	1386.5	1955.7	3201.0
个人缴纳的养老保险	974.6	435.7	516.4	843.1	1254.4	2102.2
个人缴纳的医疗保险	528.4	363.6	429.7	507.3	622.8	789.4
个人缴纳的失业保险	28.5	4.2	6.8	17.1	35.3	93.8
其他社会保障支出	51.6	5.3	8.7	19.0	43.2	215.6
外来从业人员寄给家人的支出	0.3	0.4	1.2			
赡养支出	126.9	44.2	63.8	92.7	178.3	298.1
其他转移性支出	48.6	21.1	50.7	30.7	28.7	127.6
部分商业保险支出	**181.8**	**108.6**	**67.6**	**118.7**	**193.0**	**483.9**
意外伤害保险	26.8	26.5	16.6	24.4	28.1	41.4
商业医疗保险(含大病保险)	97.6	41.6	38.1	70.8	109.8	264.8
其他非储蓄性商业保险	16.7	2.4	6.9	13.1	14.3	55.2
其他储蓄性商业保险	40.7	38.1	6.1	10.5	40.7	122.5
购置资产及非经常性转移支出	**3830.1**	**2480.4**	**2915.1**	**3090.1**	**4748.8**	**6610.3**
购置资产支出	1061.4	603.7	736.5	746.9	1346.8	2128.3
购建造住房支出	215.9	280.3	218.2	186.6	94.3	301.1
建造住房材料	138.2	145.7	155.5	152.8	49.9	191.5
建造住房雇工	70.2	124.3	52.4	23.6	44.4	103.6
购买住房支出	636.8	163.1	282.0	379.5	1111.8	1474.3
购建第一产业生产性固定资产支出	112.3	115.8	155.1	73.9	67.6	152.8
购买或建造农业生产性用房	29.5	18.9	21.2	17.2	13.3	87.2
购买用房建筑材料	16.7	11.4	10.9	13.9	12.1	39.7
建筑农业生产用房雇工	8.2	4.1	2.4	3.4		36.1
购买农业生产用房	1.5		7.1		0.4	
其他	3.0	3.4	0.8		0.7	11.5
购买役畜	0.7		0.3		3.2	
购买产品畜	15.4	17.4	21.3		23.4	14.5
购买或建造农业设施	25.3	49.4	28.2	13.4	17.9	11.5
大棚、温室	19.3	41.4	20.7	8.2	12.9	8.4

2-8 续表 3 单位：元

指　　标	总平均	低收入户	中低收入户	中等收入户	中高收入户	高收入户
自备井	1.3	4.2	0.8	0.3		0.9
喷灌设施	1.7	0.2	2.9	1.4	2.4	1.6
其他农业设施	2.9	3.5	3.8	3.5	2.7	0.6
购买农业机械	41.5	30.1	84.1	43.3	9.8	39.6
大中型农用拖拉机	4.9					29.3
小型(手扶)农用拖拉机	0.8	0.7	1.8	0.8	0.3	
农用排灌动力机械	1.0	1.8	2.1		0.7	
插秧机						
收割机	9.9	0.9	45.9		0.2	1.4
脱粒机	1.2	2.3	0.2	1.8	0.6	0.6
其他农业机械	23.8	24.5	34.1	40.7	8.0	8.3
购建第二产业生产性固定资产支出	23.4	0.0	3.4	0.4	18.9	112.2
采矿业						
制造业	1.7	0.0			8.7	
电力、热力、燃气及水生产和供应业	0.4					2.5
建筑业	21.3		3.4	0.4	10.2	109.7
购建第三产业生产性固定资产支出	59.1	38.0	67.5	90.2	38.5	64.2
批发和零售业	7.3	10.8	0.6	16.5	2.9	4.7
交通运输、仓储和邮政业	36.9	22.4	65.9	72.6	1.5	19.3
住宿和餐饮业	8.2	2.9	0.5	0.2	22.4	18.1
房地产业	0.6				3.1	
租赁和商务服务业	3.6	2.0	0.5		1.5	16.3
居民服务、修理和其他服务业	2.4	0.0		0.9	6.6	5.7
其他	0.1				0.4	
购建其他资产支出	13.9	6.3	10.4	16.2	15.7	23.7
非经常性转移支出	2768.7	1876.7	2178.6	2343.2	3402.0	4482.0
博彩支出	110.4	61.2	82.5	75.7	129.7	230.8
婚丧嫁娶礼金支出	1519.4	1169.2	1381.4	1412.1	1604.3	2195.1
一次性赔偿支出	28.6	6.3	4.3	15.1	113.7	6.6
一次性馈赠支出	813.7	442.8	448.6	560.1	1169.8	1657.1
婚丧嫁娶宴请支出	281.1	185.0	253.0	268.5	369.8	358.8
其他非经常性转移支出	15.5	12.2	8.8	11.7	14.7	33.7
借贷性支出	**2128.4**	**923.5**	**1096.0**	**1924.7**	**2108.4**	**5297.3**
存入储蓄款	1025.2	366.0	473.0	1125.1	918.4	2601.3
借出款	69.4	135.8	29.9	31.8	43.7	102.2
归还借款	118.9	112.7	120.4	73.1	94.2	208.9
购买有价证券	10.7		0.0	0.5	1.4	61.1
其他投资支出	34.8	2.2	58.5	46.7	47.0	21.5
归还住房贷款	672.0	170.8	225.4	518.4	778.0	1961.5
归还汽车贷款	144.2	97.6	153.0	92.8	149.9	251.9
归还教育贷款	1.8		4.6	4.2		
归还其他贷款	50.6	38.2	30.7	31.2	74.3	87.9
其他借贷支出	0.8	0.3	0.4	0.9	1.5	1.0

2-9 居民家庭基本情况(2022年)

指　　标	单位	全体居民	城镇常住居民	农村常住居民
住户常住地				
城镇住户	%	16.4	33.3	
农村住户	%	16.9		33.3
居委会住户	%	13.7	26.8	1.1
村委会住户	%	19.6	6.5	32.3
城镇居委会住户	%	13.2	26.8	
城镇村委会住户或农村住户	%	20.2	6.5	33.3
户主文化程度				
未上过学	%	2.6	0.9	4.2
小学	%	28.2	15.7	40.3
初中	%	43.5	39.3	47.6
高中	%	13.6	20.8	6.7
大学专科	%	7.4	14.0	1.0
大学本科	%	4.3	8.6	0.2
研究生	%	0.3	0.7	0.0
住户经营情况				
生产经营户	%	62.4	34.6	86.4
#农业户	%	42.4	13.0	67.8
#农业兼业户	%	2.0	0.5	3.2
#非农兼业户	%	4.3	1.8	6.4
#非农业户	%	13.9	19.3	9.2
非生产经营户	%	37.6	65.4	13.6
按家庭规模分的住户类型				
一人户	%	8.1	7.6	8.6
二人户	%	35.2	32.5	37.8
三人户	%	25.3	29.7	21.0
四人户	%	16.1	16.8	15.4
五人户	%	9.5	8.8	10.2
六人及以上户	%	5.8	4.6	7.0
住户特征				
纯老人户	%	29.4	24.6	33.6
家中有未成年子女户	%	69.2	73.3	65.6
年轻夫妻无子女户	%	0.4	0.8	
无劳动力户	%	1.0	1.2	0.8

2-10 居民家庭人口和就业情况(2022年)

指　标	单位	全体居民	城镇常住居民	农村常住居民
期内住户家庭常住成员数	人/户	**3.0**	**3.0**	**3.0**
常住成员情况				
性别				
男性	%	48.4	47.7	49.1
女性	%	51.6	52.3	50.9
年龄				
5岁及以下	%	4.1	4.2	4.0
6-15岁	%	13.5	12.4	14.6
16-19岁	%	4.9	4.1	5.6
20-24岁	%	3.3	3.8	2.8
25-29岁	%	3.2	3.7	2.7
30-34岁	%	4.6	5.8	3.4
35-40岁	%	6.6	8.4	4.9
41-50岁	%	14.9	17.2	12.7
51-60岁	%	21.8	21.1	22.4
61-65岁	%	5.2	4.8	5.6
66岁及以上	%	17.9	14.4	21.3
民族				
汉族	%	93.1	96.1	90.3
壮族	%	0.2	0.3	0.1
回族	%	0.1	0.2	0.1
苗族	%	0.2	0.1	0.4
维吾尔族	%	0.0		0.0
蒙古族	%	0.0	0.1	0.0
藏族	%	3.6	1.8	5.4
满族	%	0.0	0.0	0.0
其他民族	%	2.7	1.5	3.8
参加医疗保险情况				
城镇职工基本医疗保险	%	17.8	32.5	3.8
城乡居民基本医疗保险	%	80.6	65.1	95.5
公费医疗	%	0.5	0.6	0.3
商业医疗保险	%	0.7	1.3	0.1
其他医疗保险	%	0.8	1.0	0.6
没有参加任何医疗保险	%	0.6	1.1	0.2
住户成员受教育程度(6周岁及以上)				
未上过学	%	4.7	2.4	6.8
小学	%	32.6	23.0	41.7
初中	%	34.4	32.3	36.5
高中	%	14.9	19.5	10.6
大学专科	%	8.0	13.1	3.1

2-10 续表 1

指　标	单位	全体居民	城镇常住居民	农村常住居民
大学本科	%	4.9	8.9	1.2
研究生	%	0.5	0.8	0.1
住户成员婚姻状况(15周岁及以上)				
未婚	%	14.0	13.9	14.2
有配偶	%	78.0	77.9	78.1
离婚	%	2.2	3.2	1.3
丧偶	%	5.7	5.0	6.4
常住从业人员情况				
劳动力人数	人/户	2.2	2.2	2.2
整劳动力人数	人/户	0.8	0.9	0.6
半劳动力人数	人/户	1.4	1.3	1.5
性别				
男性	%	47.5	46.3	48.7
女性	%	52.5	53.7	51.3
年龄				
16-19岁	%	0.4	0.1	0.6
20-24岁	%	1.7	1.7	1.7
25-29岁	%	4.2	4.7	3.6
30-34岁	%	6.2	7.7	4.7
35-40岁	%	9.0	11.3	6.8
41-50岁	%	20.3	22.9	17.7
51-60岁	%	29.6	28.1	31.1
61-65岁	%	7.0	6.3	7.8
66岁及以上	%	21.6	17.3	26.0
住户成员受教育程度				
未上过学	%	4.4	1.9	6.9
小学	%	29.7	17.9	41.6
初中	%	38.7	35.8	41.6
高中	%	13.8	20.3	7.4
大学专科	%	8.4	14.8	2.0
大学本科	%	4.5	8.6	0.4
研究生	%	0.4	0.8	0.0
是否离退休人员				
行政事业单位离退休	%	1.8	3.2	0.3
其他单位离退休	%	7.7	13.9	1.5
未退休	%	90.5	82.9	98.1
参加养老保险情况				
城镇职工基本养老保险	%	26.1	45.6	6.6
城乡居民基本养老保险	%	59.2	39.6	78.8
企业年金(职业年金)	%	2.8	5.4	0.2
商业养老保险	%	0.6	0.9	0.4
其他养老保险	%	3.2	2.7	3.7
没有参加任何养老保险	%	11.3	11.8	10.7

2-10 续表 2

指　　标	单位	全体居民	城镇常住居民	农村常住居民
本季度就业类型				
雇主	%	0.4	0.6	0.2
公职人员	%	1.3	2.8	0.1
事业单位人员	%	3.1	6.6	0.3
国有企业雇员	%	1.6	3.5	0.1
其他雇员	%	45.4	61.0	33.3
农业自营	%	35.5	9.9	55.4
非农自营	%	12.8	15.6	10.7
从事主要行业				
第一产业	%	36.7	10.8	56.8
第二产业	%	18.2	18.1	18.3
采矿业	%	0.3	0.5	0.3
制造业	%	6.5	6.9	6.2
电力、热力、燃气及水生产供应业	%	1.1	1.7	0.6
建筑业	%	10.3	9.2	11.2
第三产业	%	45.1	71.1	24.9
批发和零售业	%	10.7	15.7	6.8
交通运输、仓储和邮政业	%	4.3	5.8	3.1
住宿和餐饮业	%	4.8	6.4	3.5
信息传输、软件业和信息技术服务业	%	1.0	1.9	0.3
金融业	%	0.9	1.8	0.2
房地产业	%	0.5	1.0	0.1
租赁和商务服务业	%	0.6	1.2	0.2
科学研究和技术服务业	%	0.1	0.3	0.0
水利、环境和公共设施管理业	%	0.5	0.9	0.3
居民服务、修理和其他服务业	%	10.4	16.5	5.8
教育	%	2.7	5.1	0.8
卫生和社会工作	%	2.3	3.8	1.1
文化、体育和娱乐业	%	0.9	1.7	0.4
公共管理、社会保障和社会组织	%	5.3	9.0	2.4
国际组织	%			
从事主要职业				
国家机关、党群组织、企业、事业单位负责人	%	1.2	2.5	0.2
专业技术人员	%	7.0	11.1	3.9
办事人员和有关人员	%	15.0	24.9	7.4
商业、服务业人员	%	26.7	37.5	18.3
农、林、牧、渔、水利业生产人员	%	36.6	10.7	56.8
生产、运输设备操作人员及有关人员	%	7.9	6.8	8.8
军人	%	0.0		0.0
不便分类的其他从业人员	%	5.5	6.5	4.7

2-11 居民家庭住房基本情况(2022年)

指　　标	单位	全体居民	城镇常住居民	农村常住居民
现住房建筑面积	**平方米/人**	**42.7**	**38.2**	**47.0**
现住房情况				
居住空间样式				
单栋楼房	%	41.4	21.4	60.7
单栋平房	%	19.2	5.5	32.6
四居室及以上单元房	%	2.4	4.2	0.7
三居室单元房	%	20.9	39.5	2.9
二居室单元房	%	13.0	24.8	1.6
一居室单元房	%	1.8	3.5	0.1
筒子楼或连片平房	%	0.6	0.9	0.3
其他	%	0.7	0.2	1.1
主要建筑材料				
钢筋混凝土	%	46.4	65.9	27.6
砖混材料	%	40.0	30.0	49.7
砖瓦砖木	%	12.7	4.1	21.0
竹草土坯	%	0.5	0.0	0.9
其他	%	0.4		0.8
现住房房屋来源				
租赁公房	%	1.0	1.9	0.0
租赁私房	%	3.2	5.0	1.3
自建住房	%	60.4	27.4	92.3
购买商品房	%	23.1	43.8	3.0
购买房改住房	%	2.5	4.7	0.3
购买保障性住房	%	1.0	2.0	0.1
拆迁安置房	%	7.8	13.5	2.2
继承或获赠住房	%	0.4	0.6	0.3
免费借用房	%	0.4	0.7	0.2
雇主提供免费住房	%	0.0	0.1	
其他来源	%	0.2	0.3	0.1
现住房建筑面积				
10平方米以内	%	0.0		0.1
10-20平方米	%	0.1	0.2	0.0
20-30平方米	%	0.3	0.5	0.1
30-60平方米	%	4.8	7.6	2.1
60-90平方米	%	19.8	27.7	12.2
90-120平方米	%	35.6	35.3	36.0
120-200平方米	%	30.0	22.4	37.3
200平方米以上	%	9.3	6.3	12.3
现住房建筑年份				
当年新建	%	0.1	0.0	0.1
1-5年	%	5.6	2.9	8.0
6-10年	%	17.9	18.6	17.4
11-20年	%	41.8	45.5	38.6
21-50年	%	33.9	32.9	34.8
51-99年	%	0.7	0.2	1.1
100年以上	%			

2-12 居民家庭固定资产投资及拥有情况(2022年)

指　　标	单位	全体居民	城镇常住居民	农村常住居民
农业生产投资情况				
主要农业生产性固定资产数量				
生产性用房及建筑物	平方米/户	13.8	4.4	22.9
大中型农用拖拉机	台/百户	0.8	0.1	1.6
小型农用拖拉机	台/百户	2.7	0.4	4.8
农用排灌动力机械	台/百户	3.9	1.0	6.8
插秧机	台/百户	0.2		0.3
收割机	台/百户	1.1	0.2	2.0
脱粒机	台/百户	7.3	0.7	13.7
产品畜	头/百户	40.8	6.7	73.9
期末农业生产性固定资产原价				
农业固定资产原价	元/人	1233.7	517.9	1918.3
生产性用房及建筑物	元/人	686.0	149.5	1199.2
役畜	元/人	55.2	13.7	94.9
农业设施	元/人	176.6	196.0	158.0
农业机械	元/人	170.3	45.7	289.4
林业固定资产原价	元/人	17.3	8.4	25.8
生产性用房及建筑物	元/人	6.3	4.9	7.7
机械设备	元/人	3.9	3.0	4.8
牧业固定资产原价	元/人	678.5	172.2	1162.8
生产性用房及建筑物	元/人	437.2	125.0	735.8
产品畜	元/人	181.7	42.6	314.7
渔业固定资产原价	元/人	38.0	10.5	64.4
农林牧渔服务业固定资产原价	元/人	22.7	3.6	40.9
期内农业生产性固定资产投资及资金来源				
期内自建农业生产性用房				
期内自建农业生产性用房建筑面积	平方米/人	0.8	0.4	1.2
期内自建农业生产性用房价值	元/人	164.0	43.0	279.8
期内固定资产投资总额	元/人	549.6	247.2	838.8
来自银行、信用社贷款	元/人	0.1		0.2
来自亲友借款	元/人	0.2	0.2	0.2
来自自筹资金	元/人	531.3	246.6	803.6
来自其他资金	元/人	0.3	0.4	0.2

2-12 续表

指　　标	单位	全体居民	城镇常住居民	农村常住居民
非农业生产投资情况				
期末非农产业固定资产原价				
采矿业	元/人			
制造业	元/人	54.3	38.4	69.5
电力、热力、燃气及水生产和供应业	元/人	15.9	32.4	0.2
建筑业	元/人	128.6	210.2	50.6
批发和零售业	元/人	1024.8	1563.4	509.7
交通运输、仓储和邮政业	元/人	471.0	420.1	519.6
住宿和餐饮业	元/人	369.0	569.5	177.3
房地产业	元/人	6.7		13.1
租赁和商务服务业	元/人	67.9	119.1	18.9
居民服务、修理和其他服务业	元/人	396.4	642.5	161.0
其他行业	元/人	27.2	41.7	13.2
期内非农产业固定资产投资及资金来源				
期内非农产业固定资产投资总额	元/人	949.1	1301.1	612.3
期内非农产业固定资产投资构成				
生产性用房及建筑物	元/人	310.0	353.8	268.2
机械设备	元/人	256.6	313.1	202.5
其他	元/人	290.0	457.1	130.1
期内非农产业固定资产投资资金来源				
银行、信用社贷款	元/人	9.2	9.3	9.1
亲友借款	元/人	20.9	38.4	4.2
自筹资金	元/人	879.1	1172.1	598.9
其他资金	元/人	1.8	3.7	0.0
期内住房大修或装修费用	万元/人	2.4	4.0	0.9

2-13 居民家庭主要食品消费量(2022年)

单位：公斤/人

指　　标	全体居民	城镇常住居民	农村常住居民
粮食消费量	**134.3**	**106.2**	**161.1**
谷物消费量	121.9	94.3	148.4
小麦	25.0	21.4	28.4
稻谷	87.5	63.5	110.4
玉米	4.5	4.6	4.3
其他谷物	5.0	4.7	5.3
薯类消费量	3.6	3.3	3.8
红薯	0.9	0.7	1.1
马铃薯	2.2	2.1	2.3
其他薯类	0.5	0.6	0.4
豆类消费量	8.8	8.6	9.0
大豆	0.8	0.5	1.2
其他豆类	7.9	8.1	7.8
油脂类消费量	**11.3**	**11.3**	**11.4**
植物油	10.2	10.5	10.0
动物油	1.1	0.8	1.4
蔬菜及菜制品消费量	**121.6**	**125.2**	**118.2**
鲜菜	118.5	121.1	116.0
干菜及菜制品	1.2	1.5	0.9
鲜菌	1.8	2.4	1.3
干菌及菌制品	0.1	0.2	0.1
肉类	**43.9**	**43.9**	**43.8**
猪肉	38.3	36.1	40.4
牛肉	1.9	2.7	1.1
羊肉	0.5	0.6	0.4
其他肉类及制品	3.2	4.5	1.9
禽类	**12.6**	**12.8**	**12.4**
鸡	7.5	7.1	7.8
鸭	3.4	3.6	3.2
鹅	0.2	0.1	0.2
其他禽类及制品	1.6	2.0	1.2
水产品	**9.8**	**11.4**	**8.3**
鱼类	8.1	8.8	7.3
虾、贝、蟹类	1.0	1.5	0.5
藻类	0.3	0.4	0.3
其他	0.4	0.7	0.2
蛋类及蛋制品	**9.8**	**10.0**	**9.6**
鲜蛋	9.5	9.6	9.4
蛋制品	0.3	0.4	0.2
奶和奶制品	**11.9**	**15.4**	**8.5**
鲜奶	9.5	12.2	6.8
酸奶	1.4	1.9	0.9
奶粉	0.5	0.7	0.3
其他奶制品	0.6	0.6	0.5
干鲜瓜果类	**43.7**	**52.1**	**35.7**
鲜瓜果	43.5	51.8	35.5
瓜果制品	9.6	13.9	5.6
坚果类	71.5	90.2	53.7
糖果糕点类	**1.9**	**1.6**	**2.2**
食糖	1.6	1.2	1.9
糖果	21.9	24.9	19.0
糕点	99.7	129.0	71.7
其他糖果糕点	17.4	19.9	15.1
饮料	**172.7**	**195.8**	**150.5**
茶叶	38.0	48.2	28.3
烟叶消费量	**714.0**	**691.0**	**735.9**
酒	**233.7**	**248.9**	**219.1**
白酒	172.6	186.0	159.7
啤酒	46.5	40.3	52.3
果酒	10.8	17.5	4.4

2-14 居民家庭农产品自产自用情况(2022年)

单位：元/人

指 标	全体居民	城镇常住居民	农村常住居民
农产品自产自用	**1003.8**	**231.3**	**1742.7**
农业产品	**643.1**	**143.1**	**1121.4**
谷物	369.8	84.2	643.0
薯类	68.3	11.5	122.6
豆类	8.7	1.0	16.0
棉花	0.0		-0.1
麻类			
油料	60.3	11.8	106.6
糖料	0.0	0.0	0.0
烟草	0.1	0.0	0.2
蔬菜及食用菌	90.2	27.6	150.0
水果	5.0	1.7	8.1
果用瓜	0.2	0.0	0.3
干制水果及水果籽			
坚果	0.5	0.2	0.8
饮料原料	0.4	0.1	0.6
香料原料			
中草药	0.0		0.1
初加工农产品	0.4	0.0	0.7
其他农产品	39.3	4.8	72.4
林业产品	**43.3**	**6.8**	**78.3**
人工林产品	0.3	0.1	0.4
采集林产品	0.1	0.0	0.2
其他林产品	43.0	6.7	77.7
牧业产品	**313.5**	**79.8**	**537.0**
家畜	162.7	39.2	280.8
家禽	101.1	30.1	169.0
蛋类	36.9	9.4	63.2
奶类			
其他牧业产品	12.5	1.0	23.5
其他动物	0.3	0.1	0.4
狩猎和捕捉野生动物			
渔业产品	**3.9**	**1.7**	**6.0**
养殖产品	3.2	0.9	5.5
捕捞产品	0.3	0.2	0.3
其他渔业产品	0.3	0.5	0.2

2-15 全省居民平均每百户年末主要耐用消费品拥有量(2017-2022年)

指　标	单位	2017	2018	2019	2020	2021	2022
家用汽车	辆	22.6	26.9	28.2	29.1	29.4	32.1
摩托车	辆	35.9	34.7	34.5	32.5	33.8	33.7
助力车	台	28.0	31.4	32.6	35.4	40.1	41.4
洗衣机	台	94.0	95.7	97.9	98.7	99.5	100.5
电冰箱(柜)	台	98.1	99.5	102.0	103.0	105.6	106.1
微波炉	台	30.4	29.1	29.1	30.3	31.3	32.4
彩色电视机	台	120.8	118.4	119.7	120.3	119.3	120.5
空调	台	81.4	99.1	103.8	108.1	125.2	132.9
热水器	台	79.8	86.2	87.3	92.0	93.9	93.6
洗碗机	台	0.7	0.9	0.9	0.9	1.2	1.5
排油烟机	台	35.9	45.7	45.6	47.7	48.7	51.2
固定电话	线	26.1	22.5	14.8	13.0	6.4	5.0
移动电话	部	243.5	257.2	257.6	257.3	264.4	263.6
计算机	台	40.5	39.9	37.1	38.9	32.9	32.7
照相机	台	11.0	7.9	7.9	7.8	5.0	5.1
乐器	架	2.1	2.9	3.1	3.2	3.1	3.4
健身器材	台	2.2	3.5	4.0	4.6	3.3	3.3
空气净化器(含新风系统)	套	0.3	2.6	3.2	3.3	3.2	3.3
地面清洁器	台	0.3	4.0	4.8	5.5	4.6	4.8

2-16 土地经营和主要农产品产量情况(2022年)

指　　标	单位	全体居民	城镇常住居民	农村常住居民
家庭实际经营土地情况				
期末实际经营土地面积	亩/人	1.25	0.24	2.22
耕地面积	亩/人	0.90	0.18	1.59
其中：有效灌溉面积	亩/人	0.56	0.11	0.98
林地面积	亩/人	0.24	0.03	0.45
园地面积	亩/人	0.07	0.02	0.11
牧草地面积	亩/人	0.02	0.00	0.03
养殖水面面积	亩/人	0.03	0.01	0.04
期内土地种植情况				
期内主要粮食播种面积	亩/人	0.93	0.14	1.70
小麦播种面积	亩/人	0.19	0.02	0.35
水稻播种面积	亩/人	0.31	0.05	0.55
玉米播种面积	亩/人	0.29	0.04	0.53
大豆播种面积	亩/人	0.06	0.00	0.11
薯类播种面积	亩/人	0.09	0.02	0.16
期内主要经济作物播种面积	亩/人	0.31	0.11	0.50
棉花播种面积	亩/人	0.00		0.00
油料作物播种面积	亩/人	0.12	0.02	0.22
糖料作物播种面积	亩/人	0.00	0.00	0.00
蔬菜播种面积	亩/人	0.10	0.03	0.16
其中：设施蔬菜播种面积	亩/人	0.02	0.01	0.02
水果播种面积	亩/人	0.09	0.06	0.11
其中：设施水果播种面积	亩/人	0.02	0.02	0.01
农业生产技术应用情况	亩/人	1.25	0.17	2.29
1.机耕面积	亩/人	0.44	0.07	0.79
2.机播面积	亩/人	0.26	0.01	0.50
3.机收面积	亩/人	0.37	0.05	0.67
4.机电灌溉面积	亩/人	0.18	0.04	0.32
主要农产品产量				
谷物产量	公斤/人	322.73	49.70	583.86
面积	亩/人	0.75	0.11	1.36
小麦产量	公斤/人	64.03	6.84	118.72
面积	亩/人	0.18	0.02	0.33
稻谷产量	公斤/人	158.45	28.22	283.00
面积	亩/人	0.30	0.05	0.54
玉米产量	公斤/人	94.43	14.17	171.19
面积	亩/人	0.25	0.04	0.45

2-16 续表

指　　标	单位	全体居民	城镇常住居民	农村常住居民
高粱产量	公斤/人	4.80	0.22	9.18
面积	亩/人	0.02	0.00	0.03
青稞产量	公斤/人	0.11		0.21
面积	亩/人	0.00		0.00
其他谷物产量	公斤/人	0.92	0.25	1.56
面积	亩/人	0.00	0.00	0.00
薯类产量	公斤/人	12.69	1.86	23.04
面积	亩/人	0.08	0.01	0.14
红薯产量	公斤/人	9.66	1.60	17.37
面积	亩/人	0.06	0.01	0.11
马铃薯产量	公斤/人	3.01	0.26	5.64
面积	亩/人	0.02	0.00	0.03
其他薯类产量	公斤/人	0.02	0.00	0.03
面积	亩/人	0.00	0.00	0.00
豆类产量	公斤/人	3.64	0.51	6.63
面积	亩/人	0.04	0.00	0.07
大豆产量	公斤/人	3.29	0.42	6.03
面积	亩/人	0.04	0.00	0.07
其他豆类产量	公斤/人	0.35	0.09	0.59
面积	亩/人	0.00	0.00	0.01
棉花产量	公斤/人	0.00		0.01
面积	亩/人	0.00		0.00
油料产量	公斤/人	22.08	3.61	39.74
面积	亩/人	0.13	0.03	0.23
花生产量	公斤/人	1.61	0.36	2.80
面积	亩/人	0.01	0.00	0.02
芝麻产量	公斤/人	0.04		0.08
面积	亩/人	0.00		0.00
油菜籽产量	公斤/人	20.42	3.24	36.86
面积	亩/人	0.12	0.02	0.21
葵花籽产量	公斤	0.00	0.00	0.00
面积	亩	0.00	0.00	0.00
其他油料产量	公斤	0.00	0.00	
面积	亩	0.00	0.00	

2-17 城镇居民人均收支及恩格尔系数(1980-2022年)

年 份	城镇居民人均可支配收入		城镇居民人均消费性支出		恩格尔系数(%)
	绝对数(元)	比上年±%	绝对数(元)	比上年±%	
1980	391		364		58.5
1981	412	5.4	396	9.0	59.5
1982	445	8.0	407	2.6	59.8
1983	493	10.8	457	12.3	59.0
1984	581	17.8	517	13.1	57.3
1985	695	19.6	680	31.5	51.4
1986	849	22.2	787	15.8	52.7
1987	948	11.7	889	13.0	52.9
1988	1130	19.2	1086	22.1	51.8
1989	1349	19.4	1184	9.0	55.7
1990	1490	10.5	1281	8.3	53.8
1991	1691	13.5	1488	16.1	51.9
1992	1989	17.6	1651	11.0	54.1
1993	2408	21.1	2034	23.2	52.1
1994	3297	37.0	2806	38.0	51.7
1995	4003	21.4	3429	22.2	51.3
1996	4406	10.1	3733	8.9	51.6
1997	4723	7.2	4093	9.6	49.1
1998	5127	8.5	4383	7.1	44.9
1999	5478	6.8	4499	2.7	43.9
2000	5894	7.6	4856	7.9	41.5
2001	6360	7.9	5176	6.6	40.2
2002	6611	3.9	5413	4.6	39.8
2003	7042	6.5	5759	6.4	38.9
2004	7710	9.5	6371	10.6	40.2
2005	8386	8.8	6891	8.2	39.3
2006	9350	11.5	7525	9.2	37.7
2007	11098	18.7	8692	15.5	41.2
2008	12633	13.8	9679	11.4	44.0
2009	13839	9.5	10857	12.2	40.4
2010	15461	11.7	12105	11.5	39.5
2011	17899	15.8	13696	13.1	40.7
2012	20307	13.5	15050	9.9	40.4
2013	22228	10.1	16098	8.6	34.9
2014	24234	9.0	17760	10.3	34.9
2015	26205	8.1	19277	8.5	35.2
2016	28335	8.1	20660	7.2	34.5
2017	30727	8.4	21991	6.4	33.3
2018	33216	8.1	23484	6.8	31.8
2019	36154	8.8	25367	8.0	32.6
2020	38253	5.8	25133	-0.9	34.8
2021	41444	8.3	26971	7.3	34.3
2022	43233	4.3	27637	2.5	33.9

注：从2013年起，国家统计局开展了城乡一体化住户收支和生活状况调查，与2012年前的分城镇和农村住户调查的调查范围、调查方法、指标口径有所不同。

2-18　城镇居民人均可支配收入(2017–2022年)

单位：元

项　　目	2017	2018	2019	2020	2021	2022
城镇居民人均可支配收入	**30726.9**	**33216.0**	**36153.7**	**38253.1**	**41443.8**	**43233.3**
工资性收入	**17299.3**	**18530.0**	**20479.2**	**21950.7**	**23933.7**	**25052.5**
工资	16244.6	17260.1	19409.9	20816.6	22659.5	23698.9
按月发放的工资	13905.2	14766.5	16188.7	17225.8	17928.4	18923.9
补发工资	425.3	470.6	483.5	469.4	389.7	428.4
不按月发放的奖金、津贴、过节费等	1914.0	2023.1	2737.7	3121.4	4341.4	4346.6
实物福利	89.5	94.1	111.8	138.4	167.8	163.1
从单位或雇主得到的实物产品折价	16.0	17.4	29.3	34.1	33.1	26.2
食品	12.6	11.3	19.4	24.5	25.9	21.2
谷物、薯类及豆类	2.5	3.7	8.7	11.6	12.9	10.5
食用油(植物油)	3.2	2.5	3.7	4.6	3.7	3.9
蔬菜及制品	0.1	0.1		0.1	0.1	0.1
肉、禽、蛋、奶及制品	1.4	1.1	1.1	1.8	1.3	1.0
水产品及制品			0.1	0.1	0.0	0.0
糖、烟、酒、饮料类	1.4	2.2	3.7	3.6	4.9	3.4
干鲜瓜果类	0.2	0.4	0.9	1.1	1.4	1.3
其他类食品	3.8	1.4	1.2	1.6	1.6	1.0
衣着	0.4	0.1	0.4	1.4	0.5	0.6
居住		0.2		0.0		
家庭设备和日用品	1.1	2.2	4.5	3.6	2.3	2.2
交通、通信工具及用品	0.8	1.9	2.3	1.1	1.2	0.4
教育文化娱乐用品	0.1	0.3	0.1	0.1	0.1	0.1
医疗保健用品	0.2	0.4	0.3	0.8	0.2	0.2
其他用品	0.8	0.9	2.2	2.5	2.9	1.3
从单位或雇主得到的服务折价	73.5	76.7	82.5	104.3	134.7	137.0
免费或低价提供的工作餐	71.5	70.2	74.6	96.5	126.1	129.7
免费或低价提供的住宿	0.1	2.4	5.6	2.7	5.7	4.6
单位缴纳的水电费、取暖费、物业费等		0.2	0.3	0.6	0.1	0.1
免费或低价提供的交通和通信服务	0.1	1.1	0.8	0.6	1.3	1.0
单位缴纳的教育入学赞助费	0.2					
免费或低价提供的旅游服务	1.2	0.4	0.2	0.1	0.1	0.0
其他服务	0.4	2.3	0.9	3.8	1.6	1.6
单位或雇主实物福利报销所得						
其他	965.2	1175.8	957.5	995.7	1106.4	1190.5
住房公积金	643.6	664.8	808.4	912.9	956.5	1025.7
辞退金	11.3	6.6		3.6	49.3	56.4
自由职业劳动所得(如稿费、翻译费)	9.2	14.5	52.2	42.0	77.2	81.8
安家费		12.1	5.4	2.0	1.3	3.7
股票期权	0.9					
其他劳动所得	300.2	477.8	91.5	35.2	22.2	22.8
经营净收入	**3586.2**	**3849.0**	**4392.8**	**4333.8**	**4798.8**	**4999.0**
第一产业经营净收入	527.8	419.1	486.9	398.0	544.1	586.1
农业	280.9	252.4	299.1	198.0	463.7	505.0
林业	1.8	27.9	26.0	21.2	26.8	11.8
牧业	240.1	129.9	149.0	166.5	48.0	59.7
渔业	5.0	8.9	12.8	12.2	5.5	9.7

2-18 续表 1

单位：元

项　　目	2017	2018	2019	2020	2021	2022
第二产业经营净收入	88.9	99.1	292.3	308.5	375.2	412.5
采矿业	-3.7	6.9	-2.6	-0.2		
制造业	16.0	17.4	35.3	40.1	127.6	159.9
电力、热力、燃气及水生产和供应业	26.5	14.0	19.4	21.9	3.2	-2.3
建筑业	50.1	60.8	240.2	246.7	244.3	254.9
第三产业经营净收入	2969.4	3330.9	3613.6	3627.3	3879.5	4000.5
批发和零售业	1492.8	1602.0	1716.6	1843.2	1995.5	1740.2
交通运输、仓储和邮政业	255.2	326.0	345.3	393.7	479.8	416.1
住宿和餐饮业	534.7	627.3	715.6	641.1	609.9	647.4
房地产业	3.1	7.3	-2.8	6.0	-0.2	-2.1
租赁和商务服务业	32.7	33.5	11.0	-32.0	-110.3	112.6
居民服务、修理和其他服务业	520.9	584.9	545.8	493.0	733.2	889.9
其他	123.7	146.9	278.2	278.9	163.4	194.4
农林牧渔服务业	6.4	2.9	3.9	3.4	8.1	2.0
财产净收入	**2626.8**	**2820.0**	**2890.9**	**3058.9**	**3322.4**	**3380.9**
利息净收入	18.6	-192.2	-189.7	-171.9	-90.8	24.4
红利收入	192.4	476.6	414.0	545.3	622.0	603.7
集体分配的红利	29.7	80.9	35.7	23.2	24.8	12.3
其他红利收入	162.8	395.6	378.5	522.1	597.2	591.4
储蓄性保险净收益	7.3	9.1	3.6	2.7	5.5	5.4
转让承包土地经营权租金净收入	44.5	54.3	54.2	66.7	60.3	62.4
出租房屋财产性收入	928.4	830.3	906.1	963.7	959.4	887.8
出租机械、专利、版权等资产的收入	44.9	72.1	84.4	53.0	38.1	43.2
其他财产净收入	25.3	23.6	15.1	-3.1	31.7	1.6
房屋虚拟租金	1365.5	1546.2	1603.2	1602.6	1696.3	1752.4
转移净收入	**7214.6**	**8017.2**	**8390.9**	**8909.7**	**9388.9**	**9800.8**
转移性收入	9286.1	10450.0	10775.2	11261.6	12009.6	12641.0
养老金或离退休金	7262.8	7249.7	7216.4	7677.8	7683.3	8270.5
离退休金	6058.1	5722.5	5604.2	5935.0	6079.7	6514.9
城乡居民基本养老保险	1026.8	1357.6	1350.1	1479.1	1308.0	1487.8
其他养老金	177.9	169.7	262.1	263.8	295.7	267.8
社会救济和补助	113.7	131.3	114.6	139.0	152.3	150.3
最低生活保障费	53.3	41.1	38.7	47.4	48.3	46.7
五保户救助金	0.3	2.9	2.4	2.0	3.0	3.3
扶贫款	2.5	1.2	0.7	3.0	0.4	0.5
救灾款	1.8			0.5	0.2	
抚恤金	38.3	35.2	43.0	60.8	67.7	69.5
医疗救助专项补贴				4.1	5.1	5.3
教育救助专项补贴				2.1	2.3	2.5
其他社会救济收入	17.5	50.9	29.7	19.2	25.3	22.5
政策性生活补贴	54.0	51.8	107.4	85.4	121.8	112.1
家电补贴	1.0	1.0			0.0	0.2
能源补贴	0.3	0.2		0.0		0.0
免费或低价提供的住宿(廉租房)	0.1	0.7	0.1	0.1	0.1	0.3
居住专项补贴				4.3	8.7	7.2

2-18　续表 2　　　　　　　　　　　　　　　　　　　　　　　　　　　　单位：元

项　　目	2017	2018	2019	2020	2021	2022
建房改造专项补贴				4.3	7.4	1.2
其他生活补贴	52.5	49.9	107.3	76.7	105.6	103.5
报销医疗费	273.6	326.9	548.2	511.0	584.4	605.9
家庭外出从业人员寄回带回收入	780.3	1711.3	1800.8	1851.6	2435.1	2413.3
赡养收入	628.0	732.1	777.7	813.0	768.9	902.1
其他经常转移收入	127.6	177.7	142.0	125.4	180.5	98.8
失业保险金	22.7	23.5	26.9	25.3	33.3	20.3
经常性捐赠收入	3.7	10.5	8.4	11.7	0.5	0.5
经常性赔偿收入	4.7	6.8	9.9	7.9	15.9	9.6
社保支出专项补贴				4.2	5.8	7.2
扶贫补助金孳息收入					0.1	0.0
扶贫贷款利息补助收入						
其他转移性收入	96.4	137.0	96.8	76.3	124.8	61.3
从政府和组织得到的实物产品和服务折价	30.2	45.5	35.0	31.4	44.9	42.4
食品	9.6	15.7	14.9	15.3	23.1	18.8
谷物、薯类及豆类	3.4	5.4	3.9	4.3	6.4	5.1
食用油(植物油)	3.5	5.2	4.6	6.7	9.9	7.2
蔬菜及制品				0.0	0.0	0.7
肉、禽、蛋、奶及制品	0.9	1.6	1.8	2.1	3.8	2.7
水产品及制品				0.0		
糖、烟、酒、饮料类	0.8	0.3	1.9	0.2	1.0	0.5
干鲜瓜果类		0.1	0.3	0.3	0.2	0.4
其他类食品	0.9	3.1	2.4	1.5	1.8	2.1
衣着	2.0	0.1	0.2	0.0	0.0	
居住	0.3	1.5			0.0	0.0
家庭设备和日用品	7.8	16.9	12.9	10.2	8.6	7.9
交通、通信工具及用品	0.1	0.1	0.8	0.0	2.7	3.2
教育文化娱乐用品	0.2	3.5	0.1	0.0	0.4	0.0
医疗保健用品	0.1	0.1	0.1	0.3	6.2	2.4
其他用品	5.5	1.8	1.3	1.5	0.3	1.5
其他服务折价(不含廉租房)	4.7	5.8	4.7	4.1	3.5	8.6
现金政策性惠农补贴	15.8	23.6	33.1	26.9	38.5	45.6
转移性支出	2071.6	2432.8	2384.3	2351.8	2620.7	2840.2
个人所得税	74.4	155.5	126.9	124.4	108.3	154.9
社会保障支出	1698.1	1911.4	1958.7	1954.0	2214.8	2426.7
个人缴纳的养老保险	1153.8	1292.1	1293.9	1246.3	1452.4	1577.8
个人缴纳的医疗保险	439.3	506.1	524.9	545.1	620.6	700.8
个人缴纳的失业保险	44.5	43.4	48.4	51.4	48.4	52.0
其他社会保障支出	60.5	69.8	91.5	111.2	93.3	96.1
外来从业人员寄给家人的支出	0.2	2.9	9.3	7.4	4.4	
赡养支出	219.7	266.0	202.3	198.0	218.6	191.8
其他转移性支出	79.1	97.0	87.1	68.1	74.5	66.8
经常性捐赠支出	20.5	21.1	22.6	13.4	7.6	6.8
经常性赔偿支出	0.2	0.4	1.7	0.1		
其他经常转移支出	58.4	75.6	62.8	54.6	66.8	59.9

2-19 城镇居民人均总支出(2017-2022年)

单位：元

指　标	2017	2018	2019	2020	2021	2022
城镇居民人均总支出	**33570.8**	**38626.1**	**39568.5**	**39164.0**	**43887.0**	**43433.1**
消费支出	**21990.6**	**23483.9**	**25367.4**	**25133.2**	**26970.8**	**27637.3**
食品烟酒	7329.3	7462.3	8279.4	8741.1	9246.5	9358.5
食品	4995.3	4794.0	5073.8	5893.7	5674.8	5583.8
谷物	558.0	504.1	491.4	539.4	488.9	464.0
薯类	81.0	75.8	79.9	88.4	77.1	79.7
豆类	80.3	72.5	69.4	73.8	67.4	67.3
食用油	223.8	200.7	184.9	215.1	224.7	222.2
蔬菜和食用菌	787.3	717.7	712.2	793.4	740.0	787.9
肉类	1379.4	1279.7	1412.6	1978.9	1904.4	1646.7
禽类	363.4	347.2	432.4	477.7	435.3	452.0
水产品	221.9	217.6	267.7	280.9	289.3	331.0
蛋类	129.8	131.5	142.0	154.2	144.1	159.2
奶类	314.2	385.9	367.0	356.8	375.1	369.8
干鲜瓜果类	489.7	485.7	535.4	523.7	522.4	576.8
糖果糕点类	151.6	170.6	170.4	163.0	174.5	188.5
其他食品	214.9	205.0	208.5	248.5	231.8	238.6
烟酒	623.9	684.3	758.5	777.1	867.2	939.9
烟草	389.4	457.9	532.7	570.7	655.4	691.0
酒类	234.5	226.4	225.8	206.4	211.9	248.9
饮料	111.0	130.1	141.6	147.4	164.7	195.9
饮食服务	1599.1	1854.0	2305.4	1922.7	2539.8	2638.9
食堂用餐	242.4	184.8	209.5	218.2	302.8	295.6
其他在外饮食	1349.0	1661.4	2089.9	1697.5	2228.0	2336.4
食品加工服务费	7.6	7.7	6.0	7.1	9.0	6.8
衣着	1723.3	1712.6	1729.6	1674.5	1831.4	1764.5
衣类	1335.3	1370.6	1385.0	1340.6	1471.1	1398.4
鞋类	388.0	342.0	344.6	333.9	360.3	366.1
居住	3906.2	4470.2	4741.6	4951.4	5158.2	5557.5
租赁房房租	140.7	200.6	223.0	190.6	227.8	210.7
租赁房房租中租赁公房房租				14.6	900.1	1096.2
租赁房房租中租赁私房房租				176.0	808.8	906.3
住房维修及管理	614.6	620.7	676.5	806.3	3221.5	3344.3
住房维修及管理中物业管理费				181.7	17.4	10.1
水电燃料及其他	783.9	828.8	794.5	841.1	210.3	200.6
自有住房折算租金	2367.1	2820.1	3047.7	3113.4	178.3	184.7
生活用品及服务	1403.8	1562.0	1525.4	1599.6	1723.8	1806.4
家具及室内装饰品	224.5	211.6	214.2	228.5	262.2	284.0
家用器具	380.7	406.6	352.9	369.5	393.5	472.3
家用纺织品	123.0	141.0	141.9	136.3	153.2	146.6
家庭日用杂品	349.9	350.8	330.4	367.7	359.4	350.6
个人用品	281.6	369.7	405.7	418.2	473.8	463.5
家庭服务	44.1	82.3	80.2	79.5	81.8	89.3
家政服务	24.1	50.6	45.9	43.4	44.5	45.6

2-19 续表 1 单位：元

指　　标	2017	2018	2019	2020	2021	2022
交通通信	3198.3	3365.5	3453.4	3052.2	3529.8	3467.2
交通	2256.4	2395.1	2610.0	2104.0	2545.6	2484.2
交通工具	1047.3	770.2	895.0	652.3	779.7	755.9
交通费	229.3	405.0	466.9	317.6	342.9	289.0
交通工具用燃料	681.7	788.9	700.1	610.8	754.2	828.2
交通工具使用及维修	298.2	431.0	548.0	523.4	668.9	611.1
其中：车辆保险支出	104.2	140.4	190.3	194.9	273.9	247.4
通信	942.0	970.4	843.5	948.2	984.1	982.9
通信工具	237.2	289.1	216.3	280.4	313.6	281.0
通信服务	704.7	681.4	627.2	667.8	670.5	701.9
教育文化娱乐	2221.9	2383.8	2667.6	2253.0	2557.5	2638.5
教育	924.7	1252.6	1649.9	1534.0	1812.7	1946.9
学前教育	102.1	238.2	306.1	252.7	346.2	332.1
小学教育	139.9	231.4	315.8	293.1	387.2	396.6
初中教育	129.7	166.2	221.3	209.6	234.3	252.1
高中教育	148.3	188.5	256.2	259.8	308.5	364.0
中专职高教育	12.8	14.4	8.9	13.1	9.1	6.4
大专及以上教育	319.9	326.9	457.8	432.4	446.3	510.0
成人教育	72.0	86.9	83.9	73.2	81.1	85.7
文化娱乐	1297.2	1131.2	1017.6	719.0	744.8	691.6
文娱耐用消费品	154.8	144.7	148.4	185.7	170.1	191.0
其他文娱用品	144.3	204.7	209.2	206.1	233.1	236.0
文化娱乐服务	998.1	781.8	660.1	327.2	341.7	264.7
医疗保健	1595.6	1861.4	2293.3	2193.4	2281.1	2343.1
医疗器具及药品	542.7	1241.6	602.5	641.9	624.8	627.7
医疗服务	1052.9	515.0	1690.8	1551.5	1656.3	1715.4
门诊总费用	420.7	213.6	634.5	597.4	713.1	748.4
住院总费用	632.3	301.4	1056.3	954.1	943.1	966.9
其他用品及服务	612.1	666.2	677.1	668.1	642.5	701.6
其他用品	212.8	241.9	248.7	257.1	248.1	276.6
其他服务	399.3	424.2	428.4	411.0	394.4	425.0
生产经营费用支出	**2805.8**	**3600.5**	**3659.3**	**4048.6**	**5398.7**	**4944.0**
第一产业经营费用支出	457.5	368.7	343.2	410.1	593.2	600.9
农业	121.6	203.6	191.7	197.9	247.0	328.5
林业	5.4	5.8	5.6	8.0	9.2	23.9
牧业	327.7	153.8	138.2	196.9	317.2	219.7
渔业	2.8	5.6	7.7	7.4	19.8	28.8
第二产业经营费用支出	343.9	636.2	497.8	434.7	267.0	182.3
采矿业	3.9	7.0	0.4	0.2		
制造业	85.6	196.4	158.7	222.5	78.8	50.7
电力、热力、燃气及水生产和供应业	23.3	4.6	3.1	5.6	1.0	0.2
建筑业	231.1	428.2	335.5	206.4	187.1	131.5
第三产业经营费用支出	2004.4	2595.6	2818.4	3203.8	4538.5	4160.8
批发和零售业	852.5	1527.0	1527.0	1794.6	2538.5	2095.9
交通运输、仓储和邮政业	158.3	153.0	163.5	167.8	291.2	323.8

2-19 续表 2 单位：元

指　　标	2017	2018	2019	2020	2021	2022
住宿和餐饮业	705.3	345.3	330.5	296.2	1009.5	1014.3
房地产业	0.4	1.2	4.6	3.3	0.2	3.2
租赁和商务服务业	20.0	25.9	178.1	195.5	246.6	237.9
居民服务、修理和其他服务业	195.4	430.4	388.2	541.1	338.2	395.8
其他	68.6	111.0	222.8	204.2	110.1	85.9
农林牧渔服务业	3.9	1.9	3.8	1.0	4.1	4.1
财产性支出	**183.3**	**370.3**	**447.2**	**491.1**	**406.1**	**433.9**
生活贷款利息支出	181.0	367.8	440.5	482.0	401.2	432.1
住房贷款利息支出	168.5	337.8	427.0	467.8	388.0	417.0
其他生活贷款利息支出	12.5	29.9	13.5	14.2	13.2	15.1
其他财产性支出	2.2	2.5	6.7	9.1	5.0	1.8
非储蓄性财产保险支出	0.1	0.6	1.1	0.1	0.4	0.3
其他财产性支出	2.1	2.0	5.7	9.0	4.6	1.5
转移性支出	**2071.6**	**2301.2**	**2384.3**	**2351.8**	**2620.7**	**2840.2**
个人所得税	74.4	147.1	126.9	124.4	108.3	154.9
社会保障支出	1698.1	1808.0	1958.7	1954.0	2214.8	2426.7
个人缴纳的养老保险	1153.8	1222.1	1293.9	1246.3	1452.4	1577.8
个人缴纳的医疗保险	439.3	478.8	524.9	545.1	620.6	700.8
个人缴纳的失业保险	44.5	41.1	48.4	51.4	48.4	52.0
其他社会保障支出	60.5	66.0	91.5	111.2	93.3	96.1
外来从业人员寄给家人的支出		2.7	9.3	7.4	4.4	
赡养支出	219.7	251.6	202.3	198.0	218.6	191.8
其他转移性支出	79.2	91.8	87.1	68.1	74.5	66.8
部分商业保险支出	**83.8**	**214.7**	**217.9**	**238.5**	**319.4**	**289.0**
意外伤害保险	11.1	24.0	26.1	31.8	33.8	32.2
商业医疗保险(含大病保险)	33.9	105.0	110.2	120.0	168.8	158.3
其他非储蓄性商业保险	16.1	31.7	32.8	21.2	26.3	28.0
其他储蓄性商业保险	22.7	54.0	48.8	65.5	90.5	70.4
购置资产及非经常性转移支出	**2891.3**	**4221.6**	**4379.9**	**4133.8**	**5121.0**	**4196.2**
购置资产支出	514.2	1634.7	1470.4	1742.0	1870.7	1168.7
建造住房支出	26.5	68.1	104.6	152.7	68.4	145.8
建造住房材料	18.8	51.7	49.8	122.2	43.1	101.6
建造住房雇工	7.7	16.1	19.4	26.3	17.9	42.9
购买住房支出	376.5	1280.5	1195.5	1356.6	1583.3	866.0
购建第一产业生产性固定资产支出	33.9	21.1	15.9	17.2	53.3	40.1
购买或建造农业生产性用房	1.8	1.9	5.2	5.0	4.4	1.3
购买用房建筑材料	1.5	0.9	3.3	4.1	4.0	1.3
建筑农业生产用房雇工	0.1	0.8	0.5	0.4		
购买农业生产用房			1.2		0.4	
其他	0.2	0.1	0.2	0.5		
购买役畜	8.8	0.2	0.2			
购买产品畜	1.7	2.0	0.2	1.9	8.3	14.1
购买或建造农业设施	10.2	14.7	8.4	6.3	33.6	18.7
大棚、温室	9.5	14.3	8.2	4.0	30.0	16.9

2-19 续表 3

单位：元

指　　标	2017	2018	2019	2020	2021	2022
自备井	0.6	0.1		0.9	0.8	0.9
喷灌设施	0.1		0.2	0.2	1.5	0.5
其他农业设施		0.2		1.1	1.4	0.3
购买农业机械	11.3	2.4	2.0	4.0	7.0	5.9
大中型农用拖拉机						
小型(手扶)农用拖拉机	2.4	0.2	0.2		0.2	
农用排灌动力机械	0.1	0.1	0.1	0.2		0.2
插秧机			0.2			
收割机		0.2		0.3	0.3	0.5
脱粒机	0.5	0.4	0.5	0.3	1.1	0.6
其他农业机械	8.3	1.5	1.0	3.1	5.4	4.7
购建第二产业生产性固定资产支出	4.5	4.1	1.1	2.8	22.8	42.9
采矿业						
制造业	0.5	1.1	0.3	1.4	0.6	
电力、热力、燃气及水生产和供应业	0.8				0.5	
建筑业	3.1	3.0	0.8	1.5	21.8	42.9
购建第三产业生产性固定资产支出	68.5	242.2	133.7	165.0	94.9	52.0
批发和零售业	25.4	53.1	21.2	15.2	52.3	11.9
交通运输、仓储和邮政业	6.6	36.8	73.3	35.0	18.8	17.1
住宿和餐饮业	21.1	122.1	11.4	85.3	10.8	10.6
房地产业		2.2	0.1	2.6		1.2
租赁和商务服务业		0.5	17.0	5.2		6.2
居民服务、修理和其他服务业	2.6	7.5	10.7	20.8	4.8	4.9
其他	12.9	20.0		0.9	8.2	0.2
购建其他资产支出	4.4	18.8	19.5	47.5	48.0	21.9
非经常性转移支出	2377.1	2586.9	2909.5	2391.9	3250.4	3027.5
博彩支出	30.8	59.2	80.6	71.9	150.1	145.8
婚丧嫁娶礼金支出	1572.0	1642.8	1674.4	1362.5	1671.4	1531.2
一次性赔偿支出	8.2	3.6	52.6	4.7	5.9	49.4
一次性馈赠支出	531.1	668.2	866.3	750.9	1160.7	1023.2
婚丧嫁娶宴请支出	174.1	189.1	208.7	189.3	225.4	258.3
其他非经常性转移支出	61.0	23.9	26.9	12.6	36.9	19.5
借贷性支出	**3544.4**	**4433.8**	**3112.5**	**2766.9**	**3050.2**	**3092.5**
存入储蓄款	2144.5	1650.9	890.7	853.9	1128.7	1429.8
借出款	109.4	119.2	30.6	45.4	34.8	69.5
归还借款	165.7	334.0	280.9	226.4	184.1	130.2
购买有价证券	61.0	178.3	89.7	45.1	18.0	21.8
其他投资支出	45.1	224.4	81.7	38.0	123.4	30.1
归还住房贷款	782.6	1253.4	1384.7	1190.2	1230.9	1153.7
归还汽车贷款	154.2	317.5	265.0	178.7	243.9	187.3
归还教育贷款	0.8	3.0	13.4	3.5	0.7	3.7
归还其他贷款	9.0	265.0	45.8	98.8	80.9	65.5
其他借贷支出	72.1	88.2	30.1	87.0	4.7	0.9

2-20 城镇居民人均总收入(2017-2022年)

单位：元

指　　标	2017	2018	2019	2020	2021	2022
城镇居民总收入	**36135.8**	**39853.8**	**43051.2**	**45500.2**	**50227.6**	**51741.4**
工资性收入	**17299.3**	**19032.7**	**20479.2**	**21950.7**	**23933.7**	**25052.5**
工资	16244.6	17728.3	19409.9	20816.6	22659.5	23698.9
实物福利	89.5	96.6	111.8	138.4	167.8	163.1
其他	965.2	1207.7	957.5	995.7	1106.4	1190.5
经营性收入	**6740.3**	**7865.8**	**8458.7**	**8737.9**	**10555.8**	**10233.0**
第一产业经营收入	1022.3	818.7	857.0	835.6	1182.5	1234.2
第一产业经营收入(不含惠农补贴)	1022.3	818.7	857.0	835.6	1182.5	1234.2
农业	427.9	474.7	511.1	411.7	747.4	868.0
林业	7.3	34.2	31.7	29.3	36.2	36.3
牧业	574.5	295.1	293.2	374.2	372.4	290.8
渔业	12.6	14.7	21.0	20.5	26.5	39.2
第二产业经营收入	470.5	772.2	816.6	758.9	665.3	613.5
采矿业	0.3	15.7		0.0		
制造业	113.6	222.3	200.3	267.3	212.9	213.1
电力、热力、燃气及水生产和供应业	53.5	18.9	23.4	28.2	6.0	
建筑业	303.1	515.3	592.9	463.4	446.4	400.4
第三产业经营收入	5247.5	6274.9	6785.1	7143.4	8708.0	8385.2
批发和零售业	2481.9	3302.7	3425.4	3794.0	4655.2	3940.3
交通运输、仓储和邮政业	447.4	523.2	557.9	603.5	815.9	767.9
住宿和餐饮业	1268.0	1029.5	1098.2	965.4	1683.5	1699.6
房地产业	3.4	8.6	1.8	9.3		1.1
租赁和商务服务业	76.3	66.5	203.2	216.8	145.2	358.4
居民服务、修理和其他服务业	758.6	1061.0	970.0	1057.3	1114.5	1328.5
其他	201.5	278.4	520.3	492.0	281.0	283.1
农林牧渔服务业	10.5	5.2	8.4	5.0	12.6	6.3
财产性收入	**2810.1**	**3066.6**	**3338.1**	**3549.9**	**3728.5**	**3814.7**
利息收入	199.6	184.0	250.8	310.1	310.4	456.5
红利收入	192.4	455.7	414.0	545.3	622.0	603.7
储蓄性保险净收益	7.3	8.7	3.6	2.7	5.5	5.4
转让承包土地经营权租金净收入	44.5	51.9	54.2	66.7	60.3	62.4
出租房屋财产性净收入	928.4	793.9	906.1	963.7	959.4	887.8
出租机械、专利、版权等资产的净收入	44.9	68.9	84.4	53.0	38.1	43.2
其他财产净收入	27.5	25.1	21.9	5.9	36.7	3.4
房屋虚拟租金	1365.5	1478.4	1603.2	1602.6	1696.3	1752.4
转移性收入	**9286.1**	**9888.6**	**10775.2**	**11261.6**	**12009.6**	**12641.1**
养老金或离退休金	7262.8	6860.2	7216.4	7677.8	7683.3	8270.5

2-20 续表 单位：元

指标	2017	2018	2019	2020	2021	2022
社会救济和补助	113.7	124.3	114.6	139.0	152.3	150.3
政策性生活补贴	54.0	49.0	107.4	85.4	121.8	112.1
家庭外出从业人员寄回带回收入	780.3	1619.3	1800.8	1851.6	2435.1	2413.3
赡养收入	628.0	692.7	777.7	813.0	768.9	902.1
报销医疗费	273.6	309.4	548.2	511.0	584.4	605.9
从政府和组织得到的实物产品和服务折价	30.2	43.1	35.0	31.5	44.9	42.5
现金政策性惠农补贴	15.8	22.4	33.1	26.9	38.5	45.6
其他转移性收入	127.6	168.2	142.0	125.4	180.5	98.8
非收入所得	**1901.1**	**2385.7**	**3279.9**	**3129.9**	**3668.1**	**3018.2**
出售资产所得	738.1	763.5	1218.1	1184.4	1215.5	516.4
出售住房本金所得	123.1	477.9	342.1	267.0	487.4	98.9
出售住房溢价所得(含亏损)	0.3	3.7	107.1	59.1	56.3	
出售股票、基金、收藏品本金所得	92.2	1.8	5.2	7.8	1.6	7.2
出售股票、基金、收藏品所得(含亏损)	2.4	10.8	6.5	29.7	5.5	33.4
出售生产性固定资产所得	40.9	23.7	28.8	2.0	24.1	29.2
拆迁征地补偿所得	418.9	161.8	654.3	737.6	512.7	258.1
出售其他财物和收回其他投资本金所得	60.3	83.8	74.1	81.2	127.9	89.6
非经常性转移所得	1157.8	1613.2	2051.1	1934.5	2419.0	2494.7
博彩所得	35.6	169.1	81.6	67.5	182.1	185.0
婚丧嫁娶礼金所得	334.1	425.9	415.6	340.3	436.7	324.3
遗产及一次性馈赠所得	202.7	381.0	459.1	486.7	682.1	701.0
一次性赔偿所得	77.8	8.3	79.8	49.7	32.2	150.2
提取住房公积金	44.5	123.4	311.2	211.5	292.9	233.9
调查补贴	437.1	493.6	685.6	767.4	756.5	859.2
其他非经常性转移所得	26.1	11.9	18.3	11.3	36.5	41.1
其他非收入所得	5.2	9.0	10.7	11.0	33.6	7.1
借贷性所得	**2261.9**	**2363.2**	**2263.6**	**1941.5**	**2197.0**	**1549.6**
提取储蓄存款	1844.8	1680.1	1422.7	1184.3	1544.5	1238.1
借入款	198.0	311.9	318.8	236.5	184.8	107.4
收回借出款	109.2	180.2	187.4	83.8	95.9	89.8
收回储蓄性保险本金	0.3	0.6	0.4	0.5	7.0	2.3
住房贷款	43.7	95.3	201.6	306.6	261.8	80.5
汽车贷款	6.9	22.4	55.6	20.7	26.9	10.3
教育贷款	1.5	5.9	4.1	3.1	5.7	4.8
其他贷款	44.6	45.1	59.8	99.1	47.2	15.0
其他借贷所得	12.9	21.7	13.1	6.9	23.2	1.5

2-21 城镇居民人均现金收入(2017-2022年)

单位：元

指　　标	2017	2018	2019	2020	2021	2022
城镇居民人均现金收入	**34218.1**	**37748.9**	**40581.7**	**43033.2**	**47498.3**	**48946.1**
现金工资性收入	**17209.8**	**18936.0**	**20367.5**	**21812.3**	**23765.9**	**24889.4**
工资	16244.6	17728.3	19409.9	20816.6	22659.5	23698.9
其他工资性收入	965.2	1207.7	957.5	995.7	1106.4	1190.5
现金经营性收入	**6581.4**	**7688.5**	**8287.3**	**8554.4**	**10319.8**	**10001.7**
第一产业现金经营收入	863.4	641.3	685.6	652.1	946.5	1002.9
农业	326.7	363.3	406.3	314.4	603.1	724.9
林业	2.9	28.2	24.3	20.6	28.4	29.5
牧业	522.2	235.8	235.0	297.4	289.1	211.0
渔业	11.6	13.9	20.1	19.7	25.9	37.5
第二产业现金经营收入	470.5	772.2	816.6	758.9	665.3	613.5
采矿业	0.3	15.7		0.0		
制造业	113.6	222.3	200.3	267.3	212.9	213.1
电力、热力、燃气及水生产和供应业	53.5	18.9	23.4	28.2	6.0	
建筑业	303.1	515.3	592.9	463.4	446.4	400.4
第三产业现金经营收入	5247.5	6274.9	6785.1	7143.4	8708.0	8385.2
批发和零售业	2481.9	3302.7	3425.4	3794.0	4655.2	3940.3
交通运输、仓储和邮政业	447.4	523.2	557.9	603.5	815.9	767.9
住宿和餐饮业	1268.0	1029.5	1098.2	965.4	1683.5	1699.6
房地产业	3.4	8.6	1.8	9.3		1.1
租赁和商务服务业	76.3	66.5	203.2	216.8	145.2	358.4
居民服务、修理和其他服务业	758.6	1061.0	970.0	1057.3	1114.5	1328.5
其他行业	201.5	278.4	520.3	492.0	281.0	283.1
农林牧渔服务业	10.5	5.2	8.4	5.0	12.6	6.3
现金财产性收入	**1444.6**	**1588.2**	**1734.9**	**1947.4**	**2032.3**	**2062.4**
利息收入	199.6	184.0	250.8	310.1	310.4	456.5
红利收入	192.4	455.7	414.0	545.3	622.0	603.7
储蓄性保险收益	7.3	8.7	3.6	2.7	5.5	5.4
转让承包土地经营权租金收入	44.5	51.9	54.2	66.7	60.3	62.4
出租房屋财产性净收入	928.4	793.9	906.1	963.7	959.4	887.8
出租机械、专利、版权等资产的净收入	44.9	68.9	84.4	53.0	38.1	43.2
其他财产性收入	27.5	25.1	21.9	5.9	36.7	3.4
现金转移性收入	**8982.3**	**9536.2**	**10192.0**	**10719.1**	**11380.3**	**11992.7**
养老金或离退休金	7262.8	6860.2	7216.4	7677.8	7683.3	8270.5

2-21 续表　　单位：元

指　　标	2017	2018	2019	2020	2021	2022
社会救济和补助	113.7	124.3	114.6	139.0	152.3	150.3
政策性生活补贴	54.0	49.0	107.4	85.4	121.8	112.1
家庭外出从业人员寄回带回收入	780.3	1619.3	1800.8	1851.6	2435.1	2413.3
赡养收入	628.0	692.7	777.7	813.0	768.9	902.1
其他转移性收入	127.6	168.2	142.0	125.4	180.5	98.8
现金政策性惠农补贴	15.8	22.4	33.1	26.9	38.5	45.6
非收入所得	**1901.1**	**2385.7**	**3279.9**	**3129.9**	**3668.1**	**3018.2**
出售资产所得	738.1	763.5	1218.1	1184.4	1215.5	516.4
出售住房本金所得	123.1	477.9	342.1	267.0	487.4	98.9
出售住房溢价所得(含亏损)	0.3	3.7	107.1	59.1	56.3	
出售股票、基金、收藏品本金所得	92.2	1.8	5.2	7.8	1.6	7.2
出售股票、基金、收藏品所得(含亏损)	2.4	10.8	6.5	29.7	5.5	33.4
出售生产性固定资产所得	40.9	23.7	28.8	2.0	24.1	29.2
拆迁征地补偿所得	418.9	161.8	654.3	737.6	512.7	258.1
出售其他财物和收回其他投资本金所得	60.3	83.8	74.1	81.2	127.9	89.6
非经常性转移所得	1157.8	1613.2	2051.1	1934.5	2419.0	2494.7
博彩所得	35.6	169.1	81.6	67.5	182.1	185.0
婚丧嫁娶礼金所得	334.1	425.9	415.6	340.3	436.7	324.3
遗产及一次性馈赠所得	202.7	381.0	459.1	486.7	682.1	701.0
一次性赔偿所得	77.8	8.3	79.8	49.7	32.2	150.2
提取住房公积金	44.5	123.4	311.2	211.5	292.9	233.9
调查补贴	437.1	493.6	685.6	767.4	756.5	859.2
其他非经常性转移所得	26.1	11.9	18.3	11.3	36.5	41.1
其他非收入所得	5.2	9.0	10.7	11.0	33.6	7.1
借贷性所得	**2261.9**	**2363.2**	**2263.6**	**1941.5**	**2197.0**	**1549.6**
提取储蓄存款	1844.8	1680.1	1422.7	1184.3	1544.5	1238.1
借入款	198.0	311.9	318.8	236.5	184.8	107.4
收回借出款	109.2	180.2	187.4	83.8	95.9	89.8
收回储蓄性保险本金	0.3	0.6	0.4	0.5	7.0	2.3
住房贷款	43.7	95.3	201.6	306.6	261.8	80.5
汽车贷款	6.9	22.4	55.6	20.7	26.9	10.3
教育贷款	1.5	5.9	4.1	3.1	5.7	4.8
其他贷款	44.6	45.1	59.8	99.1	47.2	15.0
其他借贷所得	12.9	21.7	13.1	6.9	23.2	1.5

2-22 城镇居民人均现金支出(2017-2022年)

单位：元

指 标	2017	2018	2019	2020	2021	2022
城镇居民人均现金支出	**30665.3**	**35245.1**	**35674.8**	**35204.1**	**39668.1**	**39088.9**
现金消费支出	**19118.4**	**20141.0**	**21503.8**	**21195.3**	**22788.8**	**23332.7**
食品烟酒	7126.8	7353.7	8055.2	8468.5	8914.9	9040.9
食品	4864.5	4718.7	4924.4	5717.8	5469.4	5395.6
谷物	534.4	480.9	459.3	503.0	443.8	426.4
薯类	75.5	71.0	71.9	82.3	70.7	74.7
豆类	79.7	73.1	68.9	73.3	66.8	66.7
食用油	209.7	187.1	169.0	195.5	200.1	200.3
蔬菜和食用菌	763.0	706.2	692.9	770.8	712.2	759.5
肉类	1351.6	1260.2	1376.5	1933.9	1858.7	1603.8
禽类	346.5	339.1	417.9	454.4	404.1	421.9
水产品	220.9	220.0	266.7	280.0	288.6	329.9
蛋类	122.6	123.9	132.3	143.2	133.6	149.8
奶类	314.2	391.4	366.8	356.7	375.1	369.8
干鲜瓜果类	489.1	491.8	532.8	520.9	519.2	573.1
糖果糕点类	149.4	170.6	164.8	159.2	168.6	184.5
其他食品	207.9	203.4	204.4	244.6	228.0	235.2
烟酒	623.8	694.2	758.5	777.1	867.2	939.9
烟草	389.2	464.6	532.7	570.7	655.4	691.0
酒类	234.5	229.7	225.8	206.4	211.9	248.9
饮料	111.0	131.9	141.5	147.4	164.5	195.8
饮食服务	1527.6	1808.8	2230.8	1826.2	2413.7	2509.6
食堂用餐	173.4	117.7	136.6	123.2	176.7	166.3
其他在外饮食	1346.5	1683.3	2088.3	1695.9	2228.0	2336.4
食品加工服务费	7.6	7.8	6.0	7.1	9.0	6.8
衣着	1721.0	1712.3	1729.0	1673.1	1830.9	1763.9
衣类	1333.0	1370.3	1384.4	1339.2	1470.6	1397.8
鞋类	388.0	342.0	344.6	333.9	360.3	366.1
居住	1534.1	1609.8	1680.7	1826.1	1923.2	2201.5
租赁房房租	140.7	197.1	223.0	190.6	227.8	210.7
住房维修及管理	614.6	609.6	676.5	806.3	900.1	1096.2
水电燃料及其他	778.9	803.1	781.2	829.2	795.3	894.5
生活用品及服务	1394.2	1543.4	1507.7	1585.0	1712.9	1796.3
家具及室内装饰品	223.8	211.3	213.8	227.8	262.1	284.0
家用器具	380.7	406.6	352.9	369.5	393.5	472.3
家用纺织品	123.0	141.0	141.9	136.3	153.2	146.6
家庭日用杂品	341.0	332.6	313.1	353.8	348.6	340.5
个人用品	281.6	369.7	405.7	418.2	473.8	463.5
家庭服务	44.1	82.3	80.2	79.5	81.8	89.3
交通通信	3197.2	3362.3	3449.5	3050.4	3524.5	3462.5
交通	2255.3	2391.9	2606.0	2102.2	2540.4	2479.6
交通工具	1047.3	770.2	895.0	652.3	779.7	755.9
交通费	228.2	401.8	462.9	315.8	337.7	284.4
交通工具用燃料	681.7	788.9	700.1	610.8	754.2	828.2

2-22 续表 1

单位：元

指　　标	2017	2018	2019	2020	2021	2022
交通工具使用及维修	298.2	431.0	548.0	523.4	668.9	611.1
其中：车辆保险支出	104.2	140.4	190.3	194.9	273.9	247.4
通信	942.0	970.4	843.5	948.2	984.1	982.9
通信工具	237.2	289.1	216.3	280.4	313.6	281.0
通信服务	704.7	681.4	627.2	667.8	670.5	701.9
教育文化娱乐	2220.3	2379.7	2667.1	2252.8	2557.0	2638.3
教育	924.5	1252.6	1649.9	1534.0	1812.7	1946.9
学前教育	102.1	238.2	306.1	252.7	346.2	332.1
小学教育	139.9	231.4	315.8	293.1	387.2	396.6
初中教育	129.7	166.2	221.3	209.6	234.3	252.1
高中教育	148.3	188.5	256.2	259.8	308.5	364.0
中专职高教育	12.8	14.4	8.9	13.1	9.1	6.4
大专及以上教育	319.9	326.9	457.8	432.4	446.3	510.0
成人教育	71.8	86.9	83.9	73.2	81.1	85.7
文化娱乐	1295.8	1127.1	1017.2	718.8	744.4	691.4
文娱耐用消费品	154.8	144.7	148.4	185.7	170.1	191.0
其他文娱用品	144.0	201.0	208.9	206.0	232.6	235.8
文化娱乐服务	996.9	781.4	659.9	327.1	341.7	264.6
医疗保健	1321.9	1521.2	1744.7	1681.2	1690.3	1740.0
医疗器具及药品	542.4	609.5	602.1	640.8	618.4	625.1
医疗服务(不含报销医疗费)	779.5	911.7	1142.6	1040.5	1072.0	1114.9
门诊费用(不含报销医疗费)	349.4	459.7	526.0	491.8	602.3	618.3
住院费用(不含报销医疗费)	430.1	452.0	616.6	548.7	469.6	496.5
其他用品及服务	602.9	658.5	670.0	658.1	635.1	689.4
其他用品	206.2	239.1	245.1	253.1	244.9	273.8
其他服务	396.7	419.4	424.8	405.0	390.2	415.6
生产经营现金费用支出	**2772.5**	**3562.5**	**3629.2**	**4026.5**	**5361.9**	**4904.4**
第一产业经营现金费用支出	424.2	330.7	313.1	388.1	556.4	561.3
农业	116.5	196.2	187.4	194.7	245.3	327.8
林业	5.4	5.8	5.6	8.0	9.2	23.9
牧业	299.5	123.1	112.3	178.0	282.0	181.4
渔业	2.8	5.6	7.7	7.4	19.8	28.2
第二产业经营现金费用支出	343.9	636.2	497.8	434.7	267.0	182.3
采矿业	3.9	7.0	0.4	0.2		
制造业	85.6	196.4	158.7	222.5	78.8	50.7
电力、热力、燃气及水生产和供应业	23.3	4.6	3.1	5.6	1.0	0.2
建筑业	231.1	428.2	335.5	206.4	187.1	131.5
第三产业经营现金费用支出	2004.4	2595.6	2818.4	3203.8	4538.5	4160.8
批发和零售业	852.5	1527.0	1527.0	1794.6	2538.5	2095.9
交通运输、仓储和邮政业	158.3	153.0	163.5	167.8	291.2	323.8
住宿和餐饮业	705.3	345.3	330.5	296.2	1009.5	1014.3
房地产业	0.4	1.2	4.6	3.3	0.2	3.2
租赁和商务服务业	20.0	25.9	178.1	195.5	246.6	237.9
居民服务、修理和其他服务业	195.4	430.4	388.2	541.1	338.2	395.8
其他	68.6	111.0	222.8	204.2	110.1	85.9
农林牧渔服务业	3.9	1.9	3.8	1.0	4.1	4.1

2-22 续表 2 单位：元

指　　标	2017	2018	2019	2020	2021	2022
现金财产性支出	**183.3**	**370.3**	**447.2**	**491.1**	**406.1**	**433.9**
生活贷款利息支出	181.0	367.8	440.5	482.0	401.2	432.1
住房贷款利息支出	168.5	337.8	427.0	467.8	388.0	417.0
其他生活贷款利息支出	12.5	29.9	13.5	14.2	13.2	15.1
其他财产性支出	2.2	2.5	6.7	9.1	5.0	1.8
非储蓄性财产保险支出	0.1	0.6	1.1	0.1	0.4	0.3
其他财产性支出	2.1	2.0	5.7	9.0	4.6	1.5
现金转移性支出	**2071.6**	**2301.2**	**2384.3**	**2351.8**	**2620.7**	**2840.2**
个人所得税	74.4	147.1	126.9	124.4	108.3	154.9
社会保障支出	1698.1	1808.0	1958.7	1954.0	2214.8	2426.7
个人缴纳的养老保险	1153.8	1222.1	1293.9	1246.3	1452.4	1577.8
个人缴纳的医疗保险	439.3	478.8	524.9	545.1	620.6	700.8
个人缴纳的失业保险	44.5	41.1	48.4	51.4	48.4	52.0
其他社会保障支出	60.5	66.0	91.5	111.2	93.3	96.1
外来从业人员寄给家人的支出	0.2	2.7	9.3	7.4	4.4	
农村外来从业人员寄给家人的支出		2.3	1.6	1.5	2.3	
城镇外来从业人员寄给家人的支出	0.2	0.4	7.7	5.9	2.2	
赡养支出	219.7	251.6	202.3	198.0	218.6	191.8
其他转移性支出	79.2	91.8	87.1	68.1	74.5	66.8
经常性捐赠支出	20.6	19.9	22.6	13.4	7.6	6.8
经常性赔偿支出	0.2	0.4	1.7	0.1		
其他经常转移支出	58.4	71.5	62.8	54.6	66.8	59.9
部分商业保险支出	**83.8**	**214.7**	**217.9**	**238.5**	**319.4**	**289.0**
意外伤害保险	11.1	24.0	26.1	31.8	33.8	32.2
商业医疗保险(含大病保险)	33.9	105.0	110.2	120.0	168.8	158.3
其他非储蓄性商业保险	16.1	31.7	32.8	21.2	26.3	28.0
其他储蓄性商业保险	22.7	54.0	48.8	65.5	90.5	70.4
购置资产及非经常性转移支出	**2891.3**	**4221.6**	**4379.9**	**4133.8**	**5121.0**	**4196.2**
购置资产支出	514.2	1634.7	1470.4	1742.0	1870.7	1168.7
建造住房支出	26.5	68.1	104.6	152.7	68.4	145.8
建造住房材料	18.8	51.7	49.8	122.2	43.1	101.6
建造住房雇工	7.7	16.1	19.4	26.3	17.9	42.9
购买住房支出	376.5	1280.5	1195.5	1356.6	1583.3	866.0
购建第一产业生产性固定资产支出	33.9	21.1	15.9	17.2	53.3	40.1
购买或建造农业生产性用房	1.8	1.9	5.2	5.0	4.4	1.3
购买用房建筑材料	1.5	0.9	3.3	4.1	4.0	1.3
建筑农业生产用房雇工	0.1	0.8	0.5	0.4		
购买农业生产用房			1.2		0.4	
其他	0.2	0.1	0.2	0.5		
购买役畜	8.8	0.2	0.2			
购买产品畜	1.7	2.0	0.2	1.9	8.3	14.1
购买或建造农业设施	10.2	14.7	8.4	6.3	33.6	18.7
大棚、温室	9.5	14.3	8.2	4.0	30.0	16.9

2-22 续表 3 单位：元

指 标	2017	2018	2019	2020	2021	2022
自备井	0.6	0.1		0.9	0.8	0.9
喷灌设施	0.1		0.2	0.2	1.5	0.5
其他农业设施		0.2		1.1	1.4	0.3
购买农业机械	11.3	2.4	2.0	4.0	7.0	5.9
大中型农用拖拉机						
小型(手扶)农用拖拉机	2.4	0.2	0.2		0.2	
农用排灌动力机械	0.1	0.1	0.1	0.2		0.2
插秧机			0.2			
收割机		0.2		0.3	0.3	0.5
脱粒机	0.5	0.4	0.5	0.3	1.1	0.6
其他农业机械	8.3	1.5	1.0	3.1	5.4	4.7
购建第二产业生产性固定资产支出	4.5	4.1	1.1	2.8	22.8	42.9
采矿业						
制造业	0.5	1.1	0.3	1.4	0.6	
电力、热力、燃气及水生产和供应业	0.8				0.5	
建筑业	3.1	3.0	0.8	1.5	21.8	42.9
购建第三产业生产性固定资产支出	68.5	242.2	133.7	165.0	94.9	52.0
批发和零售业	25.4	53.1	21.2	15.2	52.3	11.9
交通运输、仓储和邮政业	6.6	36.8	73.3	35.0	18.8	17.1
住宿和餐饮业	21.1	122.1	11.4	85.3	10.8	10.6
房地产业		2.2	0.1	2.6		1.2
租赁和商务服务业		0.5	17.0	5.2		6.2
居民服务、修理和其他服务业	2.6	7.5	10.7	20.8	4.8	4.9
其他行业	12.9	20.0		0.9	8.2	0.2
购建其他资产支出	4.4	18.8	19.5	47.5	48.0	21.9
非经常性转移支出	2377.1	2586.9	2909.5	2391.9	3250.4	3027.5
博彩支出	30.8	59.2	80.6	71.9	150.1	145.8
婚丧嫁娶礼金支出	1572.0	1642.8	1674.4	1362.5	1671.4	1531.2
一次性赔偿支出	8.2	3.6	52.6	4.7	5.9	49.4
一次性馈赠支出	531.1	668.2	866.3	750.9	1160.7	1023.2
婚丧嫁娶宴请支出	174.1	189.1	208.7	189.3	225.4	258.3
其他非经常性转移支出	61.0	23.9	26.9	12.6	36.9	19.5
借贷性支出	**3544.4**	**4433.8**	**3112.5**	**2766.9**	**3050.2**	**3092.5**
存入储蓄款	2144.5	1650.9	890.7	853.9	1128.7	1429.8
借出款	109.4	119.2	30.6	45.4	34.8	69.5
归还借款	165.7	334.0	280.9	226.4	184.1	130.2
购买有价证券	61.0	178.3	89.7	45.1	18.0	21.8
其他投资支出	45.1	224.4	81.7	38.0	123.4	30.1
归还住房贷款	782.6	1253.4	1384.7	1190.2	1230.9	1153.7
归还汽车贷款	154.2	317.5	265.0	178.7	243.9	187.3
归还教育贷款	0.8	3.0	13.4	3.5	0.7	3.7
归还其他贷款	9.0	265.0	45.8	98.8	80.9	65.5
其他借贷支出	72.1	88.2	30.1	87.0	4.7	0.9

2-23 按五等份分组的城镇居民人均可支配收入(2022年)

单位：元

指 标	总平均	低收入户	中低收入户	中等收入户	中高收入户	高收入户
城镇居民人均可支配收入	**43233.3**	**15032.3**	**30792.9**	**41087.5**	**55422.5**	**90932.0**
工资性收入	**25052.5**	**10130.5**	**17857.9**	**23670.2**	**31174.6**	**51846.0**
工资	23698.9	9915.2	17412.5	22805.2	29493.4	47298.1
按月发放的工资	18923.9	7506.1	15059.8	19129.0	23948.7	35129.9
补发工资	428.4	158.6	155.0	273.4	524.7	1294.7
不按月发放的奖金、津贴、过节费等	4346.6	2250.5	2197.7	3402.8	5020.0	10873.5
实物福利	163.1	54.5	129.4	174.9	192.1	322.6
从单位或雇主得到的实物产品折价	26.2	6.5	11.3	27.9	37.4	60.8
食品	21.2	4.5	9.3	25.3	27.0	51.1
谷物、薯类及豆类	10.5	1.5	4.6	16.8	10.0	25.0
食用油(植物油)	3.9	1.1	1.7	2.6	5.2	10.9
蔬菜及制品	0.1	0.0	0.0	0.0	0.1	0.2
肉、禽、蛋、奶及制品	1.0	0.3	0.6	0.8	1.3	2.5
水产品及制品	0.0	0.0		0.0		
糖、烟、酒、饮料类	3.4	0.9	1.2	3.5	6.7	6.4
干鲜瓜果类	1.3	0.3	0.9	1.1	2.1	2.7
其他类食品	1.0	0.3	0.3	0.3	1.6	3.4
衣着	0.6	0.2	0.0	0.1	2.1	0.8
居住						
家庭设备和日用品	2.2	1.5	1.0	1.1	3.1	5.2
交通、通信工具及用品	0.4	0.0	0.1	0.1	1.5	0.5
教育文化娱乐用品	0.1	0.0		0.1	0.1	0.5
医疗保健用品	0.2	0.0	0.2	0.2	0.3	0.6
其他用品	1.3	0.2	0.7	1.0	3.2	2.1
从单位或雇主得到的服务折价	137.0	48.0	118.1	147.0	154.7	261.9
免费或低价提供的工作餐	129.7	45.9	111.5	141.6	145.5	245.7
免费或低价提供的住宿	4.6	1.3	6.0	2.5	4.9	9.9
单位缴纳的水电费、取暖费、物业费等	0.1				0.1	0.6
免费或低价提供的交通和通信服务	1.0	0.7	0.3	1.7	1.5	1.0
单位缴纳的教育入学赞助费						
免费或低价提供的旅游服务	0.0					0.2
其他服务	1.6	0.1	0.3	1.2	2.8	4.6
单位或雇主实物福利报销所得						
其他	1190.5	160.8	316.0	690.1	1489.0	4225.3
住房公积金	1025.7	96.1	282.2	652.0	1325.9	3567.2
辞退金	56.4					355.7
自由职业劳动所得(如稿费、翻译费)	81.8	8.8	24.7	36.0	116.1	287.8
安家费	3.7				11.3	10.2
股票期权						
其他劳动所得	22.8	55.9	9.1	2.1	35.8	4.4
经营净收入	**4999.0**	**-105.3**	**4322.3**	**4417.2**	**5838.5**	**13251.1**
第一产业经营净收入	586.1	302.0	637.1	501.9	578.5	1049.1
农业	505.0	361.5	485.3	337.1	480.1	984.8
林业	11.8	-19.0	26.0	44.1	18.9	-11.5
牧业	59.7	2.8	110.3	55.6	81.7	51.9
渔业	9.7	-43.3	15.6	65.1	-2.3	23.9

2-23 续表 1 单位：元

指　　标	总平均	低收入户	中低收入户	中等收入户	中高收入户	高收入户
第二产业经营净收入	412.5	103.6	128.4	205.7	565.1	1351.1
采矿业						
制造业	159.9	64.7	89.5	66.3	124.0	559.0
电力、热力、燃气及水生产和供应业	-2.3	-0.5	-1.2	-7.2	-2.7	-0.1
建筑业	254.9	39.4	40.1	146.6	443.7	792.1
第三产业经营净收入	4000.5	-510.9	3556.7	3709.7	4695.0	10850.9
批发和零售业	1740.2	-1711.8	1742.6	1531.0	2937.0	5707.6
交通运输、仓储和邮政业	416.1	285.5	431.5	437.6	397.9	581.8
住宿和餐饮业	647.4	480.7	358.3	670.3	307.1	1669.3
房地产业	-2.1	-0.8	-4.6	-3.6	-1.8	0.9
租赁和商务服务业	112.6	-1.6		82.2	-5.2	615.4
居民服务、修理和其他服务业	889.9	388.3	885.7	730.2	745.3	2006.7
其他	194.4	40.8	143.2	252.2	316.3	278.5
农林牧渔服务业	2.0	7.9	0.0	9.9	-1.6	-9.5
财产净收入	**3380.9**	**1388.8**	**2037.0**	**2888.6**	**4219.6**	**7859.5**
利息净收入	24.4	-71.0	-109.0	-82.3	63.8	441.5
红利收入	603.7	68.1	221.2	321.2	753.0	2115.3
集体分配的红利	12.3	9.4	17.7	20.8	5.7	6.3
其他红利收入	591.4	58.7	203.5	300.4	747.3	2109.0
储蓄性保险净收益	5.4	4.4	4.3	1.5	4.8	14.1
转让承包土地经营权租金净收入	62.4	51.3	69.3	77.7	60.6	51.9
出租房屋财产性收入	887.8	397.2	488.4	894.1	1180.1	1826.7
出租机械、专利、版权等资产的收入	43.2	2.1	7.9	9.3	2.7	243.6
其他财产净收入	1.6	-0.7	4.0	-0.9	9.9	-4.9
房屋虚拟租金	1752.4	937.3	1350.8	1668.1	2144.8	3171.3
转移净收入	**9800.8**	**3618.3**	**6575.8**	**10111.5**	**14189.8**	**17975.3**
转移性收入	12641.0	5614.0	8652.7	12793.7	17110.4	23244.1
养老金或离退休金	8270.5	3045.1	5075.9	8236.8	12015.4	16170.6
离退休金	6514.9	1247.7	3033.5	6384.0	10251.2	15013.2
城乡居民基本养老保险	1487.8	1455.5	1773.2	1562.0	1500.5	1025.2
其他养老金	267.8	342.0	269.2	290.8	263.7	132.1
社会救济和补助	150.3	216.6	183.9	108.1	164.6	41.2
最低生活保障费	46.7	105.7	41.0	41.2	19.9	5.5
五保户救助金	3.3	10.4	4.1			
扶贫款	0.5	2.1				
救灾款						
抚恤金	69.5	72.3	115.8	58.8	61.1	23.3
医疗救助专项补贴	5.3	3.8	3.7	0.9	12.5	6.8
教育救助专项补贴	2.5	6.5	1.6	3.0	0.1	0.0
其他社会救济收入	22.5	15.9	17.8	4.2	71.1	5.5
政策性生活补贴	112.1	99.7	37.2	69.4	92.3	313.0
家电补贴	0.2	0.8	0.0		0.0	
能源补贴	0.0	0.0	0.0	0.0	0.0	0.1
免费或低价提供的住宿(廉租房)	0.3	0.0	0.7	0.8		0.2
居住专项补贴	7.2	24.2	0.6	4.0	3.0	

2-23 续表 2

单位：元

指　　标	总平均	低收入户	中低收入户	中等收入户	中高收入户	高收入户
建房改造专项补贴	1.2	0.2				7.6
其他生活补贴	103.5	74.5	36.5	65.3	89.3	305.3
报销医疗费	605.9	204.1	293.0	551.5	949.0	1309.2
家庭外出从业人员寄回带回收入	2413.3	1293.9	2175.0	2774.6	2583.2	3751.6
赡养收入	902.1	587.8	729.7	890.2	1076.4	1421.7
其他经常转移收入	98.8	70.8	74.0	79.2	135.3	157.3
失业保险金	20.3	21.1	14.5	32.5	18.8	13.3
经常性捐赠收入	0.5	0.1	0.3	0.1	1.8	
经常性赔偿收入	9.6	5.4	11.8	7.8	17.9	4.9
社保支出专项补贴	7.2	6.0	8.2	9.0	6.1	6.4
扶贫补助金孳息收入	0.0					0.2
扶贫贷款利息补助收入						
其他转移性收入	61.3	38.1	39.1	29.7	90.7	132.4
从政府和组织得到的实物产品和服务折价	42.4	36.7	37.8	44.1	46.4	50.5
食品	18.8	16.8	15.3	17.9	21.7	24.3
谷物、薯类及豆类	5.1	4.8	3.8	4.4	5.5	7.6
食用油(植物油)	7.2	5.6	6.4	6.7	9.3	9.1
蔬菜及制品	0.7	0.1	0.5	0.5	0.7	2.1
肉、禽、蛋、奶及制品	2.7	4.4	2.4	2.1	3.0	1.2
水产品及制品						
糖、烟、酒、饮料类	0.5	0.4	0.7	0.9	0.4	0.2
干鲜瓜果类	0.4	0.3	0.4	0.5	0.5	0.5
其他类食品	2.1	1.2	1.3	2.8	2.3	3.7
衣着						
居住	0.0			0.0		
家庭设备和日用品	7.9	6.2	7.7	6.5	10.8	9.1
交通、通信工具及用品	3.2	1.8	2.8	3.3	4.8	3.8
教育文化娱乐用品	0.0	0.0	0.1	0.0	0.1	0.0
医疗保健用品	2.4	3.5	0.6	3.4	1.7	3.0
其他用品	1.5	1.1	0.7	1.7	1.4	3.1
其他服务折价(不含廉租房)	8.6	7.3	10.6	11.3	6.1	7.1
现金政策性惠农补贴	45.6	59.3	46.1	39.8	47.7	29.2
转移性支出	2840.2	1995.7	2076.9	2682.2	2920.6	5268.7
个人所得税	154.9	155.9	48.9	45.6	133.1	465.6
社会保障支出	2426.7	1699.7	1905.9	2378.8	2504.6	4204.9
个人缴纳的养老保险	1577.8	1078.3	1208.3	1569.7	1638.0	2776.9
个人缴纳的医疗保险	700.8	587.7	657.4	707.7	683.9	940.5
个人缴纳的失业保险	52.0	12.1	24.0	50.5	68.5	132.7
其他社会保障支出	96.1	21.6	16.2	50.8	114.1	354.9
外来从业人员寄给家人的支出						
赡养支出	191.8	83.8	89.5	225.9	239.0	397.6
其他转移性支出	66.8	56.3	32.7	31.8	43.9	200.7
经常性捐赠支出	6.8	0.5	6.6	0.5	2.2	30.0
经常性赔偿支出						
其他经常转移支出	59.9	55.8	26.2	31.4	41.7	170.7

2-24 按五等份分组的城镇居民人均总收入(2022年)

单位：元

指　　标	总平均	低收入户	中低收入户	中等收入户	中高收入户	高收入户
城镇居民人均总收入	**51741.4**	**27037.2**	**35470.4**	**46968.2**	**62081.5**	**105124.3**
工资性收入	**25052.5**	**10130.5**	**17857.9**	**23670.2**	**31174.6**	**51846.0**
工资	23698.9	9915.2	17412.5	22805.2	29493.4	47298.1
实物福利	163.1	54.5	129.4	174.9	192.1	322.6
其他	1190.5	160.8	316.0	690.1	1489.0	4225.3
经营性收入	**10233.0**	**9670.6**	**6551.0**	**7189.1**	**9117.3**	**21377.3**
第一产业经营收入	1234.2	1414.9	1008.6	926.1	1047.4	1890.1
第一产业经营收入(不含惠农补贴)	1234.2	1414.9	1008.6	926.1	1047.4	1890.1
农业	868.0	769.8	695.3	513.9	843.2	1730.1
林业	36.3	53.7	29.8	50.9	23.7	16.1
牧业	290.8	573.4	248.6	261.6	179.5	98.9
渔业	39.2	18.0	34.8	99.7	1.0	45.0
第二产业经营收入	613.5	224.5	267.1	337.7	853.6	1743.1
采矿业						
制造业	213.1	79.5	130.5	89.7	173.4	728.3
电力、热力、燃气及水生产和供应业						
建筑业	400.4	145.0	136.6	248.0	680.2	1014.8
第三产业经营收入	8385.2	8031.3	5275.3	5925.2	7216.2	17744.1
批发和零售业	3940.3	3780.6	2584.7	2429.5	4087.5	7812.9
交通运输、仓储和邮政业	767.9	671.6	645.5	597.1	1017.8	1006.1
住宿和餐饮业	1699.6	2831.2	617.9	1215.2	591.0	3452.3
房地产业	1.1					7.0
租赁和商务服务业	358.4	7.0		95.4		2131.0
居民服务、修理和其他服务业	1328.5	677.9	1262.7	1059.0	1068.0	3025.5
其他	283.1	46.2	163.3	518.4	451.9	309.3
农林牧渔服务业	6.3	16.8	1.2	10.6	0.1	
财产性收入	**3814.7**	**1622.1**	**2408.5**	**3315.2**	**4679.2**	**8656.8**
利息收入	456.5	161.6	262.0	343.3	520.6	1233.9
红利收入	603.7	68.1	221.2	321.2	753.0	2115.3
储蓄性保险净收益	5.4	4.4	4.3	1.5	4.8	14.1
转让承包土地经营权租金净收入	62.4	51.3	69.3	77.7	60.6	51.9
出租房屋财产性净收入	887.8	397.2	488.4	894.1	1180.1	1826.7
出租机械、专利、版权等资产的净收入	43.2	2.1	7.9	9.3	2.7	243.6
其他财产净收入	3.4		4.6	0.0	12.8	
房屋虚拟租金	1752.4	937.3	1350.8	1668.1	2144.8	3171.3
转移性收入	**12641.1**	**5614.0**	**8653.0**	**12793.7**	**17110.4**	**23244.1**
养老金或离退休金	8270.5	3045.1	5075.9	8236.8	12015.4	16170.6

2-24 续表

单位：元

指　　标	总平均	低收入户	中低收入户	中等收入户	中高收入户	高收入户
社会救济和补助	150.3	216.6	183.9	108.1	164.6	41.2
政策性生活补贴	112.1	99.7	37.2	69.4	92.3	313.0
家庭外出从业人员寄回带回收入	2413.3	1293.9	2175.0	2774.6	2583.2	3751.6
赡养收入	902.1	587.8	729.7	890.2	1076.4	1421.7
报销医疗费	605.9	204.1	293.0	551.5	949.0	1309.2
从政府和组织得到的实物产品和服务折价	42.5	36.7	38.1	44.1	46.4	50.5
现金政策性惠农补贴	45.6	59.3	46.1	39.8	47.7	29.2
其他转移性收入	98.8	70.8	74.0	79.2	135.3	157.3
非收入所得	**3018.2**	**1945.1**	**2651.7**	**2859.4**	**2748.4**	**5635.2**
出售资产所得	516.4	256.5	823.0	368.4	299.8	907.5
出售住房本金所得	98.9	110.4	25.1		141.5	260.2
出售住房溢价所得(含亏损)						
出售股票、基金、收藏品本金所得	7.2		17.3		5.7	14.4
出售股票、基金、收藏品所得(含亏损)	33.4	2.1	6.9	87.9	19.8	64.1
出售生产性固定资产所得	29.2	21.7	5.3		12.6	130.2
拆迁征地补偿所得	258.1	112.9	717.6	88.1	75.0	252.9
出售其他财物和收回其他投资本金所得	89.6	9.4	50.7	192.4	45.1	185.7
非经常性转移所得	2494.7	1675.0	1825.1	2482.0	2446.2	4722.7
博彩所得	185.0	58.5	73.7	113.0	141.4	669.9
婚丧嫁娶礼金所得	324.3	264.3	296.1	236.9	279.5	614.6
遗产及一次性馈赠所得	701.0	438.8	425.5	678.5	661.1	1551.5
一次性赔偿所得	150.2	211.3	1.8	419.7	41.6	57.4
提取住房公积金	233.9	4.4	252.8	106.6	293.2	637.4
调查补贴	859.2	672.6	764.4	896.8	953.6	1111.6
其他非经常性转移所得	41.1	25.0	10.9	30.5	75.8	80.3
其他非收入所得	7.1	13.7	3.6	9.0	2.5	5.0
借贷性所得	**1549.6**	**1002.3**	**1696.8**	**1368.0**	**1999.9**	**1854.6**
提取储蓄存款	1238.1	840.2	1225.2	925.1	1832.4	1544.8
借入款	107.4	43.6	146.1	168.9	72.0	111.3
收回借出款	89.8	72.2	49.2	90.1	82.3	181.2
收回储蓄性保险本金	2.3				12.5	0.1
住房贷款	80.5	33.8	251.1	81.5		2.0
汽车贷款	10.3		16.9	32.7		
教育贷款	4.8	4.5	8.0	4.5		6.6
其他贷款	15.0	8.1	0.4	65.2		
其他借贷所得	1.5	0.0	0.0	0.0	0.7	8.7

2-25 按五等份分组的城镇居民人均总支出(2022年)

单位：元

指　　标	总平均	低收入户	中低收入户	中等收入户	中高收入户	高收入户
城镇居民人均总支出	**43433.1**	**32700.7**	**33205.3**	**38003.5**	**48700.6**	**74386.8**
消费支出	**27637.3**	**17617.6**	**22348.9**	**26469.8**	**32646.9**	**45525.0**
食品烟酒	9358.5	6280.5	7937.5	9470.6	10986.3	13871.7
食品	5583.8	4191.4	5019.6	5787.0	6424.0	7201.9
谷物	464.0	404.7	428.3	472.3	502.5	546.6
薯类	79.7	71.8	76.1	81.6	84.4	88.3
豆类	67.3	56.0	62.9	70.1	76.7	76.0
食用油	222.2	181.1	213.0	237.4	252.6	241.3
蔬菜和食用菌	787.9	585.3	709.1	837.7	924.0	977.3
肉类	1646.7	1301.5	1523.8	1734.2	1856.3	1976.0
禽类	452.0	321.7	406.9	494.2	515.9	580.8
水产品	331.0	220.0	276.9	355.7	380.2	483.3
蛋类	159.2	121.4	142.2	163.4	184.2	204.7
奶类	369.8	259.5	355.9	334.9	425.5	531.2
干鲜瓜果类	576.8	365.6	464.5	576.2	700.7	903.8
糖果糕点类	188.5	123.0	155.3	187.5	232.1	282.2
其他食品	238.6	180.0	204.8	241.8	288.9	310.5
烟酒	939.9	585.8	820.3	1000.1	1111.0	1356.6
烟草	691.0	439.6	635.2	770.4	799.6	915.0
酒类	248.9	146.2	185.1	229.7	311.4	441.7
饮料	195.9	122.1	169.3	186.1	218.6	328.4
饮食服务	2638.9	1381.2	1928.4	2497.3	3232.7	4984.8
食堂用餐	295.6	207.5	267.0	308.3	304.9	439.5
其他在外饮食	2336.4	1167.6	1654.7	2181.9	2920.9	4537.3
食品加工服务费	6.8	6.1	6.6	7.1	6.8	7.9
衣着	1764.5	1028.5	1390.0	1701.9	2042.5	3134.6
衣类	1398.4	802.2	1090.8	1339.0	1620.2	2529.3
鞋类	366.1	226.3	299.2	363.0	422.3	605.3
居住	5557.5	3368.1	4603.0	5014.1	6530.7	9687.1
租赁房房租	210.7	115.7	200.1	259.9	218.9	294.6
租赁房房租中租赁公房房租	1096.2	452.4	877.5	686.0	1277.4	2660.5
租赁房房租中租赁私房房租	906.3	701.6	817.5	916.2	1027.7	1180.2
住房维修及管理	3344.3	2098.4	2708.0	3152.0	4006.7	5551.9
住房维修及管理中物业管理费	10.1	6.1	8.8	22.2	9.1	4.1
水电燃料及其他	200.6	109.6	191.3	237.7	209.9	290.5
自有住房折算租金	184.7	77.2	108.4	165.8	220.0	433.6
生活用品及服务	1806.4	981.9	1418.1	1612.5	2197.5	3359.5
家具及室内装饰品	284.0	103.9	233.3	226.5	313.5	659.7
家用器具	472.3	246.2	361.6	449.8	650.0	783.6
家用纺织品	146.6	82.7	105.3	128.0	183.9	279.5
家庭日用杂品	350.6	246.4	283.3	327.1	414.6	554.3
个人用品	463.5	262.4	390.2	414.8	545.5	829.5
家庭服务	89.3	40.3	44.4	66.3	90.1	253.0
其中：家政服务	45.6	14.3	15.6	28.2	24.8	180.5

2-25 续表 1 单位：元

指 标	总平均	低收入户	中低收入户	中等收入户	中高收入户	高收入户
交通通信	3467.2	2014.3	2603.8	3302.7	4359.3	5997.4
交通	2484.2	1343.6	1744.5	2321.1	3233.5	4543.6
交通工具	755.9	329.0	469.0	680.3	1254.7	1304.6
交通费	289.0	175.0	204.5	275.8	323.3	553.4
交通工具用燃料	828.2	492.9	641.3	834.7	962.2	1422.6
交通工具使用及维修	611.1	346.7	429.8	530.3	693.4	1263.0
其中：车辆保险支出	247.4	148.5	178.9	227.9	280.9	475.4
通信	982.9	670.7	859.3	981.6	1125.8	1453.8
通信工具	281.0	155.5	238.9	282.1	345.0	450.0
通信服务	701.9	515.2	620.4	699.5	780.8	1003.9
教育文化娱乐	2638.5	2149.6	2307.6	2602.6	2725.0	3771.8
教育	1946.9	1779.2	1810.0	1987.9	1923.8	2362.9
学前教育	332.1	267.3	309.9	368.7	414.8	317.1
小学教育	396.6	330.2	340.5	359.6	456.1	551.0
初中教育	252.1	205.1	187.3	291.6	202.7	421.0
高中教育	364.0	378.4	398.9	365.1	353.5	304.2
中专职高教育	6.4	8.2	13.4	2.3	4.1	1.6
大专及以上教育	510.0	528.6	459.3	537.8	431.1	610.8
成人教育	85.7	61.5	100.8	62.8	61.6	157.4
文化娱乐	691.6	370.4	497.5	614.7	801.2	1408.8
文娱耐用消费品	191.0	95.1	128.6	174.7	200.0	430.5
其他文娱用品	236.0	164.3	185.1	214.3	277.3	392.7
文化娱乐服务	264.7	111.0	183.8	225.7	323.9	585.7
医疗保健	2343.1	1442.9	1623.1	2160.7	3058.4	4083.2
医疗器具及药品	627.7	388.8	441.8	576.5	818.1	1085.2
医疗服务	1715.4	1054.0	1181.3	1584.2	2240.3	2998.0
门诊总费用	748.4	514.4	641.6	684.5	841.4	1216.8
住院总费用	966.9	539.7	539.7	899.7	1399.0	1781.1
其他用品及服务	701.6	352.0	465.8	604.7	747.1	1619.6
其他用品	276.6	124.1	157.2	249.2	316.7	657.9
其他服务	425.0	227.9	308.5	355.5	430.4	961.8
生产经营费用支出	**4944.0**	**9445.6**	**2040.2**	**2573.4**	**3036.9**	**7581.9**
第一产业经营费用支出	600.9	1041.0	347.8	383.6	411.3	800.7
农业	328.5	370.5	190.5	148.6	310.6	707.6
林业	23.9	71.9	3.6	5.3	4.7	27.5
牧业	219.7	538.9	134.7	196.4	92.9	44.6
渔业	28.8	59.7	19.0	33.3	3.2	21.0
第二产业经营费用支出	182.3	109.4	133.6	104.9	256.5	369.5
采矿业						
制造业	50.7	11.9	40.7	23.3	43.6	164.7
电力、热力、燃气及水生产和供应业	0.2	0.5	0.1	0.0	0.1	0.1
建筑业	131.5	97.1	92.8	81.5	212.8	204.7
第三产业经营费用支出	4160.8	8295.1	1558.8	2084.9	2369.1	6411.7
批发和零售业	2095.9	5359.0	778.2	837.6	1062.9	1913.5
交通运输、仓储和邮政业	323.8	353.6	173.8	140.0	597.8	402.5

2-25 续表 2

单位：元

指　　标	总平均	低收入户	中低收入户	中等收入户	中高收入户	高收入户
住宿和餐饮业	1014.3	2310.7	237.9	521.9	265.2	1683.4
房地产业	3.2	0.8	4.6	3.6	1.8	6.1
租赁和商务服务业	237.9	8.6		9.1	1.6	1475.0
居民服务、修理和其他服务业	395.8	250.8	344.0	311.5	308.1	891.1
其他	85.9	3.5	19.2	260.7	130.0	30.7
农林牧渔服务业	4.1	8.2	1.1	0.5	1.6	9.4
财产性支出	**433.9**	**233.3**	**371.5**	**426.6**	**459.6**	**797.3**
生活贷款利息支出	432.1	232.6	371.0	425.6	456.7	792.4
住房贷款利息支出	417.0	217.5	357.6	419.3	450.1	754.0
其他生活贷款利息支出	15.1	15.1	13.3	6.3	6.6	38.4
其他财产性支出	1.8	0.7	0.6	1.0	2.9	4.9
非储蓄性财产保险支出	0.3	0.5	0.2	0.2		0.7
其他财产性支出	1.5	0.2	0.4	0.8	2.9	4.2
转移性支出	**2840.2**	**1995.7**	**2076.9**	**2682.2**	**2920.6**	**5268.7**
个人所得税	154.9	155.9	48.9	45.6	133.1	465.6
社会保障支出	2426.7	1699.7	1905.9	2378.8	2504.6	4204.9
个人缴纳的养老保险	1577.8	1078.3	1208.3	1569.7	1638.0	2776.9
个人缴纳的医疗保险	700.8	587.7	657.4	707.7	683.9	940.5
个人缴纳的失业保险	52.0	12.1	24.0	50.5	68.5	132.7
其他社会保障支出	96.1	21.6	16.2	50.8	114.1	354.9
外来从业人员寄给家人的支出						
赡养支出	191.8	83.8	89.5	225.9	239.0	397.6
其他转移性支出	66.8	56.3	32.7	31.8	43.9	200.7
部分商业保险支出	**289.0**	**160.6**	**164.1**	**205.7**	**409.5**	**618.6**
意外伤害保险	32.2	22.1	27.1	28.5	48.7	39.8
商业医疗保险(含大病保险)	158.3	90.2	89.8	118.1	232.8	319.0
其他非储蓄性商业保险	28.0	8.6	16.2	12.4	33.1	87.3
其他储蓄性商业保险	70.4	39.8	30.9	46.6	94.9	172.5
购置资产及非经常性转移支出	**4196.2**	**1969.1**	**3747.6**	**3624.6**	**4799.3**	**8135.9**
购置资产支出	1168.7	246.6	1493.1	497.8	1643.7	2364.2
购买住房支出	145.8	72.8	100.5	3.1	122.0	524.6
建造住房支出	101.6	46.7	68.3	3.1	94.8	361.5
建造住房材料	42.9	26.0	32.2		27.1	155.6
建造住房雇工	866.0	4.5	1300.4	402.1	1184.4	1739.4
购建第一产业生产性固定资产支出	40.1	99.1	16.0	45.7	14.6	9.2
购买或建造农业生产性用房	1.3	1.3		4.4	0.8	
购买用房建筑材料	1.3	1.3		4.4	0.8	
建筑农业生产用房雇工						
购买农业生产用房						
其他						
购买役畜						
购买产品畜	14.1	32.0		33.4		
购买或建造农业设施	18.7	57.4	10.3	3.7	6.4	6.3
大棚、温室	16.9	54.7	8.6	3.7	4.7	4.0

2-25 续表 3　　　　单位：元

指　　标	总平均	低收入户	中低收入户	中等收入户	中高收入户	高收入户
自备井	0.9	2.1	0.6			1.9
喷灌设施	0.5	0.4	0.5		1.8	
其他农业设施	0.3	0.2	0.6			0.5
购买农业机械	5.9	8.5	5.7	4.2	7.4	2.9
大中型农用拖拉机						
小型(手扶)农用拖拉机						
农用排灌动力机械	0.2	0.7				
插秧机						
收割机	0.5				1.1	1.7
脱粒机	0.6		1.0	1.2		0.7
其他农业机械	4.7	7.8	4.7	3.0	6.3	0.5
购建第二产业生产性固定资产支出	42.9	6.2		5.7	213.5	5.4
采矿业						
制造业						
电力、热力、燃气及水生产和供应业						
建筑业	42.9	6.2		5.7	213.5	5.4
购建第三产业生产性固定资产支出	52.0	56.2	50.8	9.7	100.6	44.0
批发和零售业	11.9	26.5	14.4	0.7	7.9	5.4
交通运输、仓储和邮政业	17.1	22.0	22.5	1.1	31.9	4.8
住宿和餐饮业	10.6	7.1			48.3	0.0
房地产业	1.2		5.5			
租赁和商务服务业	6.2			3.1	10.6	23.1
居民服务、修理和其他服务业	4.9	0.7	8.5	3.9	1.8	10.7
其他	0.2			0.8		
购建其他资产支出	21.9	7.8	25.3	31.4	8.5	41.5
非经常性转移支出	3027.5	1722.4	2254.6	3126.8	3155.7	5771.7
博彩支出	145.8	58.6	100.8	157.2	148.1	321.3
婚丧嫁娶礼金支出	1531.2	998.6	1302.9	1478.9	1660.3	2555.6
一次性赔偿支出	49.4	4.3	6.4	224.5	4.1	9.5
一次性馈赠支出	1023.2	466.8	613.6	992.5	1163.3	2298.3
婚丧嫁娶宴请支出	258.3	185.2	212.6	265.5	166.2	529.6
其他非经常性转移支出	19.5	8.9	18.3	8.3	13.7	57.5
借贷性支出	**3092.5**	**1278.8**	**2456.0**	**2021.3**	**4427.7**	**6459.3**
存入储蓄款	1429.8	426.3	1306.1	655.4	2492.1	2821.8
借出款	69.5	74.5	12.8	70.1	60.3	151.9
归还借款	130.2	117.6	120.6	56.5	163.1	216.4
购买有价证券	21.8		0.9	2.9	0.3	132.5
其他投资支出	30.1	5.8	56.9	56.1	16.8	11.6
归还住房贷款	1153.7	405.8	813.0	903.6	1475.2	2678.6
归还汽车贷款	187.3	158.5	103.7	228.4	173.1	312.4
归还教育贷款	3.7	8.3	7.8			
归还其他贷款	65.5	81.1	32.8	47.3	46.2	134.0
其他借贷支出	0.9	1.0	1.3	1.0	0.7	0.2

2-26 城镇居民家庭平均每百户耐用消费品拥有量(2017-2022年)

主要耐用消费品拥有情况	单位	2017	2018	2019	2020	2021	2022
家用汽车	辆	33.6	36.3	36.8	36.6	41.5	42.7
摩托车	辆	19.8	23.3	17.9	16.8	18.3	17.5
助力车	台	27.4	30.5	31.1	34.0	36.3	37.6
洗衣机	台	98.8	100.0	101.3	101.6	101.7	101.6
电冰箱(柜)	台	100.4	101.7	103.1	103.5	104.2	103.5
微波炉	台	51.7	43.9	48.9	50.2	50.1	51.2
彩色电视机	台	125.3	122.1	124.3	124.5	121.6	122.4
空调	台	130.4	138.3	154.2	156.3	175.4	179.8
热水器	台	96.4	98.0	99.9	101.8	101.4	100.0
洗碗机	台	1.1	1.3	1.3	1.5	1.9	2.3
排油烟机	台	65.2	70.3	77.5	78.8	78.1	79.3
固定电话	线	43.3	34.5	24.6	21.3	9.3	7.6
移动电话	部	245.3	256.1	254.5	255.3	262.8	259.9
计算机	台	67.6	57.3	59.0	61.3	51.5	50.4
照相机	台	20.6	12.4	13.7	13.7	8.5	8.7
乐器	架	3.9	4.3	5.5	5.7	5.3	5.8
健身器材	台	3.8	5.8	7.4	8.4	5.9	5.9
空气净化器(含新风系统)	台	0.5	4.2	5.8	5.8	5.5	5.7
地面清洁器	台	0.5	6.5	9.1	10.1	8.6	8.9

2-27 农村居民人均主要指标

单位：元

年份	总收入	可支配收入	现金收入	总支出	#生活消费支出	#生产费用支出	现金支出
1962	139	121	57	130	109	17	58
1965	122	106	54	116	96	15	56
1978	154	127	65	149	120	27	65
1980	224	188	103	202	160	36	101
1985	460	315	275	422	276	125	258
1986	500	338	310	475	311	141	300
1987	553	369	360	536	348	160	351
1988	681	449	455	662	426	204	441
1989	761	494	516	748	474	233	517
1990	847	558	521	802	509	248	502
1991	916	590	584	884	552	282	575
1992	975	634	626	921	569	299	613
1993	1094	698	693	1050	647	329	666
1994	1519	946	932	1496	904	482	870
1995	1865	1158	1129	1796	1061	600	1112
1996	2322	1453	1371	2244	1350	734	1383
1997	2636	1681	1655	2381	1440	795	1569
1998	2738	1789	1732	2382	1441	784	1610
1999	2697	1843	1734	2258	1426	689	1565
2000	2830	1904	1832	2437	1490	709	1709
2001	2946	1987	1983	2494	1498	760	1763
2002	3107	2108	2111	2653	1591	812	1910
2003	3256	2230	2328	2828	1747	860	1986
2004	3805	2580	2734	3299	2011	1074	2324
2005	4158	2803	3087	3743	2274	1256	2747
2006	4343	3002	3367	3883	2395	1245	2942
2007	5097	3547	3940	4499	2747	1456	3463
2008	5903	4121	4534	5155	3128	1686	4099
2009	6238	4462	4979	6330	4141	1741	5218
2010	7031	5087	5684	6163	3898	1774	5003
2011	8657	6129	7249	7642	4675	2244	6575
2012	9498	7001	8091	8366	5367	2217	7174
2013	11161	8381	9261	13979	7365	2199	11508
2014	12647	9348	10589	14731	8301	2651	12115
2015	14561	10247	12344	16924	9251	3522	13828
2016	15907	11203	13818	18706	10192	3819	15441
2017	17264	12227	15183	20128	11397	4009	16819
2018	19016	13331	16975	22538	12723	4685	19177
2019	20483	14670	18437	25989	14056	4794	22549
2020	21559	15929	19364	24864	14953	4552	21333
2021	24258	17575	21736	28122	16444	5499	24364
2022	25117	18672	22780	28094	17199	5179	24291

注：从2013年起，国家统计局开展了城乡一体化住户收支和生活状况调查，与2012年前的分城镇和农村住户调查的调查范围、调查方法、指标口径有所不同，2013年以前为农民人均纯收入。

2-28 农村居民人均可支配收入(2017-2022年)

单位：元

指 标	2017	2018	2019	2020	2021	2022
农村居民人均可支配收入	**12226.9**	**13331.4**	**14670.1**	**15929.1**	**17575.3**	**18672.4**
工资性收入	**4016.1**	**4311.0**	**4662.1**	**4977.8**	**5513.8**	**5843.9**
工资	3753.3	4003.8	4495.1	4838.2	5349.6	5696.9
按月发放的工资	2912.1	3022.2	3304.3	3389.2	3660.7	3874.7
补发工资	86.9	143.9	168.2	151.9	121.0	158.0
不按月发放的奖金、津贴、过节费等	754.3	837.7	1022.6	1297.1	1567.9	1664.2
实物福利	34.7	47.5	72.7	72.7	105.9	101.5
从单位或雇主得到的实物产品折价	5.5	5.5	10.9	11.1	12.9	12.2
食品	4.3	3.9	7.9	7.2	9.9	9.2
谷物、薯类及豆类	0.8	0.5	1.5	2.0	2.4	2.1
食用油(植物油)	0.4	0.8	1.4	1.4	1.0	1.7
蔬菜及制品			0.1	0.1	0.1	0.0
肉、禽、蛋、奶及制品	0.4	0.5	2.3	1.1	1.0	0.9
水产品及制品			0.0	0.1	0.0	0.0
糖、烟、酒、饮料类	1.6	1.2	1.9	1.5	4.0	3.5
干鲜瓜果类	0.2	0.2	0.3	0.4	0.4	0.4
其他类食品	0.9	0.7	0.5	0.8	0.9	0.5
衣着	0.1	0.1	0.1	0.2	0.3	0.2
居住			0.0	0.0	0.0	
家庭设备和日用品	0.5	0.5	1.9	2.4	1.2	1.7
交通、通信工具及用品	0.2	0.2	0.4	0.0	0.1	0.0
教育文化娱乐用品		0.1	0.0	0.0	0.0	0.0
医疗保健用品			0.1	0.5	0.9	0.3
其他用品	0.3	0.5	0.5	0.7	0.5	0.8
从单位或雇主得到的服务折价	29.1	42.1	61.7	61.6	93.1	89.3
免费或低价提供的工作餐	27.1	41.0	57.9	58.4	88.0	85.5
免费或低价提供的住宿	1.8	0.7	2.9	2.8	3.2	2.7
单位缴纳的水电费、取暖费、物业费等				0.0	0.0	0.5
免费或低价提供的交通和通信服务	0.1		0.3	0.3	0.3	0.1
单位缴纳的教育入学赞助费		0.1		0.0		
免费或低价提供的旅游服务			0.1		1.2	
其他服务	0.1	0.2	0.7	0.1	0.3	0.5
单位或雇主实物福利报销所得						
其他	228.2	259.7	94.3	66.9	58.3	45.5
住房公积金	37.6	28.1	37.6	46.7	35.0	40.2
辞退金	0.9	5.6	1.1	4.0	3.4	0.1
自由职业劳动所得(如稿费、翻译费)	4.2	12.4	2.7	3.8	8.7	3.1
安家费		0.3	0.8	0.3	6.5	0.4
股票期权						
其他劳动所得	185.5	213.4	52.1	12.0	4.7	1.7
经营净收入	**4821.4**	**5117.2**	**5641.1**	**6152.0**	**6651.4**	**7044.7**
第一产业经营净收入	3393.8	3500.7	3813.9	4139.9	4007.7	4181.1
农业	2032.2	2147.2	2136.9	2248.1	2470.0	2489.7
林业	267.9	349.1	376.0	304.0	388.1	432.7
牧业	1035.8	954.3	1245.7	1529.2	1112.3	1206.0
渔业	57.8	50.1	55.3	58.6	37.3	52.6

2-28 续表 1

单位：元

指　　标	2017	2018	2019	2020	2021	2022
第二产业经营净收入	180.2	193.0	208.2	242.1	368.0	388.2
采矿业	2.1	-0.3	0.9	0.7	0.0	0.0
制造业	107.3	119.9	99.5	122.1	174.0	151.0
电力、热力、燃气及水生产和供应业		-0.4	-0.2	-0.1	-0.1	0.0
建筑业	70.9	73.7	108.0	119.4	194.2	237.2
第三产业经营净收入	1247.4	1423.5	1619.0	1770.0	2275.7	2475.4
批发和零售业	570.7	714.5	854.5	925.7	1145.8	1274.3
交通运输、仓储和邮政业	340.6	298.4	287.5	339.2	341.0	403.9
住宿和餐饮业	102.0	146.4	167.7	182.1	320.5	275.9
房地产业	0.1	1.0	-1.5	-0.3	-0.1	-0.5
租赁和商务服务业	1.3	22.6	12.0	3.9	2.6	5.9
居民服务、修理和其他服务业	181.6	193.2	231.6	254.9	356.6	422.6
其他	34.7	36.6	33.4	45.4	101.1	85.5
农林牧渔服务业	16.4	10.8	33.9	19.1	8.2	7.7
财产净收入	**322.5**	**379.5**	**456.5**	**510.2**	**586.6**	**627.7**
利息净收入	83.8	81.9	81.5	86.3	146.8	179.9
红利收入	32.7	42.3	68.5	108.4	128.7	154.9
集体分配的红利	7.3	12.0	19.6	6.7	7.1	8.9
其他红利收入	26.5	30.2	48.9	101.7	121.6	145.9
储蓄性保险净收益	2.7	4.8	3.9	0.9	2.1	0.4
转让承包土地经营权租金净收入	114.7	116.8	149.4	154.5	177.9	157.8
出租房屋财产性收入	71.6	101.9	121.5	142.7	124.4	127.4
出租机械、专利、版权等资产的收入	8.2	12.0	17.6	9.3	9.8	7.4
其他财产净收入	8.8	19.8	14.0	8.1	-3.2	-0.2
房屋虚拟租金						
转移净收入	**3066.9**	**3523.7**	**3910.5**	**4289.1**	**4823.5**	**5156.1**
转移性收入	3741.1	4137.9	4525.6	4966.2	5529.4	6033.5
养老金或离退休金	1030.4	1055.9	1165.3	1307.1	1409.6	1598.4
离退休金	293.3	326.1	348.3	384.6	439.0	465.7
城乡居民基本养老保险	469.7	518.5	577.1	660.0	736.0	847.7
其他养老金	267.3	211.3	239.9	262.5	234.6	285.0
社会救济和补助	197.3	240.6	231.2	260.4	335.4	351.1
最低生活保障费	53.4	80.5	86.4	104.5	136.4	142.0
五保户救助金	2.9	11.1	15.3	18.0	21.9	24.1
扶贫款	57.4	52.9	10.1	8.7	1.4	2.0
救灾款	2.8	0.9	0.8	0.4	0.4	0.3
抚恤金	42.0	42.6	68.8	83.6	113.9	117.1
医疗救助专项补贴				12.2	25.1	18.4
教育救助专项补贴				10.1	8.1	8.1
其他社会救济收入	38.9	52.6	49.8	22.8	28.1	39.0
政策性生活补贴	53.3	197.8	152.5	163.0	136.0	112.1
家电补贴	2.3	0.3	0.0	0.2	0.4	
能源补贴	2.2	0.1	0.6		0.0	0.0
免费或低价提供的住宿(廉租房)	1.1	0.4	0.3	0.4	0.3	0.3
居住专项补贴				15.2	9.9	5.0

2-28 续表 2 单位：元

指　　标	2017	2018	2019	2020	2021	2022
建房改造专项补贴				20.4	20.4	13.6
其他生活补贴	48.8	197.5	151.7	126.8	105.4	93.6
报销医疗费	237.7	285.1	319.0	336.6	429.2	407.2
家庭外出从业人员寄回带回收入	1368.8	1427.3	1584.0	1750.1	1967.5	2110.1
赡养收入	515.3	586.6	650.7	750.8	835.1	922.3
其他经常转移收入	83.2	100.2	95.4	136.0	113.2	140.6
失业保险金	2.1	14.5	19.5	25.0	24.9	12.8
经常性捐赠收入	8.7	3.2	2.0	5.2	0.4	0.7
经常性赔偿收入	2.9	4.2	10.8	0.2	1.3	0.2
社保支出专项补贴			3.7	7.9	9.8	10.8
扶贫补助金孳息收入			0.0	0.7		0.0
扶贫贷款利息补助收入			0.0	0.5	0.1	
其他转移性收入	69.6	78.3	59.3	96.6	76.7	116.1
从政府和组织得到的实物产品和服务折价	71.7	72.4	57.2	51.5	81.2	84.9
食品	13.2	16.9	22.4	20.1	28.4	27.1
谷物、薯类及豆类	2.2	2.5	2.7	3.3	4.5	4.9
食用油(植物油)	2.3	2.9	3.3	3.7	6.1	5.1
蔬菜及制品				0.0	0.0	0.0
肉、禽、蛋、奶及制品	4.0	4.4	9.5	9.0	12.8	10.8
水产品及制品	0.3				0.0	
糖、烟、酒、饮料类	0.3	0.2	1.6	0.2	0.5	0.4
干鲜瓜果类			0.1	0.0	0.1	0.4
其他类食品	4.0	6.8	5.2	3.8	4.3	5.4
衣着	3.4	0.4	0.2	0.1	0.1	0.1
居住	5.1	0.2	0.1	0.3	0.1	0.1
家庭设备和日用品	5.9	18.3	15.0	8.7	7.4	9.4
交通、通信工具及用品	0.4	0.4	0.0	0.0	2.3	4.5
教育文化娱乐用品	0.3	2.0	0.4	0.2	0.1	0.1
医疗保健用品	0.1	0.6	0.3	0.4	11.7	2.4
其他用品	7.5	2.8	2.3	2.9	0.5	1.5
其他服务折价(不含廉租房)	35.8	30.8	16.6	18.8	30.8	39.7
现金政策性惠农补贴	183.5	171.9	270.1	210.8	222.1	306.7
转移性支出	674.2	614.2	615.1	677.2	706.0	877.4
个人所得税	2.9	4.8	4.7	6.7	4.1	4.7
社会保障支出	607.0	511.1	524.1	593.8	592.0	776.1
个人缴纳的养老保险	403.2	263.2	266.4	299.3	307.1	397.6
个人缴纳的医疗保险	188.6	236.1	245.4	280.9	272.6	363.4
个人缴纳的失业保险	5.5	3.6	5.6	5.6	5.4	6.0
其他社会保障支出	9.6	8.2	6.7	8.0	6.9	9.0
外来从业人员寄给家人的支出	0.5	1.7	1.3	3.7	3.5	0.7
赡养支出	33.8	45.4	44.3	38.0	69.8	64.8
其他转移性支出	30.0	51.2	40.7	35.0	36.5	31.1
经常性捐赠支出	8.9	12.6	11.0	6.6	2.2	3.1
经常性赔偿支出					0.4	
其他经常转移支出	21.1	38.6	29.8	28.4	33.9	28.1

2-29 农村居民人均总收入(2017-2022年)

单位：元

指标	2017	2018	2019	2020	2021	2022
农村居民总收入	**17263.9**	**19016.4**	**20482.6**	**21559.1**	**24258.3**	**25117.1**
工资性收入	**4016.1**	**4311.0**	**4662.1**	**4977.8**	**5513.8**	**5843.9**
工资	3753.3	4003.8	4495.1	4838.2	5349.6	5696.9
实物福利	34.7	47.5	72.7	72.7	105.9	101.5
其他	228.2	259.7	94.3	66.9	58.3	45.5
经营性收入	**9166.6**	**10153.1**	**10776.7**	**11035.9**	**12560.0**	**12538.7**
第一产业经营收入	6432.6	6794.8	7371.3	7308.4	7614.2	7523.6
第一产业经营收入(不含惠农补贴)	6432.6	6794.8	7371.3	7308.4	7614.2	7523.6
农业	2837.3	3326.5	3352.0	3246.4	3717.5	3845.8
林业	292.9	389.0	406.9	340.2	411.9	456.1
牧业	3181.1	2964.5	3501.5	3612.1	3391.1	3098.8
渔业	121.3	114.7	110.9	109.8	93.6	122.9
第二产业经营收入	401.8	406.8	416.4	488.2	658.9	770.0
采矿业	2.9	0.2	1.1	0.7		
制造业	216.1	236.6	233.3	248.6	347.2	395.3
电力、热力、燃气及水生产和供应业		1.8				
建筑业	182.8	168.1	182.0	238.9	311.7	374.7
第三产业经营收入	2332.1	2951.5	2989.0	3239.3	4286.9	4245.0
批发和零售业	1245.0	1700.6	1665.8	1831.2	2348.7	2358.7
交通运输、仓储和邮政业	595.5	482.7	547.9	586.0	613.6	663.0
住宿和餐饮业	161.7	346.0	294.4	331.6	679.8	507.4
房地产业	1.3	1.4				
租赁和商务服务业	6.5	26.1	15.5	9.6	13.7	8.9
居民服务、修理和其他服务业	242.8	311.8	360.7	363.1	464.2	556.6
其他	45.8	49.4	43.9	62.9	146.0	131.9
农林牧渔服务业	33.5	33.5	60.7	55.0	20.9	18.7
财产性收入	**339.9**	**414.4**	**518.3**	**579.1**	**655.0**	**700.7**
利息收入	99.6	114.3	140.4	150.1	210.3	249.8
红利收入	32.7	42.3	68.5	108.4	128.7	154.9
储蓄性保险净收益	2.7	4.8	3.9	0.9	2.1	0.4
转让承包土地经营权租金净收入	114.7	116.8	149.4	154.5	177.9	157.8
出租房屋财产性净收入	71.6	101.9	121.5	142.7	124.4	127.4
出租机械、专利、版权等资产的净收入	8.2	12.0	17.6	9.3	9.8	7.4
其他财产净收入	10.4	22.3	16.9	13.2	1.7	2.9
房屋虚拟租金						
转移性收入	**3741.1**	**4137.9**	**4525.6**	**4966.2**	**5529.4**	**6033.8**
养老金或离退休金	1030.4	1055.9	1165.3	1307.1	1409.6	1598.4

2-29 续表　　单位：元

指　　标	2017	2018	2019	2020	2021	2022
社会救济和补助	197.3	240.6	231.2	260.4	335.4	351.1
政策性生活补贴	53.3	197.8	152.5	163.0	136.0	112.1
家庭外出从业人员寄回带回收入	1368.8	1427.3	1584.0	1750.1	1967.5	2110.1
赡养收入	515.3	586.6	650.7	750.8	835.1	922.3
报销医疗费	237.7	285.1	319.0	336.6	429.2	407.2
从政府和组织得到的实物产品和服务折价	71.7	72.4	57.2	51.5	81.2	85.3
现金政策性惠农补贴	183.5	171.9	270.1	210.8	222.1	306.7
其他转移性收入	83.2	100.2	95.4	136.0	113.2	140.6
非收入所得	**2328.1**	**2301.0**	**2669.3**	**2325.9**	**2301.4**	**2319.8**
出售资产所得	881.4	690.3	826.3	486.5	261.8	197.0
出售住房本金所得	19.7	43.1	22.5		23.7	
出售住房溢价所得(含亏损)	11.4			6.0	49.0	
出售股票、基金、收藏品本金所得					0.0	5.2
出售股票、基金、收藏品所得(含亏损)	0.5	0.1	0.2	0.5	0.0	3.6
出售生产性固定资产所得	24.7	14.0	41.0	56.5	41.7	14.4
拆迁征地补偿所得	591.3	559.9	700.1	343.4	85.1	62.9
出售其他财物和收回其他投资本金所得	233.6	73.1	62.5	80.0	62.4	110.8
非经常性转移所得	1433.3	1603.8	1839.4	1834.3	2036.7	2121.6
博彩所得	21.6	48.6	60.1	45.8	100.6	97.1
婚丧嫁娶礼金所得	528.0	666.7	692.0	528.8	725.3	608.9
遗产及一次性馈赠所得	231.8	302.3	368.9	325.6	424.3	543.1
一次性赔偿所得	179.7	148.7	79.1	194.7	127.5	52.2
提取住房公积金	0.1	6.7	2.9	10.7	1.1	4.4
调查补贴	365.2	410.6	595.7	680.0	633.1	757.6
其他非经常性转移所得	106.9	20.0	40.7	48.9	24.8	58.4
其他非收入所得	13.4	6.9	3.6	5.1	2.8	1.2
借贷性所得	**1987.2**	**2662.3**	**2947.3**	**2069.7**	**2202.5**	**1205.2**
提取储蓄存款	1335.3	1852.1	2036.8	1509.1	1636.1	920.5
借入款	376.6	473.9	478.8	304.1	282.8	94.6
收回借出款	114.7	144.6	148.9	117.0	137.5	116.2
收回储蓄性保险本金	1.7	9.5	1.5	0.0	0.5	2.6
住房贷款	28.5	15.1	130.2	2.2	42.2	37.3
汽车贷款	5.2	0.5	49.1	17.2		7.6
教育贷款	7.0	15.8	13.0	9.0	3.8	7.9
其他贷款	107.1	136.5	83.3	103.2	80.7	18.2
其他借贷所得	11.2	14.3	5.7	7.8	18.7	0.3

2-30 农村居民人均总支出(2017-2022年)

单位：元

指　　标	2017	2018	2019	2020	2021	2022
农村居民人均总支出	**20127.8**	**22537.8**	**25988.8**	**24864.2**	**28122.1**	**28093.6**
消费支出	**11396.7**	**12723.2**	**14055.6**	**14952.6**	**16444.0**	**17199.0**
食品烟酒	4235.2	4482.7	4878.6	5478.1	5969.5	6188.8
食品	3138.9	3224.8	3480.8	4018.2	4238.4	4164.4
谷物	502.6	511.5	484.0	526.1	540.8	511.7
薯类	116.3	120.0	130.8	128.4	127.2	109.2
豆类	45.7	44.2	52.0	59.6	60.1	59.5
食用油	172.0	168.8	166.7	215.1	225.8	220.8
蔬菜和食用菌	377.8	337.8	355.1	403.8	430.9	447.1
肉类	923.4	988.0	1070.5	1357.5	1456.4	1347.7
禽类	226.5	215.0	282.4	344.0	342.6	355.4
水产品	89.0	85.3	121.8	135.2	153.4	165.5
蛋类	103.0	119.3	136.5	149.4	127.4	128.4
奶类	138.0	177.4	176.4	166.0	188.3	185.2
干鲜瓜果类	214.8	217.5	250.1	257.5	290.2	320.6
糖果糕点类	86.9	93.1	100.1	101.2	116.2	125.4
其他食品	142.9	147.0	154.4	174.4	179.2	187.8
烟酒	480.3	581.4	664.3	709.4	791.4	955.2
烟草	336.9	415.1	500.9	542.6	644.8	736.1
酒类	143.4	166.3	163.5	166.8	146.6	219.1
饮料	73.3	82.8	96.8	100.4	121.9	151.2
饮食服务	542.8	593.7	636.7	650.1	817.7	918.0
食堂用餐	168.6	149.1	168.4	165.0	237.2	216.7
其他在外饮食	358.4	430.8	457.0	475.6	569.7	691.5
食品加工服务费	15.8	13.8	11.2	9.5	10.9	9.8
衣着	682.9	716.4	760.4	753.3	835.2	888.1
衣类	505.5	541.9	576.7	572.2	623.3	673.5
鞋类	177.4	174.5	183.6	181.1	211.9	214.5
居住	2157.1	2500.0	2747.5	2866.4	2990.8	3218.1
租赁房房租	25.7	55.3	82.6	76.3	69.1	72.5
租赁房房租中租赁公房房租				5.8	602.7	741.3
租赁房房租中租赁私房房租				70.4	637.0	678.6
住房维修及管理	336.6	456.7	516.3	569.3	1682.0	1725.8
住房维修及管理中物业管理费				17.2	1.2	1.3
水电燃料及其他	483.5	524.0	577.5	579.8	67.8	71.3
自有住房折算租金	1311.2	1464.0	1571.1	1641.0	23.1	18.1
生活用品及服务	782.3	859.8	917.3	905.4	1074.7	1139.3
家具及室内装饰品	117.6	141.5	159.0	140.9	172.6	167.8
家用器具	222.3	249.1	249.6	240.4	283.4	362.5
家用纺织品	63.1	63.8	66.8	68.5	84.4	82.0
家庭日用杂品	248.5	262.3	264.8	270.8	299.0	295.0
个人用品	110.5	120.3	147.6	159.8	196.9	198.7
家庭服务	20.3	22.9	29.4	25.0	38.3	33.4
其中：家政服务	6.9	5.1	8.5	5.3	11.7	6.1

2-30 续表 1 单位：元

指 标	2017	2018	2019	2020	2021	2022
交通通信	1378.2	1578.3	1808.0	1935.0	2135.2	2174.4
交通	956.2	1141.8	1304.5	1364.6	1513.5	1487.0
交通工具	332.9	412.8	444.8	538.2	602.4	527.4
交通费	187.3	217.0	251.2	215.2	221.8	216.9
交通工具用燃料	252.3	301.0	364.5	340.5	382.9	452.0
交通工具使用及维修	183.7	210.9	244.0	270.7	306.4	290.8
其中：车辆保险支出	56.7	68.5	86.1	105.0	105.2	108.4
通信	422.1	436.5	503.5	570.5	621.7	687.4
通信工具	123.5	144.9	134.9	150.0	164.8	184.9
通信服务	298.6	291.6	368.6	420.4	456.9	502.5
教育文化娱乐	847.7	934.2	1065.1	1106.5	1272.6	1400.5
教育	609.4	667.7	752.1	844.9	1000.3	1133.3
学前教育	69.3	87.0	105.7	92.0	141.4	145.3
小学教育	72.9	92.7	110.8	130.7	135.2	162.2
初中教育	79.2	93.2	113.1	135.2	183.3	155.0
高中教育	109.6	114.5	150.7	186.2	203.7	297.8
中专职高教育	33.4	20.6	14.5	30.3	28.3	30.7
大专及以上教育	202.0	206.1	203.5	227.1	259.7	289.6
成人教育	43.0	53.7	53.8	43.3	48.6	52.7
文化娱乐	238.3	266.5	313.0	261.7	272.3	267.3
文娱耐用消费品	77.3	78.3	78.9	90.4	70.3	78.5
其他文娱用品	85.8	96.7	113.6	102.8	124.1	126.5
文化娱乐服务	75.3	91.5	120.5	68.6	78.0	62.2
医疗保健	1093.6	1413.8	1620.8	1650.3	1877.3	1878.0
医疗器具及药品	325.1	398.6	398.5	393.3	442.7	446.6
医疗服务	768.5	1015.2	1222.2	1257.0	1434.6	1431.4
门诊总费用	287.6	370.5	416.1	409.8	528.4	501.8
住院总费用	480.8	644.7	806.1	847.2	906.2	929.6
其他用品及服务	219.6	237.9	258.0	257.6	288.8	311.8
其他用品	112.1	114.6	121.1	124.2	143.5	124.4
其他服务	107.5	123.3	136.9	133.3	145.2	187.4
生产经营费用支出	**4008.5**	**4685.2**	**4793.9**	**4551.7**	**5499.4**	**5178.5**
第一产业经营费用支出	2820.5	3062.4	3338.8	2960.8	3339.7	3131.2
农业	677.3	1038.7	1072.3	882.9	1075.4	1228.2
林业	24.7	38.5	28.3	34.9	21.2	21.6
牧业	2056.6	1922.0	2184.6	1993.1	2194.9	1815.4
渔业	61.9	63.2	53.6	49.8	48.3	66.0
第二产业经营费用支出	204.2	189.2	193.6	226.3	271.9	373.8
采矿业	0.6	0.5	0.2		0.0	0.0
制造业	96.1	110.3	128.1	116.7	162.0	239.6
电力、热力、燃气及水生产和供应业		0.4		0.1	0.1	0.0
建筑业	107.5	78.1	65.3	109.5	109.9	134.2
第三产业经营费用支出	983.8	1433.7	1261.6	1364.6	1887.7	1673.6
批发和零售业	638.1	945.2	770.7	867.3	1159.3	1050.5
交通运输、仓储和邮政业	219.4	163.2	230.7	209.2	231.2	224.4

2-30 续表 2

单位：元

指 标	2017	2018	2019	2020	2021	2022
住宿和餐饮业	53.5	191.5	115.2	140.4	344.2	219.6
房地产业	1.2	0.4	1.5	0.3	0.1	0.5
租赁和商务服务业	2.7	2.3	2.4	5.4	8.7	1.6
居民服务、修理和其他服务业	52.6	101.3	111.4	96.3	94.3	123.2
其他	9.4	11.7	8.7	16.3	42.5	45.5
农林牧渔服务业	7.0	18.0	21.0	29.5	7.4	8.2
财产性支出	**17.4**	**34.9**	**61.8**	**68.9**	**68.5**	**73.0**
生活贷款利息支出	15.9	32.4	58.9	63.9	63.5	69.9
住房贷款利息支出	11.0	26.9	49.6	54.4	54.8	64.1
其他生活贷款利息支出	4.8	5.4	9.3	9.5	8.7	5.9
其他财产性支出	1.6	2.5	2.9	5.0	4.9	3.0
非储蓄性财产保险支出	0.3	0.6	0.6	0.6	0.8	1.5
其他财产性支出	1.3	1.9	2.3	4.4	4.1	1.6
转移性支出	**674.2**	**614.2**	**615.1**	**677.2**	**706.0**	**877.4**
个人所得税	2.9	4.8	4.7	6.7	4.1	4.7
社会保障支出	607.0	511.1	524.1	593.8	592.0	776.1
个人缴纳的养老保险	403.2	263.2	266.4	299.3	307.1	397.6
个人缴纳的医疗保险	188.6	236.1	245.4	280.9	272.6	363.4
个人缴纳的失业保险	5.5	3.6	5.6	5.6	5.4	6.0
其他社会保障支出	9.6	8.2	6.7	8.0	6.9	9.0
外来从业人员寄给家人的支出	0.5	1.7	1.3	3.7	3.5	0.7
赡养支出	33.8	45.4	44.3	38.0	69.8	64.8
其他转移性支出	30.0	51.2	40.7	35.0	36.5	31.1
部分商业保险支出	**42.8**	**72.7**	**77.8**	**70.7**	**105.5**	**79.4**
意外伤害保险	9.8	14.7	13.7	14.0	25.0	21.7
商业医疗保险(含大病保险)	15.8	29.1	35.6	34.7	46.9	39.6
其他非储蓄性商业保险	5.3	5.9	8.7	4.3	6.7	5.9
其他储蓄性商业保险	11.9	23.0	19.9	17.6	26.9	12.2
购置资产及非经常性转移支出	**3246.0**	**3363.2**	**4735.9**	**3083.0**	**3908.8**	**3479.9**
购置资产支出	1177.1	1048.2	2269.4	1179.6	1261.2	958.7
建造住房支出	290.9	398.8	614.2	411.1	320.2	283.0
建造住房材料	183.5	239.0	446.5	315.6	238.7	173.2
建造住房雇工	107.4	83.9	107.6	75.1	61.1	96.2
购买住房支出	673.1	455.5	1389.6	385.2	634.2	417.5
购建第一产业生产性固定资产支出	140.2	123.6	173.1	232.5	185.6	181.4
购买或建造农业生产性用房	50.2	26.1	82.3	76.3	69.1	56.4
购买用房建筑材料	37.3	21.9	54.2	47.6	47.0	31.4
建筑农业生产用房雇工	11.7	3.0	16.7	6.8	5.1	16.0
购买农业生产用房		0.4	6.2	19.1	6.5	3.0
其他	1.1	0.8	5.2	2.9	10.5	5.9
购买役畜	13.1	12.2	16.8	4.0	11.0	1.3
购买产品畜	25.3	7.8	14.4	57.5	23.2	16.5
购买或建造农业设施	24.4	23.1	29.0	30.8	21.7	31.6
大棚、温室	22.2	17.0	19.6	11.1	15.7	21.6

2-30 续表 3　　单位：元

指　　标	2017	2018	2019	2020	2021	2022
自备井	0.3	1.4	1.5	4.8	0.5	1.7
喷灌设施	0.3	2.3	2.1	8.9	1.7	2.8
其他农业设施	1.6	2.4	5.9	5.9	3.8	5.4
购买农业机械	27.2	54.4	30.5	63.9	60.6	75.6
大中型农用拖拉机	4.1	12.2	2.0	1.4	6.0	9.7
小型(手扶)农用拖拉机		4.1	2.0	3.8	0.3	1.5
农用排灌动力机械	0.7	0.8	0.4	1.3	1.3	1.7
插秧机	0.3			24.4		
收割机	1.8	2.0	0.6	7.1	6.7	19.0
脱粒机	1.8	4.2	1.5	4.1	2.7	1.7
其他农业机械	18.5	31.0	24.2	21.8	43.5	42.0
购建第二产业生产性固定资产支出	20.0	1.6	9.4	12.7	10.0	4.7
采矿业						
制造业	9.8	0.1	0.5	0.4	2.8	3.3
电力、热力、燃气及水生产和供应业	0.8		1.1		0.4	0.8
建筑业	9.4	1.5	7.9	12.3	6.9	0.6
购建第三产业生产性固定资产支出	46.7	59.8	71.6	131.1	108.2	66.0
批发和零售业	6.2	16.2	1.0	27.8	58.3	2.9
交通运输、仓储和邮政业	25.2	29.3	62.0	101.5	32.1	55.9
住宿和餐饮业		0.2	0.6		7.9	6.0
房地产业					3.7	
租赁和商务服务业	3.1		7.2		2.7	1.1
居民服务、修理和其他服务业	11.9	13.8	0.6	1.7	2.2	0.1
其他	0.4	0.3	0.1		1.3	
购建其他资产支出	6.3	8.9	11.5	7.0	3.0	6.2
非经常性转移支出	2068.9	2315.0	2466.5	1903.4	2647.7	2521.2
博彩支出	19.3	44.2	48.1	30.4	73.0	76.6
婚丧嫁娶礼金支出	1525.4	1596.5	1588.0	1217.3	1557.7	1508.1
一次性赔偿支出	11.1	3.8	5.6	1.6	31.5	8.7
一次性馈赠支出	250.2	317.9	515.7	415.1	584.4	613.3
婚丧嫁娶宴请支出	203.3	292.4	288.3	216.5	380.6	302.9
其他非经常性转移支出	59.6	60.1	20.9	22.4	20.6	11.7
借贷性支出	**742.1**	**1044.3**	**1648.6**	**1460.1**	**1390.1**	**1206.4**
存入储蓄款	294.6	361.2	734.2	709.1	601.1	638.2
借出款	42.5	33.0	76.5	104.6	72.9	69.3
归还借款	212.0	293.6	349.1	191.0	235.2	108.1
购买有价证券		4.6	2.4	1.0	2.7	0.0
其他投资支出	7.8	15.0	60.4	33.9	93.6	39.2
归还住房贷款	68.9	183.4	285.1	214.2	204.1	211.3
归还汽车贷款	31.9	62.4	74.4	113.7	89.3	103.0
归还教育贷款		2.0		1.3	2.7	
归还其他贷款	43.5	51.1	55.4	82.8	71.1	36.4
其他借贷支出	41.0	38.0	11.1	8.6	17.5	0.7

2-31 农村居民人均现金支出(2017-2022年)

单位：元

指　　标	2017	2018	2019	2020	2021	2022
农村居民人均现金支出	**16819.3**	**19177.4**	**22548.6**	**21332.7**	**24364.3**	**24291.0**
现金消费支出	**8595.0**	**9848.0**	**11033.0**	**11733.4**	**13095.5**	**13859.1**
食品烟酒	3084.6	3549.0	3862.0	4339.5	4843.7	5096.2
食品	2015.4	2312.9	2522.3	2938.3	3201.1	3158.1
谷物	257.5	328.8	309.9	355.6	369.5	357.2
薯类	25.3	35.1	40.0	45.6	45.6	49.0
豆类	38.3	39.3	46.2	54.1	55.1	54.2
食用油	89.5	104.6	105.5	128.3	141.9	138.6
蔬菜和食用菌	171.3	208.2	226.9	260.0	279.9	297.0
肉类	649.1	725.8	794.6	1047.3	1176.7	1055.1
禽类	99.8	125.8	179.7	185.7	174.2	186.5
水产品	80.4	80.7	116.3	128.7	147.8	159.6
蛋类	37.2	44.0	51.6	55.8	58.8	65.3
奶类	137.3	178.7	169.0	166.0	188.2	185.2
干鲜瓜果类	210.2	213.5	244.0	250.0	282.0	310.6
糖果糕点类	85.0	93.1	96.5	99.4	111.7	121.5
其他食品	134.5	135.2	142.1	161.7	169.7	178.4
烟酒	480.3	590.2	664.3	709.4	791.4	955.0
烟草	336.9	421.3	500.8	542.5	644.8	735.9
酒类	143.4	168.9	163.5	166.8	146.6	219.1
饮料	73.3	84.0	96.7	100.1	121.5	150.5
饮食服务	515.7	561.8	578.8	591.7	729.7	832.5
食堂用餐	141.5	110.4	110.5	106.6	149.2	131.2
其他在外饮食	358.4	437.4	457.0	475.6	569.7	691.5
食品加工服务费	15.8	14.0	11.2	9.5	10.9	9.8
衣着	679.4	715.8	760.0	753.0	834.8	887.8
衣类	502.0	541.3	576.4	571.9	622.9	673.2
鞋类	177.4	174.5	183.6	181.1	211.9	214.5
居住	776.1	948.1	1091.4	1146.3	1238.3	1411.1
租赁房房租	25.7	55.3	82.6	76.3	69.1	72.5
住房维修及管理	336.6	456.7	516.3	569.3	602.7	741.3
水电燃料及其他	413.7	436.1	492.4	500.8	566.6	597.3
生活用品及服务	769.1	836.3	899.0	893.5	1064.8	1123.5
家具及室内装饰品	110.9	136.8	157.6	140.0	171.3	163.0
家用器具	222.3	249.1	249.6	240.4	283.4	362.5
家用纺织品	63.1	63.8	66.8	68.5	84.4	82.0
家庭日用杂品	242.1	243.5	248.0	259.7	290.4	283.9
个人用品	110.5	120.3	147.6	159.8	196.9	198.7
家庭服务	20.3	22.9	29.4	25.0	38.3	33.4
交通通信	1377.5	1577.7	1807.3	1934.8	2132.5	2169.8
交通	955.4	1141.1	1303.8	1364.3	1510.9	1482.4
交通工具	332.9	412.8	444.8	538.2	602.4	527.4
交通费	186.6	216.4	250.6	214.9	219.1	212.3
交通工具用燃料	252.3	301.0	364.5	340.5	382.9	452.0

2-31 续表 1 单位：元

指　　标	2017	2018	2019	2020	2021	2022
交通工具使用及维修	183.7	210.9	244.0	270.7	306.4	290.8
其中：车辆保险支出	56.7	68.5	86.1	105.0	105.2	108.4
通信	422.1	436.5	503.5	570.5	621.7	687.4
通信工具	123.5	144.9	134.9	150.0	164.8	184.9
通信服务	298.6	291.6	368.6	420.4	456.9	502.5
教育文化娱乐	847.3	931.9	1064.6	1106.3	1271.4	1400.4
教育	609.3	667.6	752.1	844.8	1000.3	1133.3
学前教育	69.3	87.0	105.7	92.0	141.4	145.3
小学教育	72.9	92.7	110.8	130.7	135.2	162.2
初中教育	79.2	93.2	113.1	135.2	183.3	155.0
高中教育	109.6	114.5	150.7	186.2	203.7	297.8
中专职高教育	33.4	20.6	14.5	30.3	28.3	30.7
大专及以上教育	202.0	206.1	203.5	227.1	259.7	289.6
成人教育	42.9	53.5	53.8	43.3	48.6	52.7
文化娱乐	238.0	264.3	312.5	261.5	271.1	267.1
文娱耐用消费品	77.3	78.3	78.9	90.4	70.3	78.5
其他文娱用品	85.5	94.5	113.2	102.5	124.1	126.4
文化娱乐服务	75.2	91.5	120.4	68.6	76.8	62.2
医疗保健	855.7	1058.7	1301.0	1312.9	1435.5	1475.7
医疗器具及药品	324.9	378.6	398.1	392.4	430.2	443.8
医疗服务(不含报销医疗费)	530.7	680.1	902.8	920.5	1005.4	1031.9
门诊费用(不含报销医疗费)	228.4	295.4	364.7	344.9	452.5	437.2
住院费用(不含报销医疗费)	302.4	384.6	538.2	575.6	552.9	594.6
其他用品及服务	205.3	230.6	247.8	247.2	274.5	294.6
其他用品	104.2	111.2	118.3	120.6	142.6	122.0
其他服务	101.0	119.4	129.5	126.5	131.9	172.6
生产经营现金费用支出	**3501.7**	**4200.0**	**4376.3**	**4239.5**	**5090.0**	**4715.9**
第一产业经营现金费用支出	2313.6	2577.2	2921.1	2648.5	2930.3	2668.5
农业	603.9	954.9	1034.0	855.6	1046.9	1196.3
林业	24.7	38.5	28.3	34.9	21.2	21.6
牧业	1623.7	1520.7	1806.4	1708.4	1818.8	1388.7
渔业	61.3	63.0	52.4	49.6	43.5	61.9
第二产业经营现金费用支出	204.2	189.2	193.6	226.3	271.9	373.8
采矿业	0.6	0.5	0.2		0.0	0.0
制造业	96.1	110.3	128.1	116.7	162.0	239.6
电力、热力、燃气及水生产和供应业		0.4		0.1	0.1	0.0
建筑业	107.5	78.1	65.3	109.5	109.9	134.2
第三产业经营现金费用支出	983.8	1433.7	1261.6	1364.6	1887.7	1673.6
批发和零售业	638.1	945.2	770.7	867.3	1159.3	1050.5
交通运输、仓储和邮政业	219.4	163.2	230.7	209.2	231.2	224.4
住宿和餐饮业	53.5	191.5	115.2	140.4	344.2	219.6
房地产业	1.2	0.4	1.5	0.3	0.1	0.5
租赁和商务服务业	2.7	2.3	2.4	5.4	8.7	1.6
居民服务、修理和其他服务业	52.6	101.3	111.4	96.3	94.3	123.2
其他	9.4	11.7	8.7	16.3	42.5	45.5
农林牧渔服务业	7.0	18.0	21.0	29.5	7.4	8.2

2-31 续表 2

单位：元

指 标	2017	2018	2019	2020	2021	2022
现金财产性支出	**17.4**	**34.9**	**61.8**	**68.9**	**68.5**	**73.0**
生活贷款利息支出	15.9	32.4	58.9	63.9	63.5	69.9
住房贷款利息支出	11.0	26.9	49.6	54.4	54.8	64.1
其他生活贷款利息支出	4.8	5.4	9.3	9.5	8.7	5.9
其他财产性支出	1.6	2.5	2.9	5.0	4.9	3.0
非储蓄性财产保险支出	0.3	0.6	0.6	0.6	0.8	1.5
其他财产性支出	1.3	1.9	2.3	4.4	4.1	1.6
现金转移性支出	**674.2**	**614.2**	**615.1**	**677.2**	**706.0**	**877.4**
个人所得税	2.9	4.8	4.7	6.7	4.1	4.7
社会保障支出	607.0	511.1	524.1	593.8	592.0	776.1
个人缴纳的养老保险	403.2	263.2	266.4	299.3	307.1	397.6
个人缴纳的医疗保险	188.6	236.1	245.4	280.9	272.6	363.4
个人缴纳的失业保险	5.5	3.6	5.6	5.6	5.4	6.0
其他社会保障支出	9.6	8.2	6.7	8.0	6.9	9.0
外来从业人员寄给家人的支出	0.5	1.7	1.3	3.7	3.5	0.7
农村外来从业人员寄给家人的支出	0.4	1.7	1.1	3.7	3.5	0.7
城镇外来从业人员寄给家人的支出	0.1		0.2			
赡养支出	33.8	45.4	44.3	38.0	69.8	64.8
其他转移性支出	30.0	51.2	40.7	35.0	36.5	31.1
经常性捐赠支出	8.9	12.6	11.0	6.6	2.2	3.1
经常性赔偿支出					0.4	
其他经常转移支出	21.1	38.6	29.8	28.4	33.9	28.1
部分商业保险支出	**42.8**	**72.7**	**77.8**	**70.7**	**105.5**	**79.4**
意外伤害保险	9.8	14.7	13.7	14.0	25.0	21.7
商业医疗保险(含大病保险)	15.8	29.1	35.6	34.7	46.9	39.6
其他非储蓄性商业保险	5.3	5.9	8.7	4.3	6.7	5.9
其他储蓄性商业保险	11.9	23.0	19.9	17.6	26.9	12.2
购置资产及非经常性转移支出	**3246.0**	**3363.2**	**4735.9**	**3083.0**	**3908.8**	**3479.9**
购置资产支出	1177.1	1048.2	2269.4	1179.6	1261.2	958.7
建造住房支出	290.9	398.8	614.2	411.1	320.2	283.0
建造住房材料	183.5	239.0	446.5	315.6	238.7	173.2
建造住房雇工	107.4	83.9	107.6	75.1	61.1	96.2
购买住房支出	673.1	455.5	1389.6	385.2	634.2	417.5
购建第一产业生产性固定资产支出	140.2	123.6	173.1	232.5	185.6	181.4
购买或建造农业生产性用房	50.2	26.1	82.3	76.3	69.1	56.4
购买用房建筑材料	37.3	21.9	54.2	47.6	47.0	31.4
建筑农业生产用房雇工	11.7	3.0	16.7	6.8	5.1	16.0
购买农业生产用房		0.4	6.2	19.1	6.5	3.0
其他	1.1	0.8	5.2	2.9	10.5	5.9
购买役畜	13.1	12.2	16.8	4.0	11.0	1.3
购买产品畜	25.3	7.8	14.4	57.5	23.2	16.5
购买或建造农业设施	24.4	23.1	29.0	30.8	21.7	31.6
大棚、温室	22.2	17.0	19.6	11.1	15.7	21.6

2-31 续表 3

单位：元

指　　标	2017	2018	2019	2020	2021	2022
自备井	0.3	1.4	1.5	4.8	0.5	1.7
喷灌设施	0.3	2.3	2.1	8.9	1.7	2.8
其他农业设施	1.6	2.4	5.9	5.9	3.8	5.4
购买农业机械	27.2	54.4	30.5	63.9	60.6	75.6
大中型农用拖拉机	4.1	12.2	2.0	1.4	6.0	9.7
小型(手扶)农用拖拉机		4.1	2.0	3.8	0.3	1.5
农用排灌动力机械	0.7	0.8	0.4	1.3	1.3	1.7
插秧机	0.3			24.4		
收割机	1.8	2.0	0.6	7.1	6.7	19.0
脱粒机	1.8	4.2	1.5	4.1	2.7	1.7
其他农业机械	18.5	31.0	24.2	21.8	43.5	42.0
购建第二产业生产性固定资产支出	20.0	1.6	9.4	12.7	10.0	4.7
采矿业						
制造业	9.8	0.1	0.5	0.4	2.8	3.3
电力、热力、燃气及水生产和供应业	0.8		1.1		0.4	0.8
建筑业	9.4	1.5	7.9	12.3	6.9	0.6
购建第三产业生产性固定资产支出	46.7	59.8	71.6	131.1	108.2	66.0
批发和零售业	6.2	16.2	1.0	27.8	58.3	2.9
交通运输、仓储和邮政业	25.2	29.3	62.0	101.5	32.1	55.9
住宿和餐饮业		0.2	0.6		7.9	6.0
房地产业					3.7	
租赁和商务服务业	3.1		7.2		2.7	1.1
居民服务、修理和其他服务业	11.9	13.8	0.6	1.7	2.2	0.1
其他行业	0.4	0.3	0.1		1.3	
购建其他资产支出	6.3	8.9	11.5	7.0	3.0	6.2
非经常性转移支出	2068.9	2315.0	2466.5	1903.4	2647.7	2521.2
博彩支出	19.3	44.2	48.1	30.4	73.0	76.6
婚丧嫁娶礼金支出	1525.4	1596.5	1588.0	1217.3	1557.7	1508.1
一次性赔偿支出	11.1	3.8	5.6	1.6	31.5	8.7
一次性馈赠支出	250.2	317.9	515.7	415.1	584.4	613.3
婚丧嫁娶宴请支出	203.3	292.4	288.3	216.5	380.6	302.9
其他非经常性转移支出	59.6	60.1	20.9	22.4	20.6	11.7
借贷性支出	**742.1**	**1044.3**	**1648.6**	**1460.1**	**1390.1**	**1206.4**
存入储蓄款	294.6	361.2	734.2	709.1	601.1	638.2
借出款	42.5	33.0	76.5	104.6	72.9	69.3
归还借款	212.0	293.6	349.1	191.0	235.2	108.1
购买有价证券		4.6	2.4	1.0	2.7	0.0
其他投资支出	7.8	15.0	60.4	33.9	93.6	39.2
归还住房贷款	68.9	183.4	285.1	214.2	204.1	211.3
归还汽车贷款	31.9	62.4	74.4	113.7	89.3	103.0
归还教育贷款		2.0		1.3	2.7	
归还其他贷款	43.5	51.1	55.4	82.8	71.1	36.4
其他借贷支出	41.0	38.0	11.1	8.6	17.5	0.7

2-32 农村居民人均现金收入(2017-2022年)

单位：元

指标	2017	2018	2019	2020	2021	2022
农村居民现金收入	**15183.3**	**16975.2**	**18437.2**	**19363.5**	**21735.7**	**22780.5**
现金工资性收入	**3981.5**	**4263.5**	**4589.4**	**4905.1**	**5407.9**	**5742.4**
工资	3753.3	4003.8	4495.1	4838.2	5349.6	5696.9
其他工资性收入	228.2	259.7	94.3	66.9	58.3	45.5
现金经营性收入	**7430.2**	**8516.9**	**9180.2**	**9301.1**	**10653.8**	**10796.1**
第一产业现金经营收入	4696.2	5158.6	5774.8	5573.6	5708.0	5781.0
农业	1644.2	2238.6	2315.0	2183.0	2410.1	2724.4
林业	230.6	301.8	324.5	263.0	344.0	377.8
牧业	2708.4	2509.4	3029.8	3024.2	2865.8	2561.8
渔业	113.0	108.8	105.5	103.3	88.0	116.9
第二产业现金经营收入	401.8	406.8	416.4	488.2	658.9	770.0
采矿业	2.9	0.2	1.1	0.7		
制造业	216.1	236.6	233.3	248.6	347.2	395.3
电力、热力、燃气及水生产和供应业		1.8				
建筑业	182.8	168.1	182.0	238.9	311.7	374.7
第三产业现金经营收入	2332.1	2951.5	2989.0	3239.3	4286.9	4245.0
批发和零售业	1245.0	1700.6	1665.8	1831.2	2348.7	2358.7
交通运输、仓储和邮政业	595.5	482.7	547.9	586.0	613.6	663.0
住宿和餐饮业	161.7	346.0	294.4	331.6	679.8	507.4
房地产业	1.3	1.4				
租赁和商务服务业	6.5	26.1	15.5	9.6	13.7	8.9
居民服务、修理和其他服务业	242.8	311.8	360.7	363.1	464.2	556.6
其他行业	45.8	49.4	43.9	62.9	146.0	131.9
农林牧渔服务业	33.5	33.5	60.7	55.0	20.9	18.7
现金财产性收入	**339.9**	**414.4**	**518.3**	**579.1**	**655.0**	**700.7**
利息收入	99.6	114.3	140.4	150.1	210.3	249.8
红利收入	32.7	42.3	68.5	108.4	128.7	154.9
储蓄性保险收益	2.7	4.8	3.9	0.9	2.1	0.4
转让承包土地经营权租金收入	114.7	116.8	149.4	154.5	177.9	157.8
出租房屋财产性净收入	71.6	101.9	121.5	142.7	124.4	127.4
出租机械、专利、版权等资产的净收入	8.2	12.0	17.6	9.3	9.8	7.4
其他财产性收入	10.4	22.3	16.9	13.2	1.7	2.9
现金转移性收入	**3431.7**	**3780.4**	**4149.4**	**4578.2**	**5019.0**	**5541.4**
养老金或离退休金	1030.4	1055.9	1165.3	1307.1	1409.6	1598.4

2-32 续表 单位：元

指　　标	2017	2018	2019	2020	2021	2022
社会救济和补助	197.3	240.6	231.2	260.4	335.4	351.1
政策性生活补贴	53.3	197.8	152.5	163.0	136.0	112.1
家庭外出从业人员寄回带回收入	1368.8	1427.3	1584.0	1750.1	1967.5	2110.1
赡养收入	515.3	586.6	650.7	750.8	835.1	922.3
其他转移性收入	83.2	100.2	95.4	136.0	113.2	140.6
现金政策性惠农补贴	183.5	171.9	270.1	210.8	222.1	306.7
非收入所得	**2328.1**	**2301.0**	**2669.3**	**2325.9**	**2301.4**	**2319.8**
出售资产所得	881.4	690.3	826.3	486.5	261.8	197.0
出售住房本金所得	19.7	43.1	22.5		23.7	
出售住房溢价所得(含亏损)	11.4			6.0	49.0	
出售股票、基金、收藏品本金所得					0.0	5.2
出售股票、基金、收藏品所得(含亏损)	0.5	0.1	0.2	0.5	0.0	3.6
出售生产性固定资产所得	24.7	14.0	41.0	56.5	41.7	14.4
拆迁征地补偿所得	591.3	559.9	700.1	343.4	85.1	62.9
出售其他财物和收回其他投资本金所得	233.6	73.1	62.5	80.0	62.4	110.8
非经常性转移所得	1433.3	1603.8	1839.4	1834.3	2036.7	2121.6
博彩所得	21.6	48.6	60.1	45.8	100.6	97.1
婚丧嫁娶礼金所得	528.0	666.7	692.0	528.8	725.3	608.9
遗产及一次性馈赠所得	231.8	302.3	368.9	325.6	424.3	543.1
一次性赔偿所得	179.7	148.7	79.1	194.7	127.5	52.2
提取住房公积金	0.1	6.7	2.9	10.7	1.1	4.4
调查补贴	365.2	410.6	595.7	680.0	633.1	757.6
其他非经常性转移所得	106.9	20.0	40.7	48.9	24.8	58.4
其他非收入所得	13.4	6.9	3.6	5.1	2.8	1.2
借贷性所得	**1987.2**	**2662.3**	**2947.3**	**2069.7**	**2202.5**	**1205.2**
提取储蓄存款	1335.3	1852.1	2036.8	1509.1	1636.1	920.5
借入款	376.6	473.9	478.8	304.1	282.8	94.6
收回借出款	114.7	144.6	148.9	117.0	137.5	116.2
收回储蓄性保险本金	1.7	9.5	1.5	0.0	0.5	2.6
住房贷款	28.5	15.1	130.2	2.2	42.2	37.3
汽车贷款	5.2	0.5	49.1	17.2		7.6
教育贷款	7.0	15.8	13.0	9.0	3.8	7.9
其他贷款	107.1	136.5	83.3	103.2	80.7	18.2
其他借贷所得	11.2	14.3	5.7	7.8	18.7	0.3

2-33 按五等份分组的农村居民人均可支配收入(2022年)

单位：元

指 标	总平均	低收入户	中低收入户	中等收入户	中高收入户	高收入户
农村居民人均可支配收入	**18672.4**	**5229.6**	**12010.0**	**16871.5**	**23164.6**	**43249.6**
工资性收入	**5843.9**	**2470.8**	**3933.0**	**5709.6**	**8520.5**	**10210.6**
工资	5696.9	2405.3	3852.2	5595.2	8338.0	9864.6
按月发放的工资	3874.7	1388.6	2491.0	3930.1	6077.7	6619.4
补发工资	158.0	42.9	104.2	126.5	213.7	364.4
不按月发放的奖金、津贴、过节费等	1664.2	973.9	1257.0	1538.6	2046.5	2880.8
实物福利	101.5	51.7	40.8	88.9	117.2	247.0
从单位或雇主得到的实物产品折价	12.2	6.6	7.7	7.6	11.8	31.9
食品	9.2	4.2	4.4	5.6	9.4	26.4
谷物、薯类及豆类	2.1	1.1	1.0	2.1	3.8	3.4
食用油(植物油)	1.7	1.4	1.3	1.0	1.9	3.3
蔬菜及制品	0.0	0.1			0.1	
肉、禽、蛋、奶及制品	0.9	0.9	0.8	0.2	0.9	2.0
水产品及制品	0.0				0.0	0.1
糖、烟、酒、饮料类	3.5	0.5	1.1	1.7	1.5	15.2
干鲜瓜果类	0.4	0.1	0.1	0.2	0.9	0.7
其他类食品	0.5	0.1	0.2	0.3	0.5	1.8
衣着	0.2	0.4	0.3	0.1	0.1	0.2
居住						
家庭设备和日用品	1.7	1.5	1.0	1.5	1.7	2.9
交通、通信工具及用品	0.0					0.2
教育文化娱乐用品	0.0		0.0			
医疗保健用品	0.3		0.1	0.0	0.4	1.2
其他用品	0.8	0.5	1.9	0.4	0.3	0.9
从单位或雇主得到的服务折价	89.3	45.2	33.1	81.3	105.4	215.1
免费或低价提供的工作餐	85.5	45.0	32.5	74.0	101.7	206.4
免费或低价提供的住宿	2.7		0.3	4.0	3.3	7.5
单位缴纳的水电费、取暖费、物业费等	0.5			2.1	0.3	
免费或低价提供的交通和通信服务	0.1	0.0	0.0	0.2		0.1
单位缴纳的教育入学赞助费						
免费或低价提供的旅游服务						
其他服务	0.5	0.1	0.2	1.1	0.2	1.1
单位或雇主实物福利报销所得						
其他	45.5	13.7	40.0	25.5	65.3	99.0
住房公积金	40.2	8.7	34.5	21.1	56.9	96.1
辞退金	0.1					0.3
自由职业劳动所得(如稿费、翻译费)	3.1	1.9	0.9	3.9	7.4	1.9
安家费	0.4	1.8				
股票期权						
其他劳动所得	1.7	1.4	4.6	0.5	1.0	0.8
经营净收入	**7044.7**	**233.7**	**3103.6**	**5188.0**	**7722.6**	**23138.7**
第一产业经营净收入	4181.1	815.5	2543.9	3650.3	4522.5	11263.6
农业	2489.7	753.3	1459.6	1910.0	2304.1	7152.7
林业	432.7	313.1	534.2	509.1	380.0	437.3
牧业	1206.0	-237.2	531.3	1184.9	1742.5	3525.2
渔业	52.6	-13.6	18.7	46.3	96.0	148.4

2-33 续表 1

单位：元

指　　标	总平均	低收入户	中低收入户	中等收入户	中高收入户	高收入户
第二产业经营净收入	388.2	-143.3	55.3	210.5	364.7	1801.3
采矿业	0.0				-0.1	
制造业	151.0	-144.9	29.5	145.2	274.6	591.7
电力、热力、燃气及水生产和供应业	0.0		-0.1			-0.1
建筑业	237.2	1.6	25.8	65.4	90.1	1209.7
第三产业经营净收入	2475.4	-438.5	504.4	1327.2	2835.3	10073.8
批发和零售业	1274.3	-374.9	194.1	579.0	1614.9	5431.0
交通运输、仓储和邮政业	403.9	52.0	214.2	312.9	568.6	1067.3
住宿和餐饮业	275.9	-72.7	-2.5	144.3	374.7	1171.0
房地产业	-0.5				-0.2	-2.8
租赁和商务服务业	5.9	5.8		-0.4		28.1
居民服务、修理和其他服务业	422.6	-8.3	92.1	196.7	224.1	1944.8
其他	85.5	-36.8	10.4	55.5	72.3	404.4
农林牧渔服务业	7.7	-3.5	-3.8	39.2	-19.0	30.1
财产净收入	**627.7**	**210.9**	**238.4**	**382.2**	**554.1**	**2089.8**
利息净收入	179.9	78.1	89.3	120.3	224.4	461.1
红利收入	154.9	11.1	43.0	76.8	70.0	688.6
集体分配的红利	8.9	6.6	7.9	9.7	11.1	10.1
其他红利收入	145.9	4.5	35.1	67.1	58.9	678.5
储蓄性保险净收益	0.4	0.6	0.5	0.8	0.1	
转让承包土地经营权租金净收入	157.8	67.4	82.0	145.3	173.2	380.1
出租房屋财产性收入	127.4	50.8	24.7	38.5	88.9	516.6
出租机械、专利、版权等资产的收入	7.4	4.6			0.1	37.9
其他财产净收入	-0.2	-1.7	-1.1	0.4	-2.7	5.4
房屋虚拟租金						
转移净收入	**5156.1**	**2314.2**	**4735.0**	**5591.7**	**6367.4**	**7810.5**
转移性收入	6033.5	3105.7	5411.6	6376.6	7325.6	9087.6
养老金或离退休金	1598.4	633.1	1207.8	1499.3	2073.9	3043.7
离退休金	465.7	27.1	149.9	224.4	650.0	1571.2
城乡居民基本养老保险	847.7	485.1	805.9	937.1	1018.6	1112.2
其他养老金	285.0	120.9	252.0	337.8	405.3	360.3
社会救济和补助	351.1	289.6	408.1	379.9	368.7	310.1
最低生活保障费	142.0	147.3	189.3	160.2	137.5	56.8
五保户救助金	24.1	12.2	43.3	20.3	24.6	20.3
扶贫款	2.0	4.3	0.9	2.0	2.2	
救灾款	0.3	0.2	0.8		0.4	0.2
抚恤金	117.1	58.7	127.7	124.3	120.6	172.8
医疗救助专项补贴	18.4	14.3	7.7	30.7	19.1	22.5
教育救助专项补贴	8.1	12.7	9.7	11.6	1.4	3.1
其他社会救济收入	39.0	39.9	28.8	30.8	62.9	34.3
政策性生活补贴	112.1	54.5	79.9	81.8	146.6	232.4
家电补贴						
能源补贴	0.0		0.0			0.1
免费或低价提供的住宿(廉租房)	0.3	0.1	0.9	0.1	0.2	0.2
居住专项补贴	5.0		0.2		17.0	10.6

2-33　续表 2　　　　单位：元

指　　标	总平均	低收入户	中低收入户	中等收入户	中高收入户	高收入户
建房改造专项补贴	13.6	3.6	19.3	3.5	33.2	10.3
其他生活补贴	93.6	50.9	60.4	78.3	96.4	211.4
报销医疗费	407.2	174.1	256.7	366.7	514.3	857.1
家庭外出从业人员寄回带回收入	2110.1	1190.2	2245.9	2539.8	2280.5	2520.2
赡养收入	922.3	467.2	833.7	1032.0	1496.5	902.8
其他经常转移收入	140.6	50.4	82.5	73.6	101.2	465.9
失业保险金	12.8		7.8	4.5		61.5
经常性捐赠收入	0.7		0.6	1.5	0.9	0.8
经常性赔偿收入	0.2	0.4	0.3	0.1	0.1	
社保支出专项补贴	10.8	12.3	11.0	14.0	9.4	6.0
扶贫补助金孳息收入	0.0		0.0			
扶贫贷款利息补助收入						
其他转移性收入	116.1	37.7	62.8	53.6	90.8	397.7
从政府和组织得到的实物产品和服务折价	84.9	63.5	74.5	101.4	89.2	103.8
食品	27.1	23.9	28.9	30.2	25.3	27.4
谷物、薯类及豆类	4.9	4.3	5.6	3.9	6.1	4.5
食用油(植物油)	5.1	4.5	4.8	4.6	6.4	5.3
蔬菜及制品	0.0	0.0				0.3
肉、禽、蛋、奶及制品	10.8	11.2	14.3	12.0	6.9	8.9
水产品及制品						
糖、烟、酒、饮料类	0.4	0.3	0.3	0.3	0.7	0.7
干鲜瓜果类	0.4	0.5	0.4	0.4	0.2	0.6
其他类食品	5.4	3.1	3.4	9.0	5.1	7.2
衣着	0.1		0.3	0.0		0.1
居住	0.1	0.1		0.1	0.0	0.1
家庭设备和日用品	9.4	6.7	6.2	9.0	8.3	18.8
交通、通信工具及用品	4.5	2.8	2.2	3.6	5.6	9.7
教育文化娱乐用品	0.1	0.0	0.0	0.0	0.6	0.0
医疗保健用品	2.4	0.4	2.2	5.4	1.6	2.9
其他用品	1.5	1.6	1.5	0.8	2.3	1.5
其他服务折价(不含廉租房)	39.7	28.0	33.0	52.3	45.5	43.3
现金政策性惠农补贴	306.7	183.1	222.5	302.1	254.7	651.6
转移性支出	877.4	791.5	676.6	784.9	958.2	1277.1
个人所得税	4.7	1.9	4.4	1.8	8.2	8.8
社会保障支出	776.1	740.4	581.1	705.0	855.1	1074.1
个人缴纳的养老保险	397.6	388.4	237.2	325.6	450.8	644.0
个人缴纳的医疗保险	363.4	343.7	329.4	367.4	384.5	406.5
个人缴纳的失业保险	6.0	4.8	4.2	4.6	9.8	7.7
其他社会保障支出	9.0	3.6	10.3	7.3	10.0	15.9
外来从业人员寄给家人的支出	0.7	0.6	0.2	2.4		
赡养支出	64.8	30.4	54.2	51.1	64.8	143.2
其他转移性支出	31.1	18.2	36.7	24.6	30.2	51.0
经常性捐赠支出	3.1	3.7	1.7	5.9	2.7	0.9
经常性赔偿支出						
其他经常转移支出	28.1	14.5	35.0	18.7	27.5	50.1

2-34 按五等份分组的农村居民人均总收入(2022年)

单位：元

指　　标	总平均	低收入户	中低收入户	中等收入户	中高收入户	高收入户
农村居民人均总收入	**25117.1**	**11459.6**	**16111.3**	**21407.8**	**28569.6**	**56458.9**
工资性收入	**5843.9**	**2470.8**	**3933.0**	**5709.6**	**8520.5**	**10210.6**
工资	5696.9	2405.3	3852.2	5595.2	8338.0	9864.6
实物福利	101.5	51.7	40.8	88.9	117.2	247.0
其他	45.5	13.7	40.0	25.5	65.3	99.0
经营性收入	**12538.7**	**5595.0**	**6474.6**	**8844.5**	**12105.3**	**34993.3**
第一产业经营收入	7523.6	3762.5	5093.5	6450.6	7058.2	17731.3
第一产业经营收入(不含惠农补贴)	7523.6	3762.5	5093.5	6450.6	7058.2	17731.3
农业	3845.8	1582.4	2315.0	3085.7	3369.2	10432.7
林业	456.1	330.2	544.0	523.1	412.8	487.2
牧业	3098.8	1783.7	2205.9	2756.6	3146.7	6449.4
渔业	122.9	66.1	28.6	85.1	129.5	362.0
第二产业经营收入	770.0	132.5	381.1	425.4	700.9	2654.9
采矿业						
制造业	395.3	111.8	234.3	320.5	578.7	885.3
电力、热力、燃气及水生产和供应业						
建筑业	374.7	20.7	146.7	104.9	122.3	1769.5
第三产业经营收入	4245.0	1699.9	1000.1	1968.5	4346.1	14607.2
批发和零售业	2358.7	955.6	375.2	912.3	2598.4	8346.0
交通运输、仓储和邮政业	663.0	317.6	303.6	479.3	869.7	1599.5
住宿和餐饮业	507.4	322.5	192.4	240.6	447.8	1558.4
房地产业						
租赁和商务服务业	8.9	8.9				40.6
居民服务、修理和其他服务业	556.6	81.4	114.4	221.8	352.1	2421.2
其他	131.9	12.9	12.7	66.6	74.0	595.0
农林牧渔服务业	18.7	1.0	1.7	47.9	4.1	46.6
财产性收入	**700.7**	**288.1**	**292.0**	**477.0**	**618.1**	**2165.2**
利息收入	249.8	153.2	141.2	214.6	285.8	527.2
红利收入	154.9	11.1	43.0	76.8	70.0	688.6
储蓄性保险净收益	0.4	0.6	0.5	0.8	0.1	
转让承包土地经营权租金净收入	157.8	67.4	82.0	145.3	173.2	380.1
出租房屋财产性净收入	127.4	50.8	24.7	38.5	88.9	516.6
出租机械、专利、版权等资产的净收入	7.4	4.6			0.1	37.9
其他财产净收入	2.9	0.4	0.6	1.0		14.8
房屋虚拟租金						
转移性收入	**6033.8**	**3105.7**	**5411.6**	**6376.6**	**7325.7**	**9089.8**
养老金或离退休金	1598.4	633.1	1207.8	1499.3	2073.9	3043.7

2-34 续表

单位：元

指　　标	总平均	低收入户	中低收入户	中等收入户	中高收入户	高收入户
社会救济和补助	351.1	289.6	408.1	379.9	368.7	310.1
政策性生活补贴	112.1	54.5	79.9	81.8	146.6	232.4
家庭外出从业人员寄回带回收入	2110.1	1190.2	2245.9	2539.8	2280.5	2520.2
赡养收入	922.3	467.2	833.7	1032.0	1496.5	902.8
报销医疗费	407.2	174.1	256.7	366.7	514.3	857.1
从政府和组织得到的实物产品和服务折价	85.3	63.5	74.5	101.4	89.3	106.0
现金政策性惠农补贴	306.7	183.1	222.5	302.1	254.7	651.6
其他转移性收入	140.6	50.4	82.5	73.6	101.2	465.9
非收入所得	**2319.8**	**2186.7**	**1925.8**	**2059.2**	**2346.6**	**3295.9**
出售资产所得	197.0	141.4	182.7	225.3	150.3	311.6
出售住房本金所得						
出售住房溢价所得(含亏损)						
出售股票、基金、收藏品本金所得	5.2			0.1		31.3
出售股票、基金、收藏品所得(含亏损)	3.6			0.0	19.3	
出售生产性固定资产所得	14.4	20.2	8.9	17.1	7.3	18.3
拆迁征地补偿所得	62.9	64.9	118.2	35.8	34.4	53.3
出售其他财物和收回其他投资本金所得	110.8	56.4	55.6	172.2	89.5	208.6
非经常性转移所得	2121.6	2045.2	1740.4	1832.7	2195.0	2983.7
博彩所得	97.1	89.6	89.2	78.4	80.7	158.5
婚丧嫁娶礼金所得	608.9	581.8	454.8	475.1	657.1	951.7
遗产及一次性馈赠所得	543.1	685.8	456.5	435.9	510.4	619.1
一次性赔偿所得	52.2	8.0	17.1	34.3	39.0	195.5
提取住房公积金	4.4	5.3	0.1		16.8	
调查补贴	757.6	602.6	660.7	768.6	843.3	991.1
其他非经常性转移所得	58.4	72.1	62.1	40.3	47.7	67.9
其他非收入所得	1.2	0.1	2.7	1.2	1.2	0.7
借贷性所得	**1205.2**	**1262.8**	**869.0**	**845.0**	**1193.2**	**2002.2**
提取储蓄存款	920.5	1089.3	743.1	714.4	976.8	1096.3
借入款	94.6	82.9	44.8	111.6	108.4	139.5
收回借出款	116.2	47.8	58.1	18.7	30.9	498.7
收回储蓄性保险本金	2.6		9.9			2.7
住房贷款	37.3					223.8
汽车贷款	7.6				40.8	
教育贷款	7.9	10.9	12.2		14.9	
其他贷款	18.2	31.9			21.1	41.1
其他借贷所得	0.3	0.1	0.8	0.2	0.3	

2-35 按五等份分组的农村居民人均总支出(2022年)

单位：元

指　　标	总平均	低收入户	中低收入户	中等收入户	中高收入户	高收入户
农村居民人均总支出	**28093.6**	**23533.6**	**21255.2**	**25439.8**	**28760.8**	**45728.4**
消费支出	**17199.0**	**14027.0**	**14082.0**	**16882.3**	**18664.4**	**24405.7**
食品烟酒	6188.8	5024.1	5317.3	6114.6	6803.2	8347.8
食品	4164.4	3408.1	3727.2	4185.0	4621.7	5253.1
谷物	511.7	438.9	511.2	533.9	549.8	545.2
薯类	109.2	87.9	112.2	120.6	123.4	105.5
豆类	59.5	49.7	57.7	60.0	66.5	67.2
食用油	220.8	179.0	201.8	230.4	246.9	263.5
蔬菜和食用菌	447.1	362.1	383.8	446.3	505.2	584.1
肉类	1347.7	1089.1	1176.9	1337.0	1526.8	1743.2
禽类	355.4	263.1	310.1	345.9	408.3	495.7
水产品	165.5	123.7	133.3	161.1	194.7	237.9
蛋类	128.4	92.3	118.7	132.8	141.1	172.2
奶类	185.2	181.3	160.3	193.9	184.3	213.7
干鲜瓜果类	320.6	282.6	268.2	304.7	350.0	427.8
糖果糕点类	125.4	108.8	118.9	121.2	128.2	158.9
其他食品	187.8	149.5	174.0	197.1	196.5	238.2
烟酒	955.2	755.9	714.1	921.3	1051.4	1478.8
烟草	736.1	588.1	543.5	702.7	803.5	1156.6
酒类	219.1	167.9	170.5	218.6	247.9	322.1
饮料	151.2	127.0	133.2	160.2	158.0	189.8
饮食服务	918.0	733.2	742.9	848.1	972.2	1426.1
食堂用餐	216.7	208.6	188.0	206.1	199.0	297.5
其他在外饮食	691.5	516.7	545.0	631.6	763.3	1117.0
食品加工服务费	9.8	7.8	10.0	10.5	9.9	11.6
衣着	888.1	735.8	766.4	847.3	985.4	1198.6
衣类	673.5	552.5	573.4	644.1	760.9	910.1
鞋类	214.5	183.3	193.0	203.2	224.5	288.5
居住	3218.1	2664.9	2528.2	3103.8	3282.7	4947.1
租赁房房租	72.5	69.5	54.8	66.6	51.3	130.3
租赁房房租中租赁公房房租	741.3	638.0	439.9	627.6	605.4	1561.8
租赁房房租中租赁私房房租	678.6	556.1	606.4	708.1	723.3	858.1
住房维修及管理	1725.8	1401.3	1427.1	1701.5	1902.7	2396.9
住房维修及管理中物业管理费	1.3	2.2		1.8	0.8	1.4
水电燃料及其他	71.3	67.3	54.8	64.8	50.5	129.0
自有住房折算租金	18.1	14.8	17.2	15.9	14.9	30.2
生活用品及服务	1139.3	833.6	961.5	1150.5	1212.1	1702.1
家具及室内装饰品	167.8	127.4	131.6	165.7	152.9	290.1
家用器具	362.5	209.3	293.4	401.9	400.1	577.2
家用纺织品	82.0	65.4	77.4	86.5	82.9	104.8
家庭日用杂品	295.0	245.5	260.9	293.7	318.3	383.7
个人用品	198.7	158.7	174.4	170.0	225.2	290.6
家庭服务	33.4	27.3	24.0	32.7	32.8	55.7
其中：家政服务	6.1	9.2	1.3	8.3	4.5	7.4

2-35 续表 1

单位：元

指　　标	总平均	低收入户	中低收入户	中等收入户	中高收入户	高收入户
交通通信	2174.4	1740.7	1610.0	2029.8	2395.8	3435.9
交通	1487.0	1153.6	1006.7	1365.9	1641.0	2546.4
交通工具	527.4	377.4	280.8	489.2	603.4	1016.0
交通费	216.9	211.1	216.7	207.7	211.9	241.7
交通工具用燃料	452.0	360.8	310.9	405.2	492.8	772.0
交通工具使用及维修	290.8	204.3	198.3	263.8	332.8	516.7
其中：车辆保险支出	108.4	76.9	63.4	111.0	131.6	181.6
通信	687.4	587.1	603.3	663.9	754.8	889.5
通信工具	184.9	147.7	165.2	174.9	215.9	240.1
通信服务	502.5	439.3	438.1	489.0	538.9	649.4
教育文化娱乐	1400.5	1317.4	1336.7	1479.0	1368.4	1541.0
教育	1133.3	1096.3	1103.5	1240.6	1078.8	1155.4
学前教育	145.3	167.6	141.4	140.9	136.7	134.1
小学教育	162.2	181.0	162.7	179.3	152.6	125.3
初中教育	155.0	151.8	159.5	179.6	137.6	143.6
高中教育	297.8	282.4	282.9	329.2	264.7	337.9
中专职高教育	30.7	17.7	35.3	69.8	21.6	6.0
大专及以上教育	289.6	249.7	270.7	288.9	308.0	350.5
成人教育	52.7	46.1	51.1	53.0	57.7	58.0
文化娱乐	267.3	221.1	233.2	238.4	289.6	385.6
文娱耐用消费品	78.5	69.5	70.7	54.1	93.1	114.2
其他文娱用品	126.5	104.7	116.6	126.2	128.1	168.4
文化娱乐服务	62.2	46.8	45.9	58.1	68.4	103.0
医疗保健	1878.0	1434.5	1285.7	1904.6	2203.3	2867.8
医疗器具及药品	446.6	374.6	379.8	470.2	566.4	471.7
医疗服务	1431.4	1059.9	906.0	1434.4	1637.0	2396.0
门诊总费用	501.8	441.6	393.8	554.1	507.6	656.2
住院总费用	929.6	618.3	512.2	880.3	1129.4	1739.8
其他用品及服务	311.8	275.9	276.1	252.7	413.5	365.5
其他用品	124.4	132.4	126.3	86.9	129.7	149.8
其他服务	187.4	143.5	149.8	165.8	283.7	215.7
生产经营费用支出	**5178.5**	**5009.4**	**3130.4**	**3418.1**	**4114.0**	**11349.3**
第一产业经营费用支出	3131.2	2703.3	2360.8	2613.9	2368.4	6193.1
农业	1228.2	702.0	754.0	1046.1	960.8	3092.9
林业	21.6	16.5	8.3	12.7	29.4	47.8
牧业	1815.4	1916.0	1589.3	1516.9	1346.7	2845.5
渔业	66.0	68.8	9.2	38.3	31.5	206.8
第二产业经营费用支出	373.8	263.9	315.2	210.9	334.3	842.8
采矿业	0.0				0.1	
制造业	239.6	247.7	200.1	171.7	302.5	290.5
电力、热力、燃气及水生产和供应业	0.0		0.0			0.1
建筑业	134.2	16.2	115.0	39.2	31.7	552.2
第三产业经营费用支出	1673.6	2042.2	454.4	593.2	1411.3	4313.5
批发和零售业	1050.5	1322.8	172.5	306.9	944.0	2808.7
交通运输、仓储和邮政业	224.4	198.0	75.1	155.3	272.7	482.5

2-35 续表 2　　　　单位：元

指　　标	总平均	低收入户	中低收入户	中等收入户	中高收入户	高收入户
住宿和餐饮业	219.6	380.5	184.6	92.8	61.2	367.9
房地产业	0.5				0.2	2.8
租赁和商务服务业	1.6	0.8				8.8
居民服务、修理和其他服务业	123.2	88.0	16.7	20.7	113.6	443.2
其他	45.5	49.7	2.3	11.1	1.7	185.3
农林牧渔服务业	8.2	2.6	3.1	6.5	17.9	14.1
财产性支出	**73.0**	**77.3**	**53.7**	**94.9**	**64.0**	**75.5**
生活贷款利息支出	69.9	75.1	51.9	94.3	61.4	66.1
住房贷款利息支出	64.1	68.1	50.6	85.3	53.8	61.6
其他生活贷款利息支出	5.9	7.0	1.4	9.0	7.6	4.5
其他财产性支出	3.0	2.1	1.7	0.6	2.7	9.4
非储蓄性财产保险支出	1.5	2.1	1.4	0.6	0.3	3.0
其他财产性支出	1.6	0.1	0.4		2.3	6.3
转移性支出	**877.4**	**791.5**	**676.6**	**784.9**	**958.2**	**1277.1**
个人所得税	4.7	1.9	4.4	1.8	8.2	8.8
社会保障支出	776.1	740.4	581.1	705.0	855.1	1074.1
个人缴纳的养老保险	397.6	388.4	237.2	325.6	450.8	644.0
个人缴纳的医疗保险	363.4	343.7	329.4	367.4	384.5	406.5
个人缴纳的失业保险	6.0	4.8	4.2	4.6	9.8	7.7
其他社会保障支出	9.0	3.6	10.3	7.3	10.0	15.9
外来从业人员寄给家人的支出	0.7	0.6	0.2	2.4		
赡养支出	64.8	30.4	54.2	51.1	64.8	143.2
其他转移性支出	31.1	18.2	36.7	24.6	30.2	51.0
部分商业保险支出	**79.4**	**107.1**	**62.2**	**62.0**	**48.2**	**118.2**
意外伤害保险	21.7	34.9	16.3	16.3	15.6	23.1
商业医疗保险(含大病保险)	39.6	52.7	18.0	25.4	25.6	82.0
其他非储蓄性商业保险	5.9	2.8	1.7	13.3	3.6	9.0
其他储蓄性商业保险	12.2	16.7	26.2	7.0	3.3	4.1
购置资产及非经常性转移支出	**3479.9**	**2612.5**	**2470.7**	**2980.5**	**3616.3**	**6442.0**
购置资产支出	958.7	734.5	474.8	758.1	956.0	2139.5
购建造住房支出	283.0	353.3	286.9	233.8	283.2	238.0
建造住房材料	173.2	158.3	206.2	168.1	235.8	88.1
建造住房雇工	96.2	191.4	61.3	62.2	14.3	139.6
购买住房支出	417.5	240.7	95.1	211.4	373.1	1376.8
购建第一产业生产性固定资产支出	181.4	105.5	91.9	218.5	100.6	448.7
购买或建造农业生产性用房	56.4	23.3	16.7	36.0	38.0	198.6
购买用房建筑材料	31.4	8.9	16.7	15.2	30.9	101.9
建筑农业生产用房雇工	16.0	7.9		4.9	7.1	71.4
购买农业生产用房	3.0			14.3		1.0
其他	5.9	6.5		1.6		24.4
购买役畜	1.3			0.5		7.2
购买产品畜	16.5	20.1	6.6	7.4	8.8	44.0
购买或建造农业设施	31.6	31.9	16.9	44.8	15.7	51.8
大棚、温室	21.6	25.3	9.1	32.5	5.8	37.2

2-35 续表 3　　单位：元

指　标	总平均	低收入户	中低收入户	中等收入户	中高收入户	高收入户
自备井	1.7	0.6	6.0		1.7	
喷灌设施	2.8			5.9	2.2	7.0
其他农业设施	5.4	6.0	1.8	6.4	6.0	7.6
购买农业机械	75.6	30.2	51.6	129.7	38.1	147.1
大中型农用拖拉机	9.7					58.0
小型(手扶)农用拖拉机	1.5	1.3		2.7	2.7	0.7
农用排灌动力机械	1.7	2.3	0.5	4.2		1.5
插秧机						
收割机	19.0	1.6		92.6		0.5
脱粒机	1.7	2.0	2.7	0.4	2.7	0.5
其他农业机械	42.0	22.9	48.4	29.8	32.7	85.8
购建第二产业生产性固定资产支出	4.7	0.0				27.9
采矿业						
制造业	3.3	0.0				19.8
电力、热力、燃气及水生产和供应业	0.8					4.9
建筑业	0.6					3.3
购建第三产业生产性固定资产支出	66.0	26.1	1.0	79.0	193.0	48.0
批发和零售业	2.9				7.2	9.1
交通运输、仓储和邮政业	55.9	22.4		79.0	185.8	2.5
住宿和餐饮业	6.0					35.8
房地产业						
租赁和商务服务业	1.1	3.8	1.0			
居民服务、修理和其他服务业	0.1					0.6
其他						
购建其他资产支出	6.2	8.8		15.3	6.0	
非经常性转移支出	2521.2	1878.0	1995.9	2222.4	2660.3	4302.5
博彩支出	76.6	55.8	99.2	54.4	79.0	100.6
婚丧嫁娶礼金支出	1508.1	1139.8	1274.6	1500.2	1629.1	2199.5
一次性赔偿支出	8.7	2.3	10.3	5.4	23.8	2.9
一次性馈赠支出	613.3	410.4	463.1	434.1	560.8	1364.1
婚丧嫁娶宴请支出	302.9	257.3	138.0	219.9	361.6	612.9
其他非经常性转移支出	11.7	12.4	10.7	8.4	6.0	22.6
借贷性支出	**1206.4**	**908.8**	**779.6**	**1217.1**	**1295.7**	**2060.5**
存入储蓄款	638.2	332.5	449.8	474.5	756.7	1373.7
借出款	69.3	188.0	15.3	47.5	39.1	32.4
归还借款	108.1	123.0	102.6	117.0	54.2	143.9
购买有价证券	0.0			0.1		
其他投资支出	39.2	3.8	0.5	111.8	34.0	57.4
归还住房贷款	211.3	161.5	161.8	191.4	292.6	278.0
归还汽车贷款	103.0	65.5	31.7	260.8	103.8	57.4
归还教育贷款						
归还其他贷款	36.4	34.5	17.9	13.6	14.6	114.6
其他借贷支出	0.7			0.4	0.6	3.1

2-36 农村居民家庭平均每百户耐用消费品拥有量(2017-2022年)

主要耐用消费品拥有情况	单位	2017	2018	2019	2020	2021	2022
家用汽车	辆	13.4	15.5	20.6	22.3	18.1	21.8
摩托车	辆	49.5	48.7	49.1	46.8	48.3	49.3
助力车	台	28.5	32.5	33.9	36.7	43.6	45.1
洗衣机	台	89.9	90.5	94.9	96.0	97.5	99.4
电冰箱(柜)	台	96.2	96.7	101.0	102.5	107.0	108.5
微波炉	台	12.6	11.0	11.6	12.2	13.7	14.2
彩色电视机	台	117.1	113.9	115.6	116.4	117.1	118.5
空调	台	40.3	51.1	59.3	64.2	78.2	87.5
热水器	台	65.8	71.7	76.1	83.1	86.9	87.4
洗碗机	台	0.4	0.4	0.5	0.3	0.5	0.7
排油烟机	台	11.2	15.6	17.4	19.4	21.2	24.1
固定电话	线	11.6	8.0	6.2	5.4	3.7	2.4
移动电话	部	242.0	258.5	260.5	259.2	266.0	267.1
计算机	台	17.7	18.5	17.7	18.5	15.5	15.5
照相机	台	2.9	2.5	2.7	2.5	1.7	1.7
乐器	架	0.6	1.0	0.9	0.9	1.0	1.0
健身器材	台	0.9	0.7	0.9	1.2	0.8	0.8
空气净化器(含新风系统)	台	0.1	0.6	0.9	1.0	1.0	0.9
地面清洁器	台	0.1	0.8	1.0	1.2	0.9	0.7

2-37 全省及各市(州)居民人均可支配收入(2017-2022年)

单位：元

地　区	2017	2018	2019	2020	2021	2022
全　省	**20580**	**22461**	**24703**	**26522**	**29080**	**30679**
成都市	33217	36142	39503	42075	45755	47948
自贡市	22151	24069	26319	28299	30903	32550
攀枝花市	28492	31044	33822	35897	39033	40884
泸州市	21798	23941	26212	28270	31150	32900
德阳市	23045	25127	27475	29416	32251	33995
绵阳市	22956	25079	27457	29594	32354	34042
广元市	17700	19477	21511	23439	25812	27145
遂宁市	20707	22697	24865	26928	29633	31177
内江市	21199	23183	25508	27315	29809	31236
乐山市	21991	23968	26130	28102	30737	32480
南充市	19271	21163	23349	25356	27842	29271
眉山市	21774	23743	25938	27608	30260	31751
宜宾市	21600	23665	26076	28133	31024	32663
广安市	19834	21718	23747	25328	27676	29094
达州市	19068	20881	22995	24797	27259	29004
雅安市	19498	21291	23311	25152	27586	29277
巴中市	17772	19522	21444	23241	25656	27029
资阳市	20838	22756	24554	26173	28682	30204
阿坝州	18565	20384	22425	23726	26051	27362
甘孜州	15674	17049	18776	20133	21941	23147
凉山州	16909	18618	20516	22218	24380	26006

2-38 全省及各市(州)城镇居民人均可支配收入(2017-2022年)

单位：元

地 区	2017	2018	2019	2020	2021	2022
全 省	**30727**	**33216**	**36154**	**38253**	**41444**	**43233**
成都市	38918	42128	45878	48593	52633	54897
自贡市	31016	33597	36622	38781	41977	43740
攀枝花市	35620	38510	41864	44209	47915	50009
泸州市	31449	34141	37252	39547	42996	45071
德阳市	31609	34216	37222	39360	42764	44650
绵阳市	31822	34411	37454	39680	43150	45131
广元市	28132	30592	33481	35740	39008	40687
遂宁市	29308	31830	34854	37117	40324	42217
内江市	30393	32982	36059	38337	41756	43639
乐山市	31070	33663	36676	38931	42340	44376
南充市	28333	30810	33749	36057	39280	41126
眉山市	31130	33697	36743	38892	42137	43949
宜宾市	30832	33465	36694	39166	42779	44739
广安市	30616	33079	36005	38071	41307	43078
达州市	28383	30882	33823	36001	39249	41210
雅安市	29732	32198	35043	37191	40422	42404
巴中市	28286	30816	33663	35821	38989	40783
资阳市	30867	33336	35536	37562	40636	42419
阿坝州	30264	32686	35470	37011	40132	41779
甘孜州	29486	31972	34831	36521	39497	41277
凉山州	28170	30421	33044	34636	37452	39357

2-39 全省及各市(州)农村居民人均可支配收入(2017-2022年)

单位：元

地区	2017	2018	2019	2020	2021	2022
全省	**12227**	**13331**	**14670**	**15929**	**17575**	**18672**
成都市	20298	22135	24357	26432	29126	30931
自贡市	14380	15692	17277	18788	20694	21976
攀枝花市	15336	16708	18352	19938	21979	23364
泸州市	13670	14983	16531	18035	20008	21348
德阳市	15207	16583	18249	19790	21858	23192
绵阳市	14752	16101	17735	19303	21340	22726
广元市	10801	11854	13127	14367	15925	16881
遂宁市	13579	14844	16358	17815	19727	20986
内江市	13640	14908	16450	17918	19819	20996
乐山市	13927	15173	16728	18175	20043	21339
南充市	12389	13583	15027	16431	18247	19469
眉山市	15203	16563	18177	19730	21771	23099
宜宾市	14063	15391	16999	18569	20591	21846
广安市	13655	14931	16445	17867	19752	20964
达州市	12843	14055	15504	16876	18638	19906
雅安市	12145	13243	14586	15890	17580	18794
巴中市	10946	12002	13232	14429	15962	16967
资阳市	14670	16007	17592	19076	21023	22326
阿坝州	11751	12893	14252	15539	17161	18261
甘孜州	10444	11555	12808	13967	15379	16363
凉山州	11415	12548	13908	15232	16808	17950

2-40 全省及各市(州)居民人均可支配收入构成(2022年)

单位：元

地 区	人均可支配收入	(一)工资性收入	(二)经营净收入	(三)财产净收入	(四)转移净收入
全 省	**30679**	**15234**	**6045**	**1974**	**7427**
成都市	47948	27387	6105	4860	9596
自贡市	32550	16049	6297	1355	8849
攀枝花市	40884	22624	10117	1582	6561
泸州市	32900	18041	7034	1428	6397
德阳市	33995	17938	7384	1920	6754
绵阳市	34042	17954	6725	2389	6975
广元市	27145	14859	6419	1216	4652
遂宁市	31177	13199	7837	2552	7588
内江市	31236	16421	6750	1372	6692
乐山市	32480	17104	7007	1667	6702
南充市	29271	12855	6886	1724	7806
眉山市	31751	15629	8144	1594	6384
宜宾市	32663	16303	8547	1859	5953
广安市	29094	16663	7568	1306	3557
达州市	29004	13424	7719	1398	6463
雅安市	29277	15442	6475	1758	5603
巴中市	27029	10420	8870	1601	6137
资阳市	30204	14202	6332	1665	8006
阿坝州	27362	14618	9838	976	1929
甘孜州	23147	11199	8548	710	2689
凉山州	26006	12043	8549	1105	4308

2-41 全省及各市(州)城镇居民人均可支配收入构成(2022年)

单位：元

地 区	人均可支配收入	(一)工资性收入	(二)经营净收入	(三)财产净收入	(四)转移净收入
全 省	**43233**	**25053**	**4999**	**3381**	**9801**
成都市	54897	32292	5448	5633	11524
自贡市	43740	22874	6070	2170	12626
攀枝花市	50009	30698	7865	2164	9282
泸州市	45071	27231	6833	2560	8447
德阳市	44650	24951	7002	3002	9695
绵阳市	45131	26887	4982	3925	9337
广元市	40687	25641	6908	2474	5663
遂宁市	42217	21167	8224	4585	8241
内江市	43639	26755	6558	2299	8027
乐山市	44376	24564	7254	2902	9655
南充市	41126	20984	7008	3186	9948
眉山市	43949	25432	8090	2845	7582
宜宾市	44739	25901	7412	3250	8175
广安市	43078	28561	6154	2609	5754
达州市	41210	22178	8195	2448	8389
雅安市	42404	23397	5964	3541	9502
巴中市	40783	18222	12057	2970	7534
资阳市	42419	24315	4667	3084	10353
阿坝州	41779	30109	8377	1689	1604
甘孜州	41277	31827	4242	1862	3345
凉山州	39357	22938	7681	2478	6260

2-42 全省及各市(州)农村居民人均可支配收入构成(2022年)

单位：元

地 区	人均可支配收入	(一)工资性收入	(二)经营净收入	(三)财产净收入	(四)转移净收入
全 省	**18672**	**5844**	**7045**	**628**	**5156**
成都市	30931	15377	7711	2967	4876
自贡市	21976	9599	6511	585	5280
攀枝花市	23364	7122	14441	466	1335
泸州市	21348	9319	7225	353	4452
德阳市	23192	10827	7772	823	3772
绵阳市	22726	8838	8503	821	4565
广元市	16881	6686	6048	262	3886
遂宁市	20986	5844	7480	677	6986
内江市	20996	7890	6909	607	5590
乐山市	21339	10117	6776	510	3937
南充市	19469	6134	6786	515	6035
眉山市	23099	8676	8182	707	5534
宜宾市	21846	7704	9565	613	3963
广安市	20964	9745	8391	549	2279
达州市	19906	6899	7364	615	5027
雅安市	18794	9089	6882	335	2488
巴中市	16967	4714	6538	600	5115
资阳市	22326	7679	7406	749	6492
阿坝州	18261	4839	10761	526	2135
甘孜州	16363	3480	10160	279	2444
凉山州	17950	5470	9073	277	3130

2-43 全省及各市(州)居民人均消费支出(2017-2022年)

单位：元

地 区	2017	2018	2019	2020	2021	2022
全 省	**16180**	**17664**	**19338**	**19783**	**21518**	**22302**
成都市	21977	23918	26121	25726	28327	28989
自贡市	15718	16982	19013	18354	19917	20759
攀枝花市	18879	20124	21542	21748	23520	24160
泸州市	15340	16805	18643	19329	21399	22259
德阳市	17090	18282	19848	19443	21343	22360
绵阳市	16145	17666	19432	19933	21708	22421
广元市	12711	14062	15507	16492	18065	18946
遂宁市	15421	16871	18626	19172	20326	21381
内江市	14281	15715	17332	18133	19840	20811
乐山市	15786	17138	18902	19779	21616	22720
南充市	13710	14873	16209	17015	18784	19621
眉山市	16059	16484	18460	18871	20782	21531
宜宾市	15359	16753	18588	18685	20655	21619
广安市	14524	15404	16672	17361	18927	19873
达州市	13447	14457	16085	16769	18290	19135
雅安市	13624	14744	15997	16934	18529	19688
巴中市	13707	14988	16324	15997	17611	18537
资阳市	14990	16220	17186	16870	18378	19049
阿坝州	14103	15632	17097	15386	16800	17499
甘孜州	11199	12246	13501	13451	14369	15065
凉山州	11960	12738	13966	14948	16484	17266

2-44 全省及各市(州)城镇居民人均消费支出(2017–2022年)

单位：元

地区	2017	2018	2019	2020	2021	2022
全省	**21991**	**23484**	**25367**	**25133**	**26971**	**27637**
成都市	25342	27312	29720	28736	31581	32171
自贡市	20208	21833	24415	22335	23878	24650
攀枝花市	22846	24106	25792	25630	27599	28223
泸州市	21121	22961	25335	25608	27963	29010
德阳市	22524	23960	25457	24279	26353	27235
绵阳市	21043	22854	25026	24730	26692	27394
广元市	18388	20080	21912	22469	24412	25396
遂宁市	20796	22638	24856	24531	25252	26019
内江市	18797	20427	22370	22891	24977	26351
乐山市	20771	22768	24916	25539	27450	28460
南充市	18335	19703	21441	21740	23706	24603
眉山市	19946	21035	23554	23965	26129	26887
宜宾市	20492	22303	24635	23391	25560	26545
广安市	20812	22075	23637	23888	25675	26708
达州市	19557	20713	22660	22813	24405	25157
雅安市	17972	19659	21117	21773	23453	24559
巴中市	20940	22247	24112	21669	23477	24507
资阳市	20889	22437	23228	21949	23596	24240
阿坝州	20443	22046	23858	20619	22505	23223
甘孜州	20566	22318	24563	22975	23962	24991
凉山州	18287	19361	20862	21453	23459	24227

2-45 全省及各市(州)农村居民人均消费支出(2017-2022年)

单位：元

地　区	2017	2018	2019	2020	2021	2022
全　省	**11397**	**12723**	**14056**	**14953**	**16444**	**17199**
成都市	14616	15977	17572	18501	20460	21196
自贡市	11790	12716	14271	14742	16266	17082
攀枝花市	11807	12478	13384	14293	15688	16357
泸州市	10573	11399	12775	13631	15225	15852
德阳市	11904	12944	14538	14762	16391	17416
绵阳市	11638	12676	13992	15038	16624	17346
广元市	8958	9934	11021	12083	13309	14059
遂宁市	11342	12417	13790	14772	16239	17101
内江市	10683	11736	13008	14076	15544	16237
乐山市	11241	12309	13724	14837	16558	17344
南充市	10296	11077	12023	13075	14656	15502
眉山市	12407	13121	14801	15314	16960	17731
宜宾市	11058	12066	13418	14606	16302	17206
广安市	10593	11418	12523	13539	15004	15899
达州市	9261	10188	11536	12496	13893	14646
雅安市	9860	11117	12189	13212	14691	15798
巴中市	9337	10155	11090	12023	13346	14170
资阳市	11261	12255	13356	13705	15034	15702
阿坝州	10590	11726	12862	12162	13199	13886
甘孜州	7758	8537	9389	9868	10784	11350
凉山州	8734	9333	10327	11289	12444	13066

2-46 全省及各市(州)居民人均消费支出构成(2022年)

单位：元

地　区	消费支出	(一)食品烟酒	(二)衣着	(三)居住	(四)生活用品及服务	(五)交通通信	(六)教育文化娱乐	(七)医疗保健	(八)其他用品及服务
全　省	**22302**	**7738**	**1317**	**4362**	**1465**	**2806**	**2006**	**2105**	**502**
成都市	28989	9911	2270	6101	1633	3456	2775	1779	1063
自贡市	20759	7509	1463	3599	1421	2350	2064	1859	493
攀枝花市	24160	7817	1475	3956	1658	3637	2610	2392	614
泸州市	22259	8234	1821	3993	1633	2489	1735	1727	626
德阳市	22360	7904	1675	3632	1462	3488	2078	1547	574
绵阳市	22421	7850	1679	4052	1546	2897	1902	1864	630
广元市	18947	6720	1455	3890	1269	2174	1571	1312	556
遂宁市	21381	7801	1253	4265	1314	2570	1790	1847	541
内江市	20811	7700	1625	3542	1835	2154	1603	1708	643
乐山市	22720	7807	1547	3970	1533	3451	2079	1874	459
南充市	19621	6675	1441	3802	1594	2270	1722	1659	457
眉山市	21531	7926	1266	3779	1467	2820	1866	1975	431
宜宾市	21619	7833	1525	3877	1573	2655	2083	1515	558
广安市	19873	6955	1919	3409	1886	2072	1517	1611	504
达州市	19135	7134	1418	3437	1471	1819	1816	1667	373
雅安市	19688	6919	1433	4008	1365	2316	1712	1546	390
巴中市	18537	7320	1803	3220	1194	1735	1586	1241	438
资阳市	19049	6786	1053	4027	1838	1751	1481	1588	526
阿坝州	17499	6051	1278	3739	1411	2175	1214	1081	551
甘孜州	15065	6082	1326	3140	1082	1402	802	659	572
凉山州	17266	6409	1245	2921	1070	2209	1719	1303	391

2-47 全省及各市(州)城镇居民人均消费支出构成(2022年)

单位：元

地区	消费支出	(一)食品烟酒	(二)衣着	(三)居住	(四)生活用品及服务	(五)交通通信	(六)教育文化娱乐	(七)医疗保健	(八)其他用品及服务
全省	**27637**	**9358**	**1765**	**5558**	**1806**	**3467**	**2638**	**2343**	**702**
成都市	32171	10849	2495	7074	1790	3716	3168	1870	1211
自贡市	24650	8816	2049	4111	1662	2626	2873	1834	680
攀枝花市	28223	9096	1873	4533	1986	4123	3126	2699	786
泸州市	29010	10411	2657	4928	2229	3222	2460	2191	913
德阳市	27235	9601	2130	4271	1723	4417	2681	1648	764
绵阳市	27394	9536	2165	4736	1826	3519	2546	2207	858
广元市	25396	8908	2280	4766	1718	3034	2293	1478	919
遂宁市	26019	9061	1743	4831	1564	3506	2381	2116	817
内江市	26351	9265	2449	4215	2486	2803	2366	1676	1089
乐山市	28460	9732	2073	4667	1924	4261	2847	2275	682
南充市	24603	8066	2134	4379	2171	3099	2391	1702	660
眉山市	26887	9751	1803	4422	1682	3511	2780	2242	697
宜宾市	26545	9422	2051	4383	1889	3328	2915	1733	824
广安市	26708	9229	2775	4335	2673	2763	2270	1891	772
达州市	25157	9300	2114	4573	2152	2141	2435	1908	534
雅安市	24559	8548	1881	5020	1626	2635	2421	1845	580
巴中市	24507	9701	2978	3890	1698	2151	2444	1080	564
资阳市	24240	8493	1627	4395	2424	2448	2165	1861	826
阿坝州	23223	7739	1987	4260	2148	2959	1985	1421	723
甘孜州	24991	9080	2456	5080	2009	2460	1668	1254	986
凉山州	24227	8469	1827	4363	1532	3056	2437	1889	655

2-48 全省及各市(州)农村居民人均消费支出构成(2022年)

单位：元

地　区	消费支出	(一)食品烟酒	(二)衣着	(三)居住	(四)生活用品及服务	(五)交通通信	(六)教育文化娱乐	(七)医疗保健	(八)其他用品及服务
全　省	**17199**	**6189**	**888**	**3218**	**1139**	**2174**	**1401**	**1878**	**312**
成都市	21196	7616	1719	3721	1249	2820	1813	1556	702
自贡市	17082	6274	910	3115	1194	2088	1300	1882	317
攀枝花市	16357	5363	712	2849	1027	2702	1620	1802	283
泸州市	15852	6168	1028	3107	1068	1793	1047	1287	353
德阳市	17416	6183	1214	2985	1198	2546	1466	1444	381
绵阳市	17346	6129	1183	3354	1261	2262	1246	1514	397
广元市	14059	5061	829	3226	929	1521	1024	1187	282
遂宁市	17101	6639	801	3743	1084	1705	1245	1598	286
内江市	16237	6408	945	2986	1297	1618	974	1734	275
乐山市	17344	6004	1055	3316	1167	2693	1359	1499	251
南充市	15502	5524	869	3325	1116	1584	1170	1623	289
眉山市	17731	6631	885	3324	1315	2329	1218	1786	243
宜宾市	17206	6409	1054	3424	1289	2052	1339	1320	320
广安市	15899	5634	1421	2870	1428	1670	1080	1449	348
达州市	14646	5519	899	2591	964	1578	1354	1488	254
雅安市	15798	5617	1075	3200	1157	2060	1146	1306	238
巴中市	14170	5579	943	2730	825	1430	959	1358	346
资阳市	15702	5685	682	3790	1460	1301	1039	1412	332
阿坝州	13886	4985	830	3410	946	1680	727	867	442
甘孜州	11350	4960	903	2414	735	1007	479	436	417
凉山州	13066	5166	893	2050	791	1698	1286	950	232

主要统计指标解释

一、2013 年以来城乡住户一体化调查主要收支指标解释

从 2012 年四季度起，国家统计局对分别进行的城乡住户调查实施了一体化改革，统一了城乡居民收入指标名称、分类和统计标准，建立了城乡统一的一体化住户调查，并据此获得了全国居民有关数据。

居民可支配收入 指居民可用于最终消费支出和储蓄的总和，即居民可用于自由支配的收入。既包括现金收入，也包括实物收入。按照收入的来源，可支配收入包含四项，分别为：工资性收入、经营净收入、转移净收入和财产净收入。

居民消费支出 是指居民用于满足家庭日常生活消费需要的全部支出，既包括现金消费支出，也包括实物消费支出。消费支出可划分为食品烟酒、衣着、居住、生活用品及服务、交通通信、教育文化娱乐、医疗保健以及其他用品及服务八大类。

二、2012 年及以前的分城乡住户调查收支指标解释

（一）城镇住户调查主要收支指标解释

城镇居民家庭总收入 指调查户中生活一起的所有家庭成员在调查期得到的工薪收入、经营净收入、财产性收入、转移性收入的总和，不包括出售财物和借贷收入。

城镇居民可支配收入 指居民可用于最终消费支出和其他非义务性支出以及储蓄的总和，即居民家庭可以用来自由支配的收入。它是家庭总收入扣除交纳的所得税、个人交纳的社会保障费以及调查户的记账补贴后的收入。计算公式为：

可支配收入=家庭总收入-交纳所得税-个人交纳的社会保障支出-记账补贴

这一指标从 1997 年起作为主要指标代替生活费收入指标。

工资性收入 指就业人员通过各种途径得到的全部劳动报酬，包括所从事的主要职业的工资以及从事第二职业、其他兼职和零星劳动得到的其他劳动收入。

工资及补贴收入 指劳动者从工作单位得到的全部劳动报酬。既包括单位支付的计时计件劳动报酬，也包括根据国家的有关政策、法令规定，因病、工伤、产假、计划生育假、婚丧假、事假、探亲假、定期休假、停工学习、执行国家或社会等原因按计时工资标准或计时工资标准的一定比例支付的工资。

其他劳动收入 指家庭成员从事第二职业、兼职、零星劳动所得的劳动报酬。

经营净收入 指家庭成员从事生产经营活动所获得的净收入。是全部生产经营收入中扣除生产成本和税金后所得的收入。

财产性收入 指家庭拥有的动产（如银行存款、有价证券）、不动产（如房屋、车辆、土地、收藏品等）所获得的收入。包括出让财产使用权所获得的利息、租金、专利收入；财产营运所获得的红利收入、财产增值收益等。

转移性收入 指国家、单位、社会团体对居民家庭的各种转移支付和居民家庭间的收入转移。包括政府对个人收入转移的离退休金、失业救济金、赔偿等；单位对个人收入转移的辞退金、保险索赔、住房公积金、家庭间的赠送和赡养等。

城镇居民家庭消费性支出 指居民用于本家庭日常生活的全部支出，包括食品、衣着、家庭设备用品及服务、医疗保健、交通和通信、教育文化娱乐服务、居住、杂项商品和服务等八大类支出，包括用于赠

送的商品或服务。消费支出按商品（服务）的用途分类。

服务性消费支出 指调查户用于本家庭支付社会提供的各种文化和生活方面的非商品性服务费用。应包括为别人付款的服务。服务消费与商品消费不同，其特点在于其劳动过程和消费过程在时间与空间上的统一。

服务性消费支出=食品加工服务费用+在外饮食业×50%+衣着加工服务费+家庭服务+医疗费+交通工具服务支出+交通费+通信服务+文化娱乐服务费+教育费用+房租+自有房租折算+住房装潢支出×40%+居住服务费+杂项服务费

社会保障支出 指调查户家庭成员参加国家法律、法规规定的社会保障项目中由个人交纳的保障支出。不包括职工所在单位交纳的那部分社会保障金。

城镇居民家庭住房建筑面积 指居民家庭现有住房的总建筑面积，以房屋产权证或租赁为准，包括房屋建筑物的有效面积和结构面积。

城镇居民家庭住房使用面积 指居民家庭住房的有效面积扣除公摊面积（如楼道、垃圾道、电梯井等）以后，可供使用的按内墙线计算的房屋面积。

城镇居民家庭居住面积 指居民家庭成员在调查时点实际居住的住房面积，不包括厨房、厕所、门厅、过道等，也不包括公用楼道和院子。

（二）农村住户调查主要收支指标解释

人均纯收入 指农村住户常住人口当年从各个来源得到的总收入相应地扣除所发生的费用后的收入总和。反映的是一个地区或一个农户农村居民的平均收入水平。 计算方法:

纯收入＝总收入-家庭经营费用支出-税费支出-生产性固定资产折旧-赠送农村内部亲友

人均现金收入 是指农村住户和常住人口在调查期内得到以现金形态表现的收入。按来源分成工资性收入、家庭经营收入、财产性收入、转移性收入。

工资性收入 是指农村常住人口受雇于单位或个人，靠出卖劳动而获得的收入。

家庭经营收入 是指农村住户以家庭为生产经营单位进行生产筹划和管理而获得的收入。农村住户家庭经营活动按行业划分为农业、林业、牧业、渔业、工业、建筑业、交通运输业邮电业、批发和零贸易餐饮业、社会服务业、文教卫生业和其他家庭经营。

财产性收入 是指金融资产或有形非生产性资产的所有者向其他机构单位提供资金或将有形非生产性资产供其支配，作为回报而从中获得的收入。

转移性收入 指农村住户和常住人口无须付出任何对应物而获得的货物、服务、资金或资产所有权等，不包括无偿提供的用于固定资本形成的资金。一般情况下，指农村住户在二次分配中的所有收入。包括亲友赠送、养老金等。

三 价格调查

3-1 居民消费、商品零售、农业生产资料价格总指数(1985-2022年)

(上年=100)

年份	居民消费价格指数			商品零售价格指数			农业生产资料价格指数		
	全省	城市	农村	全省	城市	农村	全省	城市	农村
1985	107.6	109.5	105.3	106.8	109.6	104.9	111.9	-	111.9
1986	104.8	104.8	104.7	103.9	104.6	103.5	100.6	-	100.6
1987	107.6	110.1	105.6	107.5	110.6	105.7	106.3	-	106.3
1988	119.9	122.9	118.5	120.0	123.7	118.7	120.5	-	120.5
1989	119.8	117.8	121.3	118.3	116.8	119.2	116.2	-	116.2
1990	103.8	101.5	105.0	103.1	100.4	104.2	104.7	-	104.7
1991	103.0	104.3	102.1	102.3	103.7	101.4	100.8	-	100.8
1992	107.4	109.8	104.6	106.4	108.4	104.4	106.2	-	106.2
1993	116.8	116.9	116.7	113.9	114.7	113.7	115.0	-	115.0
1994	124.6	127.9	122.5	123.9	124.1	122.2	117.4	-	117.4
1995	118.5	119.0	118.3	117.0	115.7	118.2	130.8	-	130.8
1996	109.3	109.8	109.1	107.7	106.4	108.8	114.0	-	114.0
1997	105.1	105.1	105.0	102.9	102.8	102.9	100.9	-	100.9
1998	99.6	99.8	99.5	97.7	97.7	97.6	92.9	-	92.9
1999	98.5	98.1	99.0	97.3	96.9	97.6	95.2	-	95.2
2000	100.1	99.7	100.6	97.7	97.5	97.8	96.2	-	96.2
2001	102.1	101.8	102.7	100.8	100.5	101.2	97.8	-	97.8
2002	99.7	99.5	100.0	99.4	99.0	99.8	104.1	-	104.1
2003	101.7	101.9	100.9	100.1	100.1	100.1	100.8	-	100.8
2004	104.9	104.6	105.2	103.7	102.8	104.6	110.9	-	110.9
2005	101.7	101.7	101.6	100.6	100.1	101.0	107.2	-	107.2
2006	102.3	102.4	102.3	101.7	101.5	101.9	103.3	-	103.3
2007	105.9	105.9	106.0	105.3	105.1	105.5	109.0	-	109.0
2008	105.1	104.7	105.5	105.3	105.1	105.4	116.6	-	116.6
2009	100.8	100.7	101.0	100.1	99.8	100.4	101.2	-	101.2
2010	103.2	103.3	103.1	103.0	102.7	103.3	103.6	-	103.6
2011	105.3	105.1	105.8	104.6	104.4	105.2	112.4	-	112.4
2012	102.5	102.8	102.0	101.6	101.7	101.4	104.7	-	104.7
2013	102.8	102.8	102.8	101.7	101.7	101.6	101.5	-	101.5
2014	101.6	101.7	101.3	100.6	100.7	100.4	98.8	-	98.8
2015	101.5	101.4	101.6	100.2	99.9	101.0	101.5	-	101.5
2016	101.9	102.0	101.7	100.8	100.8	100.9	103.7	-	103.7
2017	101.4	101.7	100.8	100.5	100.4	100.8	99.8	-	99.8
2018	101.7	101.7	101.7	101.4	101.4	101.3	101.8	-	101.8
2019	103.2	103.1	103.3	102.7	102.5	103.1	109.0	-	109.0
2020	103.2	102.9	103.8	102.7	102.5	103.4	120.9	-	120.9
2021	100.3	100.3	100.3	101.4	101.4	101.4	-	-	-
2022	102.0	102.1	101.8	102.9	102.9	102.9	-	-	-

3-2 居民消费价格分类指数(2022年)

(上年＝100)

指　　标	全　省	城　市	农　村
居民消费价格总指数	**102.0**	**102.1**	**101.8**
一、食品烟酒	**101.9**	**102.1**	**101.5**
1.食品	102.0	102.3	101.6
(1)粮食	103.8	104.0	103.6
大 米	103.1	103.5	102.5
面 粉	105.2	103.9	106.2
(2)薯类	109.7	109.3	110.4
(3)豆类	104.1	104.0	104.3
(4)食用油	103.7	104.3	102.9
(5)菜及食用菌	102.1	101.3	103.7
鲜 菜	101.8	101.0	103.9
(6)畜肉类	96.2	96.3	95.9
猪 肉	93.8	94.0	93.5
(7)禽肉类	103.7	103.6	103.9
鸡	103.3	103.5	102.9
鸭	105.1	104.8	105.9
(8)水产品	100.7	101.5	99.0
(9)蛋类	105.8	105.3	107.1
鸡 蛋	106.0	105.1	108.2
(10)奶类	100.4	101.0	99.1
(11)干鲜瓜果类	109.0	110.3	106.6
鲜 果	110.6	111.7	108.3
(12)糖果糕点类	102.4	103.3	101.0
(13)调味品	103.0	104.1	101.5
(14)其他食品类	102.5	103.0	101.7
2.茶及饮料	104.0	104.5	103.3
3.烟酒	101.3	101.5	101.1
(1)卷烟	100.3	100.4	100.2
(2)酒类	103.1	103.5	102.5
4.在外餐饮	101.6	101.7	101.1
二、衣着	**101.4**	**101.8**	**100.1**
1.服装	101.9	102.4	100.2
(1)男式服装	101.5	101.9	100.4
(2)女式服装	102.1	102.7	100.2
(3)儿童服装	103.0	104.5	99.1
(4)衣着材料及配件	99.4	99.1	100.2
(5)衣着服务费	102.1	101.9	102.4
2.鞋类	99.3	99.1	99.7
(1)鞋	99.1	98.9	99.7
(2)鞋类服务	101.8	102.4	100.6
三、居住	**101.0**	**101.1**	**100.8**
1.租赁房房租	100.0	99.9	100.4
2.住房保养维修及管理	103.3	103.7	102.7
3.水电燃料	102.0	102.2	101.7
4.自有住房	100.3	100.4	100.1

3-2 续表 (上年＝100)

指　　标	全　省	城　市	农　村
四、生活用品及服务	**101.3**	**101.6**	**100.5**
1.家具及室内装饰品	102.1	102.8	100.9
2.家用器具	101.4	101.2	101.7
3.家用纺织品	99.8	99.9	99.4
4.家庭日用杂品	100.5	101.3	99.2
5.个人护理用品	101.5	101.8	100.7
6.家庭服务	102.8	103.1	101.6
五、交通通信	**105.4**	**105.3**	**105.6**
1.交通	108.0	107.9	108.1
(1)交通工具	99.8	99.4	100.6
(2)交通工具用燃料	120.4	120.3	120.4
(3)交通工具使用和维修	100.9	100.5	101.9
(4)交通费	104.2	104.1	104.4
2.通信	98.2	97.8	98.9
(1)通信工具	96.4	95.9	97.7
(2)通信服务	98.8	98.6	99.3
(3)邮递服务	100.1	100.1	100.3
六、教育文化娱乐	**102.0**	**102.0**	**102.1**
1.教育	102.8	102.7	102.9
(1)教育用品	102.6	102.9	102.4
(2)教育服务	102.8	102.7	103.0
2.文化娱乐	101.0	101.2	100.0
(1)文娱耐用消费品	98.4	98.3	98.8
(2)其他文娱用品	100.5	100.5	100.6
(3)文化娱乐服务	101.4	101.6	100.6
(4)旅游	102.1	102.4	100.0
七、医疗保健	**100.6**	**100.3**	**101.1**
1.药品及医疗器具	100.4	100.0	101.5
(1)中药	103.1	101.7	105.9
(2)西药	99.5	99.4	99.8
(3)滋补保健品	100.2	100.2	100.0
(4)医疗卫生器具	98.0	98.5	96.8
(5)保健器具	98.1	97.5	100.3
2.医疗服务	100.6	100.4	100.9
八、其他用品及服务	**101.7**	**101.8**	**101.4**
1.其他用品	101.3	101.4	101.2
(1)首饰手表	100.7	100.8	100.1
2.其他服务	102.0	102.1	101.7
(1)在外住宿	100.5	100.9	98.8
(2)美容美发洗浴	102.4	102.2	103.4
(3)养老服务	101.2	101.4	100.4
(4)金融及保险服务	102.4	102.5	101.9
(5)中介法律及其他服务	100.0	100.1	99.6

3-3 分月居民消费价格指数(2022年)

(上年同月=100)

分类名称	1月	2月	3月	4月	5月	6月
居民消费价格总指数	**100.4**	**100.6**	**100.9**	**101.5**	**101.8**	**102.6**
非食品烟酒价格指数	**102.4**	**102.3**	**102.3**	**102.4**	**102.3**	**102.9**
服务价格指数	**102.0**	**101.4**	**101.2**	**101.1**	**101.0**	**101.3**
工业品价格指数	**102.8**	**103.3**	**103.5**	**103.9**	**103.9**	**104.7**
消费品价格指数	**99.4**	**100.1**	**100.7**	**101.8**	**102.4**	**103.4**
一、食品烟酒	**96.0**	**97.0**	**97.8**	**99.5**	**100.7**	**102.0**
1.食品	92.9	94.5	95.6	98.4	100.2	102.2
(1)粮食	102.9	102.9	102.8	102.4	104.4	104.8
大 米	102.6	102.8	102.6	101.9	103.9	104.1
面 粉	102.0	102.1	102.3	102.9	105.0	106.6
其他粮食	106.6	105.2	104.7	105.1	106.1	103.7
粮食制品	103.1	102.7	102.9	102.8	104.9	105.7
(2)薯类	104.2	101.2	101.8	112.6	113.6	111.3
薯 类	104.2	101.2	101.8	112.6	113.6	111.3
(3)豆类	104.4	104.2	103.3	104.1	104.4	104.6
干 豆	105.0	105.1	102.8	105.7	107.5	107.6
豆 制 品	104.0	103.8	103.6	103.2	102.9	103.0
(4)食用油	97.8	96.9	97.2	97.9	99.6	103.8
食用植物油	105.7	104.6	104.3	104.0	104.1	106.8
食用动物油	51.7	50.8	51.2	55.3	63.2	75.2
(5)菜及食用菌	91.2	102.4	111.4	115.5	108.9	102.4
鲜 菜	90.4	102.0	112.1	116.7	109.6	102.4
鲜 菌	93.0	116.0	110.6	110.0	103.6	104.5
干菜干菌及制品	101.5	101.9	101.9	102.2	102.4	102.5
(6)畜肉类	70.7	70.9	71.3	76.5	85.8	96.7
猪 肉	57.8	56.9	56.6	64.1	79.3	97.6
牛 肉	101.7	100.6	100.6	101.0	101.1	101.3
羊 肉	97.0	95.9	95.7	96.1	95.7	95.8
其他畜肉及副产品	73.6	76.0	73.6	74.7	77.7	86.5
畜肉制品	96.8	97.0	97.6	98.3	100.5	102.1
(7)禽肉类	99.8	99.1	99.0	100.0	100.9	102.6
鸡	98.9	98.8	98.0	99.4	100.4	102.1
鸭	100.8	98.5	99.1	100.1	100.8	104.0
其他禽肉及制品	100.6	100.5	101.0	101.2	102.1	102.3
(8)水产品	110.6	108.5	103.4	99.5	95.2	94.7
淡 水 鱼	115.6	111.5	104.3	96.7	89.2	87.7
海 水 鱼	104.0	106.9	103.3	103.0	104.9	106.7
虾 蟹 类	104.9	100.4	100.6	101.5	102.4	103.3
其他水产品及制品	104.5	105.9	102.4	106.8	106.7	108.4
(9)蛋类	100.4	99.9	102.0	106.6	107.7	105.3
鸡 蛋	99.9	99.1	101.6	107.4	108.5	105.2
其他蛋及制品	102.5	103.2	103.5	103.6	104.7	105.7

3-3 续表 1 (上年同月=100)

分类名称	1月	2月	3月	4月	5月	6月
(10)奶类	100.4	99.6	99.0	99.7	100.1	100.7
鲜 奶	100.1	97.9	97.5	99.0	100.0	100.9
酸 奶	101.0	101.2	102.3	102.5	102.3	101.9
奶 粉	100.4	100.6	99.5	99.7	99.6	100.1
其他奶制品	100.9	101.1	100.1	99.9	101.4	102.0
(11)干鲜瓜果类	107.2	106.8	103.8	107.5	109.3	110.5
鲜 果	108.6	108.0	104.6	108.7	110.9	112.3
坚 果	102.5	102.4	100.9	103.1	103.1	103.6
瓜果制品	99.3	98.7	97.7	99.9	100.9	102.6
(12)糖果糕点类	101.8	101.7	101.7	102.1	102.3	102.4
食 糖	103.1	102.2	101.3	101.6	101.0	101.5
糖 果	101.0	102.1	102.5	102.8	104.3	103.3
糕 点	101.5	101.4	101.3	101.7	102.1	102.8
其他糖果糕点	102.9	101.7	102.7	103.1	100.9	99.4
(13)调味品	102.6	102.2	102.9	103.5	103.0	103.4
食 用 盐	107.3	108.4	109.8	111.2	112.0	113.0
酱 油	103.6	103.1	103.8	104.2	103.6	104.2
食 醋	102.3	101.4	100.4	102.1	100.9	100.7
增 味 剂	100.6	100.2	101.2	102.8	102.6	103.0
其他调味品	101.6	101.3	102.2	101.9	101.3	101.6
(14)其他食品类	102.3	102.1	102.7	103.5	103.5	103.4
方便食品	100.8	101.8	102.6	104.4	104.3	102.9
淀粉及制品	102.1	101.2	101.3	102.6	101.0	103.4
其他食品	103.8	102.7	103.5	103.0	103.7	103.9
2.茶及饮料	102.9	103.3	102.5	102.8	104.6	104.7
茶 叶	105.8	106.8	104.2	102.5	108.2	107.8
固体咖啡	100.5	101.0	101.1	102.7	104.0	103.8
其他固体饮料	100.6	100.6	101.3	101.8	102.4	103.0
饮 用 水	101.7	101.6	101.4	100.9	100.9	100.7
果汁饮料	100.7	100.9	102.1	102.3	102.1	101.5
其他液体饮料	101.9	102.2	102.1	104.3	104.3	105.0
3.烟酒	102.3	102.0	102.1	101.9	101.7	101.7
(1)卷烟	100.5	100.3	100.4	100.4	100.5	100.5
卷 烟	100.5	100.3	100.4	100.4	100.5	100.5
(2)酒类	105.6	105.1	105.2	104.5	103.8	103.7
白 酒	106.9	105.8	106.5	105.6	104.4	104.3
葡 萄 酒	105.1	108.4	104.6	103.5	104.2	103.6
啤 酒	99.2	100.1	99.1	99.1	100.0	101.4
其他酒类	104.4	104.5	104.4	105.2	105.4	101.7
4.在外餐饮	101.3	101.3	101.2	101.3	101.3	101.4
餐馆餐饮	101.5	101.4	101.1	101.1	101.1	101.4
饮品店餐饮	102.3	102.7	102.6	101.7	101.6	101.3
外 卖	98.9	99.4	100.1	100.8	100.8	100.9
其他在外餐饮	102.4	102.4	102.3	102.2	102.2	102.1

3-3 续表 2 (上年同月=100)

分类名称	1月	2月	3月	4月	5月	6月
二、衣着	**101.6**	**101.5**	**101.7**	**101.7**	**101.5**	**101.7**
1.服装	102.0	102.1	102.3	102.3	102.1	102.3
(1)男式服装	101.3	101.5	101.5	101.8	101.7	102.2
男式外套	101.3	101.3	102.5	102.2	101.9	102.3
男式针织衫	100.8	101.1	101.8	102.1	102.0	102.3
男式衬衫T恤	101.3	101.2	99.8	102.0	101.9	102.8
男式裤子	102.0	102.9	101.9	100.9	101.0	101.8
男式内衣	100.4	100.4	100.6	100.7	100.6	100.7
(2)女式服装	102.3	102.3	102.7	102.4	102.3	102.5
女式外套	101.8	102.3	103.6	103.4	103.3	103.6
女式针织衫	99.8	99.5	100.9	101.2	100.9	101.0
女式衬衫T恤	101.7	101.6	101.4	101.1	100.7	101.2
女式裤子	103.3	102.8	101.4	100.9	101.1	101.1
女式裙子	105.3	105.0	105.1	104.5	104.3	103.9
女式内衣	100.4	100.3	100.4	100.4	100.7	100.8
(3)儿童服装	103.7	103.9	103.8	103.9	103.7	103.4
婴儿服装	107.6	107.3	106.8	106.9	106.9	106.8
儿童上衣	104.2	105.1	105.7	107.3	106.9	106.8
儿童裤子	103.2	102.8	102.2	100.6	100.1	99.5
儿童裙子	98.8	99.3	99.4	99.4	99.0	98.6
儿童内衣	103.0	102.7	101.8	101.6	102.5	101.8
(4)衣着材料及配件	99.0	99.0	99.5	99.5	99.4	99.1
袜 子	100.2	99.8	100.2	100.2	100.2	99.9
帽 子	98.0	97.6	97.8	97.9	98.0	97.8
其他衣着材料及配件	98.1	98.6	99.4	99.2	98.9	98.8
(5)衣着服务费	103.0	102.6	102.6	101.5	101.9	102.2
衣着洗涤保养	103.0	102.7	102.8	101.9	102.3	102.7
其他衣着服务	103.2	102.4	102.0	100.5	100.5	100.7
2.鞋类	99.7	99.2	99.1	99.3	99.1	99.4
(1)鞋	99.6	99.2	99.0	99.2	98.9	99.2
男 鞋	98.9	98.4	98.3	99.0	99.0	99.2
女 鞋	99.9	99.7	99.4	99.4	99.0	99.3
童 鞋	99.5	98.2	98.4	98.5	97.8	98.5
(2)鞋类服务	101.4	100.3	101.4	101.4	102.6	102.3
鞋类服务	101.4	100.3	101.4	101.4	102.6	102.3
三、居住	**101.4**	**101.4**	**101.2**	**101.6**	**101.4**	**101.0**
1.租赁房房租	99.8	99.7	99.6	100.0	99.9	100.1
公房房租	100.0	100.0	100.0	100.0	100.0	100.0
私房房租	99.8	99.7	99.6	100.0	99.9	100.1
2.住房保养维修及管理	104.2	104.3	103.8	103.8	103.3	103.4
(1)住房装潢材料	105.2	105.1	104.7	104.5	103.8	104.0

3-3 续表 3 (上年同月=100)

分类名称	1月	2月	3月	4月	5月	6月
木 地 板	103.6	103.3	103.4	102.1	101.9	102.6
瓷 砖	103.9	103.9	104.0	104.5	104.1	104.8
水 泥	112.4	110.6	110.6	108.7	106.2	108.2
涂 料	105.2	105.7	105.7	105.8	105.9	107.2
板 材	105.6	106.2	105.8	105.9	105.6	105.4
管 材	110.1	110.1	107.6	107.6	105.8	106.1
厨卫设备	101.7	101.5	102.0	102.3	102.2	102.4
门 窗	104.0	103.9	103.4	103.2	102.4	101.7
其他住房装潢材料	107.6	107.1	104.6	104.2	102.6	99.6
(2)住房维修管理费用	103.2	103.6	102.9	103.1	102.8	102.9
物业管理费	100.6	100.2	100.2	100.2	100.2	100.2
装潢维修费	104.8	105.6	104.5	104.8	104.3	104.4
其他住房费用	100.0	99.9	99.9	99.9	99.9	99.9
3.水电燃料	102.1	102.2	102.1	102.9	103.0	101.7
(1)水	100.0	100.0	100.0	100.0	100.0	100.0
水	100.0	100.0	100.0	100.0	100.0	100.0
(2)电	100.0	100.0	100.0	100.0	100.0	97.2
电	100.0	100.0	100.0	100.0	100.0	97.2
(3)燃气	103.8	104.2	104.9	104.6	105.4	105.1
管道燃气	100.7	100.7	100.7	100.3	100.4	100.2
液化石油气	124.7	127.7	133.2	133.5	138.8	138.7
(4)其他水电燃料类	111.0	111.2	109.0	116.2	115.6	115.9
其他水电燃料类	111.0	111.2	109.0	116.2	115.6	115.9
4.自有住房	100.8	100.7	100.6	100.9	100.7	100.4
自有住房	100.8	100.7	100.6	100.9	100.7	100.4
四、生活用品及服务	**101.1**	**100.7**	**100.9**	**101.1**	**101.5**	**101.6**
1.家具及室内装饰品	102.5	102.7	102.5	102.7	102.5	102.3
(1)家具	102.8	103.0	102.7	102.9	102.7	102.4
柜	102.3	102.4	102.0	101.8	101.3	101.3
床	102.5	102.5	102.6	102.4	102.2	101.7
桌	102.5	102.5	103.1	104.5	103.8	103.4
椅	102.1	102.2	101.4	102.5	102.2	102.2
沙 发	104.0	104.7	104.7	104.9	105.3	104.7
其他家具	102.5	102.1	100.5	100.3	100.1	100.0
(2)室内装饰品	98.8	99.2	100.3	100.9	100.5	100.2
灯 具	98.0	98.5	100.4	101.5	100.6	97.5
其他室内装饰品	99.9	100.2	100.1	100.2	100.4	103.8
2.家用器具	102.6	102.5	101.4	101.8	102.3	101.6
(1)大型家用器具	102.6	102.7	101.4	101.7	102.1	101.1
洗 衣 机	104.6	103.1	100.5	100.7	100.2	100.0
电冰箱(柜)	101.0	101.6	99.4	97.6	97.3	98.3
抽油烟机	101.6	102.6	101.8	101.3	101.2	101.0

3-3 续表 4 (上年同月=100)

分类名称	1月	2月	3月	4月	5月	6月
空 调 器	104.3	103.6	101.8	103.0	104.7	101.6
热 水 器	102.3	104.5	103.0	103.2	102.0	102.8
炉具灶具	104.2	104.9	105.9	106.9	107.4	106.0
地面清洁器	98.4	99.8	101.4	106.4	102.6	102.7
空气净化器	94.6	98.0	100.0	101.1	99.3	97.7
净 水 器	94.9	96.0	99.3	101.2	104.3	104.2
其他大型家用器具	101.4	101.5	101.0	101.0	100.5	99.8
(2)小家电	102.3	101.4	101.6	102.2	103.5	104.4
厨房小家电	102.6	101.8	101.5	102.5	104.4	105.5
生活小家电	101.5	100.4	102.0	101.6	101.1	101.6
3.家用纺织品	99.7	100.0	99.9	99.9	99.8	100.0
(1)床上用品	99.3	99.7	99.6	99.6	99.7	99.7
被 子	99.1	99.9	99.8	99.7	100.0	99.9
床单被套	99.9	100.1	100.0	100.0	100.0	100.1
其他床上用品	98.1	98.8	98.7	98.7	98.6	98.6
(2)窗帘门帘	102.7	102.2	101.7	101.8	101.1	101.1
窗帘门帘	102.7	102.2	101.7	101.8	101.1	101.1
(3)其他家用纺织品	100.5	100.2	100.0	100.0	99.9	100.7
其他家用纺织品	100.5	100.2	100.0	100.0	99.9	100.7
4.家庭日用杂品	100.1	99.1	100.0	99.6	100.0	100.7
(1)洗涤卫生用品	100.2	98.1	99.9	99.3	99.3	99.7
清洗用品	99.4	96.9	98.7	98.8	99.4	99.0
清洁用具	102.7	101.5	100.8	100.3	102.6	102.7
清洁用纸	100.1	98.2	100.9	99.3	98.2	99.4
(2)厨具餐具茶具	98.5	99.6	99.6	101.0	101.3	103.7
厨 具	98.1	101.5	100.1	101.0	102.1	106.4
餐 具	98.6	95.3	99.0	102.5	100.3	101.6
茶 具	99.8	102.0	99.4	98.1	100.5	97.7
(3)其他家庭日用杂品	100.7	99.8	100.3	99.4	100.0	100.4
配电附件	101.4	100.8	99.1	99.1	97.9	100.0
雨 具	97.2	99.7	98.9	99.0	98.3	97.6
其他日用杂品	101.6	99.5	101.2	99.6	101.4	101.5
5.个人护理用品	97.8	99.1	99.6	100.8	102.0	102.4
(1)化妆品	96.4	98.3	98.9	99.8	101.7	101.7
清洁化妆品	95.1	95.8	96.5	97.0	99.1	101.3
护肤化妆品	95.4	97.8	98.8	99.5	102.0	101.3
彩妆化妆品	102.1	102.7	101.4	103.2	103.6	103.4
化妆器具	98.7	101.7	100.9	104.4	101.0	103.2
(2)其他护理用品类	99.5	100.0	100.6	102.0	102.4	103.4
清洁类护理用品	99.8	101.1	101.6	105.1	104.5	105.4
护发美发用品	100.3	100.1	100.9	101.4	102.9	105.4
护理器具	99.8	100.1	101.0	102.9	102.7	103.1
其他护理用品	98.1	98.2	98.3	97.3	98.2	98.2

3-3 续表 5　　　　(上年同月=100)

分类名称	1月	2月	3月	4月	5月	6月
6.家庭服务	107.3	100.8	103.0	103.2	103.0	102.9
家政服务	114.7	101.8	104.4	104.5	104.5	104.4
母婴护理服务	102.3	100.1	101.1	101.6	101.6	101.7
家庭维修服务	102.4	101.2	102.0	102.1	101.6	101.1
其他家庭服务	105.3	98.7	103.7	104.0	103.8	103.8
五、交通通信	**105.2**	**105.8**	**105.5**	**106.3**	**106.4**	**109.1**
1.交通	108.0	108.8	108.2	109.3	109.4	113.2
(1)交通工具	100.8	100.9	100.5	99.9	99.7	101.8
燃油小汽车	100.4	100.5	100.2	99.1	98.9	101.5
新能源小汽车	100.3	100.3	99.6	101.7	101.9	102.8
电动自行车	101.6	102.3	101.6	101.1	101.2	102.0
自 行 车	103.8	103.9	102.8	105.5	105.5	105.7
其他交通工具	103.4	103.5	102.8	103.2	102.2	102.3
(2)交通工具用燃料	119.7	122.7	123.6	127.7	126.4	132.0
汽 油	120.3	123.4	124.2	128.5	127.2	132.9
柴 油	122.1	125.7	126.4	131.0	129.5	135.5
其他车用能源	102.1	102.0	102.4	101.7	101.7	101.6
(3)交通工具使用和维修	100.5	100.6	100.7	101.1	101.0	100.7
停 车 费	95.9	95.6	95.7	95.7	95.7	95.4
车辆使用费	99.9	99.9	100.1	100.1	100.1	100.1
交通工具零配件	102.5	103.4	103.8	104.1	103.9	103.5
车辆修理与保养	102.6	101.7	101.4	102.8	102.7	102.2
(4)交通费	106.5	104.6	98.8	98.4	101.2	106.6
市内公共交通	103.6	103.8	103.8	103.8	103.8	103.8
出租汽车	100.0	97.6	100.0	100.0	100.0	100.0
飞 机 票	123.1	124.2	90.2	87.8	102.1	126.4
火 车 票	99.8	99.8	99.8	99.9	99.9	100.0
长途汽车	105.2	100.5	102.5	102.4	101.7	101.8
网 约 车	107.1	98.7	99.2	102.0	101.9	102.2
交通工具租赁费	111.8	96.5	99.0	102.3	94.2	97.9
其他交通费	111.1	94.6	96.3	97.0	96.8	96.7
2.通信	97.9	97.8	98.0	98.0	98.0	97.8
(1)通信工具	95.1	94.8	95.9	95.4	95.7	95.1
电 话 机	94.9	94.5	95.7	95.1	95.5	94.8
其他通信工具及零配件	99.2	99.8	99.3	100.2	100.6	99.9
(2)通信服务	99.0	98.9	98.8	98.9	98.8	98.9
电 话 费	98.7	98.7	98.4	98.4	98.4	98.5
家庭宽带服务	100.1	99.9	100.0	100.5	99.9	100.1
其他通信服务	99.9	99.9	101.4	101.3	99.4	99.4
(3)邮递服务	100.8	99.9	100.0	100.0	100.1	100.1
邮递服务	100.8	99.9	100.0	100.0	100.1	100.1

3-3 续表 6 (上年同月=100)

分类名称	1月	2月	3月	4月	5月	6月
六、教育文化娱乐	**104.1**	**102.9**	**102.9**	**101.8**	**101.6**	**102.3**
1.教育	102.7	102.8	103.4	103.4	103.2	103.3
(1)教育用品	101.1	100.9	100.8	100.8	100.7	100.8
工 具 书	100.2	99.9	100.3	100.1	100.1	100.1
教 材	101.0	100.9	100.0	99.9	99.9	99.9
参考资料	102.6	102.8	102.7	102.9	103.0	103.1
其他教育用品	99.4	98.9	99.2	99.0	98.6	98.5
(2)教育服务	102.8	102.9	103.6	103.6	103.4	103.5
幼儿早期教育	101.3	101.3	103.5	102.6	101.6	101.9
学前教育	102.8	102.8	101.9	101.9	101.9	101.9
小学初中教育	107.5	107.5	107.7	107.7	107.7	107.7
高中中职教育	100.3	100.3	100.3	100.3	100.3	100.3
高等教育	100.4	100.4	100.4	100.4	100.4	100.4
课外教育	99.4	99.1	103.4	103.3	103.3	103.6
专业技能培训	111.7	113.1	113.6	114.1	113.7	114.0
其他教育服务	106.4	107.1	105.6	105.6	104.3	104.4
2.文化娱乐	106.2	103.0	102.1	99.8	99.3	101.0
(1)文娱耐用消费品	101.3	101.5	100.4	98.0	97.7	96.7
电 视 机	99.4	99.4	98.2	96.1	95.9	94.1
照 相 机	102.7	103.1	103.9	105.5	105.6	103.8
台式计算机	105.9	105.4	103.2	99.7	99.7	99.1
笔记本电脑	103.7	102.9	101.6	96.9	95.5	94.4
平板电脑	93.3	97.6	97.8	97.3	97.7	99.9
乐 器	100.6	100.1	100.0	99.4	99.9	99.7
音 响	100.0	101.8	103.1	102.6	103.0	102.5
可穿戴智能设备	102.9	105.0	103.1	102.0	101.7	101.5
其他文娱耐用消费品	102.5	103.4	101.9	102.5	102.8	102.5
(2)其他文娱用品	100.5	101.0	100.5	99.9	99.6	100.5
书报杂志及音像制品	100.8	101.5	101.8	102.0	102.0	102.0
纸张文具	101.1	101.2	101.1	100.9	100.5	100.4
体育户外用品	102.0	104.2	104.3	105.9	108.4	107.4
游戏用品和玩具	99.6	100.4	100.3	99.7	98.2	98.7
园艺花卉及用品	101.7	101.6	99.8	99.3	99.6	99.6
宠物及用品	99.5	100.5	99.6	95.1	93.2	99.0
其他文化娱乐用品	100.0	100.0	98.7	98.6	98.6	99.6
(3)文化娱乐服务	102.3	102.1	102.3	101.9	101.6	101.1
电影及演出票	103.3	99.2	100.5	98.9	98.1	100.5
景点门票	98.3	99.0	100.2	101.3	101.6	101.2
电视服务	100.4	100.5	100.7	100.7	100.9	100.6
健身活动	100.2	100.2	100.3	105.3	100.8	100.9
宠物服务	109.2	106.8	107.1	107.0	107.0	108.1
网络文娱服务	108.6	111.1	109.7	103.5	105.6	105.6

3-3 续表 7 (上年同月=100)

分类名称	1月	2月	3月	4月	5月	6月
儿童娱乐项目	104.5	104.1	102.7	102.7	100.8	95.7
其他文娱服务	104.0	103.3	103.6	101.0	101.0	101.2
(4)旅游	115.8	105.5	103.9	98.8	98.3	103.2
旅行社收费	119.9	106.9	105.0	98.7	98.0	104.0
其他旅游	100.9	99.7	99.3	99.4	99.4	99.8
七、医疗保健	**100.6**	**100.5**	**100.7**	**100.7**	**100.9**	**100.5**
1.药品及医疗器具	99.9	99.8	100.2	100.3	100.5	100.3
(1)中药	103.2	102.4	102.8	103.0	103.7	103.7
中 药 材	102.9	103.2	103.4	103.3	105.6	106.9
中 成 药	103.3	102.0	102.6	102.8	102.9	102.4
(2)西药	99.0	99.1	99.2	99.3	99.4	99.1
抗微生物药	97.7	97.7	97.3	97.3	97.1	97.0
消化系统用药	99.9	99.3	99.0	98.8	98.9	98.5
呼吸系统用药	97.8	99.4	99.4	99.2	99.4	98.2
解热镇痛药	100.5	100.5	100.7	99.9	100.0	100.1
抗肿瘤药	98.0	98.1	98.0	97.9	98.0	98.1
激素及影响内分泌药	98.6	98.7	98.7	99.2	99.6	96.7
心血管系统用药	99.1	98.8	98.9	99.5	99.9	100.1
血液系统用药	98.2	98.2	98.6	98.6	98.5	98.6
治疗精神障碍药	96.1	96.1	97.0	97.6	97.7	101.0
神经系统用药	104.2	103.6	102.7	105.0	105.0	104.2
泌尿系统用药	98.9	99.2	99.7	99.5	100.1	100.2
维生素、矿物质类药	104.2	104.5	104.8	104.4	103.9	102.6
调节水、电解质及酸碱平衡药	94.4	94.3	99.0	99.0	99.1	97.9
其他西药	102.2	102.2	102.2	102.0	102.2	102.2
(3)滋补保健品	99.7	99.0	100.3	100.4	100.5	100.4
滋补保健品	99.7	99.0	100.3	100.4	100.5	100.4
(4)医疗卫生器具	94.8	97.9	98.2	98.1	98.4	97.4
医疗卫生器具	94.8	97.9	98.2	98.1	98.4	97.4
(5)保健器具	97.7	97.9	97.7	98.2	98.0	97.5
保健器具	97.7	97.9	97.7	98.2	98.0	97.5
2.医疗服务	100.9	100.9	100.9	100.9	101.0	100.6
(1)综合医疗类	100.7	100.6	100.8	100.9	101.1	101.2
一般医疗服务	100.4	100.4	100.5	100.5	101.1	101.5
一般治疗操作	101.0	101.0	101.4	101.5	101.5	101.2
护 理	100.3	100.3	100.3	100.3	100.3	100.4
其他综合医疗服务	101.8	101.8	101.8	101.8	101.8	101.4
(2)诊断类	100.4	100.5	100.4	100.4	100.4	99.9
病理学诊断	102.7	102.7	102.7	102.7	102.7	102.2
实验室诊断	100.2	100.3	100.3	100.4	100.4	99.6
影像学诊断	100.5	100.5	100.3	100.3	100.3	99.9
临床诊断	100.4	100.4	100.4	100.4	100.4	100.3

3-3 续表 8 (上年同月=100)

分类名称	1月	2月	3月	4月	5月	6月
(3)治疗类	101.8	101.8	101.8	101.8	101.8	101.4
临床手术治疗	103.8	103.8	103.8	103.8	103.8	103.2
临床非手术治疗	99.9	99.9	100.0	100.0	100.0	99.6
(4)康复类	101.8	101.8	101.8	101.8	101.8	101.4
康复医疗	101.8	101.8	101.8	101.8	101.8	101.4
(5)中医医疗服务类	101.8	101.8	101.7	101.7	102.4	102.0
中医治疗	101.8	101.8	101.7	101.7	102.4	102.0
(6)其他医疗保健服务	99.6	99.6	99.6	99.6	99.7	99.3
其他医疗保健服务	99.6	99.6	99.6	99.6	99.7	99.3
八、其他用品及服务	**101.3**	**100.8**	**101.9**	**101.3**	**101.5**	**101.8**
1.其他用品	97.3	99.3	101.3	101.1	102.3	102.3
(1)首饰手表	97.8	99.7	102.5	100.1	99.9	99.6
金 饰 品	96.1	99.4	106.6	104.5	103.3	101.0
银 饰 品	99.3	100.0	101.0	100.4	100.5	100.3
铂金饰品	99.1	100.9	99.0	92.7	94.0	96.1
手 表	99.2	99.0	99.0	99.0	99.0	100.0
(2)母婴用品	96.2	98.2	99.3	102.9	109.5	112.4
母婴洗护喂养用品	97.8	97.2	97.9	102.4	110.5	114.4
其他母婴用品	92.0	100.9	103.0	104.4	106.9	106.7
(3)其他杂项用品	97.4	99.3	100.7	101.6	101.4	99.9
箱 包	97.0	99.8	101.6	102.7	102.2	100.2
眼 镜	98.4	98.2	98.4	98.8	99.1	99.1
2.其他服务	104.0	101.8	102.2	101.4	101.0	101.5
(1)在外住宿	105.0	106.8	102.5	96.7	93.8	97.0
宾馆住宿	104.6	107.6	103.7	99.0	96.9	99.0
其他住宿	106.2	104.5	99.4	90.7	85.5	91.7
(2)美容美发洗浴	107.9	99.4	102.3	102.3	102.3	102.3
美 容	104.5	101.1	102.8	102.8	102.8	102.8
美 发	111.5	97.5	102.4	102.6	102.6	102.6
洗 浴	106.0	101.0	100.9	100.5	100.6	100.6
(3)养老服务	101.0	100.7	101.6	101.5	101.1	101.1
养老服务	101.0	100.7	101.6	101.5	101.1	101.1
(4)金融及保险服务	102.3	102.3	102.3	102.3	102.3	102.3
金融服务	100.0	100.1	100.1	100.1	100.1	100.1
车辆保险	100.0	100.0	100.0	100.0	100.0	100.0
旅行保险	104.7	104.7	105.3	104.7	104.7	104.7
其他保险	106.3	106.2	106.2	106.2	106.2	106.2
(5)中介法律及其他服务	99.7	100.0	100.0	100.0	99.9	99.9
中介服务	100.3	100.9	101.0	100.9	100.9	100.9
法律服务	97.6	97.6	97.6	97.6	97.6	97.6
其他杂项服务	100.2	100.2	100.2	100.2	100.0	100.0

3-3 续表 9 (上年同月=100)

分类名称	7月	8月	9月	10月	11月	12月
居民消费价格总指数	**103.1**	**103.0**	**103.8**	**102.8**	**101.7**	**101.7**
非食品烟酒价格指数	**102.2**	**101.9**	**101.9**	**101.4**	**101.3**	**101.2**
服务价格指数	**100.9**	**100.8**	**100.9**	**101.0**	**100.8**	**100.9**
工业品价格指数	**103.8**	**103.3**	**103.0**	**102.0**	**101.8**	**101.5**
消费品价格指数	**104.5**	**104.4**	**105.5**	**104.0**	**102.2**	**102.1**
一、食品烟酒	**105.2**	**105.6**	**108.3**	**106.1**	**102.6**	**102.8**
1.食品	107.4	108.2	112.5	108.7	103.2	103.5
(1)粮食	105.0	104.4	105.1	104.3	104.1	102.5
大 米	104.3	103.4	104.2	102.9	103.1	100.9
面 粉	106.9	107.6	107.3	108.2	106.1	105.5
其他粮食	103.2	102.0	102.2	101.4	100.4	99.4
粮食制品	106.2	106.0	106.6	106.5	106.2	105.5
(2)薯类	112.9	112.6	114.5	111.6	109.5	110.8
薯 类	112.9	112.6	114.5	111.6	109.5	110.8
(3)豆类	104.7	104.1	104.6	104.4	103.9	102.7
干 豆	107.6	105.3	105.5	105.7	104.9	104.3
豆 制 品	103.3	103.5	104.1	103.8	103.3	101.9
(4)食用油	106.5	107.7	108.9	110.1	110.1	109.4
食用植物油	107.6	107.8	108.2	107.7	107.4	107.0
食用动物油	93.8	105.7	116.8	138.8	140.3	137.2
(5)菜及食用菌	112.4	110.4	120.3	95.3	78.3	87.0
鲜 菜	113.3	110.9	121.8	94.4	76.2	85.1
鲜 菌	110.3	112.2	116.1	102.9	94.6	109.4
干菜干菌及制品	102.8	102.7	104.2	105.1	105.1	104.9
(6)畜肉类	113.2	117.1	126.5	129.3	117.9	112.7
猪 肉	126.4	131.0	149.1	152.9	125.7	118.1
牛 肉	101.9	102.0	103.0	102.3	101.8	100.6
羊 肉	96.4	96.5	97.4	97.1	96.2	94.9
其他畜肉及副产品	102.6	112.0	118.0	124.5	126.6	119.2
畜肉制品	102.9	103.3	103.6	102.6	103.6	104.7
(7)禽肉类	105.4	106.5	108.6	108.1	107.4	107.6
鸡	105.1	106.9	109.5	108.3	106.8	106.7
鸭	108.2	108.6	110.8	110.2	110.2	110.7
其他禽肉及制品	103.2	103.6	104.6	105.5	105.9	106.3
(8)水产品	95.9	97.5	100.9	101.5	101.4	101.9
淡 水 鱼	89.3	90.9	95.7	97.1	99.8	100.4
海 水 鱼	107.8	109.6	108.9	109.2	103.8	104.3
虾 蟹 类	102.2	101.6	103.7	100.1	94.3	94.7
其他水产品及制品	109.9	112.9	114.6	114.2	112.6	113.1
(9)蛋类	105.1	103.6	110.7	110.7	109.1	108.6
鸡 蛋	105.0	103.3	111.7	111.4	109.4	108.9
其他蛋及制品	105.6	104.7	106.5	107.8	107.6	107.2

3-3 续表 10 (上年同月=100)

分类名称	7月	8月	9月	10月	11月	12月
(10)奶类	100.6	100.2	101.6	100.8	101.1	101.0
鲜 奶	99.4	98.2	99.1	99.6	100.9	100.2
酸 奶	102.1	102.5	103.3	102.8	102.3	102.3
奶 粉	101.2	101.3	103.4	101.3	101.3	101.5
其他奶制品	100.7	100.9	101.2	101.6	100.2	100.8
(11)干鲜瓜果类	111.1	112.8	114.3	111.2	108.0	106.6
鲜 果	113.2	115.2	117.0	113.0	109.2	107.3
坚 果	103.6	103.8	104.3	104.6	103.5	103.9
瓜果制品	101.5	102.2	101.8	102.3	103.5	101.3
(12)糖果糕点类	102.6	102.9	103.2	103.0	102.3	102.3
食 糖	101.7	101.4	102.6	103.9	103.2	103.0
糖 果	103.1	103.5	102.4	102.8	103.0	103.3
糕 点	103.3	104.4	104.1	103.2	102.3	101.9
其他糖果糕点	99.1	96.8	101.1	101.4	100.6	102.1
(13)调味品	103.1	103.0	103.2	103.3	103.0	102.4
食 用 盐	112.9	111.7	111.4	110.2	109.0	104.5
酱 油	102.5	102.4	102.1	101.9	101.9	101.2
食 醋	100.5	100.9	100.9	102.6	101.9	101.8
增 味 剂	103.2	103.4	103.5	104.2	103.7	102.4
其他调味品	102.2	102.0	102.9	102.7	102.6	103.3
(14)其他食品类	103.1	102.8	101.7	101.9	102.1	101.5
方便食品	102.1	101.8	101.2	101.1	101.3	100.6
淀粉及制品	103.5	104.1	104.1	103.7	104.9	104.6
其他食品	104.0	103.2	101.2	101.9	101.7	101.0
2.茶及饮料	105.0	105.2	104.4	104.8	103.7	103.5
茶 叶	108.4	108.6	105.4	105.9	105.3	104.2
固体咖啡	103.7	103.7	104.0	104.1	104.3	104.1
其他固体饮料	103.1	102.8	103.4	104.5	103.6	103.8
饮 用 水	100.5	100.8	101.2	101.1	100.6	100.0
果汁饮料	101.4	100.4	100.6	100.9	100.6	101.1
其他液体饮料	105.4	105.7	105.9	106.4	104.2	105.0
3.烟酒	101.2	101.0	100.9	100.8	100.3	100.1
(1)卷烟	100.4	100.3	100.2	100.1	100.1	100.1
卷 烟	100.4	100.3	100.2	100.1	100.1	100.1
(2)酒类	102.7	102.2	102.0	101.9	100.7	100.2
白 酒	103.5	102.9	102.5	102.2	101.0	100.4
葡 萄 酒	100.4	100.6	98.7	101.9	99.7	100.3
啤 酒	100.3	99.4	100.6	100.9	100.0	99.6
其他酒类	99.6	100.4	100.5	99.3	99.5	98.4
4.在外餐饮	101.6	101.5	101.6	101.9	102.1	102.4
餐馆餐饮	101.6	101.6	101.7	102.1	102.4	102.4
饮品店餐饮	101.4	101.3	100.7	100.5	100.4	100.6
外 卖	101.1	100.8	101.6	101.9	102.1	103.8
其他在外餐饮	102.2	102.2	101.9	102.0	102.0	101.8

3-3 续表 11 (上年同月=100)

分类名称	7月	8月	9月	10月	11月	12月
二、衣着	**102.0**	**102.0**	**101.4**	**101.3**	**100.8**	**99.5**
1.服装	102.5	102.5	102.0	101.8	101.3	99.7
(1)男式服装	102.2	102.3	101.5	101.4	100.7	99.6
男式外套	102.3	102.4	102.0	101.6	100.3	98.8
男式针织衫	102.4	102.3	101.8	101.5	100.7	100.3
男式衬衫T恤	103.3	103.1	101.7	101.9	101.8	101.7
男式裤子	101.1	101.4	100.4	100.2	100.0	98.6
男式内衣	100.6	100.7	100.7	101.3	100.6	99.1
(2)女式服装	102.7	102.7	102.2	102.1	101.6	99.8
女式外套	103.7	103.6	102.8	102.2	101.6	100.1
女式针织衫	101.1	101.1	100.9	101.0	100.2	99.8
女式衬衫T恤	101.4	101.4	100.5	100.5	100.2	100.2
女式裤子	101.9	102.4	101.6	101.2	100.9	100.3
女式裙子	104.1	104.1	104.3	104.9	104.9	99.5
女式内衣	100.8	100.5	100.5	100.8	100.2	98.3
(3)儿童服装	103.5	103.5	103.0	102.5	101.7	99.3
婴儿服装	106.9	106.9	104.9	103.2	102.7	97.9
儿童上衣	106.8	106.9	106.8	106.6	104.4	100.6
儿童裤子	99.5	99.4	98.8	98.6	99.2	99.4
儿童裙子	99.1	99.2	99.7	99.6	99.3	98.4
儿童内衣	101.7	101.6	101.6	100.9	99.1	98.8
(4)衣着材料及配件	99.7	99.7	99.8	99.3	99.2	99.4
袜 子	99.9	100.0	99.9	99.9	99.8	99.8
帽 子	99.3	99.3	99.7	99.7	99.7	99.7
其他衣着材料及配件	99.5	99.6	99.6	98.4	98.3	98.6
(5)衣着服务费	102.2	101.8	101.8	101.7	101.5	101.8
衣着洗涤保养	102.7	102.1	102.1	101.9	101.8	102.2
其他衣着服务	100.8	100.9	100.9	101.1	100.6	100.5
2.鞋类	99.8	99.8	99.3	99.2	98.8	98.4
(1)鞋	99.7	99.7	99.2	99.0	98.6	98.2
男 鞋	99.9	100.2	100.0	100.1	100.3	100.0
女 鞋	99.7	99.6	98.9	98.5	97.7	97.2
童 鞋	98.5	98.4	98.2	98.6	99.3	99.1
(2)鞋类服务	102.0	102.0	102.0	102.0	102.0	101.8
鞋类服务	102.0	102.0	102.0	102.0	102.0	101.8
三、居住	**100.9**	**101.1**	**100.8**	**100.2**	**100.5**	**100.3**
1.租赁房房租	100.3	100.4	100.1	100.1	100.3	100.0
公房房租	100.0	100.0	100.0	100.0	100.0	100.0
私房房租	100.3	100.4	100.1	100.2	100.3	100.0
2.住房保养维修及管理	103.2	104.1	103.6	102.3	101.9	101.7
(1)住房装潢材料	103.7	104.0	103.0	101.0	100.5	100.5

3-3 续表 12　　(上年同月=100)

分类名称	7月	8月	9月	10月	11月	12月
木 地 板	102.4	102.7	102.3	101.3	101.4	101.2
瓷 砖	104.4	105.2	103.9	102.4	102.1	101.0
水 泥	107.1	110.1	102.2	92.7	95.0	96.8
涂 料	106.8	107.0	106.3	105.6	103.3	103.2
板 材	105.9	105.7	105.3	103.7	101.9	101.9
管 材	106.7	107.3	106.0	103.6	102.5	102.4
厨卫设备	102.4	102.5	102.4	101.1	100.6	100.6
门 窗	101.4	101.3	101.5	100.8	100.2	99.9
其他住房装潢材料	97.5	96.6	96.6	93.5	93.9	94.6
(2)住房维修管理费用	102.7	104.1	104.3	103.6	103.4	103.0
物业管理费	100.2	100.2	100.2	100.2	100.2	99.8
装潢维修费	104.2	106.4	106.5	105.4	105.1	104.7
其他住房费用	99.9	100.3	100.3	100.3	100.3	100.3
3.水电燃料	101.9	102.3	102.1	100.2	101.9	101.9
(1)水	100.0	100.0	100.0	100.0	100.0	100.0
水	100.0	100.0	100.0	100.0	100.0	100.0
(2)电	96.8	96.8	96.8	96.1	99.8	100.1
电	96.8	96.8	96.8	96.1	99.8	100.1
(3)燃气	107.4	107.0	106.9	105.7	104.2	103.9
管道燃气	102.9	103.1	103.1	103.1	103.1	103.1
液化石油气	137.3	132.8	132.4	121.7	110.2	108.6
(4)其他水电燃料类	114.7	118.7	116.9	106.5	108.8	108.0
其他水电燃料类	114.7	118.7	116.9	106.5	108.8	108.0
4.自有住房	100.2	100.3	99.9	99.8	99.9	99.6
自有住房	100.2	100.3	99.9	99.8	99.9	99.6
四、生活用品及服务	**101.4**	**101.3**	**101.5**	**101.5**	**101.2**	**101.3**
1.家具及室内装饰品	102.4	102.3	102.2	102.3	100.6	100.6
(1)家具	102.4	102.4	102.4	102.5	100.7	100.5
柜	101.0	101.1	101.8	101.9	100.2	100.1
床	101.8	101.9	101.7	101.9	100.8	100.6
桌	103.5	103.1	103.5	103.7	101.3	101.2
椅	102.2	102.2	101.6	101.5	100.8	100.7
沙 发	104.8	104.9	104.4	104.4	101.7	101.6
其他家具	100.1	100.2	100.0	99.9	98.4	98.3
(2)室内装饰品	101.8	100.4	98.8	100.0	99.2	101.3
灯 具	100.2	97.7	95.1	97.2	95.8	99.4
其他室内装饰品	103.8	103.9	103.6	103.7	103.7	103.7
2.家用器具	101.9	101.4	101.2	100.9	100.0	99.5
(1)大型家用器具	101.6	101.0	100.9	100.6	99.8	99.4
洗 衣 机	101.6	99.8	99.7	100.0	97.4	97.0
电冰箱(柜)	98.6	96.5	95.9	97.1	95.2	94.7
抽油烟机	101.2	101.1	100.6	101.1	100.4	99.3

3-3 续表 13 (上年同月=100)

分类名称	7月	8月	9月	10月	11月	12月
空 调 器	102.5	102.7	103.0	101.8	101.7	101.4
热 水 器	101.9	100.4	100.4	99.3	99.9	99.6
炉具灶具	107.0	106.4	106.1	106.6	103.8	103.7
地面清洁器	104.3	103.7	102.0	101.4	103.0	103.5
空气净化器	97.0	100.3	104.3	103.8	105.4	106.4
净 水 器	103.0	105.0	103.7	102.4	103.9	101.0
其他大型家用器具	100.0	99.9	99.8	99.7	99.2	99.1
(2)小家电	103.3	103.2	102.6	102.2	101.0	100.2
厨房小家电	103.1	102.8	102.1	101.2	100.8	99.7
生活小家电	103.7	104.4	103.9	104.8	101.7	101.8
3.家用纺织品	100.1	99.7	99.2	100.0	99.4	99.5
(1)床上用品	99.8	99.6	99.0	100.2	99.6	99.7
被 子	100.5	100.5	100.4	100.6	100.4	100.4
床单被套	99.8	99.6	98.1	99.2	99.2	99.2
其他床上用品	98.8	98.2	98.9	101.5	99.3	99.6
(2)窗帘门帘	101.2	101.6	101.4	100.4	99.9	99.9
窗帘门帘	101.2	101.6	101.4	100.4	99.9	99.9
(3)其他家用纺织品	100.7	98.6	99.1	98.5	97.5	97.5
其他家用纺织品	100.7	98.6	99.1	98.5	97.5	97.5
4.家庭日用杂品	99.8	100.7	100.9	100.9	101.7	102.4
(1)洗涤卫生用品	99.1	101.5	102.4	102.9	104.4	105.6
清洗用品	96.3	98.0	97.9	98.8	98.9	99.8
清洁用具	102.7	102.3	100.2	102.5	100.9	102.7
清洁用纸	100.6	104.7	107.9	107.0	111.2	112.4
(2)厨具餐具茶具	100.3	102.9	100.8	100.4	102.0	102.4
厨 具	100.6	104.5	101.3	100.8	103.4	103.6
餐 具	101.5	101.8	100.9	100.3	101.0	102.0
茶 具	96.4	98.9	98.5	99.2	98.7	98.5
(3)其他家庭日用杂品	100.4	99.1	99.5	99.1	98.9	99.4
配电附件	99.9	98.0	99.4	99.4	99.9	99.9
雨 具	99.1	98.3	98.0	98.6	96.5	96.9
其他日用杂品	101.0	99.7	100.0	99.2	99.2	100.0
5.个人护理用品	102.7	101.6	103.0	102.8	103.6	103.3
(1)化妆品	103.0	101.8	103.9	103.1	104.7	104.3
清洁化妆品	101.3	100.8	101.8	101.5	101.5	103.8
护肤化妆品	103.5	101.7	104.8	103.6	106.3	105.1
彩妆化妆品	103.4	103.0	103.0	103.0	102.1	102.7
化妆器具	102.2	103.5	102.6	101.7	102.1	100.7
(2)其他护理用品类	102.2	101.3	101.7	102.4	102.3	102.0
清洁类护理用品	102.8	103.1	103.6	103.9	104.9	104.5
护发美发用品	104.0	102.5	101.5	101.5	101.3	101.3
护理器具	105.1	102.7	103.1	103.9	100.8	103.5
其他护理用品	98.2	96.6	98.4	100.3	99.7	98.2

3-3 续表 14 (上年同月=100)

分类名称	7月	8月	9月	10月	11月	12月
6.家庭服务	102.2	102.1	102.2	102.4	102.2	102.1
家政服务	103.1	103.2	103.3	103.8	103.8	103.0
母婴护理服务	100.6	100.4	100.3	100.4	99.6	99.6
家庭维修服务	101.2	101.0	100.9	100.6	100.6	100.6
其他家庭服务	103.8	103.9	104.7	104.6	104.6	105.9
五、交通通信	**106.7**	**105.1**	**105.0**	**103.4**	**102.9**	**103.4**
1.交通	109.8	107.6	107.2	105.0	104.5	104.9
(1)交通工具	102.0	100.0	98.9	98.1	97.5	97.6
燃油小汽车	101.8	99.3	97.8	96.8	96.2	96.5
新能源小汽车	102.5	102.3	102.5	102.5	100.9	100.3
电动自行车	101.6	100.8	101.6	100.8	100.4	99.5
自 行 车	105.8	105.1	105.2	104.4	105.0	104.1
其他交通工具	102.4	101.9	101.8	101.7	101.4	101.1
(2)交通工具用燃料	123.6	119.4	118.4	112.0	110.9	110.1
汽 油	124.2	119.9	118.8	112.3	111.2	110.4
柴 油	126.2	121.5	120.5	113.3	112.1	111.3
其他车用能源	102.1	102.1	102.1	101.0	100.9	100.4
(3)交通工具使用和维修	100.6	101.6	101.6	100.8	100.9	100.9
停 车 费	95.4	100.0	100.0	100.0	100.0	100.0
车辆使用费	100.1	100.1	100.2	100.2	100.2	100.2
交通工具零配件	103.1	103.4	103.3	101.3	101.8	101.9
车辆修理与保养	102.2	102.2	102.1	101.6	101.2	101.2
(4)交通费	103.4	102.3	104.7	106.6	106.7	111.5
市内公共交通	103.8	103.3	103.3	103.3	103.3	103.3
出租汽车	100.0	100.0	100.0	100.0	100.0	100.0
飞 机 票	108.8	105.4	118.6	126.7	132.0	164.2
火 车 票	100.0	100.0	100.0	100.0	100.0	100.1
长途汽车	102.5	102.2	102.2	102.2	102.4	102.7
网 约 车	101.3	101.3	102.0	102.0	101.8	101.8
交通工具租赁费	101.3	102.0	96.7	93.5	94.7	100.2
其他交通费	96.7	96.7	100.3	100.7	100.5	100.0
2.通信	98.0	98.0	98.6	98.6	98.4	99.0
(1)通信工具	95.7	95.8	97.8	98.7	97.8	100.0
电 话 机	95.4	95.6	97.7	98.7	97.8	100.2
其他通信工具及零配件	100.4	99.5	98.7	97.5	97.7	97.8
(2)通信服务	98.9	98.9	98.9	98.5	98.5	98.6
电 话 费	98.5	98.5	98.5	98.0	98.0	98.1
家庭宽带服务	100.2	100.2	100.2	100.2	100.2	100.2
其他通信服务	99.4	99.6	99.9	100.0	100.0	100.0
(3)邮递服务	100.1	100.1	100.1	100.2	100.1	100.1
邮递服务	100.1	100.1	100.1	100.2	100.1	100.1

3-3 续表 15 (上年同月=100)

分类名称	7月	8月	9月	10月	11月	12月
六、教育文化娱乐	**101.3**	**100.9**	**101.7**	**101.9**	**101.6**	**101.4**
1.教育	103.5	103.5	102.5	101.8	101.7	101.7
(1)教育用品	100.8	100.9	106.2	106.1	106.2	106.2
工 具 书	100.1	100.1	100.2	99.9	100.1	100.1
教 材	99.9	99.9	119.8	119.8	119.8	119.8
参考资料	103.1	103.2	105.2	105.3	105.6	105.5
其他教育用品	98.6	99.1	99.3	99.0	98.9	98.8
(2)教育服务	103.7	103.7	102.2	101.5	101.4	101.4
幼儿早期教育	101.4	101.6	100.9	100.7	100.8	100.8
学前教育	101.9	101.9	100.8	100.8	100.8	100.8
小学初中教育	107.7	107.7	101.2	101.2	101.2	101.2
高中中职教育	100.3	100.3	100.3	100.3	100.3	100.3
高等教育	100.4	100.4	100.5	100.5	100.5	100.5
课外教育	104.9	105.0	104.5	104.6	104.6	104.7
专业技能培训	112.6	112.5	112.3	100.2	98.1	97.6
其他教育服务	105.1	105.1	102.3	102.3	102.5	102.5
2.文化娱乐	98.3	97.5	100.7	102.0	101.5	101.0
(1)文娱耐用消费品	96.8	97.1	98.1	98.2	98.0	97.7
电 视 机	94.7	94.6	94.7	95.1	94.3	94.2
照 相 机	101.2	104.1	103.1	103.4	102.6	102.3
台式计算机	99.5	99.3	100.8	101.2	100.9	100.5
笔记本电脑	94.1	94.5	98.0	98.0	97.6	97.8
平板电脑	98.9	106.1	105.4	103.1	108.2	105.3
乐 器	99.6	99.2	99.0	101.8	102.9	103.2
音 响	104.1	102.4	103.2	102.6	101.5	102.2
可穿戴智能设备	100.7	104.0	104.1	103.7	100.5	97.7
其他文娱耐用消费品	102.6	99.5	99.2	98.6	98.5	98.7
(2)其他文娱用品	100.3	100.2	100.6	101.4	101.0	100.9
书报杂志及音像制品	101.9	101.9	101.9	101.9	102.3	102.4
纸张文具	100.4	100.1	100.2	100.0	100.3	100.1
体育户外用品	107.5	105.3	103.9	106.4	102.7	103.5
游戏用品和玩具	98.3	98.7	98.6	100.6	100.6	100.1
园艺花卉及用品	99.0	98.8	99.5	100.2	99.7	100.5
宠物及用品	98.9	99.0	102.9	104.5	103.7	101.8
其他文化娱乐用品	99.5	100.0	100.0	100.0	100.0	100.0
(3)文化娱乐服务	101.5	101.5	100.8	100.6	100.2	100.9
电影及演出票	102.2	104.3	105.4	100.5	102.9	103.8
景点门票	101.3	101.3	101.1	101.1	101.0	102.1
电视服务	100.6	100.5	100.5	100.5	100.3	100.2
健身活动	101.1	100.9	100.9	100.3	100.3	100.6
宠物服务	108.2	108.2	102.8	102.8	103.6	103.6
网络文娱服务	107.9	106.8	101.6	106.0	100.6	106.3

3-3 续表 16 (上年同月=100)

分类名称	7月	8月	9月	10月	11月	12月
儿童娱乐项目	95.6	95.6	95.6	95.8	95.8	94.0
其他文娱服务	100.4	100.4	100.2	98.8	98.7	98.7
(4)旅游	95.9	93.7	102.1	105.1	104.4	102.9
旅行社收费	95.1	92.4	102.5	106.3	105.5	103.5
其他旅游	99.8	100.0	100.2	100.1	99.9	100.1
七、医疗保健	**100.5**	**100.6**	**100.6**	**100.8**	**100.4**	**100.3**
1.药品及医疗器具	100.3	100.8	100.7	100.9	100.8	100.8
(1)中药	103.9	104.0	103.3	102.4	102.3	103.0
中 药 材	106.8	106.4	104.9	103.7	103.9	104.1
中 成 药	102.7	103.1	102.6	101.9	101.7	102.6
(2)西药	99.1	99.4	99.8	100.5	100.4	100.3
抗微生物药	97.0	97.0	97.2	99.1	99.1	99.9
消化系统用药	98.2	98.1	99.9	100.7	101.1	101.1
呼吸系统用药	98.1	98.8	99.9	100.3	100.4	100.8
解热镇痛药	99.5	99.4	100.2	101.0	100.8	100.8
抗肿瘤药	98.0	98.4	100.2	99.8	99.7	99.8
激素及影响内分泌药	96.6	96.9	97.7	97.6	97.7	97.4
心血管系统用药	100.8	101.1	101.2	102.0	102.0	101.1
血液系统用药	98.6	99.4	100.1	100.0	100.1	100.2
治疗精神障碍药	102.1	102.7	103.8	104.9	104.8	104.5
神经系统用药	104.1	106.2	104.2	104.1	103.6	103.5
泌尿系统用药	100.6	100.6	100.5	100.7	100.9	101.1
维生素、矿物质类药	102.6	102.9	99.8	101.3	101.0	101.1
调节水、电解质及酸碱平衡药	98.2	98.6	103.3	104.6	104.6	105.2
其他西药	102.2	102.4	99.6	99.7	98.1	96.1
(3)滋补保健品	100.7	101.2	100.0	100.5	100.3	99.4
滋补保健品	100.7	101.2	100.0	100.5	100.3	99.4
(4)医疗卫生器具	96.3	98.5	99.2	99.0	99.4	99.5
医疗卫生器具	96.3	98.5	99.2	99.0	99.4	99.5
(5)保健器具	97.5	98.2	99.0	99.0	97.7	99.4
保健器具	97.5	98.2	99.0	99.0	97.7	99.4
2.医疗服务	100.5	100.6	100.5	100.7	100.2	100.1
(1)综合医疗类	101.1	101.2	101.1	101.6	100.8	100.7
一般医疗服务	101.6	101.6	101.6	102.7	101.1	101.1
一般治疗操作	101.1	101.1	101.0	101.3	100.9	100.6
护 理	100.2	100.2	100.2	100.2	100.2	100.2
其他综合医疗服务	101.4	102.1	102.1	100.5	100.5	100.5
(2)诊断类	100.2	100.1	100.1	100.0	99.7	99.7
病理学诊断	102.9	102.7	102.7	102.5	99.9	99.9
实验室诊断	100.1	100.0	99.9	100.1	99.7	99.6
影像学诊断	100.0	99.9	99.9	99.6	99.5	99.6
临床诊断	100.2	100.2	100.2	100.2	100.0	100.0

3-3 续表 17 (上年同月=100)

分类名称	7月	8月	9月	10月	11月	12月
(3)治疗类	100.9	100.9	100.9	100.9	100.0	100.0
临床手术治疗	102.2	102.2	102.2	102.2	100.0	100.0
临床非手术治疗	99.6	99.6	99.6	99.7	100.1	100.1
(4)康复类	100.1	100.1	100.1	100.1	100.0	100.0
康复医疗	100.1	100.1	100.1	100.1	100.0	100.0
(5)中医医疗服务类	101.1	101.9	101.9	101.9	101.6	101.5
中医治疗	101.1	101.9	101.9	101.9	101.6	101.5
(6)其他医疗保健服务	99.1	99.3	99.3	101.0	100.7	100.4
其他医疗保健服务	99.1	99.3	99.3	101.0	100.7	100.4
八、其他用品及服务	**101.3**	**102.4**	**102.0**	**101.8**	**102.3**	**102.3**
1.其他用品	100.4	102.1	101.4	102.0	102.9	103.7
(1)首饰手表	98.5	101.1	100.1	101.6	102.8	104.3
金 饰 品	100.1	102.9	100.7	103.1	103.6	106.0
银 饰 品	100.2	100.1	100.0	100.3	100.2	100.3
铂金饰品	93.5	98.3	98.1	100.3	103.8	105.9
手 表	99.9	100.7	100.7	100.4	101.2	101.2
(2)母婴用品	107.2	108.5	107.4	108.0	107.1	106.8
母婴洗护喂养用品	108.5	110.9	109.1	109.6	108.4	108.4
其他母婴用品	103.6	102.0	102.7	103.6	103.3	102.3
(3)其他杂项用品	98.6	99.0	99.2	98.3	100.0	100.3
箱 包	98.9	99.4	99.7	98.4	100.3	100.6
眼 镜	97.8	97.8	97.7	97.9	99.3	99.3
2.其他服务	101.9	102.7	102.4	101.6	102.0	101.4
(1)在外住宿	98.6	104.2	103.9	98.7	102.7	97.5
宾馆住宿	99.5	103.5	104.8	100.1	101.8	96.0
其他住宿	96.4	106.3	101.5	94.9	105.4	102.1
(2)美容美发洗浴	102.5	102.4	102.2	101.8	101.8	101.8
美 容	102.8	102.8	102.8	102.8	102.8	102.8
美 发	103.1	102.9	102.6	101.7	101.7	101.7
洗 浴	100.3	100.4	100.1	99.9	100.1	100.0
(3)养老服务	101.1	101.1	101.1	101.2	101.1	101.6
养老服务	101.1	101.1	101.1	101.2	101.1	101.6
(4)金融及保险服务	102.8	102.9	102.5	102.5	102.2	102.2
金融服务	100.1	100.1	100.1	100.1	100.1	100.1
车辆保险	100.0	100.0	100.0	100.0	100.0	100.0
旅行保险	104.7	104.7	104.8	104.8	105.1	104.7
其他保险	107.8	107.9	106.7	106.7	105.6	105.6
(5)中介法律及其他服务	99.9	99.9	99.8	99.9	100.0	100.5
中介服务	100.9	100.9	100.7	100.9	100.6	100.9
法律服务	97.6	97.6	97.6	97.6	98.8	100.0
其他杂项服务	100.0	100.0	100.0	100.0	100.0	100.0

3-4 居民消费价格分类指数(2017-2022年)

(上年=100)

指　　标	2017	2018	2019	2020	2021	2022
居民消费价格总指数	**101.4**	**101.7**	**103.2**	**103.2**	**100.3**	**102.0**
非食品价格指数	**102.5**	**101.8**	**101.0**	**100.2**	**101.3**	**102.0**
服务项目价格指数	**103.4**	**102.1**	**101.2**	**100.0**	**100.9**	**101.1**
工业品价格指数	**101.9**	**101.8**	**100.1**	**99.0**	**101.8**	**103.1**
消费品价格指数	**100.3**	**101.5**	**104.3**	**105.0**	**99.9**	**102.5**
一、食品烟酒	**98.6**	**101.3**	**108.9**	**111.0**	**98.0**	**101.9**
1.食品	97.2	101.3	112.1	114.2	96.0	102.0
(1)粮食	101.0	100.3	100.3	100.7	101.6	103.8
(2)薯类	97.9	107.7	101.2	103.7	101.3	109.7
(3)豆类	102.5	103.5	101.8	107.9	104.6	104.1
(4)食用油	97.1	98.0	104.9	109.8	102.8	103.7
(5)菜及食用菌	94.1	108.4	102.2	109.6	103.1	102.1
(6)畜肉类	92.2	96.0	137.0	139.3	79.1	96.2
(7)禽肉类	99.3	105.7	110.2	101.0	95.7	103.7
(8)水产品	104.0	100.9	100.8	103.8	110.5	100.7
(9)蛋类	97.8	109.6	103.5	94.9	102.5	105.8
(10)奶类	99.8	100.5	101.8	100.6	103.0	100.4
(11)干鲜瓜果类	102.8	102.9	108.2	93.5	101.5	109.0
(12)糖果糕点类	101.7	101.7	100.5	100.6	101.0	102.4
(13)调味品	101.4	101.1	100.4	101.1	101.7	103.0
(14)其他食品类	100.1	100.5	102.3	102.8	100.0	102.5
2.茶及饮料	101.7	101.2	101.0	100.5	101.5	104.0
3.烟酒	101.5	101.7	101.6	102.3	102.2	101.3
(1)卷烟	99.7	99.8	100.3	100.6	100.6	100.3
(2)酒类	104.4	104.6	103.5	104.6	105.2	103.1
4.在外餐饮	101.4	100.9	103.6	106.1	101.4	101.6
二、衣着	**102.5**	**101.1**	**101.2**	**99.7**	**99.8**	**101.4**
1.服装	102.9	101.7	101.3	99.9	100.4	101.9
(1)男式服装	103.2	101.3	100.8	99.9	99.4	101.5
(2)女式服装	102.8	101.9	101.6	99.8	101.0	102.1
(3)儿童服装	102.0	101.8	101.2	100.1	100.0	103.0
(4)衣着材料及配件	99.8	99.5	101.0	99.7	99.2	99.4
(5)衣着服务费	106.1	104.7	105.2	101.6	102.2	102.1
2.鞋类	101.5	99.4	100.9	99.1	97.5	99.3
(1)鞋	101.3	99.2	100.8	99.0	97.3	99.1
(2)鞋类服务	106.5	104.7	102.0	101.7	100.9	101.8

3-4 续表 1 (上年＝100)

指　　标	2017	2018	2019	2020	2021	2022
三、居住	**102.4**	**102.6**	**101.5**	**98.9**	**100.3**	**101.0**
1.租赁房房租	103.0	104.6	102.4	98.5	99.6	100.0
2.住房保养维修及管理	102.7	104.1	100.9	100.8	102.0	103.3
(1)住房装潢材料	103.7	104.6	100.1	100.0	101.7	103.3
(2)住房维修管理费用	-	-	-	-	102.3	103.3
3.水电燃料	100.6	101.8	101.7	99.9	100.0	102.0
(1)水	104.7	103.9	102.5	100.9	100.0	100.0
(2)电	98.2	99.5	99.8	100.1	97.8	98.7
(3)燃气	100.4	103.6	104.6	99.4	101.3	105.3
(4)其他水电燃料类	100.0	100.0	100.0	100.0	107.5	112.6
4.自有住房	103.0	102.3	101.4	98.0	100.1	100.3
四、生活用品及服务	**101.2**	**101.5**	**100.2**	**99.9**	**100.6**	**101.3**
1.家具及室内装饰品	103.3	103.9	100.9	101.1	102.0	102.1
(1)家具	103.8	104.4	101.2	101.4	102.1	102.3
(2)室内装饰品	100.2	100.8	99.2	99.1	100.3	100.1
2.家用器具	101.0	99.7	98.2	97.0	101.3	101.4
(1)大型家用器具	101.0	99.6	98.2	96.9	100.9	101.2
(2)小家电	100.6	100.2	98.3	97.5	102.8	102.3
3.家用纺织品	100.6	101.3	100.1	99.1	99.4	99.8
(1)床上用品	100.6	100.9	100.2	99.0	98.9	99.6
(2)窗帘门帘	100.5	103.9	100.4	99.3	101.7	101.2
(3)其他家用纺织品	101.2	101.5	98.6	100.0	100.8	99.4
4.家庭日用杂品	100.2	101.1	100.9	100.5	99.9	100.5
(1)洗涤卫生用品	99.8	101.8	101.2	100.8	100.6	101.0
(2)厨具餐具茶具	100.4	100.1	100.3	100.1	98.2	101.0
(3)其他家庭日用杂品	100.8	100.5	100.8	100.3	99.9	99.7
5.个人护理用品	101.4	100.5	99.9	101.0	99.2	101.5
(1)化妆品	102.0	100.6	100.1	100.6	98.8	101.5
(2)其他护理用品类	100.8	100.4	99.7	101.4	99.7	101.6
6.家庭服务	101.2	107.0	104.0	103.6	104.0	102.8
五、交通通信	**101.6**	**101.2**	**97.1**	**96.4**	**104.1**	**105.4**
1.交通	102.6	102.8	97.1	94.8	105.5	108.0
(1)交通工具	98.0	96.9	96.2	97.4	99.0	99.8
(2)交通工具用燃料	110.5	112.1	94.6	86.8	117.0	120.4
(3)交通工具使用和维修	101.2	100.8	101.5	100.8	100.4	100.9
(4)交通费	101.3	100.8	99.6	98.3	102.3	104.2
2.通信	99.9	98.6	96.9	99.4	100.1	98.2
(1)通信工具	97.8	94.6	93.3	97.8	102.5	96.4
(2)通信服务	100.4	99.6	97.7	99.7	99.2	98.8
(3)邮递服务	100.2	100.3	99.4	100.3	100.4	100.1

3-4 续表 2 (上年＝100)

指　　标	2017	2018	2019	2020	2021	2022
六、教育文化娱乐	**104.1**	**101.5**	**100.8**	**101.2**	**100.9**	**102.0**
1.教育	103.2	102.5	102.9	101.5	101.8	102.8
(1)教育用品	105.0	102.1	101.1	100.6	101.1	102.6
(2)教育服务	103.1	102.6	103.1	101.6	101.8	102.8
2.文化娱乐	104.9	100.5	98.6	100.8	99.8	101.0
(1)文娱耐用消费品	97.1	96.3	96.3	96.8	101.2	98.4
(2)其他文娱用品	100.6	102.6	101.8	100.2	100.4	100.5
(3)文化娱乐服务	100.3	100.8	100.2	100.3	101.9	101.4
(4)旅游	111.8	101.6	98.2	102.7	97.3	102.1
七、医疗保健	**104.2**	**102.8**	**102.8**	**100.7**	**101.9**	**100.6**
1.药品及医疗器具	103.8	104.4	103.5	101.0	100.2	100.4
(1)中药	104.1	105.0	105.1	102.3	102.4	103.1
(2)西药	104.5	106.1	104.1	100.2	99.3	99.5
(3)滋补保健品	104.6	102.2	102.5	100.5	100.6	100.2
(4)医疗卫生器具	100.1	100.2	99.5	103.8	98.7	98.0
(5)保健器具	100.0	99.6	98.7	98.5	99.4	98.1
2.医疗服务	104.5	101.6	102.2	100.5	102.7	100.6
(1)综合医疗类	113.9	101.0	102.5	100.6	103.6	101.0
(2)诊断类	100.4	100.4	101.0	100.3	100.1	100.2
(3)治疗类	107.4	101.9	103.0	101.1	107.8	101.2
(4)康复类	100.8	109.4	106.7	100.3	101.4	100.9
(5)中医医疗服务类	102.6	101.5	102.6	101.1	102.8	101.8
(6)其他医疗保健服务	100.6	103.6	102.0	100.5	100.6	99.8
八、其他用品及服务	**103.7**	**102.4**	**103.2**	**103.1**	**100.1**	**101.7**
1.其他用品	101.5	99.4	104.2	107.7	100.0	101.3
(1)首饰手表	102.9	99.1	106.3	113.0	101.1	100.7
(2)母婴用品	100.7	100.2	100.8	99.5	98.7	105.2
(3)其他杂项用品	99.5	99.9	101.0	99.3	99.1	99.6
2.其他服务	105.1	104.2	102.6	100.4	100.2	102.0
(1)在外住宿	100.8	102.8	100.0	94.2	100.7	100.5
(2)美容美发洗浴	103.9	105.5	102.4	99.8	101.4	102.4
(3)养老服务	101.3	100.7	102.6	103.7	101.9	101.2
(4)金融及保险服务	109.1	105.1	104.0	102.1	99.3	102.4
(5)中介法律及其他服务	102.9	101.4	101.3	99.6	100.0	100.0

3-5 主要城市居民消费价格总指数(1985-2022年)

(上年＝100)

年 份	成都市	自贡市	攀枝花市	泸州市	德阳市	绵阳市	广元市	遂宁市	内江市	乐山市	南充市
1985	111.4	111.0	110.9	112.5		107.9	108.4		108.0	107.5	107.1
1986	104.8	104.4	106.6	103.8		104.8	106.9		106.6	105.8	106.9
1987	108.8	111.0	109.1	111.2		111.4	110.0		109.7	109.4	110.2
1988	124.6	121.6	121.9	123.4		118.7	123.2		119.7	124.4	126.5
1989	116.2	113.8	121.3	115.0		113.7	115.8		115.2	114.3	113.5
1990	103.5	103.1	102.4	99.3		101.4	103.4		100.6	100.9	100.1
1991	105.2	106.4	106.3	105.8		102.3	105.7		103.7	107.7	106.8
1992	110.8	108.6	111.4	110.0		113.0	106.6		110.7	110.1	108.2
1993	115.9	116.9	122.0	115.7		115.1	116.7		114.1	121.0	117.1
1994	126.5	129.7	124.0	125.7		128.8	127.0		131.4	127.5	127.6
1995	117.5	119.1	121.2	118.7		121.7	117.0		119.7	120.1	118.2
1996	109.7	108.2	115.0	107.3		108.0	107.2		108.3	109.2	109.3
1997	105.7	105.5	107.3	104.7		105.5	105.0		103.1	104.3	103.1
1998	100.3	98.0	100.5	98.4		99.7	99.8		99.1	99.7	99.2
1999	98.3	96.9	98.2	99.1		98.3	97.9		99.6	98.2	96.8
2000	100.2	99.2	99.6	100.6		99.5	99.3		99.6	97.6	99.6
2001	100.8	103.2	101.4	101.5		102.6	102.0		102.0	104.4	102.0
2002	98.7	100.1	100.4	100.2		99.2	100.0		100.2	99.0	99.5
2003	102.1	102.5	101.0	100.3		101.7	101.0		102.3	101.9	101.8
2004	103.9	104.7	103.5	104.3		104.5	104.5		103.4	104.3	105.2
2005	102.3	100.9	101.0	100.7		100.6	101.2		101.3	101.1	101.5
2006	101.8	102.8	102.1	102.5		102.5	102.3		102.7	101.8	102.5
2007	105.2	105.8	105.4	106.2		106.4	106.4		106.4	105.7	107.6
2008	104.3	105.1	105.5	104.5		104.6	104.8		105.0	104.4	105.2
2009	100.3	100.9	100.7	101.2	100.5	101.6	101.4	100.9	100.8	101.2	101.4
2010	103.0	103.9	103.3	102.7	105.8	103.5	104.1	104.0	103.2	103.2	104.0
2011	105.4	105.7	104.8	105.8	106.1	105.0	105.3	106.5	105.4	105.0	106.4
2012	103.0	102.8	103.0	102.6	102.1	102.8	102.0	102.3	103.0	102.6	103.2
2013	103.1	103.5	101.3	103.2	102.3	103.2	102.9	102.9	102.3	102.4	103.2
2014	101.3	101.7	102.0	101.8	100.7	101.5	101.9	101.8	101.4	101.8	102.3
2015	101.1	101.5	101.5	101.5	100.4	101.4	101.9	101.7	101.7	101.8	101.8
2016	102.2	102.4	101.7	102.1	101.9	101.7	101.9	101.4	101.6	101.8	102.0
2017	102.0	101.3	101.2	101.8	101.0	102.0	101.6	101.8	101.7	101.7	101.8
2018	101.4	102.3	101.8	101.8	102.0	102.1	101.6	101.8	101.6	102.1	101.8
2019	102.8	103.7	104.1	102.7	104.1	103.4	103.9	102.8	103.5	103.8	103.1
2020	102.5	102.4	104.0	103.2	104.1	103.0	103.3	103.1	103.4	102.0	103.3
2021	100.5	100.2	99.8	99.9	100.1	100.2	100.1	100.1	100.0	100.4	100.2
2022	102.4	101.7	101.7	102.0	102.2	102.1	100.8	101.6	101.9	101.6	102.1

3-5 续表 (上年=100)

年份	眉山市	宜宾市	广安市	达州市	雅安市	巴中市	资阳市	阿坝州	甘孜州	凉山州
1985										107.6
1986										104.5
1987										109.3
1988										126.8
1989										118.0
1990										104.3
1991										104.7
1992										110.9
1993										114.5
1994										121.7
1995										118.1
1996										118.1
1997										103.1
1998										101.8
1999										99.6
2000										99.2
2001										102.9
2002										99.5
2003										101.2
2004										105.0
2005										102.1
2006										102.4
2007										104.5
2008										104.9
2009	101.2	102.0	100.5	100.6	99.4	100.8	100.3	103.1	105.0	99.8
2010	103.2	103.4	103.8	102.6	102.5	103.2	103.8	104.5	106.8	102.8
2011	106.1	105.6	106.1	105.8	105.7	106.6	105.9	106.2	108.6	105.0
2012	102.7	102.4	102.4	102.9	102.8	102.1	103.2	103.1	104.2	102.8
2013	102.8	102.2	102.8	102.5	102.9	102.6	102.9	103.6	104.1	102.5
2014	101.9	101.7	102.3	102.1	102.1	102.3	101.8	101.6	102.1	102.0
2015	101.1	100.8	102.0	101.5	101.0	101.6	101.5	101.0	102.7	102.2
2016	102.0	101.1	101.5	101.6	101.7	101.4	101.3	102.2	102.2	101.9
2017	101.6	101.3	101.4	101.4	101.5	100.5	101.8	101.2	102.2	101.8
2018	101.6	101.8	101.2	102.3	101.9	101.6	101.6	101.1	102.1	101.8
2019	103.7	102.3	103.6	103.1	103.9	103.4	103.5	102.3	103.0	103.8
2020	104.1	104.0	103.3	103.1	103.9	102.9	103.1	106.3	104.3	102.7
2021	100.4	100.3	99.6	100.0	99.1	100.2	100.3	100.2	100.1	99.8
2022	102.1	101.7	101.4	101.7	101.2	101.8	101.1	101.6	101.3	100.2

3-6 居民消费价格累计指数(2022年)

(上年=100)

地区	居民消费价格总指数	一、食品烟酒	二、衣着	三、居住	四、生活用品及服务	五、交通通信	六、教育文化娱乐	七、医疗保健	八、其他用品及服务
四川	**102.0**	**101.9**	**101.4**	**101.0**	**101.3**	**105.4**	**102.0**	**100.6**	**101.7**
成都市	102.4	102.4	103.3	101.3	102.9	105.8	102.0	99.7	102.0
自贡市	101.7	102.3	99.3	100.4	100.4	103.7	101.6	102.6	101.6
攀枝花市	101.7	102.0	101.3	100.1	100.8	105.0	102.2	99.2	101.0
泸州市	102.0	101.4	103.5	102.1	100.5	105.7	100.9	99.7	101.7
德阳市	102.2	102.9	99.8	100.5	102.5	105.4	101.7	99.1	102.3
绵阳市	102.1	102.4	100.5	101.0	99.7	105.2	103.2	99.8	102.1
广元市	100.8	100.4	96.4	100.2	100.3	105.5	99.9	101.1	101.6
遂宁市	101.6	101.3	100.9	100.7	101.4	104.4	103.1	99.3	101.7
内江市	101.9	102.5	99.0	100.8	101.4	104.7	101.6	101.6	101.4
乐山市	101.6	101.9	97.9	101.3	101.3	103.4	102.1	100.6	102.7
南充市	102.1	101.3	100.0	101.0	102.2	106.4	101.3	102.8	102.5
眉山市	102.1	101.7	101.6	100.4	101.2	106.1	103.3	100.7	101.5
宜宾市	101.7	102.2	101.7	100.9	99.2	103.8	100.2	102.2	102.5
广安市	101.4	100.6	101.2	100.3	100.4	105.3	102.3	100.6	100.9
达州市	101.7	101.8	100.1	101.2	100.7	103.4	103.9	100.2	100.5
雅安市	101.2	102.1	98.5	98.5	101.6	104.4	102.9	98.7	101.1
巴中市	101.8	101.2	100.4	101.2	101.0	106.2	101.4	100.7	101.9
资阳市	101.1	101.4	98.6	100.3	100.8	105.0	99.2	100.4	101.5
阿坝州	101.6	100.8	100.4	100.3	101.0	105.2	100.5	104.7	102.0
甘孜州	101.3	100.9	101.4	100.8	100.3	106.1	100.2	99.5	101.6
凉山州	100.2	101.5	97.2	96.5	101.0	102.4	101.5	99.1	101.1

3-7 主要城市居民消费价格分类指数(2022年)

(上年=100)

指标	成都市	自贡市	攀枝花市	泸州市	德阳市	绵阳市	广元市
居民消费价格总指数	**102.4**	**101.7**	**101.7**	**102.0**	**102.2**	**102.1**	**100.8**
一、食品烟酒	**102.4**	**102.3**	**102.0**	**101.4**	**102.9**	**102.4**	**100.4**
粮　食	105.9	104.4	102.4	99.4	106.7	102.8	103.0
鲜　菜	99.8	106.3	104.4	100.2	99.9	103.9	95.8
畜　肉	96.5	95.6	94.1	96.8	96.9	96.5	95.7
水产品	103.5	98.6	99.4	102.0	98.1	101.6	105.6
蛋	104.5	106.1	105.5	108.8	104.0	102.9	98.2
鲜　果	113.1	113.3	111.9	109.7	106.8	111.6	105.8
二、衣着	**103.3**	**99.3**	**101.3**	**103.5**	**99.8**	**100.5**	**96.4**
三、居住	**101.3**	**100.4**	**100.1**	**102.1**	**100.5**	**101.0**	**100.2**
四、生活用品及服务	**102.9**	**100.4**	**100.8**	**100.5**	**102.5**	**99.7**	**100.3**
五、交通通信	**105.8**	**103.7**	**105.0**	**105.7**	**105.4**	**105.2**	**105.5**
六、教育文化娱乐	**102.0**	**101.6**	**102.2**	**100.9**	**101.7**	**103.2**	**99.9**
七、医疗保健	**99.7**	**102.6**	**99.2**	**99.7**	**99.1**	**99.8**	**101.1**
八、其他用品及服务	**102.0**	**101.6**	**101.0**	**101.7**	**102.3**	**102.1**	**101.6**

3-7 续表 1

(上年=100)

指标	遂宁市	内江市	乐山市	南充市	眉山市	宜宾市	广安市
居民消费价格总指数	**101.6**	**101.9**	**101.6**	**102.1**	**102.1**	**101.7**	**101.4**
一、食品烟酒	**101.3**	**102.5**	**101.9**	**101.3**	**101.7**	**102.2**	**100.6**
粮　食	102.5	99.6	100.4	100.6	103.0	104.4	102.4
鲜　菜	98.3	100.8	102.1	100.5	101.0	101.9	103.2
畜　肉	94.5	97.7	94.0	99.3	96.0	98.7	94.3
水产品	99.4	99.5	98.5	101.0	101.1	97.7	95.2
蛋	107.6	113.3	101.7	109.6	103.9	101.8	102.9
鲜　果	113.0	114.3	113.1	104.4	109.1	112.3	109.2
二、衣着	**100.9**	**99.0**	**97.9**	**100.0**	**101.6**	**101.7**	**101.2**
三、居住	**100.7**	**100.8**	**101.3**	**101.0**	**100.4**	**100.9**	**100.3**
四、生活用品及服务	**101.4**	**101.4**	**101.3**	**102.2**	**101.2**	**99.2**	**100.4**
五、交通通信	**104.4**	**104.7**	**103.4**	**106.4**	**106.1**	**103.8**	**105.3**
六、教育文化娱乐	**103.1**	**101.6**	**102.1**	**101.3**	**103.3**	**100.2**	**102.3**
七、医疗保健	**99.3**	**101.6**	**100.6**	**102.8**	**100.7**	**102.2**	**100.6**
八、其他用品及服务	**101.7**	**101.4**	**102.7**	**102.5**	**101.5**	**102.5**	**100.9**

3-7 续表 2

(上年=100)

指标	达州市	雅安市	巴中市	资阳市	阿坝州	甘孜州	凉山州
居民消费价格总指数	**101.7**	**101.2**	**101.8**	**101.1**	**101.6**	**101.3**	**100.2**
一、食品烟酒	**101.8**	**102.1**	**101.2**	**101.4**	**100.8**	**100.9**	**101.5**
粮　食	103.6	103.9	101.4	100.6	102.7	100.7	100.8
鲜　菜	100.6	102.3	100.1	106.5	101.2	105.9	108.7
畜　肉	93.8	94.2	94.8	92.4	93.5	94.3	95.7
水产品	99.6	98.7	100.7	99.0	101.3	99.7	98.7
蛋	105.7	104.3	109.8	103.3	104.5	103.0	105.9
鲜　果	112.4	125.1	104.3	107.7	102.2	105.5	108.5
二、衣着	**100.1**	**98.5**	**100.4**	**98.6**	**100.4**	**101.4**	**97.2**
三、居住	**101.2**	**98.5**	**101.2**	**100.3**	**100.3**	**100.8**	**96.5**
四、生活用品及服务	**100.7**	**101.6**	**101.0**	**100.8**	**101.0**	**100.3**	**101.0**
五、交通通信	**103.4**	**104.4**	**106.2**	**105.0**	**105.2**	**106.1**	**102.4**
六、教育文化娱乐	**103.9**	**102.9**	**101.4**	**99.2**	**100.5**	**100.2**	**101.5**
七、医疗保健	**100.2**	**98.7**	**100.7**	**100.4**	**104.7**	**99.5**	**99.1**
八、其他用品及服务	**100.5**	**101.1**	**101.9**	**101.5**	**102.0**	**101.6**	**101.1**

3-8 商品零售价格分类指数(2022年)

(上年=100)

指　　标	全　省	城　市	农　村
商品零售价格总指数	**102.9**	**102.9**	**102.9**
一、食品	**102.3**	**102.6**	**101.3**
1.粮食	103.7	104.0	102.0
2.薯类	109.8	109.4	111.9
3.豆类	103.7	103.6	104.5
4.食用油	103.2	103.7	100.2
5.菜及食用菌	101.9	101.1	104.4
6.畜肉类	96.1	96.1	96.2
7.禽肉类	103.3	103.2	104.6
8.水产品	100.9	101.4	98.7
9.蛋类	105.5	105.0	108.8
10.奶类	100.7	100.9	99.0
11.干鲜瓜果类	110.1	110.4	108.2
12.糖果糕点类	103.1	103.6	100.9
13.调味品	103.4	104.2	100.7
14.其他食品类	102.9	103.3	101.2
15.餐饮业零售	101.4	101.6	100.7
二、饮料、烟酒	**101.7**	**101.9**	**101.0**
1.茶及饮料	104.5	105.2	102.2
2.卷烟	100.3	100.3	100.4
3.酒类	103.3	103.6	101.9
三、服装、鞋帽	**101.3**	**101.6**	**100.3**
1.服装	102.4	102.9	100.3
2.鞋帽袜	99.2	98.9	100.2
3.其他衣着配件	98.2	97.9	100.5
四、纺织品	**100.1**	**100.0**	**100.3**
1.服装材料	100.7	100.8	100.5
2.床上用品	99.9	99.8	100.2
五、家用电器及音像器材	**100.7**	**100.6**	**100.9**
六、文化办公用品	**100.8**	**100.8**	**100.7**
七、日用品	**101.0**	**101.1**	**100.2**
1.日用百货	102.4	102.6	101.5
2.厨具餐具茶具	101.2	101.2	101.2
3.清洗用品	99.7	100.1	97.5
4.其他日用品	100.3	100.4	99.7
八、体育娱乐用品	**100.5**	**100.3**	**100.9**
九、交通、通信用品	**98.4**	**98.2**	**99.2**
十、家具	**103.6**	**104.0**	**101.6**
十一、化妆品	**102.0**	**102.2**	**100.6**
十二、金银饰品	**100.5**	**100.0**	**103.0**
十三、中西药品及医疗保健用品	**99.9**	**99.4**	**101.1**
1.医疗卫生器具	98.3	98.5	97.5
2.中药	103.4	101.2	106.5
3.西药	98.9	98.9	98.9
4.保健器具及用品	99.9	99.8	100.0
十四、书报杂志及电子出版物	**101.6**	**101.7**	**101.1**
十五、燃料	**115.5**	**114.9**	**118.1**
十六、建筑材料及五金电料	**102.7**	**102.8**	**102.3**

3-9 商品零售价格分类指数(2017-2022年)

(上年=100)

指 标	2017	2018	2019	2020	2021	2022
商品零售价格总指数	**100.5**	**101.4**	**102.7**	**102.7**	**101.4**	**102.9**
一、食品	**98.3**	**101.5**	**110.6**	**112.5**	**99.0**	**102.3**
1.粮食	100.5	100.2	100.7	101.0	101.7	103.7
2.薯类	98.0	106.9	102.9	103.6	99.9	109.8
3.豆类	103.8	105.2	102.3	109.9	105.3	103.7
4.食用油	97.6	98.3	105.2	109.3	104.5	103.2
5.菜及食用菌	94.3	110.1	102.1	109.5	103.1	101.9
6.畜肉类	93.3	96.4	136.1	138.4	79.4	96.1
猪 肉	88.9	93.3	150.9	146.7	68.1	94.0
牛 肉	100.3	104.7	114.9	113.5	103.3	101.4
羊 肉	98.9	116.1	113.8	108.4	107.1	95.8
其他畜肉及副产品	100.0	94.7	124.4	143.7	84.6	93.4
畜肉制品	100.9	100.3	110.4	114.9	99.4	101.4
7.禽肉类	99.5	104.6	110.9	100.7	96.2	103.3
鸡	97.9	104.2	111.5	97.5	93.6	103.2
鸭	101.2	106.4	109.2	100.8	97.4	103.8
其他禽肉及制品	101.7	103.2	111.6	109.0	100.9	103.3
8.水产品	103.6	100.2	100.2	103.0	111.2	100.9
9.蛋类	98.3	108.4	103.4	95.6	102.1	105.5
10.奶类	99.8	100.5	101.8	101.1	104.6	100.7
11.干鲜瓜果类	103.8	102.1	109.1	93.4	101.5	110.1
鲜 果	105.4	103.8	111.7	91.5	102.1	111.5
12.糖果糕点类	102.1	102.5	100.6	101.0	101.5	103.1
13.调味品	101.6	101.5	100.3	101.2	102.3	103.4
14.其他食品类	99.6	100.3	101.8	102.4	100.0	102.9
15.餐饮业零售	101.6	101.0	104.0	106.3	101.3	101.4
二、饮料、烟酒	**101.4**	**101.6**	**101.6**	**101.5**	**101.9**	**101.7**
1.茶及饮料	102.0	101.8	100.7	99.9	101.8	104.5
2.卷烟	99.7	100.0	100.6	100.4	100.6	100.3
3.酒类	103.8	104.0	103.4	103.7	105.2	103.3
三、服装、鞋帽	**101.6**	**100.9**	**101.4**	**99.6**	**99.1**	**101.3**
1.服装	102.4	101.8	101.6	99.9	100.1	102.4
(1)男士服装	102.7	101.2	100.9	100.1	99.0	101.7
(2)女士服装	102.4	102.2	102.0	99.8	100.7	102.5
(3)儿童服装	101.4	101.5	101.5	100.2	99.5	103.8
2.鞋帽袜	99.8	98.5	100.9	98.5	97.0	99.2
(1)鞋	99.7	98.3	101.0	98.3	96.7	99.2
(2)袜子	100.2	99.8	100.1	99.2	100.1	99.6
(3)帽子	100.6	99.2	101.1	100.5	98.7	98.5
3.其他衣着配件	100.1	98.8	102.9	99.3	98.0	98.2

3-9 续表 (上年=100)

指　标	2017	2018	2019	2020	2021	2022
四、纺织品	**100.6**	**100.6**	**101.3**	**99.4**	**99.0**	**100.1**
1.服装材料	101.0	103.9	104.8	101.9	101.5	100.7
2.床上用品	100.5	99.9	100.4	98.7	98.4	99.9
五、家用电器及音像器材	**100.1**	**98.7**	**97.5**	**96.4**	**100.5**	**100.7**
1.家庭设备	100.9	99.9	98.2	96.8	101.3	101.4
2.文娱用耐用消费品	98.7	96.0	95.3	95.6	98.2	98.3
3.专业音像器材	99.3	99.6	99.1	96.6	99.3	100.9
六、文化办公用品	**94.7**	**99.4**	**99.2**	**98.9**	**103.3**	**100.8**
七、日用品	**99.7**	**100.9**	**101.1**	**100.0**	**99.6**	**101.0**
1.日用百货	100.4	100.4	100.2	99.7	99.9	102.4
2.厨具餐具茶具	99.7	99.4	100.4	100.2	98.5	101.2
3.清洗用品	99.4	103.5	101.9	100.6	102.4	99.7
4.其他日用品	99.1	100.1	101.7	99.6	98.9	100.3
八、体育娱乐用品	**100.3**	**103.8**	**100.8**	**99.2**	**100.6**	**100.5**
1.体育户外用品	101.1	102.0	98.8	98.8	100.8	105.0
2.娱乐用品	100.2	104.3	101.3	99.3	100.6	99.6
九、交通、通信用品	**99.0**	**96.4**	**96.0**	**98.9**	**100.1**	**98.4**
1.交通运输机械	99.6	97.0	96.8	97.7	99.0	99.4
2.通信器材	97.7	95.2	94.0	101.6	103.1	95.6
十、家具	**103.0**	**103.8**	**101.8**	**102.2**	**103.2**	**103.6**
十一、化妆品	**101.2**	**99.7**	**100.1**	**101.9**	**99.7**	**102.0**
十二、金银饰品	**102.3**	**98.5**	**107.8**	**113.7**	**101.4**	**100.5**
十三、中西药品及医疗保健用品	**102.6**	**104.9**	**103.7**	**100.9**	**99.9**	**99.9**
1.医疗卫生器具	100.3	100.3	99.9	102.8	99.5	98.3
2.中药	102.8	105.8	105.9	102.1	102.3	103.4
3.西药	102.1	106.0	103.7	100.4	99.2	98.9
4.保健器具及用品	104.6	101.9	102.0	100.4	100.5	99.9
十四、书报杂志及电子出版物	**101.4**	**102.8**	**102.7**	**100.5**	**100.4**	**101.6**
1.教材及参考书	103.0	102.1	102.4	100.2	100.5	101.8
2.书报杂志及音像制品	100.4	105.9	104.1	101.4	100.4	101.0
3.计算机办公软件	97.3	98.8	100.0	99.5	100.2	102.1
十五、燃料	**108.1**	**109.1**	**99.4**	**92.7**	**110.4**	**115.5**
1.煤炭及制品	119.0	109.1	101.4	96.3	116.9	117.3
2.石油及制品	106.1	109.1	99.0	91.9	110.3	115.4
十六、建筑材料及五金电料	**102.0**	**102.8**	**100.7**	**100.0**	**101.2**	**102.7**
1.建筑装潢材料	102.4	103.0	100.5	100.0	100.8	103.2
2.五金水暖	98.9	101.2	101.7	100.0	102.3	101.1

3-10　主要城市商品零售价格总指数(1985-2022年)

(上年＝100)

年　份	成都市	自贡市	攀枝花市	泸州市	德阳市	绵阳市	广元市	遂宁市	内江市	乐山市	南充市
1985	111.3	111.5	111.9	113.1		108.3	108.2		107.5	107.7	107.4
1986	104.7	104.1	106.9	101.8		105.0	106.8		106.6	105.9	106.8
1987	109.4	110.6	109.0	111.9		112.2	111.6		110.0	110.3	110.9
1988	125.7	123.2	122.8	124.7		119.8	125.0		120.6	125.1	128.1
1989	116.1	114.0	119.9	114.3		112.9	115.3		114.4	113.1	112.8
1990	102.9	101.7	100.9	98.7		100.6	102.5		99.7	100.6	99.5
1991	104.7	106.0	105.8	105.8		102.1	105.0		103.0	105.6	106.7
1992	108.5	107.1	108.7	109.3		110.3	106.1		107.7	107.7	107.6
1993	115.1	116.1	119.9	113.2		113.2	114.3		112.6	116.8	113.6
1994	123.3	124.4	119.0	122.0		122.0	122.0		125.4	123.8	126.0
1995	114.5	113.4	119.0	116.7		115.9	116.7		115.1	114.3	114.7
1996	106.5	105.5	107.0	106.3		106.2	106.1		106.6	106.7	107.4
1997	102.9	102.9	104.9	102.0		102.5	102.7		102.5	102.9	101.6
1998	98.4	97.1	99.2	96.2		97.4	96.2		98.1	96.2	96.5
1999	97.1	96.4	97.0	97.1		96.7	95.4		97.4	97.7	96.1
2000	98.2	97.0	96.7	97.8		96.3	97.1		98.4	96.7	97.2
2001	100.7	101.8	98.3	98.4		100.7	101.3		103.9	100.5	100.9
2002	98.8	100.0	99.8	98.0		98.8	99.6		101.9	98.5	99.2
2003	100.2	101.4	100.3	97.4		100.6	98.7		101.5	100.4	99.7
2004	101.4	103.7	103.1	102.7		104.0	103.1		102.7	103.0	103.8
2005	99.8	100.0	100.3	100.0		99.7	100.7		100.0	99.8	100.6
2006	101.2	102.6	102.4	101.7		102.1	101.9		101.7	101.3	102.2
2007	104.2	105.0	105.1	105.9		106.0	105.2		106.3	104.6	107.4
2008	104.5	105.3	105.0	104.9		104.8	104.8		106.4	104.8	105.9
2009	99.0	100.7	100.4	99.7	98.0	100.6	100.2	100.2	100.2	100.7	100.2
2010	102.4	103.6	103.9	102.2	102.5	102.5	103.4	104.0	102.7	103.1	103.5
2011	104.3	104.7	105.0	104.7	105.4	104.2	104.4	106.1	104.7	105.1	106.8
2012	101.4	102.0	102.0	102.0	100.7	101.4	100.2	101.6	102.3	101.3	102.4
2013	101.7	101.7	100.9	102.2	101.3	101.8	101.1	101.9	101.8	101.8	102.0
2014	100.4	100.5	101.2	100.9	99.8	100.2	100.4	101.1	100.7	101.3	101.7
2015	99.5	99.5	100.2	100.6	100.5	99.9	101.9	100.3	100.3	99.9	100.8
2016	100.8	101.2	101.0	100.4	101.1	100.0	100.2	101.7	100.1	100.8	101.8
2017	99.4	100.9	101.5	100.1	100.0	101.0	101.4	101.0	102.1	101.9	101.9
2018	100.7	102.0	102.2	101.5	102.1	101.6	101.3	101.4	102.0	101.9	101.8
2019	101.9	103.3	103.8	103.0	103.8	101.9	102.2	103.4	103.1	102.9	103.4
2020	102.2	102.3	103.6	102.6	103.1	101.9	102.3	103.4	102.6	101.3	103.7
2021	101.1	101.0	100.7	100.6	101.0	101.3	100.8	101.3	102.1	101.0	102.4
2022	102.8	102.8	103.0	102.8	103.5	103.0	101.9	102.4	103.7	102.1	103.7

3-10 续表 (上年＝100)

年 份	眉山市	宜宾市	广安市	达州市	雅安市	巴中市	资阳市	阿坝州	甘孜州	凉山州
1985										108.1
1986										104.3
1987										109.9
1988										127.4
1989										117.6
1990										102.2
1991										103.9
1992										105.3
1993										113.6
1994										120.5
1995										115.8
1996										106.4
1997										101.7
1998										99.6
1999										99.2
2000										98.1
2001										98.7
2002										98.9
2003										99.8
2004										103.9
2005										101.4
2006										102.7
2007										104.0
2008										104.2
2009	100.8	100.1	99.4	98.5	98.5	100.2	99.9	102.9	105.5	99.2
2010	103.3	102.6	103.0	102.3	102.6	103.3	103.6	104.3	107.0	102.4
2011	105.3	104.4	106.6	103.6	104.2	106.6	106.2	105.6	109.1	103.9
2012	101.6	101.1	101.3	101.5	101.5	101.7	102.6	103.1	104.2	102.8
2013	101.4	100.4	101.5	101.3	101.7	101.8	101.7	102.8	103.2	101.5
2014	101.1	100.6	101.0	100.6	100.5	101.1	101.2	100.5	101.5	100.7
2015	99.9	99.3	100.1	100.4	99.4	100.3	100.6	99.5	102.0	99.9
2016	100.6	100.0	100.7	100.8	100.4	100.5	100.8	100.9	101.2	100.2
2017	100.9	101.3	101.6	101.3	100.6	100.1	101.2	100.4	100.6	101.9
2018	101.8	102.3	101.4	101.9	101.3	101.5	101.1	101.4	101.1	101.6
2019	102.7	102.2	103.4	102.0	103.6	103.5	102.5	101.5	102.5	102.7
2020	102.7	103.4	102.3	102.2	103.1	102.9	102.8	105.1	103.6	101.0
2021	101.1	100.9	100.7	100.5	100.0	100.7	101.3	101.2	100.5	99.7
2022	103.0	102.5	102.8	102.6	102.7	102.7	102.6	102.1	102.3	102.4

3-11 主要城市商品零售价格分类指数(2022年)

(上年=100)

指　标	成都市	自贡市	攀枝花市	泸州市	德阳市	绵阳市	广元市	遂宁市	内江市	乐山市	南充市
商品零售价格总指数	**102.8**	**102.8**	**103.0**	**102.8**	**103.5**	**103.0**	**101.9**	**102.4**	**103.7**	**102.1**	**103.7**
一、食品	102.2	102.5	101.9	101.2	102.9	102.6	100.1	101.4	102.5	102.0	101.4
二、饮料、烟酒	102.7	101.3	102.2	101.9	103.1	102.6	101.3	102.6	102.6	100.4	101.3
三、服装、鞋帽	103.1	99.3	101.2	103.6	99.8	100.5	97.7	101.1	99.0	97.9	99.3
四、纺织品	99.7	99.9	103.7	99.8	103.2	99.8	101.9	102.1	103.0	102.0	102.9
五、家用电器及音像器材	101.4	98.3	99.5	98.0	100.5	100.9	101.0	101.1	100.7	102.8	98.8
六、文化办公用品	101.5	98.9	100.4	101.8	101.6	99.8	100.1	102.1	99.7	101.2	102.0
七、日用品	101.6	100.0	99.8	99.6	103.7	101.3	99.2	99.3	104.2	101.0	100.5
八、体育娱乐用品	99.9	98.5	101.5	101.2	101.8	102.3	101.0	102.2	100.7	101.8	100.5
九、交通、通信用品	97.2	99.7	99.8	101.1	99.5	97.8	99.7	99.2	98.4	98.9	100.7
十、家具	105.1	98.1	99.7	100.0	100.0	100.3	100.0	105.0	100.9	99.6	106.4
十一、化妆品	102.5	103.7	101.4	104.1	103.3	100.9	102.0	102.3	101.8	100.2	102.2
十二、金银珠宝	98.5	99.4	103.5	103.6	103.3	101.8	105.4	99.7	103.1	102.3	104.4
十三、中西药品及医疗保健用品	99.0	102.3	100.4	99.4	101.5	99.7	99.6	97.2	105.2	100.9	99.0
十四、书报杂志及电子出版物	100.7	102.8	102.5	101.5	102.1	108.2	100.3	101.3	103.1	102.5	101.8
十五、燃料	117.2	116.1	114.4	112.4	113.7	115.7	113.9	114.3	117.7	109.7	116.0
十六、建筑材料及五金电料	103.0	102.4	102.3	100.8	104.4	101.9	104.9	108.5	103.0	101.0	107.6

3-11 续表

(上年=100)

指　标	眉山市	宜宾市	广安市	达州市	雅安市	巴中市	资阳市	阿坝州	甘孜州	凉山州
商品零售价格总指数	**103.0**	**102.5**	**102.8**	**102.6**	**102.7**	**102.7**	**102.6**	**102.1**	**102.3**	**102.4**
一、食品	101.9	101.7	100.1	101.0	101.9	101.6	101.4	100.9	101.3	102.1
二、饮料、烟酒	100.1	101.4	102.4	100.9	104.4	100.5	100.6	100.5	101.0	99.4
三、服装、鞋帽	101.8	101.9	101.2	100.0	98.5	100.4	98.4	100.4	101.3	97.0
四、纺织品	100.0	96.8	100.2	101.7	99.0	100.6	100.0	100.0	97.1	100.0
五、家用电器及音像器材	101.3	97.8	101.7	99.0	102.2	100.2	102.2	101.3	98.1	100.4
六、文化办公用品	102.0	101.9	99.2	100.9	104.0	100.5	101.3	98.8	100.7	98.1
七、日用品	101.4	100.1	100.6	100.8	101.7	101.7	100.2	100.2	101.2	100.6
八、体育娱乐用品	100.1	100.1	101.3	105.8	100.4	102.4	102.8	101.5	101.0	100.1
九、交通、通信用品	101.0	101.0	100.2	99.6	98.9	99.2	99.2	99.5	101.1	96.3
十、家具	101.0	100.0	98.1	103.3	102.4	100.9	100.3	103.1	102.5	99.6
十一、化妆品	101.5	101.2	99.0	100.7	102.4	102.1	101.9	102.0	101.8	100.4
十二、金银珠宝	104.0	101.8	100.2	102.5	100.5	101.2	103.9	101.6	101.7	99.3
十三、中西药品及医疗保健用品	100.3	101.3	101.8	100.4	101.5	100.0	101.0	100.3	98.7	100.0
十四、书报杂志及电子出版物	101.5	109.6	104.4	100.8	105.1	103.9	101.3	100.0	104.2	110.1
十五、燃料	111.6	111.0	114.0	114.0	112.1	115.6	115.7	116.8	113.2	117.2
十六、建筑材料及五金电料	103.4	100.9	99.5	108.4	106.2	101.9	102.3	100.1	103.4	99.8

3-12 主要年份工业生产者价格指数(1992-2022年)

(上年=100)

年份	工业生产者出厂价格指数	生产资料	生活资料	工业生产者购进价格指数
1992	106.1	106.9	104.3	112.5
1993	127.4	135.0	112.4	137.2
1994	115.4	112.2	122.1	120.9
1995	112.3	108.4	120.6	115.5
1996	102.2	103.4	99.7	106.1
1997	100.9	99.9	102.9	101.5
1998	97.3	97.8	96.4	95.3
1999	97.0	96.4	98.3	96.4
2000	98.1	98.6	97.0	101.5
2001	98.5	98.5	98.5	100.4
2002	97.7	98.0	97.1	99.2
2003	100.5	101.4	98.3	101.7
2004	105.4	107.0	101.3	110.3
2005	104.0	105.5	100.1	109.3
2006	101.9	102.8	99.1	104.3
2007	103.9	103.3	105.9	105.7
2008	109.3	109.6	108.0	112.4
2009	96.5	95.7	98.8	95.3
2010	105.0	105.7	102.8	106.1
2011	107.3	107.9	105.7	112.6
2012	98.6	97.9	100.6	100.0
2013	98.7	98.2	99.9	99.2
2014	98.7	98.1	100.6	98.7
2015	96.4	95.3	99.8	96.7
2016	98.9	98.7	99.5	98.8
2017	106.5	108.7	100.8	108.3
2018	103.6	104.6	101.1	105.3
2019	100.4	100.2	100.7	100.6
2020	98.8	97.9	101.1	98.1
2021	105.9	107.3	102.3	107.5
2022	102.8	103.6	100.6	105.8

3-13 按轻重部类分组的工业生产者出厂价格指数(2017-2022年)

(上年=100)

项目	2017	2018	2019	2020	2021	2022
总指数	**106.5**	**103.6**	**100.4**	**98.8**	**105.9**	**102.8**
按轻重工业分						
轻工业	102.3	101.6	99.8	100.4	103.6	101.4
以农产品为原料	102.1	102.6	101.1	101.7	102.7	101.4
以非农产品为原料	102.9	98.6	96.1	96.4	105.4	101.3
重工业	108.3	104.5	100.6	98.0	107.0	103.4
采掘	116.5	102.3	103.9	101.8	111.6	109.0
原料	109.9	105.4	98.7	95.2	112.5	110.1
加工	106.9	104.5	100.9	98.5	104.9	100.7
按生产生活资料分						
生产资料	108.7	104.6	100.2	97.9	107.3	103.6
采掘	116.5	102.3	103.9	101.8	111.6	109.0
原料	110.2	105.3	98.0	94.6	112.2	110.0
加工	107.4	104.6	100.5	98.4	105.5	101.2
生活资料	100.8	101.1	100.7	101.1	102.3	100.6
食品	100.9	101.9	102.2	102.9	101.5	100.9
衣着	101.0	103.0	100.9	98.4	97.8	100.3
一般日用品	101.5	101.7	100.2	99.0	101.9	102.4
耐用消费品	99.6	97.3	95.6	96.7	106.2	97.6
按工业部门分						
冶金工业	123.0	106.7	101.2	99.6	118.3	98.9
电力工业	98.4	98.1	98.0	96.3	98.4	102.0
煤炭及炼焦工业	133.0	102.0	99.5	96.0	131.7	124.7
石油工业	105.2	108.7	101.0	90.7	105.8	113.4
化学工业	105.8	105.5	99.1	97.5	110.9	108.9
机械工业	102.6	101.2	99.4	98.6	102.7	99.9
建筑材料工业	106.1	110.7	105.6	97.5	103.6	102.8
森林工业	100.1	101.4	100.9	99.2	100.7	100.7
食品工业	100.6	101.9	101.9	102.8	102.4	101.3
纺织工业	105.7	105.0	99.2	98.0	106.9	104.4
缝纫工业	102.7	103.7	99.2	97.9	97.5	100.0
皮革工业	100.4	104.9	103.0	99.9	99.2	100.4
造纸工业	117.5	106.4	95.0	97.6	106.8	101.5
文教艺术用品工业	106.8	104.2	101.2	100.1	101.4	103.2
其他工业	104.5	105.0	99.2	98.1	102.9	101.6

3-14 分月工业生产者出厂价格指数(2022年)

(上年同月＝100)

类 别	1月	2月	3月	4月	5月	6月	7月	8月	9月	10月	11月	12月
工业生产者出厂价格指数	**106.9**	**106.3**	**105.9**	**105.8**	**104.3**	**104.0**	**103.0**	**101.6**	**100.4**	**98.7**	**98.4**	**98.8**
#轻工业	102.6	102.2	101.8	101.8	101.1	101.6	101.7	101.6	101.3	100.9	100.2	100.0
以农产品为原料	101.4	101.2	100.9	101.3	101.0	101.5	101.5	101.9	102.0	101.9	101.4	101.1
以非农产品为原料	104.8	104.2	103.4	102.7	101.3	101.8	101.9	101.1	99.8	99.1	97.9	97.9
重工业	109.0	108.2	107.9	107.8	105.8	105.2	103.6	101.5	100.0	97.7	97.6	98.3
采掘	116.8	113.3	114.0	117.9	115.2	112.7	111.1	108.5	104.3	101.9	98.4	98.2
原料	117.8	116.3	117.0	117.6	117.2	116.8	112.0	108.6	104.6	99.0	98.9	99.5
加工	105.5	105.2	104.4	103.7	101.4	100.9	100.2	98.6	98.1	96.7	97.0	97.9
#生产资料	109.4	108.4	107.9	107.7	105.8	105.3	103.8	101.8	100.3	98.0	97.9	98.4
采掘	116.8	113.3	114.0	117.9	115.2	112.7	111.1	108.5	104.3	101.9	98.4	98.2
原料	116.8	115.4	115.8	116.6	116.5	116.8	112.1	108.7	104.8	99.6	99.9	100.3
加工	106.5	105.9	105.0	104.2	101.9	101.4	100.8	99.2	98.6	97.1	97.2	97.9
生活资料	100.7	100.8	100.7	100.9	100.4	100.7	100.7	100.9	100.7	100.5	100.0	99.9
食品	100.2	100.6	100.4	100.8	100.4	100.7	100.8	101.3	101.7	101.8	101.1	100.9
衣着	98.6	98.6	99.3	98.2	99.6	100.8	100.4	101.7	101.2	101.4	102.3	101.9
一般日用品	103.6	103.8	103.9	103.5	102.4	102.5	102.1	102.3	102.3	101.9	100.7	100.3
耐用消费品	99.4	98.8	98.5	98.6	98.6	98.9	98.9	98.1	95.7	95.2	95.2	95.9
按工业部门分												
冶金工业	112.8	111.1	109.4	107.9	103.3	100.7	97.2	93.6	90.5	86.5	88.3	91.5
电力工业	102.8	100.9	101.7	101.5	103.5	104.2	100.1	101.7	101.8	101.4	102.8	101.8
煤炭及炼焦工业	147.8	137.4	141.5	151.1	149.0	140.0	135.0	127.0	112.5	102.9	94.0	97.1
石油工业	108.5	109.6	114.6	119.7	118.8	120.9	117.4	114.9	113.2	111.1	107.0	106.5
化学工业	117.7	117.1	114.5	114.4	113.6	113.8	111.4	107.5	104.2	99.6	98.6	98.6
机械工业	101.8	101.8	101.4	101.1	99.0	99.1	99.3	98.4	98.4	98.8	100.0	100.2
建筑材料工业	111.2	109.8	108.4	106.7	104.4	104.1	103.8	102.9	102.3	97.2	93.3	92.5
森林工业	100.6	100.8	101.1	100.7	101.0	100.8	101.1	101.4	101.2	100.3	99.7	99.8
食品工业	100.3	100.3	100.3	100.9	100.6	101.1	101.3	101.8	102.2	102.5	102.1	101.9
纺织工业	113.5	113.5	110.4	110.2	107.8	105.6	104.3	102.7	100.5	97.5	95.5	94.8
缝纫工业	98.4	98.2	99.7	98.2	99.1	100.8	99.8	101.2	101.1	101.3	102.0	100.8
皮革工业	99.5	99.4	98.3	98.1	99.1	100.1	101.2	101.5	101.8	101.5	101.8	103.0
造纸工业	104.5	101.5	100.7	99.5	100.5	102.6	102.4	102.8	102.3	101.8	100.5	99.7
文教艺术用品工业	103.4	103.3	103.2	102.5	101.9	103.0	103.6	104.0	104.4	104.9	103.3	101.3
其他工业	103.0	103.3	103.9	103.3	103.4	101.9	101.2	100.2	100.2	99.6	99.3	100.1

3-15 分月工业生产者出厂价格环比指数(2022年)

（上月＝100）

类　别	1月	2月	3月	4月	5月	6月	7月	8月	9月	10月	11月	12月
全部工业品	**99.5**	**100.1**	**100.5**	**100.6**	**99.8**	**99.8**	**99.1**	**99.1**	**99.7**	**100.1**	**100.3**	**100.4**
#轻工业	99.8	100.2	100.1	100.2	99.6	100.1	100.2	100.0	99.8	100.3	99.9	99.8
以农产品为原料	99.9	100.4	100.1	100.2	99.6	99.9	100.3	100.2	100.3	100.5	100.1	99.5
以非农产品为原料	99.6	99.9	100.2	100.2	99.7	100.3	100.1	99.5	98.9	99.7	99.5	100.4
重工业	99.5	100.1	100.6	100.7	99.8	99.7	98.6	98.7	99.6	100.0	100.4	100.6
采掘	97.4	98.2	101.1	102.4	100.7	100.3	98.9	99.0	98.7	100.2	100.2	101.3
原料	100.9	100.6	102.6	101.6	99.3	98.8	96.0	97.6	99.5	99.4	101.0	102.3
加工	99.2	100.1	99.9	100.2	99.9	99.9	99.4	99.1	99.8	100.1	100.3	100.1
#生产资料	99.5	100.1	100.7	100.7	99.8	99.7	98.7	98.8	99.6	100.0	100.4	100.6
采掘	97.4	98.2	101.1	102.4	100.7	100.3	98.9	99.0	98.7	100.2	100.2	101.3
原料	100.9	100.7	102.8	101.9	99.5	98.9	96.2	97.5	99.5	99.4	101.1	102.2
加工	99.3	100.1	100.0	100.2	99.8	99.8	99.4	99.1	99.7	100.2	100.2	100.0
生活资料	99.6	100.2	99.8	100.1	99.7	100.1	100.3	100.2	99.9	100.2	99.9	99.9
食品	99.8	100.5	99.8	100.2	99.6	100.0	100.4	100.3	100.4	100.4	99.9	99.6
衣着	99.9	100.1	100.0	99.6	100.2	100.4	99.9	101.4	99.9	100.6	100.5	99.3
一般日用品	100.0	100.2	100.5	100.4	99.2	100.3	100.0	99.8	99.9	99.9	99.5	100.5
耐用消费品	98.7	99.3	99.2	99.9	100.2	100.0	100.1	100.0	98.1	99.7	100.1	100.4
按工业部门分												
冶金工业	99.1	100.1	101.2	101.2	99.8	98.5	96.5	97.8	98.5	98.3	99.6	100.8
电力工业	105.5	99.4	101.1	99.7	97.3	94.2	93.3	100.4	99.3	100.6	104.2	107.7
煤炭及炼焦工业	91.7	98.1	103.1	107.2	102.9	99.4	98.0	96.9	96.6	102.0	99.2	102.8
石油工业	100.4	102.5	103.3	101.6	99.6	102.4	99.0	98.1	100.1	99.8	99.7	99.9
化学工业	99.2	100.5	101.2	101.6	100.4	100.8	99.1	97.4	99.3	99.4	99.7	100.2
机械工业	99.6	99.9	99.7	100.1	100.0	100.4	100.0	99.7	99.9	100.4	100.5	100.0
建筑材料工业	97.9	99.3	99.4	99.2	99.3	99.3	99.3	98.8	99.8	100.1	100.3	99.5
森林工业	99.8	100.1	100.5	99.4	99.5	99.9	100.4	100.0	100.1	100.3	100.2	99.7
食品工业	99.8	100.6	100.0	100.3	99.6	100.0	100.5	100.3	100.4	100.6	100.1	99.6
纺织工业	99.9	100.4	100.2	100.5	98.6	99.3	99.4	99.7	99.1	99.4	99.5	98.8
缝纫工业	99.9	99.9	100.6	99.4	99.9	100.2	99.4	101.4	99.6	100.9	100.6	99.0
皮革工业	99.9	100.1	99.4	100.1	100.2	100.5	101.2	100.8	100.6	99.9	100.2	100.2
造纸工业	100.1	99.9	100.9	100.0	99.1	100.2	99.4	100.0	100.2	100.3	100.3	99.2
文教艺术用品工业	99.9	100.2	100.3	100.2	99.8	100.8	100.4	100.2	100.4	100.0	98.5	100.6
其他工业	99.8	100.6	100.5	100.2	100.5	99.5	99.9	99.8	100.3	100.1	99.5	99.5

3-16 分行业工业生产者出厂价格指数(2022年)

(上年同月=100)

类　　别	全年	1月	2月	3月	4月	5月	6月
总指数	**102.8**	**106.9**	**106.3**	**105.9**	**105.8**	**104.3**	**104.0**
煤炭开采和洗选业	**125.9**	**143.8**	**133.1**	**137.0**	**148.5**	**143.5**	**135.8**
烟煤和无烟煤开采洗选	125.9	143.8	133.1	137.0	148.5	143.5	135.8
石油和天然气开采业	**102.4**	**100.1**	**100.7**	**100.5**	**104.9**	**104.7**	**104.6**
天然气开采	102.4	100.1	100.7	100.5	104.9	104.7	104.6
黑色金属矿采选业	**88.5**	**108.9**	**99.0**	**99.2**	**97.7**	**91.1**	**90.3**
铁矿采选	88.5	108.9	99.0	99.2	97.7	91.1	90.3
有色金属矿采选业	**109.7**	**120.3**	**121.4**	**122.6**	**121.1**	**116.2**	**112.0**
常用有色金属矿采选	103.4	113.6	111.3	112.3	112.6	109.3	104.2
贵金属矿采选	104.5	93.2	101.7	109.8	107.4	104.8	106.1
稀有稀土金属矿采选	168.2	203.1	244.5	233.5	207.5	179.6	183.5
非金属矿采选业	**108.7**	**112.3**	**112.5**	**110.7**	**110.0**	**110.5**	**109.8**
土砂石开采	103.8	105.6	106.0	105.0	104.2	103.9	104.6
化学矿开采	134.2	114.4	119.3	124.5	128.5	133.5	131.1
采盐	125.0	155.3	152.3	140.3	137.5	141.4	131.5
农副食品加工业	**103.6**	**100.2**	**99.6**	**99.5**	**101.4**	**102.0**	**103.9**
谷物磨制	100.7	99.9	99.5	99.6	99.1	99.2	100.1
饲料加工	107.7	104.7	100.6	102.8	105.4	106.5	107.4
植物油加工	109.3	109.0	108.6	111.4	114.1	112.7	113.1
屠宰及肉类加工	101.8	91.3	90.4	90.1	93.3	96.4	102.0
蔬菜、菌类、水果和坚果加工	97.4	95.5	103.2	97.2	100.4	96.9	98.5
其他农副食品加工	101.6	105.4	104.7	102.6	100.9	100.9	100.9
食品制造业	**104.0**	**104.6**	**105.2**	**105.6**	**105.3**	**105.0**	**104.7**
焙烤食品制造	101.7	102.0	103.2	103.2	102.4	102.2	102.0
糖果、巧克力及蜜饯制造	99.7	99.5	99.5	99.4	100.0	100.0	100.0
方便食品制造	104.1	104.7	104.7	104.5	103.1	104.3	105.0
乳制品制造	100.7	101.4	100.7	101.4	100.7	100.5	100.4
罐头食品制造	99.4	100.6	100.9	100.6	100.4	100.2	99.8
调味品、发酵制品制造	104.6	102.2	103.9	103.8	103.9	103.6	104.5
其他食品制造	112.0	120.6	119.7	123.3	124.1	120.8	115.4
酒、饮料和精制茶制造业	**98.9**	**99.5**	**99.6**	**99.9**	**99.8**	**98.6**	**98.1**
酒的制造	98.1	99.0	99.1	99.4	99.1	97.7	97.0
饮料制造	102.3	102.4	102.2	102.5	103.0	102.7	102.7
精制茶加工	100.7	100.4	100.3	100.7	101.6	102.0	101.1
烟草制品业	**100.0**	**100.1**	**100.1**	**100.0**	**100.0**	**100.0**	**100.0**
卷烟制造	100.0	100.0	100.0	100.0	100.0	100.0	100.0
其他烟草制品制造	100.3	102.0	102.0	100.0	100.0	100.0	100.0
纺织业	**104.4**	**113.5**	**113.5**	**110.4**	**110.2**	**107.8**	**105.6**
棉纺织及印染精加工	104.6	114.1	114.3	110.0	110.1	108.5	107.4
麻纺织及染整精加工	100.0	100.0	100.0	100.0	100.0	100.0	100.0
丝绢纺织及印染精加工	104.8	116.1	115.8	115.1	114.2	108.3	102.7
家用纺织制成品制造	108.2	106.4	106.2	106.7	106.2	106.6	106.6
产业用纺织制成品制造	99.4	100.0	99.1	97.1	97.3	99.9	99.9
纺织服装、服饰业	**100.4**	**98.0**	**98.2**	**100.0**	**98.5**	**100.1**	**101.6**
机织服装制造	100.4	97.7	97.8	99.9	98.2	100.1	101.7
针织或钩针编织服装制造	100.4	101.1	101.1	101.1	101.1	100.3	100.0

3-16 续表 1 (上年同月＝100)

类　　别	全年	1月	2月	3月	4月	5月	6月
皮革、毛皮、羽毛及其制品和制鞋业	**99.9**	**99.6**	**99.3**	**98.6**	**98.1**	**98.2**	**99.4**
皮革鞣制加工	100.4	100.0	100.0	100.0	100.0	100.5	100.5
皮革制品制造	104.0	101.5	101.7	100.8	100.7	101.7	105.0
羽毛(绒)加工及制品制造	101.5	99.1	101.1	102.4	102.9	102.4	102.9
制鞋业	98.2	99.0	98.1	96.9	96.1	95.7	96.7
木材加工和木、竹、藤、棕、草制品业	**100.8**	**101.0**	**100.9**	**101.9**	**101.4**	**99.9**	**99.9**
木材加工	100.1	100.4	100.3	100.2	99.8	99.6	99.6
人造板制造	100.3	101.8	101.3	103.1	102.2	100.1	100.1
木质制品制造	100.1	100.7	100.4	101.0	100.9	99.1	98.8
竹、藤、棕、草等制品制造	106.6	99.6	102.1	102.1	102.1	102.1	103.5
家具制造业	**100.7**	**100.4**	**100.8**	**100.5**	**100.2**	**102.1**	**101.6**
木质家具制造	100.6	100.2	100.7	100.3	100.0	102.1	101.6
其他家具制造	101.5	102.0	101.6	101.5	101.3	102.0	102.0
造纸和纸制品业	**101.5**	**104.5**	**101.5**	**100.7**	**99.5**	**100.5**	**102.6**
造纸	100.7	105.4	98.6	97.2	96.0	98.4	102.4
纸制品制造	102.2	103.7	104.0	103.9	102.6	102.3	102.8
印刷和记录媒介复制业	**103.2**	**103.6**	**103.5**	**103.4**	**102.6**	**101.8**	**102.7**
印刷	103.0	103.4	103.2	103.0	102.1	101.4	102.4
装订及印刷相关服务	109.2	112.3	113.2	117.9	121.2	119.0	113.6
文教、工美、体育和娱乐用品制造业	**102.1**	**101.8**	**101.9**	**102.0**	**102.4**	**102.2**	**103.3**
乐器制造	102.7	99.0	101.5	102.3	103.0	103.0	103.8
工艺美术及礼仪用品制造	102.2	101.9	101.9	102.0	102.4	102.2	103.4
游艺器材及娱乐用品制造	100.2	100.7	100.7	100.7	100.7	100.7	100.0
石油、煤炭及其他燃料加工业	**125.1**	**137.0**	**135.5**	**138.8**	**141.8**	**141.4**	**142.7**
精炼石油产品制造	124.6	125.6	127.8	130.3	132.1	129.9	136.9
煤炭加工	122.0	155.6	145.9	150.4	156.1	160.2	148.1
化学原料和化学制品制造业	**114.6**	**130.2**	**129.0**	**126.4**	**126.2**	**124.6**	**123.9**
基础化学原料制造	127.1	150.0	146.8	147.4	148.8	144.8	147.3
肥料制造	118.7	125.8	126.1	128.9	131.4	133.7	134.6
农药制造	111.9	174.2	168.1	152.8	140.4	127.2	113.9
涂料、油墨、颜料及类似产品制造	101.1	114.4	114.0	113.5	111.2	104.1	101.1
合成材料制造	98.4	110.1	111.4	105.2	99.2	102.7	101.6
专用化学产品制造	109.9	124.6	123.9	110.6	113.4	114.7	111.8
炸药、火工及焰火产品制造	109.1	109.9	109.9	110.3	110.3	110.7	110.7
日用化学产品制造	104.2	102.5	98.6	100.8	103.8	106.6	107.5
医药制造业	**101.7**	**101.4**	**101.7**	**101.5**	**102.1**	**101.8**	**101.8**
化学药品原料药制造	105.4	101.0	103.7	103.7	107.1	105.8	105.9
化学药品制剂制造	100.9	99.1	99.2	100.0	99.7	100.1	101.1
中药饮片加工	107.0	108.6	108.9	107.4	109.0	108.4	106.8
中成药生产	101.8	102.3	101.9	101.8	102.6	102.5	102.4
兽用药品制造	101.3	100.0	100.9	101.4	101.3	101.7	101.3
生物药品制品制造	94.7	96.6	96.4	95.4	94.5	94.4	94.4
卫生材料及医药用品制造	91.1	94.4	91.4	93.9	91.1	84.3	89.9
化学纤维制造业	**103.3**	**108.4**	**107.0**	**94.3**	**94.1**	**95.6**	**106.2**
纤维素纤维原料及纤维制造	102.4	107.8	105.6	91.7	91.2	92.6	104.0
合成纤维制造	106.4	110.3	111.4	103.2	104.7	107.3	114.1

3-16 续表 2

(上年同月＝100)

类　　别	全年	1月	2月	3月	4月	5月	6月
橡胶和塑料制品业	**101.2**	**104.5**	**104.4**	**103.6**	**103.1**	**102.1**	**102.4**
橡胶制品业	100.9	103.6	103.8	104.7	102.5	101.2	100.8
塑料制品业	101.3	104.6	104.5	103.5	103.1	102.3	102.6
非金属矿物制品业	**102.6**	**110.6**	**109.3**	**108.2**	**106.5**	**104.5**	**103.7**
水泥、石灰和石膏制造	109.5	136.7	131.3	127.4	123.5	116.8	113.4
石膏、水泥制品及类似制品制造	103.2	106.1	106.0	105.1	105.3	103.8	106.0
砖瓦、石材等建筑材料制造	99.2	102.7	100.1	99.8	99.5	98.9	99.3
玻璃制造	84.4	95.1	101.9	101.1	90.8	89.7	81.8
玻璃制品制造	100.3	104.7	105.3	106.0	104.1	102.4	99.7
玻璃纤维和玻璃纤维增强塑料制品制造	87.1	125.6	116.6	107.2	94.3	87.1	83.7
陶瓷制品制造	107.9	107.5	108.5	109.4	108.2	107.9	108.0
耐火材料制品制造	100.4	101.9	100.4	100.5	100.9	100.9	100.7
石墨及其他非金属矿物制品制造	104.5	106.1	105.3	106.9	105.8	108.5	106.0
黑色金属冶炼和压延加工业	**94.3**	**112.6**	**109.1**	**107.0**	**105.6**	**100.6**	**96.8**
炼铁	101.7	130.5	119.6	115.2	113.5	106.7	102.5
炼钢	98.8	109.5	105.6	110.0	110.5	107.5	102.7
钢压延加工	91.0	109.4	106.4	102.9	101.6	95.4	91.7
铁合金冶炼	107.5	151.7	144.6	131.8	124.0	126.3	124.0
有色金属冶炼和压延加工业	**108.8**	**122.2**	**125.1**	**122.7**	**119.1**	**113.9**	**112.6**
常用有色金属冶炼	106.1	118.9	121.9	119.9	117.5	112.1	109.7
贵金属冶炼	100.9	94.9	96.4	98.9	102.1	101.8	100.7
稀有稀土金属冶炼	130.2	155.8	161.3	156.8	138.2	138.5	146.9
有色金属合金制造	109.5	112.7	110.6	112.4	110.2	111.3	110.0
有色金属压延加工	107.4	121.6	125.1	121.7	119.2	111.9	110.2
金属制品业	**101.8**	**105.3**	**105.6**	**104.7**	**104.4**	**102.3**	**101.3**
结构性金属制品制造	100.5	104.8	104.9	104.0	103.6	100.2	99.0
金属工具制造	103.3	101.2	101.2	102.1	105.1	105.1	103.8
集装箱及金属包装容器制造	104.7	106.3	106.0	106.9	107.1	106.6	106.4
金属表面处理及热处理加工	105.9	106.0	107.8	108.1	108.6	110.3	108.8
金属制日用品制造	99.1	102.6	109.0	100.5	100.1	102.0	101.7
铸造及其他金属制品制造	103.6	106.9	107.0	106.1	105.5	104.5	103.5
通用设备制造业	**100.4**	**100.6**	**100.5**	**100.0**	**100.8**	**101.0**	**100.5**
锅炉及原动设备制造	99.9	96.6	96.4	96.4	99.4	102.2	102.0
金属加工机械制造	102.0	104.5	104.3	104.0	103.9	102.7	101.3
物料搬运设备制造	102.2	103.7	103.9	104.0	102.5	103.5	102.4
泵、阀门、压缩机及类似机械制造	98.4	97.8	97.7	97.5	99.4	99.0	98.3
轴承、齿轮和传动部件制造	102.6	102.7	103.0	102.6	102.0	101.8	101.6
烘炉、风机、包装等设备制造	99.3	99.6	100.0	98.5	99.0	98.5	98.3
通用零部件制造	101.1	104.9	104.4	103.1	102.1	101.0	100.9
专用设备制造业	**99.6**	**103.0**	**103.0**	**102.0**	**100.9**	**100.6**	**99.7**
采矿、冶金、建筑专用设备制造	98.0	104.2	103.3	100.3	99.7	99.6	98.4
化工、木材、非金属加工专用设备制造	98.1	99.4	98.4	103.3	97.9	97.5	98.1
食品、饮料、烟草及饲料生产专用设备制造	104.3	107.7	105.9	103.8	104.4	103.3	100.9
印刷、制药、日化及日用品生产专用设备制造	108.1	116.6	122.0	119.5	118.3	114.3	109.7
电子和电工机械专用设备制造	101.0	97.2	101.5	101.5	101.5	102.5	101.1
农、林、牧、渔专用机械制造	104.5	102.9	105.7	107.1	106.8	106.6	105.2
医疗仪器设备及器械制造	100.0	100.5	100.3	99.3	98.8	98.6	99.6
环保、邮政、社会公共服务及其他专用设备制造	99.3	101.2	101.3	100.9	100.5	100.2	99.4

3-16 续表 3 (上年同月＝100)

类别	全年	1月	2月	3月	4月	5月	6月
汽车制造业	**99.7**	**98.3**	**98.7**	**99.3**	**99.9**	**100.2**	**100.2**
汽车整车制造	100.0	96.5	97.0	98.3	100.0	101.2	101.6
汽车用发动机制造	97.9	96.9	96.2	96.3	96.4	97.4	99.4
改装汽车制造	100.1	98.6	98.3	98.8	99.4	99.3	101.1
汽车零部件及配件制造	99.3	100.3	100.8	100.6	99.8	99.3	98.6
铁路、船舶、航空航天和其他运输设备制造业	**101.3**	**100.7**	**101.1**	**101.3**	**101.8**	**101.8**	**102.2**
铁路运输设备制造	101.4	101.8	101.7	102.0	101.0	101.7	102.6
城市轨道交通设备制造	100.6	100.0	100.0	100.0	100.0	100.9	100.9
摩托车制造	101.5	100.1	101.1	101.4	103.2	102.2	102.6
电气机械和器材制造业	**105.2**	**109.0**	**108.9**	**108.5**	**108.4**	**106.8**	**106.0**
电机制造	97.4	99.5	98.4	98.7	97.7	97.5	97.5
输配电及控制设备制造	102.0	103.9	104.2	102.7	102.4	102.0	101.6
电线、电缆、光缆及电工器材制造	104.7	111.3	112.0	110.2	110.1	107.2	105.6
电池制造	128.5	122.4	121.9	129.1	132.1	133.2	132.3
家用电力器具制造	105.2	113.7	109.7	110.0	109.4	109.1	108.3
非电力家用器具制造	102.3	107.4	101.9	101.9	101.8	101.4	101.8
照明器具制造	101.9	116.6	115.7	115.9	114.6	105.2	104.8
计算机、通信和其他电子设备制造业	**98.2**	**101.6**	**101.2**	**100.6**	**99.5**	**95.0**	**95.8**
计算机制造	100.4	94.4	95.1	95.5	95.2	95.8	99.6
通信设备制造	98.2	104.1	105.0	101.7	99.8	98.3	97.4
广播电视设备制造	97.3	99.9	99.9	96.4	96.4	96.4	96.4
雷达及配套设备制造	100.8	91.8	96.4	97.3	96.4	95.9	100.2
非专业视听设备制造	84.9	102.3	97.2	93.7	88.6	83.0	83.6
电子器件制造	94.3	108.0	107.0	106.8	104.4	89.5	87.6
电子元件及电子专用材料制造	109.4	110.9	110.7	111.3	112.7	113.0	111.2
其他电子设备制造	115.6	107.9	107.9	107.9	116.6	125.7	125.1
仪器仪表制造业	**100.0**	**100.2**	**99.9**	**99.9**	**99.7**	**99.7**	**99.7**
通用仪器仪表制造	100.0	100.0	99.6	99.6	99.6	99.6	99.6
专用仪器仪表制造	100.4	101.7	101.7	101.7	100.0	100.0	100.0
光学仪器制造	100.0	100.0	100.0	100.0	100.0	100.0	100.0
其他制造业	**102.3**	**102.0**	**104.3**	**102.6**	**102.2**	**101.9**	**101.8**
日用杂品制造	103.8	108.6	108.9	105.0	104.1	103.5	103.3
其他未列明制造业	101.0	96.8	100.5	100.5	100.5	100.5	100.5
废弃资源综合利用业	**97.9**	**127.7**	**122.5**	**101.9**	**104.4**	**101.1**	**96.1**
金属废料和碎屑加工处理	95.4	117.2	111.5	105.1	108.7	103.0	94.8
非金属废料和碎屑加工处理	102.0	148.9	144.8	97.6	98.1	98.1	98.1
金属制品、机械和设备修理业	**106.6**	**97.8**	**101.6**	**101.1**	**105.0**	**106.2**	**110.1**
铁路、船舶、航空航天等运输设备修理	106.6	97.8	101.6	101.1	105.0	106.2	110.1
电力、热力生产和供应业	**102.0**	**102.8**	**100.9**	**101.7**	**101.5**	**103.5**	**104.2**
电力生产	101.4	104.9	100.8	100.4	100.8	102.2	105.8
电力供应	102.6	101.0	101.0	102.9	102.2	104.5	103.0
燃气生产和供应业	**117.2**	**103.9**	**104.4**	**118.7**	**128.3**	**127.9**	**127.3**
燃气生产和供应业	117.2	103.9	104.4	118.7	128.3	127.9	127.3
水的生产和供应业	**99.9**	**100.3**	**100.1**	**100.0**	**100.0**	**100.0**	**99.9**
自来水生产和供应	99.8	100.5	100.1	100.0	100.0	100.0	99.8
污水处理及其再生利用	100.0	100.0	100.0	100.0	100.0	100.0	100.0

3-16 续表 4 (上年同月=100)

类别	7月	8月	9月	10月	11月	12月
总指数	**103.0**	**101.6**	**100.4**	**98.7**	**98.4**	**98.8**
煤炭开采和洗选业	**134.7**	**128.5**	**117.3**	**111.2**	**101.4**	**102.4**
烟煤和无烟煤开采洗选	134.7	128.5	117.3	111.2	101.4	102.4
石油和天然气开采业	**104.6**	**103.0**	**103.0**	**103.0**	**100.1**	**100.4**
天然气开采	104.6	103.0	103.0	103.0	100.1	100.4
黑色金属矿采选业	**84.7**	**81.3**	**77.8**	**77.2**	**80.3**	**80.1**
铁矿采选	84.7	81.3	77.8	77.2	80.3	80.1
有色金属矿采选业	**109.7**	**107.9**	**100.6**	**97.4**	**96.7**	**97.6**
常用有色金属矿采选	101.8	99.4	95.2	94.4	94.2	96.3
贵金属矿采选	101.6	103.3	103.9	106.7	106.4	109.9
稀有稀土金属矿采选	189.3	190.9	147.3	118.6	113.2	103.7
非金属矿采选业	**108.4**	**109.9**	**109.3**	**106.1**	**105.2**	**100.8**
土砂石开采	104.3	103.6	103.3	101.7	102.1	101.1
化学矿开采	133.9	148.8	147.4	143.8	140.5	140.2
采盐	119.6	128.8	126.3	111.9	104.4	83.8
农副食品加工业	**104.9**	**104.8**	**106.3**	**107.0**	**106.8**	**107.1**
谷物磨制	101.1	101.2	102.2	102.4	101.7	102.0
饲料加工	108.4	108.8	109.3	111.6	113.8	113.6
植物油加工	109.4	106.3	108.3	105.8	106.8	105.9
屠宰及肉类加工	106.5	107.2	111.3	115.5	112.5	109.4
蔬菜、菌类、水果和坚果加工	97.0	97.2	97.1	92.6	92.0	102.1
其他农副食品加工	101.1	101.3	100.3	100.8	100.2	100.3
食品制造业	**104.7**	**104.0**	**103.1**	**103.0**	**102.5**	**101.2**
焙烤食品制造	102.3	101.2	101.0	100.7	100.7	100.1
糖果、巧克力及蜜饯制造	99.8	99.8	99.7	99.7	99.7	99.6
方便食品制造	104.5	104.4	104.3	104.3	103.0	102.2
乳制品制造	99.7	100.0	100.7	100.3	100.8	101.6
罐头食品制造	100.0	101.5	97.9	98.5	96.5	96.2
调味品、发酵制品制造	104.8	105.6	105.6	106.2	106.2	105.3
其他食品制造	115.4	108.0	104.3	102.1	101.7	96.8
酒、饮料和精制茶制造业	**97.9**	**99.0**	**98.8**	**98.9**	**98.6**	**97.9**
酒的制造	96.8	98.2	98.0	98.4	97.9	97.1
饮料制造	103.0	102.6	102.8	101.5	101.2	101.5
精制茶加工	100.8	100.5	100.5	100.4	100.3	100.3
烟草制品业	**100.0**	**100.0**	**100.0**	**100.0**	**100.0**	**100.0**
卷烟制造	100.0	100.0	100.0	100.0	100.0	100.0
其他烟草制品制造	100.0	100.0	100.0	100.0	100.0	100.0
纺织业	**104.3**	**102.7**	**100.5**	**97.5**	**95.5**	**94.8**
棉纺织及印染精加工	107.0	104.6	101.2	96.5	93.4	92.0
麻纺织及染整精加工	100.0	100.0	100.0	100.0	100.0	100.0
丝绢纺织及印染精加工	98.8	97.7	97.4	98.4	98.9	99.5
家用纺织制成品制造	105.7	113.0	112.9	113.2	109.1	105.6
产业用纺织制成品制造	101.1	102.2	102.2	98.2	98.2	98.2
纺织服装、服饰业	**100.1**	**101.9**	**101.0**	**101.5**	**102.7**	**101.3**
机织服装制造	100.1	102.1	101.1	101.7	103.0	101.4
针织或钩针编织服装制造	100.0	100.0	100.0	100.0	100.0	100.0

3-16 续表 5 (上年同月＝100)

类 别	7月	8月	9月	10月	11月	12月
皮革、毛皮、羽毛及其制品和制鞋业	**100.5**	**100.6**	**101.4**	**100.9**	**100.8**	**101.6**
皮革鞣制加工	100.5	100.5	100.5	100.5	100.5	100.5
皮革制品制造	103.8	107.8	107.1	107.2	105.4	105.8
羽毛(绒)加工及制品制造	103.0	102.8	100.7	99.9	100.4	100.2
制鞋业	98.9	98.0	99.8	99.1	99.3	100.6
木材加工和木、竹、藤、棕、草制品业	**101.2**	**101.0**	**100.7**	**101.0**	**100.4**	**100.7**
木材加工	100.2	99.4	99.4	99.8	101.3	101.0
人造板制造	100.4	100.5	99.7	99.2	97.1	98.0
木质制品制造	99.5	99.4	99.5	101.0	101.2	100.3
竹、藤、棕、草等制品制造	110.9	110.9	110.9	110.9	110.9	113.3
家具制造业	**101.2**	**101.7**	**101.8**	**99.9**	**99.3**	**99.1**
木质家具制造	101.1	101.7	101.7	99.6	99.1	99.0
其他家具制造	102.0	102.0	102.0	101.8	100.6	99.6
造纸和纸制品业	**102.4**	**102.8**	**102.3**	**101.8**	**100.5**	**99.7**
造纸	102.4	103.6	103.4	102.3	100.5	99.0
纸制品制造	102.4	102.1	101.3	101.3	100.4	100.3
印刷和记录媒介复制业	**103.3**	**103.8**	**104.3**	**104.8**	**103.3**	**101.3**
印刷	103.2	103.6	104.4	104.9	103.4	101.3
装订及印刷相关服务	105.5	107.5	101.9	100.2	99.6	102.0
文教、工美、体育和娱乐用品制造业	**102.9**	**102.6**	**102.3**	**101.9**	**101.3**	**100.8**
乐器制造	103.6	103.3	103.3	103.4	102.9	103.0
工艺美术及礼仪用品制造	103.1	102.7	102.4	101.9	101.4	100.8
游艺器材及娱乐用品制造	100.0	100.0	100.0	100.0	99.3	99.3
石油、煤炭及其他燃料加工业	**132.6**	**126.6**	**117.0**	**107.1**	**99.6**	**102.0**
精炼石油产品制造	128.3	125.6	122.8	117.8	111.0	111.3
煤炭加工	135.2	123.7	103.3	89.0	81.2	86.6
化学原料和化学制品制造业	**119.3**	**111.6**	**105.7**	**97.7**	**97.3**	**97.0**
基础化学原料制造	140.1	122.3	110.9	97.6	104.1	103.2
肥料制造	125.9	114.8	109.1	103.4	99.9	102.0
农药制造	108.9	102.1	96.9	83.8	73.2	72.4
涂料、油墨、颜料及类似产品制造	99.0	98.8	94.6	90.1	88.6	89.9
合成材料制造	100.6	98.5	95.2	85.8	88.1	87.2
专用化学产品制造	108.1	108.4	106.7	106.5	99.1	97.4
炸药、火工及焰火产品制造	111.2	110.8	110.7	110.8	104.7	99.6
日用化学产品制造	105.3	105.1	107.3	106.9	103.4	103.3
医药制造业	**101.6**	**101.9**	**102.1**	**102.1**	**101.0**	**101.5**
化学药品原料药制造	106.1	107.9	107.3	107.2	105.0	104.7
化学药品制剂制造	101.3	102.0	101.6	102.7	102.2	101.5
中药饮片加工	106.8	107.0	107.8	106.8	103.4	103.2
中成药生产	100.7	100.6	101.5	101.7	101.1	101.9
兽用药品制造	101.2	101.2	101.2	101.2	101.2	102.4
生物药品制品制造	94.8	94.3	94.5	93.2	93.4	94.8
卫生材料及医药用品制造	89.1	86.9	88.3	90.6	90.2	103.3
化学纤维制造业	**106.6**	**105.0**	**106.2**	**107.0**	**107.8**	**104.7**
纤维素纤维原料及纤维制造	106.4	105.4	106.2	108.1	109.2	105.0
合成纤维制造	107.1	103.5	106.1	103.5	103.4	103.8

3-16 续表 6 (上年同月=100)

类别	7月	8月	9月	10月	11月	12月
橡胶和塑料制品业	**101.9**	**100.8**	**99.9**	**98.4**	**95.7**	**98.7**
橡胶制品业	99.8	99.9	99.8	99.4	97.4	97.7
塑料制品业	102.1	100.9	99.9	98.3	95.4	98.8
非金属矿物制品业	**103.3**	**102.5**	**101.9**	**97.1**	**93.5**	**92.9**
水泥、石灰和石膏制造	114.0	112.7	107.6	91.7	83.1	81.9
石膏、水泥制品及类似制品制造	105.9	104.7	105.6	100.9	96.4	94.3
砖瓦、石材等建筑材料制造	98.6	99.9	101.0	99.2	96.4	95.5
玻璃制造	78.1	72.5	72.4	73.4	79.3	83.8
玻璃制品制造	98.5	96.4	96.1	95.3	97.3	99.1
玻璃纤维和玻璃纤维增强塑料制品制造	83.6	82.4	76.0	69.3	69.1	70.4
陶瓷制品制造	109.5	109.5	108.9	108.3	104.7	104.2
耐火材料制品制造	100.2	100.2	100.0	99.8	99.7	99.7
石墨及其他非金属矿物制品制造	103.9	103.4	103.5	102.3	100.1	102.7
黑色金属冶炼和压延加工业	**92.7**	**87.2**	**84.0**	**78.9**	**80.7**	**85.9**
炼铁	104.4	98.8	84.1	89.5	85.4	85.8
炼钢	100.5	94.6	92.7	85.0	84.8	87.7
钢压延加工	87.2	82.1	79.1	76.4	81.4	86.1
铁合金冶炼	116.2	107.6	97.6	79.5	67.4	80.2
有色金属冶炼和压延加工业	**106.2**	**103.9**	**98.1**	**93.2**	**97.7**	**99.2**
常用有色金属冶炼	99.6	97.7	94.4	92.2	97.5	99.0
贵金属冶炼	98.7	100.0	102.5	102.9	103.5	109.0
稀有稀土金属冶炼	151.0	155.0	119.6	90.0	90.1	91.9
有色金属合金制造	110.8	110.6	109.5	106.5	105.6	104.3
有色金属压延加工	104.0	100.2	95.4	91.8	97.5	99.4
金属制品业	**101.9**	**100.7**	**100.5**	**98.7**	**98.2**	**98.7**
结构性金属制品制造	99.9	98.9	98.8	97.3	97.2	98.1
金属工具制造	103.8	103.8	103.1	103.3	103.3	103.4
集装箱及金属包装容器制造	106.2	105.9	103.7	101.2	99.9	100.2
金属表面处理及热处理加工	104.7	103.1	104.1	104.0	102.3	103.2
金属制日用品制造	100.9	97.1	99.3	95.9	90.3	90.8
铸造及其他金属制品制造	104.6	103.0	102.6	100.2	100.1	99.7
通用设备制造业	**100.4**	**100.0**	**100.4**	**100.0**	**99.9**	**100.3**
锅炉及原动设备制造	101.8	101.8	101.7	100.3	100.2	100.5
金属加工机械制造	100.7	100.4	100.3	100.8	99.5	102.1
物料搬运设备制造	102.0	99.8	100.6	100.6	101.8	101.4
泵、阀门、压缩机及类似机械制造	99.2	98.1	98.8	98.2	98.3	98.9
轴承、齿轮和传动部件制造	101.8	100.6	103.2	104.4	103.7	104.1
烘炉、风机、包装等设备制造	98.3	99.3	99.3	99.7	100.8	100.7
通用零部件制造	99.9	100.0	100.3	99.4	98.9	98.6
专用设备制造业	**98.9**	**97.4**	**97.9**	**97.8**	**98.2**	**96.0**
采矿、冶金、建筑专用设备制造	96.6	94.4	96.3	95.6	96.4	92.0
化工、木材、非金属加工专用设备制造	98.1	96.9	95.5	97.4	96.9	98.0
食品、饮料、烟草及饲料生产专用设备制造	107.1	105.4	104.8	103.5	103.7	101.6
印刷、制药、日化及日用品生产专用设备制造	108.1	104.5	100.5	95.2	96.7	98.1
电子和电工机械专用设备制造	101.0	100.7	100.7	101.8	102.0	100.2
农、林、牧、渔专用机械制造	103.4	101.1	101.8	103.7	104.6	105.3
医疗仪器设备及器械制造	99.9	100.4	100.6	101.2	100.3	100.9
环保、邮政、社会公共服务及其他专用设备制造	99.1	99.1	98.4	97.6	97.3	96.4

3-16 续表 7 （上年同月＝100）

类　别	7月	8月	9月	10月	11月	12月
汽车制造业	**100.0**	**100.1**	**99.5**	**99.6**	**99.8**	**100.2**
汽车整车制造	101.1	101.2	100.0	100.4	101.1	101.6
汽车用发动机制造	99.2	99.2	98.7	98.3	98.4	98.1
改装汽车制造	100.8	100.8	101.4	100.7	101.2	101.3
汽车零部件及配件制造	98.9	99.0	98.9	98.6	98.5	98.6
铁路、船舶、航空航天和其他运输设备制造业	**103.1**	**101.5**	**101.4**	**101.2**	**99.2**	**100.2**
铁路运输设备制造	101.9	100.8	101.0	100.8	100.6	101.3
城市轨道交通设备制造	100.9	100.9	100.9	100.9	100.9	100.9
摩托车制造	104.9	102.4	102.1	101.8	97.7	99.1
电气机械和器材制造业	**104.8**	**102.7**	**102.7**	**101.3**	**101.7**	**102.4**
电机制造	97.3	96.3	95.6	95.5	96.0	98.3
输配电及控制设备制造	101.4	100.2	100.6	101.0	102.5	102.3
电线、电缆、光缆及电工器材制造	103.1	101.1	101.4	97.9	98.3	100.8
电池制造	134.9	128.7	127.9	129.8	126.3	123.7
家用电力器具制造	106.7	100.7	98.2	97.7	99.6	101.5
非电力家用器具制造	101.4	101.2	101.4	101.5	103.4	103.3
照明器具制造	98.0	95.9	96.0	91.5	88.5	86.4
计算机、通信和其他电子设备制造业	**96.6**	**95.4**	**95.6**	**97.2**	**99.9**	**100.3**
计算机制造	101.7	101.0	102.4	105.2	108.9	110.9
通信设备制造	97.3	96.6	95.5	94.9	93.4	94.6
广播电视设备制造	96.4	96.4	96.4	97.6	97.6	97.6
雷达及配套设备制造	102.2	102.3	103.2	105.2	108.6	111.1
非专业视听设备制造	85.9	84.4	76.5	76.1	74.7	75.8
电子器件制造	87.3	85.5	87.0	89.1	94.3	92.0
电子元件及电子专用材料制造	111.0	108.2	108.0	106.7	104.9	105.0
其他电子设备制造	121.7	113.5	115.5	115.5	115.2	115.6
仪器仪表制造业	**99.7**	**99.8**	**100.4**	**100.5**	**100.4**	**100.4**
通用仪器仪表制造	99.6	99.8	100.6	100.6	100.6	100.6
专用仪器仪表制造	100.0	100.0	100.0	100.0	100.0	100.0
光学仪器制造	100.0	100.0	100.0	100.0	100.0	100.0
其他制造业	**101.6**	**101.9**	**101.0**	**101.0**	**101.1**	**106.3**
日用杂品制造	102.9	103.5	101.6	101.6	101.7	101.5
其他未列明制造业	100.5	100.5	100.5	100.5	100.5	110.2
废弃资源综合利用业	**89.4**	**90.9**	**90.1**	**87.8**	**86.4**	**87.2**
金属废料和碎屑加工处理	84.7	86.3	85.6	83.9	83.3	87.6
非金属废料和碎屑加工处理	97.4	98.7	97.7	94.3	91.4	86.5
金属制品、机械和设备修理业	**111.0**	**107.8**	**103.7**	**109.0**	**111.6**	**114.2**
铁路、船舶、航空航天等运输设备修理	111.0	107.8	103.7	109.0	111.6	114.2
电力、热力生产和供应业	**100.1**	**101.7**	**101.8**	**101.4**	**102.8**	**101.8**
电力生产	101.8	104.0	101.4	99.9	98.8	96.1
电力供应	98.9	100.1	102.2	102.5	105.9	106.9
燃气生产和供应业	**124.1**	**120.6**	**117.3**	**115.5**	**113.1**	**110.3**
燃气生产和供应业	124.1	120.6	117.3	115.5	113.1	110.3
水的生产和供应业	**99.9**	**99.7**	**99.6**	**99.7**	**99.6**	**99.8**
自来水生产和供应	99.9	99.6	99.4	99.5	99.3	99.7
污水处理及其再生利用	100.0	100.0	100.0	100.0	100.0	100.0

3-17 分行业工业生产者出厂价格环比指数(2022年)

(上月=100)

类　　别	1月	2月	3月	4月	5月	6月
总指数	**99.5**	**100.1**	**100.5**	**100.6**	**99.8**	**99.8**
煤炭开采和洗选业	**91.9**	**96.7**	**102.9**	**109.1**	**101.7**	**100.2**
烟煤和无烟煤开采洗选	91.9	96.7	102.9	109.1	101.7	100.2
石油和天然气开采业	**100.2**	**100.0**	**99.9**	**99.3**	**99.8**	**100.0**
天然气开采	100.2	100.0	99.9	99.3	99.8	100.0
黑色金属矿采选业	**98.7**	**92.4**	**101.4**	**99.3**	**99.1**	**102.0**
铁矿采选	98.7	92.4	101.4	99.3	99.1	102.0
有色金属矿采选业	**100.9**	**101.5**	**103.0**	**102.5**	**101.8**	**99.5**
常用有色金属矿采选	100.0	98.9	101.6	103.4	100.6	99.0
贵金属矿采选	100.8	101.5	104.4	100.6	100.9	99.1
稀有稀土金属矿采选	108.7	121.9	111.4	98.0	109.1	102.3
非金属矿采选业	**99.4**	**100.2**	**99.5**	**99.6**	**101.6**	**100.4**
土砂石开采	99.9	100.4	100.6	99.5	100.5	101.4
化学矿开采	100.7	104.1	104.1	103.0	104.1	102.1
采盐	96.7	97.7	92.3	98.1	106.3	94.3
农副食品加工业	**100.2**	**101.1**	**99.6**	**101.0**	**100.0**	**100.2**
谷物磨制	100.0	99.8	100.6	99.6	100.3	100.7
饲料加工	100.7	100.9	102.7	102.2	100.0	100.4
植物油加工	101.1	101.3	105.6	101.4	100.9	99.7
屠宰及肉类加工	98.8	98.6	98.8	101.2	101.1	100.2
蔬菜、菌类、水果和坚果加工	101.1	110.4	86.3	101.6	95.3	99.6
其他农副食品加工	100.6	100.0	100.0	98.5	100.1	100.0
食品制造业	**99.7**	**100.5**	**100.4**	**100.2**	**100.2**	**100.5**
焙烤食品制造	99.9	101.4	100.0	99.4	99.9	100.1
糖果、巧克力及蜜饯制造	99.6	100.0	100.0	100.4	100.0	100.0
方便食品制造	100.3	99.9	100.8	99.5	101.0	100.9
乳制品制造	99.9	100.1	100.9	99.9	99.7	100.1
罐头食品制造	100.6	100.3	99.7	99.8	99.8	99.7
调味品、发酵制品制造	100.3	101.4	99.6	101.0	100.2	101.0
其他食品制造	96.4	98.7	102.5	100.7	100.5	100.4
酒、饮料和精制茶制造业	**99.4**	**100.0**	**100.4**	**99.9**	**99.2**	**99.6**
酒的制造	99.3	100.1	100.4	99.7	98.9	99.6
饮料制造	100.0	99.9	100.1	100.7	100.0	100.0
精制茶加工	100.0	100.0	100.4	100.9	100.6	99.1
烟草制品业	**100.0**	**100.0**	**100.0**	**100.0**	**100.0**	**100.0**
卷烟制造	100.0	100.0	100.0	100.0	100.0	100.0
其他烟草制品制造	100.0	100.0	100.0	100.0	100.0	100.0
纺织业	**99.9**	**100.4**	**100.2**	**100.5**	**98.6**	**99.3**
棉纺织及印染精加工	99.8	100.8	99.9	100.2	99.4	99.1
麻纺织及染整精加工	100.0	100.0	100.0	100.0	100.0	100.0
丝绢纺织及印染精加工	100.1	100.0	101.5	101.8	96.2	99.2
家用纺织制成品制造	97.8	100.0	100.4	98.8	100.0	100.4
产业用纺织制成品制造	100.0	99.1	98.0	98.9	100.0	100.0
纺织服装、服饰业	**99.9**	**100.2**	**100.4**	**99.3**	**100.4**	**100.4**
机织服装制造	99.8	100.2	100.5	99.2	100.4	100.4
针织或钩针编织服装制造	100.0	100.0	100.0	100.0	100.0	100.0

3-17 续表 1 (上月=100)

类 别	1月	2月	3月	4月	5月	6月
皮革、毛皮、羽毛及其制品和制鞋业	**99.8**	**99.7**	**100.0**	**100.0**	**99.5**	**100.2**
皮革鞣制加工	100.0	100.0	100.0	100.0	100.5	100.0
皮革制品制造	100.5	100.1	100.6	100.7	100.3	100.7
羽毛(绒)加工及制品制造	99.0	101.2	100.9	99.9	99.3	100.5
制鞋业	99.7	99.3	99.7	99.8	99.0	100.0
木材加工和木、竹、藤、棕、草制品业	**99.7**	**100.1**	**100.6**	**99.8**	**99.3**	**100.0**
木材加工	100.7	99.9	99.9	99.9	100.6	100.0
人造板制造	98.6	100.0	100.8	99.7	98.4	100.2
木质制品制造	100.3	99.6	100.8	99.9	99.5	99.9
竹、藤、棕、草等制品制造	101.0	102.5	100.0	100.0	100.0	100.0
家具制造业	**99.9**	**100.1**	**100.3**	**99.2**	**99.7**	**99.7**
木质家具制造	99.9	100.1	100.4	99.1	99.6	99.7
其他家具制造	100.2	100.0	99.9	100.0	100.0	100.0
造纸和纸制品业	**100.1**	**99.9**	**100.9**	**100.0**	**99.1**	**100.2**
造纸	99.6	99.4	102.1	100.0	98.4	100.4
纸制品制造	100.6	100.3	100.0	100.1	99.7	100.0
印刷和记录媒介复制业	**99.8**	**100.2**	**100.4**	**100.2**	**99.8**	**100.4**
印刷	99.9	100.2	100.2	100.2	99.8	100.6
装订及印刷相关服务	98.1	101.9	106.6	101.8	100.4	96.7
文教、工美、体育和娱乐用品制造业	**99.8**	**100.0**	**100.3**	**101.1**	**100.1**	**101.4**
乐器制造	99.8	101.9	101.7	99.8	100.0	100.8
工艺美术及礼仪用品制造	99.8	100.0	100.3	101.1	100.2	101.5
游艺器材及娱乐用品制造	100.0	100.0	100.0	100.0	100.0	99.3
石油、煤炭及其他燃料加工业	**98.4**	**105.0**	**106.6**	**101.3**	**102.1**	**104.6**
精炼石油产品制造	102.7	107.1	108.2	100.2	100.4	108.2
煤炭加工	91.2	101.1	103.5	103.6	105.4	97.8
化学原料和化学制品制造业	**98.3**	**100.4**	**102.3**	**102.4**	**100.6**	**101.5**
基础化学原料制造	97.2	100.4	105.4	105.5	100.2	103.9
肥料制造	98.8	101.3	103.2	103.0	103.2	103.5
农药制造	101.6	98.4	95.8	93.2	95.3	96.5
涂料、油墨、颜料及类似产品制造	99.3	101.4	100.7	101.2	98.4	99.7
合成材料制造	93.1	100.7	102.6	101.1	103.8	96.4
专用化学产品制造	98.9	100.1	99.1	101.4	99.9	100.2
炸药、火工及焰火产品制造	103.2	100.3	100.4	100.0	100.2	100.2
日用化学产品制造	100.7	96.4	102.7	101.6	100.2	100.9
医药制造业	**100.2**	**100.6**	**100.3**	**100.1**	**99.6**	**100.3**
化学药品原料药制造	99.8	102.2	100.8	102.3	98.9	100.2
化学药品制剂制造	100.0	100.0	100.9	99.7	100.4	100.9
中药饮片加工	101.0	100.0	100.2	100.7	99.4	100.4
中成药生产	99.9	101.6	100.1	99.8	99.9	100.0
兽用药品制造	99.9	100.9	100.5	99.8	99.9	100.1
生物药品制品制造	100.6	99.7	98.6	99.1	99.4	98.8
卫生材料及医药用品制造	98.0	97.8	102.8	96.0	96.6	104.3
化学纤维制造业	**100.6**	**100.9**	**100.4**	**103.6**	**102.6**	**101.7**
纤维素纤维原料及纤维制造	100.1	100.1	99.7	105.1	103.1	101.2
合成纤维制造	102.1	103.6	102.7	98.9	101.3	103.5

3-17 续表 2 (上月=100)

类　　别	1月	2月	3月	4月	5月	6月
橡胶和塑料制品业	**100.3**	**100.9**	**99.4**	**100.6**	**99.4**	**100.0**
橡胶制品业	99.5	100.6	99.9	99.7	99.5	99.1
塑料制品业	100.4	100.9	99.4	100.8	99.4	100.1
非金属矿物制品业	**98.1**	**99.4**	**99.5**	**99.3**	**99.5**	**99.2**
水泥、石灰和石膏制造	95.3	95.6	98.4	99.9	97.5	97.0
石膏、水泥制品及类似制品制造	97.2	100.5	99.2	99.4	100.2	100.1
砖瓦、石材等建筑材料制造	99.2	99.4	99.4	99.8	98.9	99.2
玻璃制造	98.6	103.4	101.4	92.5	100.8	99.7
玻璃制品制造	99.7	100.7	99.9	99.3	100.0	99.6
玻璃纤维和玻璃纤维增强塑料制品制造	93.2	96.4	97.5	95.2	99.3	99.2
陶瓷制品制造	103.1	101.1	100.8	98.8	99.5	100.0
耐火材料制品制造	99.8	100.2	100.1	100.5	100.0	99.8
石墨及其他非金属矿物制品制造	100.2	100.3	101.6	101.4	101.9	98.1
黑色金属冶炼和压延加工业	**96.9**	**98.9**	**101.2**	**102.0**	**100.2**	**97.8**
炼铁	100.0	91.6	100.0	102.0	100.0	100.0
炼钢	98.0	97.6	104.4	103.0	100.5	100.1
钢压延加工	96.9	99.5	100.5	102.8	99.8	96.7
铁合金冶炼	94.6	98.5	97.4	94.1	103.1	98.8
有色金属冶炼和压延加工业	**102.0**	**104.5**	**102.5**	**100.7**	**98.6**	**98.1**
常用有色金属冶炼	101.8	104.6	102.7	101.2	99.3	96.6
贵金属冶炼	101.0	100.3	101.8	102.2	100.7	99.2
稀有稀土金属冶炼	109.0	106.6	104.3	100.1	97.6	100.6
有色金属合金制造	99.8	101.5	100.3	99.7	101.4	100.0
有色金属压延加工	101.5	104.6	102.6	100.6	97.5	98.6
金属制品业	**100.4**	**100.6**	**100.0**	**100.0**	**100.1**	**99.5**
结构性金属制品制造	100.4	100.7	99.7	99.8	99.6	99.2
金属工具制造	100.0	100.0	100.8	102.6	100.0	100.0
集装箱及金属包装容器制造	100.2	100.2	100.8	100.3	100.2	100.0
金属表面处理及热处理加工	102.2	101.7	100.2	101.1	101.5	98.4
金属制日用品制造	99.9	103.6	99.2	99.6	103.4	99.2
铸造及其他金属制品制造	100.4	100.0	100.3	100.1	100.4	100.2
通用设备制造业	**100.0**	**100.0**	**99.8**	**100.4**	**100.0**	**99.8**
锅炉及原动设备制造	99.9	99.9	100.0	100.9	100.0	99.9
金属加工机械制造	100.0	100.0	99.9	99.9	100.2	99.6
物料搬运设备制造	100.5	100.1	100.2	99.1	100.7	99.3
泵、阀门、压缩机及类似机械制造	99.7	99.8	99.4	101.5	99.9	99.6
轴承、齿轮和传动部件制造	100.0	100.3	100.0	99.5	99.8	100.0
烘炉、风机、包装等设备制造	101.2	100.7	99.0	100.2	99.5	99.9
通用零部件制造	99.7	99.8	100.1	100.0	100.0	99.8
专用设备制造业	**99.4**	**99.5**	**99.9**	**99.5**	**100.3**	**99.7**
采矿、冶金、建筑专用设备制造	99.2	98.9	98.0	100.2	100.8	99.6
化工、木材、非金属加工专用设备制造	99.8	99.0	105.0	95.4	100.0	100.0
食品、饮料、烟草及饲料生产专用设备制造	101.9	98.3	98.3	101.8	100.0	101.8
印刷、制药、日化及日用品生产专用设备制造	101.2	104.8	99.1	101.3	98.3	98.2
电子和电工机械专用设备制造	100.0	100.0	100.0	100.0	100.8	99.2
农、林、牧、渔专用机械制造	97.3	101.3	103.9	99.4	100.0	98.6
医疗仪器设备及器械制造	99.9	100.1	100.0	99.7	99.5	101.0
环保、邮政、社会公共服务及其他专用设备制造	99.0	100.0	100.0	100.0	100.0	100.0

3-17 续表 3 (上月=100)

类　别	1月	2月	3月	4月	5月	6月
汽车制造业	**99.6**	**100.1**	**99.9**	**100.0**	**100.2**	**100.0**
汽车整车制造	99.2	100.4	100.0	100.7	100.4	100.1
汽车用发动机制造	100.0	99.0	100.0	100.2	100.6	99.7
改装汽车制造	99.8	100.0	100.0	100.4	100.0	100.4
汽车零部件及配件制造	100.0	99.8	99.8	99.3	99.9	99.9
铁路、船舶、航空航天和其他运输设备制造业	**100.0**	**99.6**	**100.3**	**99.9**	**100.6**	**100.3**
铁路运输设备制造	101.5	99.7	100.3	100.2	100.8	100.9
城市轨道交通设备制造	100.0	100.0	100.0	100.0	100.9	100.0
摩托车制造	98.9	99.3	100.5	99.6	100.3	100.0
电气机械和器材制造业	**99.8**	**101.0**	**100.9**	**101.0**	**99.9**	**100.2**
电机制造	99.9	99.2	100.5	99.0	100.0	100.6
输配电及控制设备制造	99.9	101.0	99.7	101.2	99.7	101.1
电线、电缆、光缆及电工器材制造	99.4	101.4	100.9	101.0	100.3	99.7
电池制造	100.0	103.9	105.6	103.5	104.0	99.4
家用电力器具制造	101.2	99.3	100.5	100.3	100.7	98.5
非电力家用器具制造	100.2	100.0	100.3	99.9	100.0	100.3
照明器具制造	100.1	99.2	100.0	100.0	91.5	100.1
计算机、通信和其他电子设备制造业	**99.2**	**99.6**	**99.2**	**99.9**	**99.7**	**101.0**
计算机制造	99.7	99.8	99.2	100.0	100.9	102.7
通信设备制造	99.3	100.6	98.5	98.6	99.1	99.6
广播电视设备制造	99.9	100.0	96.5	100.0	100.0	100.0
雷达及配套设备制造	99.3	99.1	99.6	99.3	100.7	103.3
非专业视听设备制造	96.5	95.1	96.9	96.0	97.0	100.0
电子器件制造	99.3	100.1	100.0	99.9	97.5	99.7
电子元件及电子专用材料制造	99.3	100.1	100.9	102.9	101.8	99.9
其他电子设备制造	100.0	100.0	100.0	108.0	107.4	99.5
仪器仪表制造业	**100.0**	**99.7**	**100.0**	**100.0**	**100.0**	**100.0**
通用仪器仪表制造	100.0	99.6	100.0	100.0	100.0	100.0
专用仪器仪表制造	100.0	100.0	100.0	100.0	100.0	100.0
光学仪器制造	100.0	100.0	100.0	100.0	100.0	100.0
其他制造业	**100.0**	**100.3**	**99.9**	**100.0**	**100.0**	**100.0**
日用杂品制造	100.0	100.0	99.8	100.0	100.0	100.0
其他未列明制造业	100.0	100.5	100.0	100.0	100.0	100.0
废弃资源综合利用业	**102.5**	**97.7**	**100.0**	**101.9**	**99.5**	**97.2**
金属废料和碎屑加工处理	103.6	96.9	98.7	104.5	99.1	96.8
非金属废料和碎屑加工处理	100.7	99.0	102.1	97.9	100.0	97.9
金属制品、机械和设备修理业	**97.8**	**100.0**	**100.0**	**104.2**	**101.4**	**103.8**
铁路、船舶、航空航天等运输设备修理	97.8	100.0	100.0	104.2	101.4	103.8
电力、热力生产和供应业	**105.5**	**99.4**	**101.1**	**99.7**	**97.3**	**94.2**
电力生产	107.1	98.4	100.9	99.8	93.5	91.0
电力供应	104.1	100.2	101.2	99.6	100.8	96.9
燃气生产和供应业	**98.4**	**101.2**	**102.7**	**106.5**	**98.5**	**98.9**
燃气生产和供应业	98.4	101.2	102.7	106.5	98.5	98.9
水的生产和供应业	**100.0**	**100.1**	**100.0**	**100.0**	**100.0**	**99.9**
自来水生产和供应	100.0	100.1	100.0	100.0	100.0	99.8
污水处理及其再生利用	100.0	100.0	100.0	100.0	100.0	100.0

3-17 续表 4

(上月=100)

类别	7月	8月	9月	10月	11月	12月
总指数	**99.1**	**99.1**	**99.7**	**100.1**	**100.3**	**100.4**
煤炭开采和洗选业	**99.2**	**97.8**	**97.8**	**102.2**	**99.6**	**104.3**
烟煤和无烟煤开采洗选	99.2	97.8	97.8	102.2	99.6	104.3
石油和天然气开采业	**100.0**	**100.0**	**100.0**	**100.0**	**100.7**	**100.6**
天然气开采	100.0	100.0	100.0	100.0	100.7	100.6
黑色金属矿采选业	**95.8**	**96.4**	**98.3**	**95.9**	**100.6**	**98.7**
铁矿采选	95.8	96.4	98.3	95.9	100.6	98.7
有色金属矿采选业	**97.6**	**97.8**	**94.5**	**99.0**	**99.4**	**100.3**
常用有色金属矿采选	98.9	97.2	96.4	99.1	99.9	101.5
贵金属矿采选	96.1	101.6	99.7	101.2	102.1	101.7
稀有稀土金属矿采选	90.8	100.8	82.3	97.6	95.4	91.6
非金属矿采选业	**99.1**	**101.6**	**100.2**	**100.1**	**100.0**	**99.2**
土砂石开采	100.0	99.5	99.7	100.2	100.5	98.9
化学矿开采	103.9	111.2	101.8	100.8	97.8	101.2
采盐	91.2	108.3	101.7	99.2	98.4	99.8
农副食品加工业	**101.2**	**100.4**	**101.2**	**101.5**	**100.6**	**99.8**
谷物磨制	99.7	100.2	100.3	99.8	100.4	100.4
饲料加工	100.6	99.8	100.7	102.5	101.9	100.5
植物油加工	96.1	98.4	101.7	101.2	100.4	98.2
屠宰及肉类加工	104.8	101.3	102.6	103.3	100.3	98.3
蔬菜、菌类、水果和坚果加工	105.2	102.9	100.8	98.6	99.4	102.7
其他农副食品加工	100.2	100.3	100.1	100.5	100.1	100.0
食品制造业	**100.1**	**99.7**	**99.5**	**100.4**	**100.1**	**99.9**
焙烤食品制造	100.2	99.5	100.0	99.9	100.0	99.9
糖果、巧克力及蜜饯制造	99.8	100.0	100.0	100.0	100.0	99.9
方便食品制造	99.7	100.1	100.0	100.1	100.0	99.8
乳制品制造	99.4	99.5	100.1	100.2	100.5	101.4
罐头食品制造	100.2	101.5	96.4	100.7	97.9	99.7
调味品、发酵制品制造	100.0	100.1	100.4	100.9	100.0	100.1
其他食品制造	100.9	97.0	98.4	99.9	102.5	99.0
酒、饮料和精制茶制造业	**100.1**	**100.1**	**100.0**	**100.1**	**99.9**	**99.2**
酒的制造	100.2	100.2	100.0	100.0	99.9	99.0
饮料制造	100.3	100.1	100.2	100.4	99.9	99.9
精制茶加工	99.6	99.7	100.0	100.0	100.0	100.0
烟草制品业	**100.0**	**100.0**	**100.0**	**100.0**	**100.0**	**100.0**
卷烟制造	100.0	100.0	100.0	100.0	100.0	100.0
其他烟草制品制造	100.0	100.0	100.0	100.0	100.0	100.0
纺织业	**99.4**	**99.7**	**99.1**	**99.4**	**99.5**	**98.8**
棉纺织及印染精加工	99.3	99.0	98.6	98.8	98.8	98.0
麻纺织及染整精加工	100.0	100.0	100.0	100.0	100.0	100.0
丝绢纺织及印染精加工	99.1	100.2	99.9	100.6	100.8	100.0
家用纺织制成品制造	99.6	106.5	100.0	100.5	100.9	100.9
产业用纺织制成品制造	101.1	101.1	100.0	100.0	100.0	100.0
纺织服装、服饰业	**99.1**	**101.7**	**99.5**	**101.0**	**100.7**	**98.8**
机织服装制造	99.0	101.9	99.5	101.1	100.7	98.7
针织或钩针编织服装制造	100.0	100.0	100.0	100.0	100.0	100.0

3-17 续表 5　　（上月=100）

类　别	7月	8月	9月	10月	11月	12月
皮革、毛皮、羽毛及其制品和制鞋业	**101.0**	**100.6**	**100.3**	**100.0**	**100.3**	**100.1**
皮革鞣制加工	100.0	100.0	100.0	100.0	100.0	100.0
皮革制品制造	99.9	100.9	100.8	100.1	100.5	100.6
羽毛(绒)加工及制品制造	100.2	99.9	99.2	99.5	100.7	99.9
制鞋业	101.9	100.7	100.4	100.0	100.2	100.0
木材加工和木、竹、藤、棕、草制品业	**100.8**	**100.0**	**99.6**	**100.6**	**100.3**	**99.8**
木材加工	100.0	100.0	100.0	100.0	100.0	100.0
人造板制造	100.3	100.1	99.3	100.8	100.2	99.6
木质制品制造	99.8	100.0	99.8	100.8	100.6	99.4
竹、藤、棕、草等制品制造	107.2	100.0	100.0	100.0	100.0	102.1
家具制造业	**100.0**	**100.0**	**100.4**	**100.1**	**100.0**	**99.7**
木质家具制造	100.0	100.0	100.4	100.1	100.1	99.6
其他家具制造	100.0	100.0	100.0	99.8	99.6	100.1
造纸和纸制品业	**99.4**	**100.0**	**100.2**	**100.3**	**100.3**	**99.2**
造纸	99.1	100.1	100.0	100.8	100.8	98.5
纸制品制造	99.6	99.9	100.3	100.0	99.9	99.8
印刷和记录媒介复制业	**100.5**	**100.2**	**100.4**	**100.0**	**98.6**	**100.8**
印刷	100.6	100.2	100.5	99.9	98.6	100.8
装订及印刷相关服务	97.1	101.0	96.9	102.1	98.3	101.6
文教、工美、体育和娱乐用品制造业	**99.8**	**99.7**	**99.7**	**99.4**	**99.7**	**99.9**
乐器制造	99.5	99.7	100.0	100.3	99.7	100.0
工艺美术及礼仪用品制造	99.8	99.7	99.6	99.3	99.7	99.9
游艺器材及娱乐用品制造	100.0	100.0	100.0	100.0	100.0	100.0
石油、煤炭及其他燃料加工业	**97.5**	**94.9**	**97.4**	**100.2**	**98.6**	**96.1**
精炼石油产品制造	98.4	94.8	99.0	99.5	98.8	94.6
煤炭加工	95.6	95.1	94.0	101.7	98.2	99.5
化学原料和化学制品制造业	**98.3**	**95.6**	**99.0**	**98.9**	**99.9**	**99.9**
基础化学原料制造	97.7	92.0	101.2	100.7	100.3	99.5
肥料制造	98.3	95.1	95.2	97.9	100.4	102.5
农药制造	98.2	97.2	98.9	97.4	97.9	98.0
涂料、油墨、颜料及类似产品制造	98.7	97.9	95.8	98.1	99.0	99.3
合成材料制造	97.8	97.4	99.6	94.6	102.2	97.8
专用化学产品制造	98.8	98.5	100.9	99.6	100.6	99.4
炸药、火工及焰火产品制造	100.3	99.6	100.0	100.0	95.6	100.0
日用化学产品制造	100.5	99.9	100.4	100.6	99.3	100.3
医药制造业	**99.8**	**99.8**	**100.2**	**100.1**	**99.7**	**100.9**
化学药品原料药制造	100.7	100.1	99.4	100.0	99.8	100.5
化学药品制剂制造	99.9	99.8	99.6	100.6	99.6	100.2
中药饮片加工	100.3	99.7	100.6	100.1	99.7	101.1
中成药生产	99.2	100.3	101.1	99.9	99.5	100.7
兽用药品制造	100.1	100.1	100.0	100.0	100.0	101.1
生物药品制品制造	99.6	98.5	100.0	99.0	100.0	101.4
卫生材料及医药用品制造	95.8	99.8	100.9	102.4	99.8	109.9
化学纤维制造业	**100.6**	**99.2**	**99.4**	**98.2**	**100.1**	**97.5**
纤维素纤维原料及纤维制造	101.6	99.3	99.1	97.4	100.2	98.2
合成纤维制造	97.2	98.8	100.2	100.7	99.9	95.2

3-17 续表 6 (上月=100)

类别	7月	8月	9月	10月	11月	12月
橡胶和塑料制品业	**99.9**	**99.0**	**99.4**	**99.9**	**98.7**	**101.0**
橡胶制品业	99.7	100.1	99.9	100.0	99.2	100.5
塑料制品业	100.0	98.9	99.3	99.9	98.7	101.0
非金属矿物制品业	**99.3**	**98.9**	**99.9**	**100.1**	**100.1**	**99.5**
水泥、石灰和石膏制造	96.5	95.6	99.8	102.0	103.9	99.3
石膏、水泥制品及类似制品制造	99.8	99.2	100.3	99.8	99.1	99.4
砖瓦、石材等建筑材料制造	100.1	100.5	100.1	100.0	99.4	99.3
玻璃制造	96.9	94.3	100.3	98.9	97.9	98.2
玻璃制品制造	99.8	99.5	99.5	99.6	100.6	100.7
玻璃纤维和玻璃纤维增强塑料制品制造	99.1	98.7	92.1	92.6	100.8	102.0
陶瓷制品制造	101.3	100.2	99.3	100.3	99.8	100.0
耐火材料制品制造	100.0	100.0	99.8	99.6	100.0	100.0
石墨及其他非金属矿物制品制造	99.9	101.4	101.6	101.1	97.1	98.1
黑色金属冶炼和压延加工业	**95.4**	**96.0**	**98.2**	**98.4**	**99.0**	**101.0**
炼铁	99.6	95.0	93.6	105.5	98.2	100.0
炼钢	96.6	94.9	99.8	95.2	97.3	100.1
钢压延加工	94.8	96.4	97.5	99.7	99.6	101.4
铁合金冶炼	96.2	96.8	98.5	99.9	100.1	100.6
有色金属冶炼和压延加工业	**95.0**	**99.7**	**98.7**	**97.3**	**101.3**	**101.1**
常用有色金属冶炼	91.7	99.3	99.9	100.6	102.1	99.8
贵金属冶炼	97.3	100.9	100.4	100.0	102.1	103.0
稀有稀土金属冶炼	100.6	105.0	87.1	77.8	102.7	104.9
有色金属合金制造	101.1	101.6	100.5	98.8	99.2	100.3
有色金属压延加工	95.3	98.6	99.7	98.0	101.0	101.7
金属制品业	**100.2**	**99.4**	**99.5**	**99.5**	**99.6**	**99.8**
结构性金属制品制造	100.6	99.5	99.1	99.3	99.7	100.4
金属工具制造	100.0	100.0	100.0	100.0	100.0	100.0
集装箱及金属包装容器制造	99.9	100.0	99.0	99.7	99.8	100.2
金属表面处理及热处理加工	98.9	98.7	101.1	99.9	100.1	99.5
金属制日用品制造	97.8	96.1	102.3	96.6	94.1	98.9
铸造及其他金属制品制造	99.8	99.5	100.1	100.2	100.0	98.7
通用设备制造业	**99.9**	**99.8**	**100.2**	**100.2**	**100.1**	**100.2**
锅炉及原动设备制造	100.0	100.0	100.0	100.0	99.9	99.9
金属加工机械制造	99.6	100.0	100.4	100.4	99.1	102.9
物料搬运设备制造	99.8	98.8	100.7	100.8	101.4	100.0
泵、阀门、压缩机及类似机械制造	99.9	99.7	99.8	99.5	100.2	100.0
轴承、齿轮和传动部件制造	100.5	100.0	102.7	101.0	100.0	100.2
烘炉、风机、包装等设备制造	100.0	99.6	99.5	100.4	100.6	100.0
通用零部件制造	99.5	100.2	100.0	100.2	99.7	99.7
专用设备制造业	**99.8**	**99.2**	**100.4**	**99.4**	**100.1**	**98.6**
采矿、冶金、建筑专用设备制造	99.5	98.7	101.0	98.5	100.3	97.1
化工、木材、非金属加工专用设备制造	100.0	100.0	99.0	100.7	99.4	100.0
食品、饮料、烟草及饲料生产专用设备制造	101.8	100.0	100.0	100.0	100.0	97.8
印刷、制药、日化及日用品生产专用设备制造	97.9	97.9	102.6	98.0	97.6	101.5
电子和电工机械专用设备制造	100.8	100.0	100.0	100.3	100.0	99.1
农、林、牧、渔专用机械制造	98.6	98.6	100.3	101.4	103.4	102.6
医疗仪器设备及器械制造	100.4	100.3	100.1	100.7	99.4	99.8
环保、邮政、社会公共服务及其他专用设备制造	100.0	100.0	99.3	99.2	99.8	99.0

3-17 续表 7 (上月=100)

类　别	7月	8月	9月	10月	11月	12月
汽车制造业	**100.0**	**100.1**	**99.6**	**99.9**	**100.4**	**100.3**
汽车整车制造	100.0	100.1	99.2	99.9	101.0	100.6
汽车用发动机制造	99.8	100.0	99.3	99.6	100.0	99.7
改装汽车制造	100.2	100.2	100.6	99.9	99.9	99.9
汽车零部件及配件制造	100.0	100.0	100.0	99.8	99.9	100.1
铁路、船舶、航空航天和其他运输设备制造业	**99.9**	**99.3**	**100.2**	**100.3**	**99.7**	**100.0**
铁路运输设备制造	99.4	99.0	100.0	100.0	99.6	100.0
城市轨道交通设备制造	100.0	100.0	100.0	100.0	100.0	100.0
摩托车制造	100.3	99.2	100.5	100.7	99.7	100.0
电气机械和器材制造业	**99.4**	**99.3**	**99.7**	**100.3**	**100.3**	**100.7**
电机制造	99.8	99.3	99.4	99.7	100.3	100.7
输配电及控制设备制造	100.1	99.4	100.4	100.8	100.5	98.7
电线、电缆、光缆及电工器材制造	97.7	99.0	100.1	100.0	100.2	101.3
电池制造	101.4	100.0	97.5	100.7	101.1	104.7
家用电力器具制造	100.0	99.7	98.5	99.3	101.8	101.7
非电力家用器具制造	100.0	100.0	100.1	100.1	102.2	100.0
照明器具制造	99.8	98.0	100.0	100.2	96.8	100.0
计算机、通信和其他电子设备制造业	**100.4**	**99.6**	**99.9**	**101.0**	**100.8**	**99.9**
计算机制造	100.8	100.6	101.1	102.4	102.8	100.4
通信设备制造	99.6	100.3	99.2	99.6	99.1	101.3
广播电视设备制造	100.0	100.0	100.0	101.3	100.0	100.0
雷达及配套设备制造	100.0	101.8	100.9	101.9	103.3	101.5
非专业视听设备制造	100.9	100.1	92.2	100.0	97.9	100.4
电子器件制造	99.8	97.4	100.4	99.9	99.4	98.2
电子元件及电子专用材料制造	100.5	100.0	100.3	100.3	99.8	99.0
其他电子设备制造	100.0	100.0	100.0	100.0	100.1	100.0
仪器仪表制造业	**100.0**	**100.2**	**100.6**	**100.0**	**100.0**	**100.0**
通用仪器仪表制造	100.0	100.2	100.8	100.0	100.0	100.0
专用仪器仪表制造	100.0	100.0	100.0	100.0	100.0	100.0
光学仪器制造	100.0	100.0	100.0	100.0	100.0	100.0
其他制造业	**100.0**	**100.8**	**100.0**	**100.0**	**100.0**	**105.3**
日用杂品制造	100.0	101.7	100.0	100.0	100.0	100.0
其他未列明制造业	100.0	100.0	100.0	100.0	100.0	109.6
废弃资源综合利用业	**91.9**	**100.8**	**98.9**	**99.1**	**94.9**	**102.5**
金属废料和碎屑加工处理	87.9	101.7	99.7	99.6	93.3	106.5
非金属废料和碎屑加工处理	98.5	99.6	97.7	98.2	97.6	96.4
金属制品、机械和设备修理业	**100.2**	**100.0**	**99.8**	**104.3**	**102.0**	**100.0**
铁路、船舶、航空航天等运输设备修理	100.2	100.0	99.8	104.3	102.0	100.0
电力、热力生产和供应业	**93.3**	**100.4**	**99.3**	**100.6**	**104.2**	**107.7**
电力生产	91.5	99.8	96.5	99.3	106.3	114.5
电力供应	94.8	100.8	101.4	101.4	102.8	102.9
燃气生产和供应业	**98.4**	**99.6**	**101.7**	**99.8**	**99.5**	**105.0**
燃气生产和供应业	98.4	99.6	101.7	99.8	99.5	105.0
水的生产和供应业	**100.0**	**99.8**	**100.0**	**100.0**	**99.9**	**100.2**
自来水生产和供应	100.0	99.7	100.0	100.0	99.9	100.2
污水处理及其再生利用	100.0	100.0	100.0	100.0	100.0	100.0

3-18 工业生产者购进价格指数(2017-2022年)

(上年=100)

类别	2017	2018	2019	2020	2021	2022
总指数	**108.3**	**105.3**	**100.6**	**98.1**	**107.5**	**105.8**
燃料、动力类	112.0	105.6	99.5	93.8	119.3	123.1
黑色金属材料类	116.6	110.2	100.7	98.4	115.7	98.1
#钢材	118.6	110.9	99.9	97.6	115.1	98.4
其他	113.5	109.2	102.0	99.7	117.1	97.5
有色金属材料和电线类	117.7	105.8	99.0	97.3	118.2	106.6
化工原料类	107.7	107.4	97.1	94.1	111.7	107.5
木材及纸浆类	107.6	107.7	99.0	97.8	103.3	102.2
建筑材料及非金属矿类	109.3	113.6	108.4	96.8	101.5	99.8
其他工业原材料及半成品类	101.1	101.4	101.3	100.4	101.5	102.9
农副产品类	103.4	102.6	102.0	104.8	102.4	102.6
纺织原料类	109.3	100.2	98.0	97.0	109.2	105.5

3-19 分月工业生产者购进价格指数(2022年)

(上年同月=100)

类别	1月	2月	3月	4月	5月	6月	7月	8月	9月	10月	11月	12月
总指数	**109.9**	**109.0**	**108.1**	**108.8**	**108.0**	**108.6**	**107.9**	**105.2**	**103.4**	**101.3**	**100.2**	**101.1**
燃料、动力类	131.7	130.8	129.8	138.3	133.5	134.5	130.5	122.5	117.4	110.8	103.6	107.3
黑色金属材料类	111.2	107.8	105.6	105.0	101.5	99.5	96.9	92.9	90.9	89.5	89.8	90.9
#钢材	112.1	109.2	106.2	105.2	101.7	99.7	97.0	94.2	91.4	89.8	88.6	90.2
其他	109.3	104.7	104.2	104.6	101.0	99.0	96.5	90.2	89.7	89.0	92.5	92.6
有色金属材料和电线类	117.1	117.3	115.7	113.8	109.9	106.4	106.5	102.9	100.1	96.9	98.4	99.4
化工原料类	116.2	114.7	113.5	112.1	112.1	113.6	111.8	106.6	102.8	96.8	97.0	97.8
木材及纸浆类	104.5	103.7	102.7	102.3	102.0	101.6	101.6	100.2	100.9	103.3	102.7	101.2
建筑材料及非金属矿类	108.6	107.0	105.9	104.5	102.8	103.0	101.3	98.7	97.1	90.5	89.8	91.0
其他工业原材料及半成品类	102.9	103.0	102.5	102.3	102.8	104.0	104.1	103.0	102.0	102.5	102.9	103.3
农副产品类	99.0	97.9	97.8	98.7	100.6	102.8	105.3	105.3	106.5	107.2	105.2	105.1
纺织原料类	112.8	111.8	109.7	109.0	109.6	108.1	106.4	104.9	103.5	99.6	97.8	95.0

3-20 分月工业生产者购进价格环比指数(2022年)

(上月=100)

类别	1月	2月	3月	4月	5月	6月	7月	8月	9月	10月	11月	12月
总指数	**99.0**	**100.1**	**100.6**	**101.3**	**100.5**	**101.0**	**100.1**	**98.5**	**99.6**	**100.1**	**100.5**	**99.9**
燃料、动力类	96.2	101.8	102.6	106.0	99.4	102.7	100.3	96.4	97.5	100.1	103.5	101.0
黑色金属材料类	99.2	99.2	100.1	101.0	100.3	99.3	97.9	97.7	98.9	99.3	98.7	99.0
#钢材	99.1	100.2	99.8	101.0	100.3	99.1	97.7	98.1	98.3	99.1	98.3	98.8
其他	99.5	96.9	101.0	100.9	100.4	99.7	98.5	96.6	100.2	99.8	99.7	99.3
有色金属材料和电线类	99.1	101.1	102.0	100.5	100.1	98.6	99.8	96.9	99.3	101.1	100.6	100.3
化工原料类	99.9	100.0	101.3	101.0	101.1	101.5	99.6	96.8	98.7	98.6	99.5	99.8
木材及纸浆类	99.9	99.9	100.2	100.0	100.4	99.9	100.2	99.7	100.6	101.0	100.3	99.2
建筑材料及非金属矿类	97.9	98.9	99.3	99.7	99.7	100.8	98.1	97.5	99.9	97.6	100.7	100.5
其他工业原材料及半成品类	99.7	100.1	99.9	100.4	100.9	101.2	100.3	99.8	100.3	100.6	100.3	99.8
农副产品类	99.2	99.4	100.4	100.6	100.9	100.7	102.4	100.2	100.6	101.3	99.7	99.6
纺织原料类	100.2	99.8	100.3	100.2	100.0	99.9	99.0	99.2	99.9	99.3	99.6	97.5

3-21 分行业工业生产者购进价格指数(2022年)

(上年同月＝100)

类　　别	全年	1月	2月	3月	4月	5月	6月
总指数	**105.8**	**109.9**	**109.0**	**108.1**	**108.8**	**108.0**	**108.6**
农业	**102.1**	**103.1**	**102.2**	**101.5**	**101.5**	**101.8**	**101.8**
谷物种植	99.6	98.6	97.0	96.8	97.0	98.2	98.2
豆类、油料和薯类种植	107.0	108.4	107.6	106.3	104.5	105.0	107.2
棉、麻、糖、烟草种植	117.5	143.1	141.7	146.3	144.1	140.5	137.9
蔬菜、食用菌及园艺作物种植	103.1	106.9	106.5	105.4	105.9	105.3	102.3
水果种植	108.6	109.0	108.9	106.5	119.5	118.1	117.2
坚果、含油果、香料和饮料作物种植	99.2	102.8	102.7	99.4	98.9	98.4	97.8
中药材种植	105.1	106.5	106.6	106.1	106.0	105.5	105.4
其他农业	112.5	113.9	109.3	111.7	116.9	115.3	119.8
林业	**100.2**	**101.2**	**101.0**	**100.0**	**99.3**	**99.1**	**99.1**
木材和竹材采运	100.1	100.5	100.1	99.2	99.5	99.7	99.3
林产品采集	100.5	104.2	104.8	103.6	98.5	96.9	98.3
畜牧业	**100.6**	**83.5**	**81.6**	**82.0**	**87.3**	**93.8**	**103.8**
牲畜饲养	100.0	80.0	78.1	78.8	84.3	92.2	104.1
家禽饲养	104.4	110.2	103.5	99.3	108.1	100.9	100.2
其他畜牧业	103.2	106.4	106.4	106.0	105.9	105.2	105.0
煤炭开采和洗选业	**126.0**	**157.7**	**148.6**	**144.7**	**155.3**	**155.1**	**146.3**
烟煤和无烟煤开采洗选	126.0	157.7	148.6	144.7	155.3	155.1	146.3
石油和天然气开采业	**141.5**	**140.0**	**147.2**	**142.5**	**162.9**	**141.9**	**156.5**
石油开采	141.6	141.0	148.4	143.6	164.7	142.8	158.0
天然气开采	142.0	113.1	118.1	117.1	119.5	123.9	122.8
黑色金属矿采选业	**95.9**	**107.0**	**101.8**	**102.0**	**102.6**	**98.3**	**96.8**
铁矿采选	95.5	106.9	101.7	101.9	102.4	97.9	96.4
锰矿、铬矿采选	115.7	109.2	105.4	108.9	109.4	115.4	118.7
有色金属矿采选业	**114.0**	**120.4**	**118.7**	**117.8**	**114.2**	**108.5**	**106.2**
常用有色金属矿采选	100.5	109.2	107.6	107.0	105.5	101.0	101.9
稀有稀土金属矿采选	148.8	154.1	152.0	149.2	138.0	128.2	116.8
非金属矿采选业	**110.9**	**107.4**	**108.2**	**110.7**	**111.4**	**111.9**	**113.7**
土砂石开采	105.1	104.3	105.3	106.3	106.9	106.8	107.2
化学矿开采	124.4	114.8	115.4	119.3	121.5	123.1	128.1
采盐	117.3	105.9	105.5	142.7	126.7	129.7	131.1
农副食品加工业	**105.3**	**103.0**	**102.4**	**103.2**	**102.4**	**103.6**	**105.5**
谷物磨制	103.5	102.9	102.3	102.2	102.4	102.4	103.6
植物油加工	121.0	115.9	117.7	128.2	127.5	130.4	127.7

3-21 续表 1 (上年同月=100)

类 别	全年	1月	2月	3月	4月	5月	6月
制糖业	98.2	111.3	97.4	97.5	97.7	97.7	97.4
屠宰及肉类加工	102.2	95.0	95.4	94.7	92.1	95.0	100.1
蔬菜、菌类、水果和坚果加工	102.2	109.2	108.8	104.6	104.1	102.0	101.0
其他农副食品加工	102.1	105.7	104.6	101.2	101.7	101.4	102.0
食品制造业	**103.9**	**104.9**	**104.9**	**103.1**	**100.7**	**101.3**	**104.0**
乳制品制造	112.9	108.2	110.3	107.2	107.9	108.5	114.0
调味品、发酵制品制造	99.2	102.6	101.7	100.4	96.2	97.0	99.0
其他食品制造	107.0	108.8	108.2	107.0	106.5	106.3	106.1
酒、饮料和精制茶制造业	**100.2**	**100.2**	**101.0**	**100.7**	**98.7**	**100.4**	**100.7**
酒的制造	105.3	100.1	102.8	101.9	102.4	107.2	108.0
饮料制造	100.0	100.0	100.0	100.0	100.0	100.0	100.0
精制茶加工	96.9	100.4	100.1	100.0	96.0	96.1	96.0
烟草制品业	**97.6**	**100.0**	**100.0**	**100.0**	**100.0**	**100.0**	**100.0**
烟叶复烤	97.6	100.0	100.0	100.0	100.0	100.0	100.0
纺织业	**105.5**	**112.8**	**111.8**	**109.7**	**109.0**	**109.6**	**108.1**
棉纺织及印染精加工	107.2	112.3	112.0	110.9	111.2	113.0	112.6
丝绢纺织及印染精加工	101.5	114.0	111.4	106.9	103.7	101.6	98.2
皮革、毛皮、羽毛及其制品和制鞋业	**100.1**	**102.7**	**103.5**	**102.2**	**102.2**	**101.2**	**99.8**
皮革鞣制加工	100.1	102.7	103.5	102.2	102.2	101.2	99.8
木材加工和木、竹、藤、棕、草制品业	**102.7**	**102.1**	**102.6**	**103.7**	**103.7**	**102.4**	**102.6**
木材加工	101.8	100.4	102.4	101.2	102.8	101.5	102.0
人造板制造	103.2	102.6	102.7	104.7	103.8	103.2	103.0
竹、藤、棕、草等制品制造	102.1	102.4	102.5	102.5	104.4	100.1	101.7
造纸和纸制品业	**103.1**	**108.3**	**106.3**	**103.7**	**102.8**	**102.9**	**102.1**
纸浆制造	105.5	109.5	105.4	104.4	102.9	105.0	101.2
造纸	101.3	108.0	106.8	102.7	102.2	101.5	102.3
纸制品制造	103.7	105.3	106.5	106.2	105.2	103.0	104.1
印刷和记录媒介复制业	**98.7**	**98.4**	**98.6**	**98.6**	**98.6**	**98.5**	**98.7**
印刷	98.7	98.4	98.6	98.6	98.6	98.5	98.7
石油、煤炭及其他燃料加工业	**124.7**	**138.5**	**132.3**	**131.1**	**134.6**	**133.3**	**138.6**
精炼石油产品制造	128.8	128.5	128.9	131.1	132.5	131.7	137.7
煤炭加工	121.7	143.3	133.1	129.7	134.5	133.1	137.7
化学原料和化学制品制造业	**110.6**	**121.1**	**119.8**	**119.3**	**118.5**	**117.7**	**119.0**
基础化学原料制造	116.5	131.6	127.9	126.3	127.0	126.2	128.1
肥料制造	119.8	124.1	120.8	130.2	130.8	136.6	139.7
农药制造	90.4	114.4	113.5	113.0	101.4	85.0	79.4

3-21 续表 2

(上年同月＝100)

类　别	全年	1月	2月	3月	4月	5月	6月
涂料、油墨、颜料及类似产品制造	99.4	97.6	100.2	101.8	103.3	100.3	100.6
合成材料制造	101.3	107.2	109.5	107.8	105.2	104.8	105.6
专用化学产品制造	120.8	123.9	114.4	110.3	114.5	120.4	123.6
炸药、火工及焰火产品制造	108.5	106.4	104.8	104.8	107.2	113.2	114.7
医药制造业	**104.6**	**103.9**	**104.1**	**102.4**	**103.5**	**104.9**	**104.7**
化学药品原料药制造	104.7	105.1	105.3	103.7	103.7	104.6	103.9
中成药生产	102.4	100.0	100.0	103.2	103.2	103.2	103.2
兽用药品制造	89.9	104.4	103.6	91.4	93.2	86.6	85.3
生物药品制品制造	105.9	101.9	102.2	101.0	104.1	107.3	108.3
化学纤维制造业	**106.2**	**113.3**	**108.6**	**103.7**	**98.9**	**98.1**	**108.5**
纤维素纤维原料及纤维制造	105.6	113.9	107.6	103.5	96.6	95.7	107.1
合成纤维制造	108.7	109.5	111.5	103.1	109.3	110.5	115.5
橡胶和塑料制品业	**99.4**	**103.6**	**102.6**	**100.5**	**98.6**	**100.7**	**100.5**
橡胶制品业	100.4	105.3	100.0	100.0	100.0	100.0	100.0
塑料制品业	99.3	103.5	102.6	100.5	98.5	100.7	100.5
非金属矿物制品业	**97.3**	**108.8**	**106.7**	**104.8**	**102.9**	**100.7**	**100.6**
水泥、石灰和石膏制造	103.1	131.5	126.5	120.7	114.6	111.7	110.1
玻璃制造	88.7	91.8	91.4	91.8	91.5	89.9	90.6
玻璃制品制造	103.5	100.9	103.2	103.6	103.6	103.8	103.7
玻璃纤维和玻璃纤维增强塑料制品制造	96.1	105.5	101.9	99.1	96.9	94.6	95.1
石墨及其他非金属矿物制品制造	111.2	118.1	114.4	111.0	115.1	109.9	110.7
黑色金属冶炼和压延加工业	**98.7**	**113.1**	**110.2**	**106.9**	**105.9**	**102.6**	**100.3**
炼铁	100.6	116.6	116.6	115.0	111.9	108.8	103.2
炼钢	100.5	109.7	107.8	105.4	106.0	105.4	104.5
钢压延加工	98.2	112.5	109.5	106.3	105.2	101.6	99.4
铁合金冶炼	106.1	130.5	124.2	115.2	116.7	120.2	114.5
有色金属冶炼和压延加工业	**105.2**	**116.6**	**117.2**	**115.4**	**113.9**	**110.4**	**106.5**
常用有色金属冶炼	107.1	116.5	117.2	118.7	116.8	114.4	110.5
有色金属合金制造	103.1	106.5	110.3	111.5	110.2	109.5	104.1
有色金属压延加工	103.9	117.1	117.5	113.3	112.0	107.7	104.0
金属制品业	**104.5**	**109.9**	**110.1**	**108.2**	**107.4**	**106.1**	**105.1**
结构性金属制品制造	101.0	104.4	103.2	103.1	102.3	99.9	101.5
金属工具制造	106.7	103.5	105.6	106.8	106.6	106.2	106.4
集装箱及金属包装容器制造	117.1	115.5	119.6	119.6	120.5	123.1	122.2
金属丝绳及其制品制造	99.0	110.8	108.6	103.8	102.5	99.9	98.1
铸造及其他金属制品制造	103.1	108.5	108.4	107.3	106.2	104.4	103.4

3-21 续表 3

(上年同月=100)

类　别	全年	1月	2月	3月	4月	5月	6月
通用设备制造业	**101.2**	**101.7**	**101.6**	**101.3**	**101.5**	**102.2**	**101.3**
锅炉及原动设备制造	102.0	100.9	100.9	100.6	100.6	102.5	101.3
泵、阀门、压缩机及类似机械制造	100.7	100.3	100.5	100.6	101.3	101.8	101.2
轴承、齿轮和传动部件制造	102.4	105.5	105.5	105.0	105.3	104.3	102.9
烘炉、风机、包装等设备制造	101.7	109.5	109.5	104.5	104.5	100.0	100.7
通用零部件制造	99.5	102.3	101.0	101.0	100.7	100.9	100.3
专用设备制造业	**105.2**	**103.1**	**100.0**	**100.0**	**100.0**	**100.0**	**104.0**
环保、邮政、社会公共服务及其他专用设备制造	105.2	103.1	100.0	100.0	100.0	100.0	104.0
汽车制造业	**100.1**	**101.3**	**100.6**	**100.4**	**100.2**	**100.2**	**100.2**
汽车用发动机制造	99.8	99.5	99.3	99.3	100.1	100.1	100.0
汽车零部件及配件制造	100.2	101.7	100.9	100.7	100.3	100.2	100.3
铁路、船舶、航空航天和其他运输设备制造业	**101.5**	**101.7**	**101.7**	**101.4**	**101.5**	**101.6**	**101.6**
铁路运输设备制造	101.5	101.7	101.7	101.4	101.5	101.6	101.6
电气机械和器材制造业	**106.0**	**98.6**	**101.2**	**103.9**	**104.3**	**105.1**	**109.0**
电机制造	103.8	105.7	106.4	106.6	106.5	104.3	103.1
输配电及控制设备制造	100.1	97.5	97.4	101.8	101.6	102.2	102.8
电线、电缆、光缆及电工器材制造	111.6	90.1	102.7	108.0	110.7	114.1	116.0
电池制造	113.3	101.5	101.4	100.9	101.3	102.7	119.5
计算机、通信和其他电子设备制造业	**104.2**	**102.4**	**102.9**	**101.7**	**102.1**	**103.5**	**106.0**
计算机制造	109.5	105.9	107.2	106.0	107.2	109.6	112.9
通信设备制造	108.7	105.6	106.4	106.2	106.6	107.4	107.6
电子器件制造	88.6	91.9	90.2	88.9	87.5	86.9	87.8
电子元件及电子专用材料制造	130.5	142.3	146.5	149.7	140.1	137.8	136.0
仪器仪表制造业	**101.7**	**99.1**	**99.0**	**99.5**	**99.1**	**99.1**	**103.8**
通用仪器仪表制造	101.7	99.1	99.0	99.5	99.1	99.1	103.8
废弃资源综合利用业	**99.1**	**114.9**	**113.4**	**111.4**	**108.8**	**105.3**	**103.8**
金属废料和碎屑加工处理	99.2	115.3	113.9	112.1	108.8	105.3	104.0
非金属废料和碎屑加工处理	97.8	109.5	107.2	102.9	109.0	104.9	101.3
电力、热力生产和供应业	**102.2**	**97.3**	**100.0**	**103.4**	**105.8**	**106.4**	**102.3**
电力供应	102.2	97.3	100.0	103.4	105.8	106.4	102.3
燃气生产和供应业	**110.4**	**102.7**	**101.3**	**108.1**	**104.4**	**114.1**	**116.4**
燃气生产和供应业	110.4	102.7	101.3	108.1	104.4	114.1	116.4
水的生产和供应业	**100.1**	**100.0**	**100.0**	**100.0**	**100.0**	**100.0**	**100.0**
自来水生产和供应	100.1	100.0	100.0	100.0	100.0	100.0	100.0

3-21 续表 4 (上年同月=100)

类　别	7月	8月	9月	10月	11月	12月
总指数	**107.9**	**105.2**	**103.4**	**101.3**	**100.2**	**101.1**
农业	**101.7**	**102.0**	**102.3**	**102.3**	**102.1**	**103.3**
谷物种植	98.9	99.6	100.9	101.9	102.7	105.4
豆类、油料和薯类种植	106.5	107.8	108.0	109.2	106.6	107.3
棉、麻、糖、烟草种植	129.6	115.8	99.3	88.7	79.4	74.5
蔬菜、食用菌及园艺作物种植	99.9	99.9	99.6	101.3	102.4	102.4
水果种植	117.2	115.6	136.0	90.8	81.3	91.4
坚果、含油果、香料和饮料作物种植	97.3	98.6	98.5	98.3	98.5	99.0
中药材种植	105.2	105.0	104.9	104.2	103.7	102.7
其他农业	121.4	114.2	108.8	106.8	106.8	106.8
林业	**99.6**	**99.9**	**101.3**	**101.7**	**101.1**	**99.2**
木材和竹材采运	99.7	99.5	101.3	101.6	101.4	99.6
林产品采集	98.9	101.7	101.4	101.8	99.6	97.5
畜牧业	**113.3**	**113.5**	**117.6**	**121.5**	**113.9**	**107.3**
牲畜饲养	115.1	116.0	120.8	124.6	115.6	107.7
家禽饲养	101.9	98.9	100.9	109.8	108.1	110.8
其他畜牧业	103.2	100.2	100.3	99.9	100.0	100.2
煤炭开采和洗选业	**131.8**	**124.4**	**114.0**	**102.0**	**90.3**	**99.8**
烟煤和无烟煤开采洗选	131.8	124.4	114.0	102.0	90.3	99.8
石油和天然气开采业	**164.6**	**142.7**	**136.6**	**126.3**	**121.4**	**123.3**
石油开采	165.0	142.5	135.7	125.2	120.3	120.7
天然气开采	159.1	155.0	166.6	161.2	156.5	185.0
黑色金属矿采选业	**94.7**	**88.2**	**88.1**	**89.1**	**93.0**	**92.5**
铁矿采选	94.3	87.7	87.2	88.4	92.2	91.8
锰矿、铬矿采选	111.6	111.0	128.7	122.9	125.5	120.5
有色金属矿采选业	**115.1**	**114.9**	**114.0**	**112.1**	**114.2**	**113.5**
常用有色金属矿采选	95.2	97.0	96.0	95.3	96.9	94.9
稀有稀土金属矿采选	165.5	159.1	158.2	150.1	153.6	157.5
非金属矿采选业	**114.8**	**114.0**	**112.3**	**110.5**	**108.8**	**107.0**
土砂石开采	105.9	105.0	105.8	104.3	102.5	101.0
化学矿开采	136.1	135.9	129.4	124.8	123.1	120.0
采盐	122.0	111.3	86.7	113.9	114.3	121.7
农副食品加工业	**108.1**	**107.1**	**107.9**	**107.4**	**105.0**	**107.6**
谷物磨制	103.5	103.8	104.8	105.0	104.4	104.5
植物油加工	129.9	121.9	118.5	113.1	112.5	110.6

3-21 续表 5 (上年同月=100)

类　别	7月	8月	9月	10月	11月	12月
制糖业	97.6	97.7	97.3	96.6	95.6	95.1
屠宰及肉类加工	107.4	107.4	110.1	110.6	104.8	115.3
蔬菜、菌类、水果和坚果加工	100.7	99.5	100.5	101.7	100.5	94.8
其他农副食品加工	102.4	103.0	102.2	102.3	101.2	98.3
食品制造业	**104.1**	**103.7**	**105.0**	**105.6**	**104.9**	**104.7**
乳制品制造	114.7	113.3	113.2	117.0	116.6	122.6
调味品、发酵制品制造	98.7	98.1	100.3	99.8	99.3	97.1
其他食品制造	107.0	108.1	108.9	107.5	106.6	103.1
酒、饮料和精制茶制造业	**100.8**	**100.4**	**100.3**	**100.0**	**99.4**	**99.4**
酒的制造	108.3	108.1	107.2	107.0	105.2	105.7
饮料制造	100.0	100.0	100.0	100.0	100.0	100.0
精制茶加工	96.1	95.6	95.8	95.5	95.5	95.2
烟草制品业	**100.0**	**100.0**	**100.0**	**90.5**	**90.5**	**90.5**
烟叶复烤	100.0	100.0	100.0	90.5	90.5	90.5
纺织业	**106.4**	**104.9**	**103.5**	**99.6**	**97.8**	**95.0**
棉纺织及印染精加工	110.4	108.5	105.8	100.4	98.0	93.9
丝绢纺织及印染精加工	97.4	96.9	98.1	97.6	97.4	97.9
皮革、毛皮、羽毛及其制品和制鞋业	**101.6**	**98.5**	**98.6**	**96.8**	**97.3**	**97.5**
皮革鞣制加工	101.6	98.5	98.6	96.8	97.3	97.5
木材加工和木、竹、藤、棕、草制品业	**102.8**	**102.2**	**103.3**	**104.0**	**102.5**	**101.1**
木材加工	102.3	101.0	102.1	102.3	102.2	101.6
人造板制造	103.4	103.2	103.7	104.4	102.4	101.0
竹、藤、棕、草等制品制造	100.4	99.7	103.2	104.3	103.1	100.9
造纸和纸制品业	**102.0**	**99.4**	**99.8**	**104.2**	**103.9**	**102.1**
纸浆制造	100.9	96.8	99.1	113.1	116.3	113.1
造纸	102.4	100.5	99.9	98.6	96.3	95.0
纸制品制造	103.6	103.4	102.2	102.7	101.4	100.7
印刷和记录媒介复制业	**98.5**	**98.5**	**98.6**	**98.8**	**99.2**	**99.4**
印刷	98.5	98.5	98.6	98.8	99.2	99.4
石油、煤炭及其他燃料加工业	**134.2**	**128.2**	**120.1**	**116.4**	**104.4**	**103.4**
精炼石油产品制造	135.3	132.3	132.0	124.9	118.0	116.1
煤炭加工	132.5	125.2	113.4	111.6	97.8	97.2
化学原料和化学制品制造业	**116.1**	**108.6**	**103.8**	**96.2**	**96.9**	**97.9**
基础化学原料制造	124.6	114.1	108.4	97.8	99.1	100.0
肥料制造	132.8	121.3	109.7	101.0	103.3	100.1
农药制造	80.6	82.8	83.3	81.2	79.4	80.2

3-21 续表 6 (上年同月=100)

类　别	7月	8月	9月	10月	11月	12月
涂料、油墨、颜料及类似产品制造	100.2	98.0	97.9	97.0	97.0	98.4
合成材料制造	103.6	99.4	96.6	92.6	92.0	94.6
专用化学产品制造	120.2	116.8	122.6	128.4	128.3	126.2
炸药、火工及焰火产品制造	116.6	114.5	112.5	106.8	101.2	101.5
医药制造业	**105.0**	**105.2**	**104.9**	**105.8**	**105.7**	**105.0**
化学药品原料药制造	104.4	104.6	103.9	106.2	106.2	105.5
中成药生产	103.2	103.2	103.2	102.2	102.2	102.2
兽用药品制造	92.4	93.4	95.0	81.3	77.8	76.5
生物药品制品制造	107.5	107.6	107.9	107.6	107.7	107.0
化学纤维制造业	**111.1**	**111.7**	**110.3**	**105.6**	**104.5**	**102.7**
纤维素纤维原料及纤维制造	110.3	112.4	110.7	105.6	104.7	101.6
合成纤维制造	114.9	108.8	108.6	104.6	102.1	106.9
橡胶和塑料制品业	**100.3**	**99.7**	**98.1**	**96.5**	**95.4**	**96.5**
橡胶制品业	100.0	100.0	100.0	100.0	100.0	100.0
塑料制品业	100.3	99.7	98.0	96.5	95.3	96.4
非金属矿物制品业	**98.3**	**95.3**	**93.7**	**86.1**	**85.7**	**87.5**
水泥、石灰和石膏制造	107.1	103.8	97.8	81.9	76.8	78.9
玻璃制造	88.5	84.3	85.2	82.3	87.3	89.8
玻璃制品制造	103.6	103.6	103.7	103.5	103.4	105.1
玻璃纤维和玻璃纤维增强塑料制品制造	94.9	94.4	93.4	93.4	92.0	92.9
石墨及其他非金属矿物制品制造	109.0	112.1	112.2	110.0	108.2	104.9
黑色金属冶炼和压延加工业	**97.4**	**94.3**	**91.4**	**89.1**	**88.2**	**89.9**
炼铁	98.5	93.9	89.2	87.1	87.4	88.0
炼钢	104.6	100.2	94.9	90.8	89.6	90.7
钢压延加工	96.6	93.7	91.0	89.4	88.2	89.9
铁合金冶炼	109.8	100.9	98.5	82.4	86.7	91.8
有色金属冶炼和压延加工业	**104.8**	**100.4**	**97.2**	**93.8**	**95.2**	**96.5**
常用有色金属冶炼	107.7	103.5	99.3	93.3	96.4	98.2
有色金属合金制造	102.2	97.4	94.3	96.9	95.9	100.6
有色金属压延加工	103.0	98.4	95.7	93.9	94.3	95.2
金属制品业	**103.8**	**102.7**	**101.1**	**101.0**	**99.7**	**99.8**
结构性金属制品制造	101.2	100.7	99.6	98.8	98.5	98.9
金属工具制造	105.8	106.6	109.8	109.7	106.7	106.6
集装箱及金属包装容器制造	123.2	122.8	114.8	113.4	107.9	105.0
金属丝绳及其制品制造	94.9	93.6	94.1	94.5	94.0	95.5
铸造及其他金属制品制造	101.9	100.6	99.4	99.5	99.2	99.6

3-21 续表 7 (上年同月=100)

类 别	7月	8月	9月	10月	11月	12月
通用设备制造业	**101.0**	**100.6**	**100.8**	**100.8**	**101.0**	**100.7**
锅炉及原动设备制造	101.7	101.7	102.7	103.5	103.8	103.5
泵、阀门、压缩机及类似机械制造	100.8	100.7	100.3	100.7	100.4	100.2
轴承、齿轮和传动部件制造	101.8	101.0	101.4	98.8	99.1	98.8
烘炉、风机、包装等设备制造	100.7	100.7	100.7	98.4	96.1	96.1
通用零部件制造	99.4	97.5	97.4	97.3	98.7	98.3
专用设备制造业	**109.1**	**109.1**	**109.1**	**109.1**	**109.1**	**109.1**
环保、邮政、社会公共服务及其他专用设备制造	109.1	109.1	109.1	109.1	109.1	109.1
汽车制造业	**99.6**	**99.6**	**99.5**	**99.8**	**99.9**	**100.0**
汽车用发动机制造	99.7	99.9	99.9	99.9	100.0	100.0
汽车零部件及配件制造	99.6	99.5	99.4	99.7	99.9	100.0
铁路、船舶、航空航天和其他运输设备制造业	**101.3**	**101.3**	**101.8**	**101.4**	**101.4**	**101.2**
铁路运输设备制造	101.3	101.3	101.8	101.4	101.4	101.2
电气机械和器材制造业	**108.0**	**108.1**	**108.7**	**109.8**	**107.8**	**106.8**
电机制造	102.8	102.5	101.7	102.3	103.1	101.3
输配电及控制设备制造	100.5	100.3	100.2	102.3	99.1	95.0
电线、电缆、光缆及电工器材制造	115.6	116.9	117.3	118.4	116.5	116.4
电池制造	119.5	119.7	123.1	123.1	120.5	125.5
计算机、通信和其他电子设备制造业	**107.5**	**104.9**	**101.9**	**103.3**	**105.9**	**107.7**
计算机制造	115.4	110.4	106.9	108.9	111.8	112.4
通信设备制造	107.2	110.6	110.9	111.7	111.8	111.6
电子器件制造	87.3	88.2	86.1	86.7	88.4	93.3
电子元件及电子专用材料制造	135.1	134.1	121.8	114.9	116.7	112.3
仪器仪表制造业	**103.8**	**103.6**	**103.7**	**103.9**	**102.7**	**103.1**
通用仪器仪表制造	103.8	103.6	103.7	103.9	102.7	103.1
废弃资源综合利用业	**96.7**	**92.4**	**87.9**	**86.0**	**86.3**	**90.1**
金属废料和碎屑加工处理	96.7	92.3	87.7	85.9	86.4	90.3
非金属废料和碎屑加工处理	97.0	94.0	91.0	87.0	85.8	88.1
电力、热力生产和供应业	**97.8**	**98.6**	**101.0**	**102.5**	**105.4**	**106.0**
电力供应	97.8	98.6	101.0	102.5	105.4	106.0
燃气生产和供应业	**115.8**	**114.9**	**113.3**	**112.9**	**112.5**	**110.6**
燃气生产和供应业	115.8	114.9	113.3	112.9	112.5	110.6
水的生产和供应业	**99.7**	**99.7**	**99.7**	**100.0**	**101.5**	**100.4**
自来水生产和供应	99.7	99.7	99.7	100.0	101.5	100.4

3-22 分行业工业生产者购进价格环比指数(2022年)

(上月=100)

类 别	1月	2月	3月	4月	5月	6月
总指数	**99.0**	**100.1**	**100.6**	**101.3**	**100.5**	**101.0**
农业	**100.0**	**100.1**	**100.8**	**100.5**	**100.1**	**100.4**
谷物种植	100.1	99.6	100.8	101.2	100.2	100.4
豆类、油料和薯类种植	99.5	100.2	101.2	100.1	101.1	102.3
棉、麻、糖、烟草种植	103.2	102.4	105.6	99.0	100.0	99.7
蔬菜、食用菌及园艺作物种植	98.3	100.2	100.3	100.9	99.6	99.9
水果种植	102.7	100.7	99.4	112.8	99.7	100.0
坚果、含油果、香料和饮料作物种植	100.0	100.1	101.4	98.7	99.5	99.5
中药材种植	100.0	100.7	100.1	99.7	100.0	100.0
其他农业	101.2	99.7	103.5	101.7	100.0	104.1
林业	**98.9**	**99.6**	**100.2**	**100.3**	**100.2**	**100.4**
木材和竹材采运	98.6	99.5	100.0	100.3	100.3	100.5
林产品采集	99.9	100.0	100.7	100.3	99.9	99.8
畜牧业	**95.9**	**96.3**	**97.3**	**102.2**	**103.1**	**100.3**
牲畜饲养	95.2	95.9	97.3	102.0	103.7	100.4
家禽饲养	100.9	96.0	93.1	108.0	100.3	98.6
其他畜牧业	100.0	99.9	99.7	100.1	99.7	99.7
煤炭开采和洗选业	**91.7**	**98.1**	**98.2**	**104.3**	**102.6**	**100.2**
烟煤和无烟煤开采洗选	91.7	98.1	98.2	104.3	102.6	100.2
石油和天然气开采业	**97.4**	**112.5**	**109.2**	**114.0**	**93.2**	**111.4**
石油开采	97.4	112.9	109.6	114.5	93.0	111.8
天然气开采	97.5	104.9	100.3	100.0	100.0	98.6
黑色金属矿采选业	**99.7**	**96.2**	**101.0**	**100.8**	**100.3**	**100.0**
铁矿采选	99.6	96.1	101.0	100.8	100.2	100.0
锰矿、铬矿采选	103.7	99.6	102.3	101.1	103.8	100.8
有色金属矿采选业	**100.6**	**100.6**	**102.1**	**100.6**	**98.7**	**99.0**
常用有色金属矿采选	100.2	100.2	101.7	100.9	97.9	99.6
稀有稀土金属矿采选	101.4	101.5	103.2	100.0	100.5	97.7
非金属矿采选业	**99.9**	**100.7**	**101.5**	**101.2**	**101.2**	**101.9**
土砂石开采	100.1	100.4	99.9	100.9	100.5	100.2
化学矿开采	99.4	101.4	103.1	102.8	102.3	105.5
采盐	100.3	100.5	136.5	90.1	104.2	102.6
农副食品加工业	**100.3**	**100.2**	**101.9**	**99.7**	**101.1**	**101.8**
谷物磨制	100.5	100.2	100.1	101.0	100.7	101.4
植物油加工	100.7	103.6	111.6	100.2	102.7	101.6

3-22 续表 1 (上月=100)

类　别	1月	2月	3月	4月	5月	6月
制糖业	100.6	94.0	100.2	100.7	100.0	100.4
屠宰及肉类加工	100.2	100.0	101.0	97.6	101.4	103.1
蔬菜、菌类、水果和坚果加工	99.4	99.2	95.3	100.1	98.6	100.0
其他农副食品加工	100.1	99.8	99.9	100.0	99.8	100.9
食品制造业	**98.7**	**99.8**	**99.3**	**97.7**	**101.6**	**100.8**
乳制品制造	102.2	100.3	98.1	100.5	101.7	103.5
调味品、发酵制品制造	96.4	99.6	99.5	95.9	101.9	99.7
其他食品制造	102.0	99.7	100.7	99.9	100.3	99.8
酒、饮料和精制茶制造业	**99.7**	**100.9**	**100.1**	**98.1**	**101.6**	**100.2**
酒的制造	99.0	102.7	100.2	100.2	104.6	100.6
饮料制造	100.0	100.0	100.0	100.0	100.0	100.0
精制茶加工	100.0	100.0	100.0	96.2	99.9	100.0
烟草制品业	**100.0**	**100.0**	**100.0**	**100.0**	**100.0**	**100.0**
烟叶复烤	100.0	100.0	100.0	100.0	100.0	100.0
纺织业	**100.2**	**99.8**	**100.3**	**100.2**	**100.0**	**99.9**
棉纺织及印染精加工	100.7	99.8	100.8	100.7	100.2	100.0
丝绢纺织及印染精加工	98.8	99.8	99.0	99.1	99.6	99.8
皮革、毛皮、羽毛及其制品和制鞋业	**99.8**	**100.0**	**100.0**	**99.9**	**99.4**	**99.6**
皮革鞣制加工	99.8	100.0	100.0	99.9	99.4	99.6
木材加工和木、竹、藤、棕、草制品业	**100.0**	**100.2**	**101.2**	**100.5**	**99.9**	**99.8**
木材加工	99.8	100.4	100.5	101.3	100.2	99.4
人造板制造	99.8	100.1	101.7	100.4	100.0	99.6
竹、藤、棕、草等制品制造	101.0	100.3	100.1	100.1	99.2	100.8
造纸和纸制品业	**100.1**	**99.7**	**99.6**	**99.6**	**100.9**	**99.7**
纸浆制造	100.1	99.3	100.7	99.4	103.6	98.8
造纸	100.1	99.6	98.8	99.8	99.2	100.0
纸制品制造	100.5	101.6	100.1	99.8	99.8	101.0
印刷和记录媒介复制业	**100.0**	**100.0**	**100.0**	**99.9**	**99.7**	**100.1**
印刷	100.0	100.0	100.0	99.9	99.7	100.1
石油、煤炭及其他燃料加工业	**93.5**	**96.1**	**101.0**	**105.6**	**103.2**	**105.2**
精炼石油产品制造	100.2	102.1	104.4	104.2	101.1	106.5
煤炭加工	90.1	92.8	98.9	106.5	104.5	104.5
化学原料和化学制品制造业	**100.5**	**100.0**	**101.6**	**101.8**	**100.6**	**101.8**
基础化学原料制造	102.6	99.3	101.3	102.2	100.9	102.7
肥料制造	96.6	99.7	104.8	103.0	106.4	103.8
农药制造	97.7	101.7	100.0	91.6	84.5	97.9

3-22 续表 2 (上月=100)

类 别	1月	2月	3月	4月	5月	6月
涂料、油墨、颜料及类似产品制造	98.9	102.9	100.0	100.4	99.7	100.0
合成材料制造	98.4	100.6	101.8	102.2	100.5	100.2
专用化学产品制造	103.1	98.8	100.4	104.2	101.8	100.8
炸药、火工及焰火产品制造	100.9	99.2	100.3	101.9	100.4	101.2
医药制造业	**101.7**	**100.4**	**99.9**	**101.5**	**101.4**	**100.8**
化学药品原料药制造	103.1	100.6	100.4	100.3	101.1	100.9
中成药生产	100.0	100.0	103.2	100.0	100.0	100.0
兽用药品制造	99.3	100.0	89.0	98.8	92.9	99.7
生物药品制品制造	99.5	100.0	99.9	104.4	102.9	100.6
化学纤维制造业	**97.3**	**101.7**	**102.2**	**101.4**	**104.8**	**103.9**
纤维素纤维原料及纤维制造	96.2	101.3	102.3	101.3	105.9	104.0
合成纤维制造	101.2	103.1	102.1	101.6	100.8	103.4
橡胶和塑料制品业	**99.0**	**99.9**	**100.1**	**98.7**	**101.6**	**100.1**
橡胶制品业	100.0	100.0	100.0	100.0	100.0	100.0
塑料制品业	98.9	99.9	100.1	98.7	101.6	100.1
非金属矿物制品业	**97.5**	**98.5**	**98.8**	**99.4**	**99.3**	**100.5**
水泥、石灰和石膏制造	95.1	96.1	96.1	99.3	98.5	99.3
玻璃制造	98.8	100.3	100.7	98.5	99.7	101.5
玻璃制品制造	100.5	102.1	100.2	100.1	100.1	99.9
玻璃纤维和玻璃纤维增强塑料制品制造	98.4	97.8	99.4	99.2	99.7	100.7
石墨及其他非金属矿物制品制造	100.6	97.7	100.5	104.0	100.6	100.5
黑色金属冶炼和压延加工业	**99.0**	**100.2**	**99.8**	**101.1**	**100.3**	**99.0**
炼铁	99.7	99.8	101.1	100.1	101.2	98.5
炼钢	95.4	99.1	100.1	104.0	101.5	100.2
钢压延加工	99.2	100.2	99.8	100.9	100.2	99.0
铁合金冶炼	97.6	99.6	100.1	103.2	100.2	97.8
有色金属冶炼和压延加工业	**98.8**	**101.2**	**102.0**	**100.5**	**100.4**	**98.4**
常用有色金属冶炼	97.6	100.7	103.6	100.0	100.4	97.1
有色金属合金制造	102.9	100.2	101.0	100.5	100.7	97.7
有色金属压延加工	99.6	101.7	100.9	100.9	100.4	99.3
金属制品业	**100.3**	**100.9**	**99.9**	**100.5**	**100.0**	**99.8**
结构性金属制品制造	99.8	100.1	100.2	100.3	100.0	100.0
金属工具制造	100.0	101.1	101.1	100.1	100.2	100.2
集装箱及金属包装容器制造	101.2	104.0	100.3	100.7	102.2	100.5
金属丝绳及其制品制造	99.5	100.2	99.1	100.7	100.0	99.6
铸造及其他金属制品制造	100.3	100.0	99.9	100.3	99.0	99.6

3-22 续表 3

(上月=100)

类　别	1月	2月	3月	4月	5月	6月
通用设备制造业	**99.6**	**99.8**	**99.9**	**100.2**	**100.8**	**99.6**
锅炉及原动设备制造	100.0	100.0	99.8	100.0	101.9	98.9
泵、阀门、压缩机及类似机械制造	100.3	100.3	99.8	100.5	100.6	99.5
轴承、齿轮和传动部件制造	99.8	100.0	100.3	100.1	99.4	100.5
烘炉、风机、包装等设备制造	100.0	100.0	100.0	100.0	100.0	100.7
通用零部件制造	97.5	98.1	100.1	100.0	100.2	100.8
专用设备制造业	**100.0**	**100.0**	**100.0**	**100.0**	**100.0**	**104.0**
环保、邮政、社会公共服务及其他专用设备制造	100.0	100.0	100.0	100.0	100.0	104.0
汽车制造业	**100.2**	**99.4**	**99.9**	**99.9**	**100.2**	**100.1**
汽车用发动机制造	99.8	99.8	100.0	100.3	100.0	100.0
汽车零部件及配件制造	100.3	99.3	99.9	99.8	100.2	100.1
铁路、船舶、航空航天和其他运输设备制造业	**100.7**	**100.0**	**100.0**	**100.7**	**100.0**	**100.0**
铁路运输设备制造	100.7	100.0	100.0	100.7	100.0	100.0
电气机械和器材制造业	**98.4**	**101.6**	**102.2**	**100.6**	**101.4**	**104.1**
电机制造	99.7	100.8	100.2	100.4	100.0	99.0
输配电及控制设备制造	95.9	99.9	104.1	100.9	100.8	101.0
电线、电缆、光缆及电工器材制造	100.9	107.6	103.3	100.6	103.5	100.5
电池制造	100.0	99.9	99.5	100.4	101.7	117.8
计算机、通信和其他电子设备制造业	**99.5**	**99.5**	**98.9**	**101.1**	**101.6**	**102.1**
计算机制造	100.1	99.8	98.8	101.6	101.9	102.5
通信设备制造	101.2	100.2	100.0	101.0	103.1	100.7
电子器件制造	97.8	98.2	98.9	99.7	100.4	100.9
电子元件及电子专用材料制造	97.2	103.6	103.5	100.8	102.3	101.0
仪器仪表制造业	**100.0**	**100.0**	**100.0**	**100.2**	**100.0**	**103.9**
通用仪器仪表制造	100.0	100.0	100.0	100.2	100.0	103.9
废弃资源综合利用业	**99.6**	**100.6**	**100.8**	**101.3**	**101.2**	**99.1**
金属废料和碎屑加工处理	99.8	100.7	100.8	101.5	101.2	99.0
非金属废料和碎屑加工处理	97.0	99.5	100.4	99.4	100.6	99.4
电力、热力生产和供应业	**102.1**	**101.9**	**102.6**	**101.4**	**99.5**	**95.3**
电力供应	102.1	101.9	102.6	101.4	99.5	95.3
燃气生产和供应业	**104.0**	**99.6**	**101.2**	**94.8**	**105.1**	**100.2**
燃气生产和供应业	104.0	99.6	101.2	94.8	105.1	100.2
水的生产和供应业	**100.0**	**100.0**	**100.0**	**100.0**	**100.0**	**100.0**
自来水生产和供应	100.0	100.0	100.0	100.0	100.0	100.0

3-22 续表 4 (上月=100)

类　别	7月	8月	9月	10月	11月	12月
总指数	**100.1**	**98.5**	**99.6**	**100.1**	**100.5**	**99.9**
农业	**99.7**	**100.0**	**99.8**	**100.4**	**100.5**	**100.9**
谷物种植	100.1	100.1	100.0	100.7	100.7	101.4
豆类、油料和薯类种植	99.6	100.9	100.3	101.7	99.9	100.2
棉、麻、糖、烟草种植	95.4	92.2	89.7	93.7	93.5	98.0
蔬菜、食用菌及园艺作物种植	98.6	100.4	100.7	102.1	101.3	100.1
水果种植	100.0	100.0	100.0	79.1	100.0	100.0
坚果、含油果、香料和饮料作物种植	99.4	100.4	99.8	99.8	100.1	100.3
中药材种植	99.7	99.9	100.1	100.2	101.1	101.0
其他农业	100.0	96.6	100.0	100.0	100.0	100.0
林业	**100.6**	**100.1**	**101.2**	**100.4**	**99.8**	**97.6**
木材和竹材采运	100.8	100.3	101.9	100.5	99.8	97.1
林产品采集	99.8	99.2	98.3	100.1	99.7	99.7
畜牧业	**110.4**	**101.7**	**102.8**	**105.1**	**99.6**	**93.6**
牲畜饲养	112.1	101.7	103.1	105.4	99.4	92.6
家禽饲养	99.7	102.9	101.6	106.5	102.6	101.1
其他畜牧业	99.9	100.4	100.2	100.3	100.0	100.4
煤炭开采和洗选业	**97.8**	**97.6**	**98.2**	**101.8**	**105.7**	**104.7**
烟煤和无烟煤开采洗选	97.8	97.6	98.2	101.8	105.7	104.7
石油和天然气开采业	**108.1**	**90.7**	**92.7**	**94.6**	**104.1**	**97.3**
石油开采	107.4	90.4	92.1	94.5	104.1	95.7
天然气开采	131.0	98.2	107.4	97.2	103.8	131.2
黑色金属矿采选业	**98.8**	**96.7**	**100.5**	**99.7**	**99.6**	**99.0**
铁矿采选	98.7	96.6	100.1	99.8	99.6	99.1
锰矿、铬矿采选	101.1	99.9	115.2	96.6	98.9	96.9
有色金属矿采选业	**108.9**	**100.3**	**100.1**	**101.1**	**102.2**	**99.0**
常用有色金属矿采选	93.4	101.5	99.4	99.0	102.2	99.3
稀有稀土金属矿采选	144.2	98.5	101.2	104.3	102.1	98.7
非金属矿采选业	**101.1**	**100.6**	**99.6**	**99.7**	**99.9**	**99.6**
土砂石开采	98.9	99.9	100.5	99.9	99.8	99.8
化学矿开采	106.2	102.3	98.7	97.8	100.2	99.1
采盐	91.3	93.4	84.7	130.1	99.4	98.4
农副食品加工业	**102.4**	**99.4**	**100.5**	**99.9**	**98.0**	**102.3**
谷物磨制	99.9	99.8	100.2	100.3	100.0	100.5
植物油加工	100.5	94.4	99.7	98.2	100.1	97.6

3-22 续表 5 (上月=100)

类 别	7月	8月	9月	10月	11月	12月
制糖业	100.2	100.3	100.2	99.8	99.4	99.4
屠宰及肉类加工	107.6	101.2	101.1	99.9	94.1	107.9
蔬菜、菌类、水果和坚果加工	100.0	100.0	101.7	101.9	100.4	98.3
其他农副食品加工	99.9	99.8	99.0	100.0	99.2	99.8
食品制造业	**99.4**	**101.0**	**101.6**	**101.4**	**100.4**	**102.9**
乳制品制造	101.3	102.7	100.5	103.1	99.8	107.2
调味品、发酵制品制造	98.4	100.2	102.5	100.9	100.7	101.6
其他食品制造	99.9	100.6	100.4	99.8	100.6	99.4
酒、饮料和精制茶制造业	**100.0**	**99.5**	**100.0**	**99.5**	**99.4**	**100.5**
酒的制造	100.0	99.5	99.7	99.2	98.3	101.6
饮料制造	100.0	100.0	100.0	100.0	100.0	100.0
精制茶加工	100.0	99.5	100.3	99.6	100.0	99.7
烟草制品业	**100.0**	**100.0**	**100.0**	**90.5**	**100.0**	**100.0**
烟叶复烤	100.0	100.0	100.0	90.5	100.0	100.0
纺织业	**99.0**	**99.2**	**99.9**	**99.3**	**99.6**	**97.5**
棉纺织及印染精加工	98.7	99.0	99.3	98.8	99.4	96.4
丝绢纺织及印染精加工	100.0	99.8	101.4	100.4	100.0	100.2
皮革、毛皮、羽毛及其制品和制鞋业	**99.9**	**99.3**	**99.8**	**99.7**	**101.8**	**98.4**
皮革鞣制加工	99.9	99.3	99.8	99.7	101.8	98.4
木材加工和木、竹、藤、棕、草制品业	**99.9**	**99.8**	**100.7**	**100.8**	**99.3**	**99.0**
木材加工	100.1	99.3	100.1	100.5	100.3	99.7
人造板制造	99.9	100.0	100.3	101.1	99.2	98.9
竹、藤、棕、草等制品制造	100.0	99.7	103.1	100.0	98.4	98.3
造纸和纸制品业	**100.2**	**99.5**	**100.4**	**101.5**	**101.1**	**99.8**
纸浆制造	101.0	99.7	101.9	104.8	102.8	100.4
造纸	99.8	99.2	99.4	99.4	100.2	99.2
纸制品制造	99.6	99.9	99.7	99.7	99.1	100.0
印刷和记录媒介复制业	**99.9**	**99.7**	**100.1**	**100.0**	**100.0**	**100.0**
印刷	99.9	99.7	100.1	100.0	100.0	100.0
石油、煤炭及其他燃料加工业	**99.9**	**98.5**	**97.3**	**104.0**	**100.5**	**99.4**
精炼石油产品制造	98.8	97.7	100.0	99.8	101.1	99.5
煤炭加工	100.6	98.9	95.8	106.6	100.2	99.4
化学原料和化学制品制造业	**99.3**	**95.9**	**98.4**	**98.5**	**99.7**	**100.0**
基础化学原料制造	99.0	94.8	98.7	98.5	99.4	101.0
肥料制造	100.3	96.9	92.7	95.2	103.9	97.9
农药制造	106.0	102.9	101.2	99.7	97.7	99.2

3-22 续表 6 (上月=100)

类别	7月	8月	9月	10月	11月	12月
涂料、油墨、颜料及类似产品制造	99.8	97.9	99.8	98.3	99.8	101.1
合成材料制造	98.4	96.4	99.2	99.3	99.0	98.6
专用化学产品制造	103.8	97.1	101.6	103.2	105.8	103.2
炸药、火工及焰火产品制造	101.7	99.2	98.3	97.5	100.5	100.4
医药制造业	**100.1**	**99.7**	**99.8**	**99.8**	**99.8**	**99.9**
化学药品原料药制造	100.4	99.6	99.5	99.9	99.8	99.9
中成药生产	100.0	100.0	100.0	99.0	100.0	100.0
兽用药品制造	103.0	97.6	100.6	99.4	95.8	98.2
生物药品制品制造	99.5	100.0	100.3	99.8	100.0	100.0
化学纤维制造业	**100.4**	**100.4**	**99.1**	**95.2**	**97.8**	**99.0**
纤维素纤维原料及纤维制造	100.4	101.4	99.1	93.9	97.4	99.1
合成纤维制造	100.6	96.8	98.9	100.5	99.3	98.5
橡胶和塑料制品业	**100.4**	**98.8**	**99.5**	**99.8**	**99.2**	**99.5**
橡胶制品业	100.0	100.0	100.0	100.0	100.0	100.0
塑料制品业	100.4	98.8	99.5	99.8	99.2	99.5
非金属矿物制品业	**97.4**	**96.7**	**100.0**	**97.1**	**100.9**	**100.8**
水泥、石灰和石膏制造	94.9	95.8	99.3	97.8	103.0	101.8
玻璃制造	98.6	95.8	100.9	95.4	100.0	99.3
玻璃制品制造	99.9	100.0	100.0	99.9	100.0	102.3
玻璃纤维和玻璃纤维增强塑料制品制造	100.2	99.7	98.9	99.9	98.5	100.4
石墨及其他非金属矿物制品制造	99.4	101.4	99.2	99.5	98.9	102.8
黑色金属冶炼和压延加工业	**97.6**	**97.9**	**98.3**	**99.1**	**98.4**	**98.9**
炼铁	97.1	96.2	96.5	99.6	99.7	98.1
炼钢	99.7	96.5	98.4	97.9	98.8	98.8
钢压延加工	97.5	98.2	98.3	99.1	98.2	98.8
铁合金冶炼	96.8	95.1	98.9	100.0	100.2	102.2
有色金属冶炼和压延加工业	**98.0**	**96.1**	**99.1**	**101.1**	**100.4**	**100.6**
常用有色金属冶炼	98.3	97.0	100.4	103.7	99.6	100.2
有色金属合金制造	98.6	97.5	97.7	101.3	98.7	104.1
有色金属压延加工	97.8	95.4	98.3	99.2	101.0	100.7
金属制品业	**99.2**	**99.7**	**99.8**	**100.1**	**99.6**	**100.1**
结构性金属制品制造	100.1	99.6	98.9	100.1	100.0	99.9
金属工具制造	100.0	100.1	103.0	100.1	100.2	100.2
集装箱及金属包装容器制造	100.8	100.0	99.0	99.6	98.3	98.5
金属丝绳及其制品制造	95.8	99.6	100.1	100.4	100.4	100.3
铸造及其他金属制品制造	100.0	99.7	100.0	100.2	99.8	100.6

3-22 续表 7 (上月=100)

类别	7月	8月	9月	10月	11月	12月
通用设备制造业	**100.2**	**99.8**	**100.5**	**100.3**	**100.4**	**99.8**
锅炉及原动设备制造	100.4	100.0	101.7	100.8	100.4	99.7
泵、阀门、压缩机及类似机械制造	99.6	99.9	99.6	100.5	99.9	99.8
轴承、齿轮和传动部件制造	100.4	99.6	99.4	99.2	100.5	99.7
烘炉、风机、包装等设备制造	100.0	100.0	100.0	97.8	97.6	100.0
通用零部件制造	100.4	99.2	100.7	99.9	101.7	99.8
专用设备制造业	**105.0**	**100.0**	**100.0**	**100.0**	**100.0**	**100.0**
环保、邮政、社会公共服务及其他专用设备制造	105.0	100.0	100.0	100.0	100.0	100.0
汽车制造业	**99.8**	**100.0**	**100.1**	**100.2**	**100.1**	**100.1**
汽车用发动机制造	100.0	100.0	100.0	100.0	100.1	99.9
汽车零部件及配件制造	99.8	100.0	100.2	100.3	100.1	100.1
铁路、船舶、航空航天和其他运输设备制造业	**100.0**	**100.0**	**100.4**	**99.7**	**100.0**	**99.8**
铁路运输设备制造	100.0	100.0	100.4	99.7	100.0	99.8
电气机械和器材制造业	**99.2**	**99.7**	**100.9**	**100.7**	**99.0**	**98.9**
电机制造	100.7	99.8	100.0	100.6	100.2	99.9
输配电及控制设备制造	97.9	99.1	100.4	101.9	97.4	95.9
电线、电缆、光缆及电工器材制造	99.4	100.3	100.3	99.6	99.7	100.0
电池制造	100.0	100.2	102.9	100.0	100.0	101.8
计算机、通信和其他电子设备制造业	**101.0**	**100.1**	**100.9**	**101.9**	**101.4**	**99.5**
计算机制造	101.8	100.8	101.3	102.2	101.5	99.5
通信设备制造	100.1	103.0	100.7	100.8	100.0	100.3
电子器件制造	98.7	97.4	99.4	101.1	101.5	99.4
电子元件及电子专用材料制造	102.0	101.1	104.9	101.0	98.9	95.8
仪器仪表制造业	**100.1**	**100.0**	**100.0**	**100.0**	**98.9**	**100.0**
通用仪器仪表制造	100.1	100.0	100.0	100.0	98.9	100.0
废弃资源综合利用业	**95.9**	**97.0**	**96.1**	**99.3**	**98.3**	**100.8**
金属废料和碎屑加工处理	95.8	96.9	96.0	99.5	98.0	100.8
非金属废料和碎屑加工处理	97.1	97.4	98.1	96.3	102.0	100.3
电力、热力生产和供应业	**94.9**	**100.5**	**102.3**	**100.8**	**103.3**	**101.7**
电力供应	94.9	100.5	102.3	100.8	103.3	101.7
燃气生产和供应业	**99.6**	**99.9**	**99.6**	**99.9**	**100.3**	**106.4**
燃气生产和供应业	99.6	99.9	99.6	99.9	100.3	106.4
水的生产和供应业	**99.7**	**100.0**	**100.0**	**100.3**	**101.5**	**98.9**
自来水生产和供应	99.7	100.0	100.0	100.3	101.5	98.9

3-23 分月新建商品住宅销售价格指数(2022年)

城市	同比(上年同月=100)											
	1月	2月	3月	4月	5月	6月	7月	8月	9月	10月	11月	12月
成都	102.5	102.5	102.7	102.9	103.4	104.5	105.1	105.3	106.2	107.2	108.0	109.0
泸州	96.9	96.8	95.6	95.3	94.0	93.7	93.7	93.4	94.3	94.9	96.0	95.7
南充	97.6	95.9	95.5	94.4	93.5	93.7	94.2	94.2	93.8	95.3	96.4	97.2

3-23 续表

城市	环比(上月=100)											
	1月	2月	3月	4月	5月	6月	7月	8月	9月	10月	11月	12月
成都	101.0	100.7	100.8	100.8	100.9	101.3	101.0	100.4	100.7	100.3	100.5	100.5
泸州	99.5	99.5	99.6	99.3	99.2	99.5	99.8	99.5	99.9	99.7	100.4	99.6
南充	99.4	99.1	100.1	99.2	98.8	99.8	100.2	99.4	99.5	101.0	100.5	100.1

3-24 分月二手住宅销售价格指数(2022年)

城市	同比(上年同月=100)											
	1月	2月	3月	4月	5月	6月	7月	8月	9月	10月	11月	12月
成都	103.6	103.3	103.2	103.6	103.8	105.4	106.7	106.8	107.0	107.5	108.5	109.1
泸州	99.1	98.6	98.4	97.8	97.2	96.8	97.0	96.4	96.5	96.5	96.6	96.9
南充	94.8	95.3	95.6	95.7	96.6	98.1	99.4	99.7	99.9	101.1	101.4	101.4

3-24 续表

城市	环比(上月=100)											
	1月	2月	3月	4月	5月	6月	7月	8月	9月	10月	11月	12月
成都	100.8	100.6	100.6	100.7	100.9	102.0	101.3	100.6	100.3	100.4	100.3	100.2
泸州	99.3	99.9	99.5	99.8	99.8	99.6	100.3	99.9	100.2	99.3	99.1	100.1
南充	99.8	100.3	99.9	100.4	100.6	101.0	100.6	99.7	99.7	100.3	99.4	99.6

3-25 成都市新建商品住宅销售环比价格指数(2022年)

(上月=100)

指　标	1月	2月	3月	4月	5月	6月	7月	8月	9月	10月	11月	12月
新建商品住宅												
(一)90平方米以下	101.1	100.4	100.6	100.0	100.5	100.7	101.5	100.3	100.9	101.3	100.2	100.9
(二)90-144平方米	101.0	100.9	100.6	101.3	100.6	101.2	101.2	100.1	100.9	100.4	100.4	100.2
(三)144平方米以上	100.9	100.4	101.1	100.1	101.5	101.6	100.4	100.8	100.4	100.0	100.9	100.9

3-26 泸州市新建商品住宅销售环比价格指数(2022年)

(上月=100)

指　标	1月	2月	3月	4月	5月	6月	7月	8月	9月	10月	11月	12月
新建商品住宅												
(一)90平方米以下	99.0	99.7	100.0	98.9	99.3	99.5	99.8	100.0	99.8	99.7	100.2	99.2
(二)90-144平方米	99.6	99.6	99.5	99.5	99.3	99.6	99.7	99.3	100.0	99.7	100.4	99.7
(三)144平方米以上	99.4	98.8	99.3	98.8	98.4	99.5	100.1	100.1	99.6	99.8	100.8	99.7

3-27 南充市新建商品住宅销售环比价格指数(2022年)

(上月=100)

指　标	1月	2月	3月	4月	5月	6月	7月	8月	9月	10月	11月	12月
新建商品住宅												
(一)90平方米以下	99.4	99.3	99.9	99.5	99.0	99.6	100.6	99.6	99.8	100.6	100.9	99.8
(二)90-144平方米	99.3	98.9	100.3	99.3	98.7	99.9	100.0	99.3	99.2	101.3	100.2	100.1
(三)144平方米以上	99.7	99.1	99.5	98.5	98.9	100.1	100.3	99.5	100.0	100.9	100.9	100.7

3-28　农产品生产价格总指数(2022年)

(上年同期＝100)

农产品名称	全年	1季度	2季度	3季度	4季度
全省总指数	**99.1**	**84.3**	**93.9**	**115.7**	**109.9**
农业产品	**104.6**	**102.2**	**105.0**	**108.3**	**105.9**
谷物	103.6	98.8	107.3	105.4	104.0
稻谷	99.6	97.8	96.2	102.6	102.1
晚籼稻	99.7	98.2	94.4	104.3	102.3
中籼稻	99.4	97.4	97.8	100.8	102.0
小麦	117.6	102.0	119.1	114.2	131.9
玉米	104.1	101.5	97.9	109.7	108.6
薯类	113.2	79.1	98.4	129.4	140.1
马铃薯	117.1	107.9	97.1	142.3	112.7
甘薯	111.7	73.7	100.0	124.5	153.3
油料	113.0	105.6	110.1	105.4	124.2
花生	110.7	102.6	108.6	105.0	127.4
油菜籽	114.0	111.7	110.5	112.3	120.9
豆类	106.4	106.7	108.4	105.1	101.8
大豆	107.6	107.9	113.7	105.9	102.0
绿豆	99.6	98.6	100.0	101.4	98.6
干豌豆	101.4		101.2	102.9	100.0
生麻	103.5	105.0	98.6	111.6	100.0
糖料	105.7	105.9	112.9		100.0
未加工烟草	110.3			107.9	112.9
未去梗烤烟叶	110.3			107.9	112.9
蔬菜及食用菌	101.8	104.2	102.2	107.2	96.2
蔬菜	102.3	104.7	102.9	109.1	96.1
叶菜类蔬菜	103.3	104.4	97.3	107.7	104.9
芹菜	106.1	113.2	95.6	107.6	110.9
油菜	96.3	100.3	82.7	100.0	105.5
菠菜	98.6	94.9	106.2	100.0	93.2
空心菜	107.6		100.8	110.4	112.8
香菜	99.2	96.1	106.6	100.0	94.7
小白菜	104.3	107.2	96.2	108.8	104.8
冬寒菜	99.9	116.6			87.5
白菜类蔬菜	109.9	108.5	95.3	117.8	105.4
大白菜	110.6	116.1	95.2	120.9	105.6
紫菜薹	84.4	84.8	100.0		75.8
芥菜类蔬菜	95.5	101.7	102.5	87.2	88.8
叶用芥菜	99.1	106.6	103.5	87.2	107.1
茎用芥菜	99.9	101.0	103.5		96.7
甘蓝类蔬菜	99.3	104.8	108.9	114.7	84.1
结球甘蓝	95.1	99.8	104.8	94.4	84.0
花椰菜	111.0	109.6	113.3	141.7	79.2
青花菜	112.4	118.8	116.8	100.0	117.4
根茎类蔬菜	97.0	105.1	92.7	95.7	94.4
白萝卜	91.5	104.2	93.3	85.6	84.6
红萝卜	96.0	97.3	89.3	99.1	95.4
胡萝卜	104.1	108.4	92.6	107.7	106.2
生姜	102.3	113.4	92.3	103.2	105.1
芋头	105.9	102.9		100.0	116.8

3-28 续表 1 (上年同期=100)

农产品名称	全年	1季度	2季度	3季度	4季度
瓜菜类蔬菜	106.3	107.2	109.8	112.4	98.7
黄瓜	102.7	103.4	109.5	108.6	92.4
冬瓜	108.6	100.0	114.7	117.5	107.0
西葫芦	98.8	90.9	111.5	106.1	71.9
苦瓜	104.5	92.3	103.9	130.7	100.1
南瓜	109.4	120.9	110.8	106.1	100.4
丝瓜	102.8		100.5	107.8	100.9
豆类蔬菜	100.7	83.6	101.0	114.2	95.6
豇豆	113.1		105.8	122.7	
豌豆	101.4	106.8	87.5	100.0	121.8
四季豆	95.9	82.0	104.2	107.3	95.5
毛豆	108.6		77.2	118.2	136.5
茄果类蔬菜	108.7	101.9	106.5	120.7	100.4
茄子	105.2	92.6	103.0	131.0	100.9
青椒	106.5	100.0	110.7	119.3	103.8
辣椒	106.1	106.5	106.9	123.8	89.4
西红柿	117.1	156.5	107.3	105.3	111.1
莴苣及菊苣类蔬菜	100.6	104.5	108.0	104.5	84.7
莴笋	104.4	115.3	107.9	104.4	90.0
葱蒜类蔬菜	102.8	102.9	103.0	108.9	96.7
洋葱	101.8		107.6	100.0	
大葱	102.1	99.0	96.6	101.9	110.2
细香葱	101.0	104.6	91.6	103.8	104.2
大蒜	100.0	83.3		150.0	
蒜苗	96.7	110.7	108.5	100.0	74.2
蒜苔	115.1	129.0	115.4	100.0	100.0
韭菜	104.8	102.6	102.5	107.1	107.0
水生蔬菜	72.1	53.9		69.7	96.6
莲藕	72.1	53.9		69.7	96.6
养植蔬菜	75.2	117.2	71.3	66.4	74.8
豌豆苗	83.2	118.0	71.4	66.7	83.5
食用菌	99.0	100.7	97.8	94.3	98.1
平菇	99.9	97.9	100.5	101.3	100.0
金针菇	96.3	83.3	93.5	100.0	100.7
香菇	95.4	103.2	90.5	98.0	90.7
黑木耳					
水果及坚果	106.9	102.7	103.0	106.4	114.3
水果(园林水果)	106.3	102.8	100.8	106.1	110.5
梨	103.4			108.8	100.0
柑橘类水果	108.2	103.3	102.1	100.0	115.7
柑橘	100.4	105.6	87.7	100.0	113.6
橙	109.3	102.4	119.8		103.6
柚类	143.6	97.3			190.8
葡萄	112.7			112.7	
瓜类水果	102.8		97.9	112.4	
其他水果	101.4	94.6	101.1	102.7	97.3
桃	101.9		101.1	102.4	
猕猴桃	99.8	94.6		104.2	97.3

3-28 续表 2 (上年同期=100)

农产品名称	全年	1季度	2季度	3季度	4季度
食用坚果	112.3	102.3	120.0	110.5	123.0
核桃	111.9	102.3	120.0	105.6	123.8
板栗	115.3			116.8	113.6
茶及饮料原料	107.8	123.5	95.2	98.4	104.7
茶叶	107.8	123.5	95.2	98.4	104.7
绿茶	107.8	123.5	95.2	98.4	104.7
中草药材	104.6	99.8	104.3	106.6	104.2
林业产品	**99.0**	**102.3**	**102.4**	**94.9**	**99.6**
木材采伐产品	103.7	107.8	108.5	100.0	100.0
原木	103.7	107.8	108.5	100.0	100.0
针叶原木	103.7	107.8	108.5	100.0	100.0
竹材采伐产品	102.1	102.6	105.4	102.6	101.6
竹材	102.1	102.6	105.4	102.6	101.6
毛竹	104.2	104.2			
慈竹	103.0	101.0	105.6	102.8	102.6
其他竹材	100.8	100.0	100.3	102.0	100.8
林产品	104.2		104.2		
其他林产品	104.2		104.2		
竹笋干	104.2		104.2		
饲养动物及其产品	**94.7**	**65.9**	**84.9**	**128.8**	**116.7**
活牲畜	89.4	52.8	76.4	143.5	122.2
猪	87.6	47.6	73.2	151.4	125.7
牛	101.0	100.8	99.1	100.7	105.0
羊	103.6	107.2	105.4	102.2	99.6
山羊	103.6	107.2	105.4	102.2	99.6
活家禽	105.5	96.6	101.6	112.9	112.3
活鸡	105.1	95.4	100.6	114.8	111.6
活鸭	106.2	98.3	104.0	108.6	113.2
畜禽产品	101.1	99.4	100.7	105.5	99.9
生奶	96.4	97.3	95.4	94.7	98.3
禽蛋	101.9	99.0	101.5	107.2	100.3
动物毛类	98.4	102.8	93.5	97.0	95.4
绵羊毛	100.0	102.5	95.0	108.1	93.8
兔毛	96.7	103.4	93.3	86.2	105.9
渔业产品	**100.0**	**107.3**	**99.3**	**96.8**	**98.1**
淡水养殖产品	100.0	107.3	99.3	96.8	98.1
养殖淡水鱼	100.0	107.3	99.3	96.8	98.1
养殖淡水鲤鱼	98.5	105.5	98.8	95.6	94.2
养殖淡水草鱼	101.1	114.2	98.6	94.4	97.9
养殖淡水鳙鱼(胖头鱼)	95.2	92.3	96.9	96.0	95.5
养殖淡水罗非鱼	111.4				111.4
养殖淡水鲢鱼	100.8	109.2	98.3	98.9	97.3
养殖淡水鲫鱼	101.6	101.8	103.2	96.6	104.5
养殖淡水鳊鲂					
养殖淡水鲶鱼	101.1	100.6	101.9	102.3	99.6
养殖淡水鮰鱼					

3-29 农产品集贸市场价格(2022年)

单位：元/公斤

指　标	1月	2月	3月	4月	5月	6月	7月	8月	9月	10月	11月	12月
粮食类												
籼稻	2.8	2.8	2.9	2.9	2.9	2.9	2.9	2.8	2.8	2.8	2.9	2.9
粳稻	3.0	3.0	3.0	3.0	3.0	3.0	3.0	3.0	3.0	3.0	3.0	3.0
小麦	2.8	2.8	2.9	2.9	3.1	3.1	3.1	3.1	3.1	3.1	3.1	3.1
玉米	2.9	2.9	3.0	3.0	3.0	3.0	3.0	3.0	3.0	3.0	3.0	3.0
大豆	7.9	7.9	7.9	7.9	7.9	7.9	8.0	8.1	7.8	7.8	7.8	7.9
籼米	5.0	5.0	5.0	5.0	5.0	5.0	5.1	5.1	5.1	5.1	5.1	5.1
粳米	5.8	5.8	5.8	5.8	5.8	5.8	5.8	5.8	5.8	5.8	5.8	5.8
经济作物类												
棉花(籽棉)												
花生仁	14.6	14.5	14.6	14.7	14.8	14.7	14.7	14.8	14.6	14.6	14.7	14.6
油菜籽	5.9	5.9	6.0	6.0	6.2	6.1	6.0	6.0	6.0	6.0	6.1	6.1
畜产品类												
活猪	16.4	14.4	13.0	13.8	15.4	16.1	21.9	22.5	24.3	27.4	25.8	20.7
仔猪	31.6	29.2	26.9	27.2	30.3	31.8	37.6	38.1	37.6	39.4	38.3	36.0
猪肉	27.5	25.3	22.3	23.5	25.7	26.1	33.9	34.5	37.7	41.4	40.0	35.5
活牛	38.7	38.6	38.5	37.7	37.2	35.9	35.8	35.9	36.3	36.3	36.7	36.6
牛肉	87.8	87.4	87.4	87.5	87.0	87.0	86.9	87.1	88.0	88.1	88.5	88.7
活羊	42.5	41.5	40.8	40.1	39.8	39.2	39.3	39.0	39.5	41.1	41.0	41.1
羊肉	80.9	82.5	81.6	81.7	81.7	81.8	82.4	81.2	81.5	79.8	79.2	80.5
活鸡	31.3	30.0	29.8	30.4	30.0	29.5	30.5	30.8	30.8	31.6	31.6	31.7
鸡蛋	13.2	12.5	12.6	13.7	14.0	13.1	14.1	13.7	14.6	14.9	15.2	14.7
水产品类												
草鱼	21.5	22.0	21.6	21.8	21.6	21.8	21.6	21.4	21.9	21.2	21.3	20.9
鲤鱼	20.5	21.1	20.8	21.0	21.0	21.2	21.2	21.3	21.3	20.8	20.9	20.7
鲢鱼	20.8	21.0	21.6	21.3	21.6	21.7	21.5	22.1	22.2	21.1	20.7	20.0
带鱼	31.2	31.2	31.2	31.4	30.7	31.6	37.7	37.8	37.3	36.9	37.8	38.3
蔬菜类												
大白菜	4.2	3.8	4.2	4.2	3.9	3.7	4.4	4.7	4.8	4.3	3.8	3.8
黄瓜	10.7	9.6	10.2	7.4	6.1	5.1	7.4	9.4	7.1	7.7	8.1	8.6
西红柿	11.2	10.9	10.5	9.8	8.0	6.5	7.2	7.6	8.0	9.8	8.5	7.9
菜椒	11.5	13.9	14.7	12.1	7.6	6.7	10.1	10.5	10.9	9.3	7.9	8.1
四季豆	12.1	13.5	14.9	11.6	8.7	7.1	9.6	10.7	10.8	10.1	9.2	12.9
水果类												
红富士苹果	12.5	13.0	12.9	13.2	14.4	14.7	14.8	15.0	15.2	15.2	15.0	14.6
香蕉	9.4	9.4	9.3	9.3	9.8	9.6	9.1	9.4	9.1	9.0	8.8	9.1
橙子	8.9	9.7	9.3	9.3	9.6	10.0	10.3	10.3	10.1	9.7	9.5	9.4

3-30 农产品集贸市场价格同比指数(2022年)

(上年同期=100)

指 标	1月	2月	3月	4月	5月	6月	7月	8月	9月	10月	11月	12月
粮食类												
籼稻	97.2	97.9	100.7	100.0	100.0	101.1	100.0	98.9	100.7	101.4	103.3	103.6
粳稻	100.0	100.0	100.0	100.0	100.0	100.0	100.0	100.0	101.7	100.0	100.0	100.0
小麦	106.1	105.7	105.9	108.9	114.9	115.2	114.4	110.8	112.0	113.9	112.2	111.9
玉米	100.3	98.0	99.3	100.0	95.8	97.1	98.0	102.4	104.5	104.9	103.5	104.2
大豆	100.0	97.5	101.0	103.1	103.1	104.8	105.6	106.6	103.2	103.2	100.0	97.9
籼米	102.6	100.4	100.2	99.8	98.2	100.6	103.1	101.8	101.4	101.4	100.4	100.4
粳米	100.0	100.0	100.0	100.0	100.0	100.0	100.0	100.0	100.0	100.0	100.0	100.0
经济作物类												
棉花(籽棉)												
花生仁	101.0	99.7	101.5	101.5	102.7	101.3	101.7	101.6	98.7	99.5	99.7	99.0
油菜籽	99.2	99.8	101.0	101.2	103.0	102.4	100.8	101.4	102.2	102.7	102.2	102.0
畜产品类												
活猪	45.1	43.7	44.3	56.1	79.7	105.3	133.4	146.1	169.5	166.7	133.2	108.9
仔猪	43.9	41.1	38.5	39.8	49.8	61.6	85.1	92.8	98.0	109.9	113.6	110.7
猪肉	51.5	50.7	49.6	62.7	85.6	105.8	134.2	135.6	158.6	154.0	127.8	112.4
活牛	107.0	105.1	104.5	101.0	100.2	97.1	96.9	97.4	98.6	98.1	96.1	93.7
牛肉	102.4	100.6	101.1	102.2	102.2	102.0	102.0	102.8	104.0	103.0	102.0	100.8
活羊	95.9	94.7	94.4	94.4	96.3	92.9	93.2	92.2	94.7	100.2	96.8	94.6
羊肉	98.2	100.9	99.7	100.7	101.2	102.2	102.9	101.5	102.2	102.6	101.6	100.5
活鸡	106.6	99.7	100.7	103.9	104.3	101.4	109.7	108.0	108.9	107.6	104.2	107.8
鸡蛋	105.5	108.5	113.8	122.5	124.9	118.3	119.6	109.2	116.1	117.9	114.1	112.9
水产品类												
草鱼	112.4	108.0	100.7	93.9	86.2	86.7	83.5	84.9	91.4	90.9	97.3	96.7
鲤鱼	105.7	105.5	100.2	91.5	86.5	87.0	84.4	85.3	89.6	93.2	99.1	99.5
鲢鱼	101.7	100.2	104.3	99.5	95.6	94.3	92.3	96.2	101.0	99.9	99.6	99.8
带鱼	110.8	108.5	110.0	109.3	103.8	93.8	112.1	112.3	110.8	108.0	116.7	118.2
蔬菜类												
大白菜	88.9	100.5	114.9	124.4	110.3	101.9	113.0	122.6	125.7	87.8	67.5	95.3
黄瓜	130.7	140.0	150.2	131.0	117.9	100.8	132.3	153.4	102.0	76.0	85.0	102.6
西红柿	137.4	164.0	172.1	151.9	133.9	116.1	126.3	109.1	106.1	117.0	99.5	86.6
菜椒	75.9	119.0	158.7	150.3	106.8	112.6	162.1	158.3	139.5	107.4	74.7	78.8
四季豆	107.3	110.1	134.7	131.0	119.6	121.9	119.4	120.6	119.0	98.6	80.6	119.4
水果类												
红富士苹果	104.3	106.8	106.4	110.0	120.5	126.6	128.4	130.9	134.4	135.6	129.7	124.5
香蕉	129.3	111.6	110.6	111.2	119.7	123.0	118.9	122.7	123.9	123.5	117.1	109.8
橙子	129.4	139.5	135.4	134.6	129.1	132.4	127.6	122.1	118.4	111.7	109.4	108.2

3-31 农产品集贸市场价格环比指数(2022年)

(上月同期=100)

指 标	1月	2月	3月	4月	5月	6月	7月	8月	9月	10月	11月	12月
粮食类												
籼稻	101.1	100.0	102.9	100.0	99.3	100.4	99.7	98.9	100.4	100.0	100.7	100.4
粳稻	100.0	100.0	100.0	100.0	100.0	100.0	100.0	100.0	100.0	100.0	100.0	100.0
小麦	100.7	100.0	102.1	102.8	105.1	100.3	99.7	100.0	100.0	100.6	100.6	99.4
玉米	100.3	100.0	102.8	101.4	98.7	101.0	100.0	100.7	99.3	100.3	99.3	100.3
大豆	98.1	100.0	100.5	99.5	100.0	100.0	100.8	101.5	96.3	100.0	100.3	101.0
籼米	99.6	100.0	100.0	100.0	98.4	101.6	100.4	100.4	100.0	100.0	100.0	100.0
粳米	100.0	100.0	100.0	100.0	100.0	100.0	100.0	100.0	100.0	100.0	100.0	100.0
经济作物类												
棉花(籽棉)												
花生仁	99.2	99.3	100.5	100.6	100.5	99.3	100.5	100.6	98.4	100.0	100.7	99.3
油菜籽	99.0	100.5	100.8	99.8	103.5	98.7	98.5	99.8	100.7	100.2	100.3	100.2
畜产品类												
活猪	86.4	87.6	90.5	106.1	111.6	104.5	135.5	102.8	108.1	112.8	94.1	80.4
仔猪	97.2	92.4	92.2	101.0	111.4	105.3	118.1	101.4	98.6	104.8	97.2	93.9
猪肉	87.0	92.1	88.1	105.4	109.2	101.8	129.8	101.8	109.4	109.8	96.6	88.7
活牛	99.1	99.5	99.9	97.8	98.6	96.6	99.8	100.1	101.3	100.0	101.1	99.7
牛肉	99.8	99.5	100.1	100.0	99.5	99.9	99.9	100.2	101.0	100.1	100.4	100.3
活羊	97.8	97.8	98.3	98.2	99.4	98.5	100.3	99.2	101.4	103.9	99.7	100.3
羊肉	100.9	102.1	98.9	100.1	100.1	100.0	100.8	98.5	100.4	97.9	99.2	101.7
活鸡	106.4	96.0	99.1	102.0	98.9	98.2	103.5	100.9	100.1	102.4	100.0	100.3
鸡蛋	101.2	95.1	100.7	109.0	102.2	93.3	107.3	97.7	106.3	102.2	101.9	96.6
水产品类												
草鱼	99.5	102.5	98.2	100.7	99.3	100.9	99.0	99.1	102.0	96.7	100.5	98.3
鲤鱼	98.6	102.9	98.3	101.0	100.4	101.0	99.8	100.4	100.0	97.6	100.5	99.1
鲢鱼	103.7	101.3	102.5	98.9	101.1	100.6	99.3	102.7	100.4	95.0	98.1	96.6
带鱼	96.1	100.0	100.0	100.8	97.6	103.0	119.5	100.2	98.6	98.9	102.5	101.3
蔬菜类												
大白菜	105.8	90.5	108.6	100.5	92.3	96.4	117.2	106.9	103.0	88.5	88.9	100.8
黄瓜	128.2	88.9	106.8	72.5	82.0	84.7	143.4	127.0	76.2	107.7	106.0	105.7
西红柿	122.2	97.6	96.4	93.3	81.3	81.6	110.8	106.1	104.2	122.7	87.1	92.9
菜椒	111.5	120.9	106.1	82.3	62.6	88.4	150.7	104.3	103.7	85.3	84.9	102.5
四季豆	112.2	111.7	110.4	77.5	75.6	81.7	133.9	112.4	101.0	93.3	91.1	139.7
水果类												
红富士苹果	106.8	103.6	99.2	102.3	109.1	102.4	100.5	101.1	101.7	100.0	98.4	97.7
香蕉	113.3	100.0	99.1	100.6	105.4	97.8	94.8	102.7	97.0	99.0	98.3	102.5
橙子	102.9	108.6	95.7	100.1	103.1	104.0	102.9	100.0	98.5	96.2	97.7	98.8

主要统计指标解释

居民消费价格指数 是度量一定时期内居民消费商品和服务价格水平变动的相对数，综合反映居民消费商品和服务价格水平的变动趋势和变动程度。

城市居民消费价格指数 是度量一定时期内城市居民消费商品和服务价格水平变动的相对数，综合反映居民消费商品和服务价格水平的变动趋势和变动程度。

农村居民消费价格指数 是度量一定时期内农村居民消费商品和服务价格水平变动的相对数，综合反映居民消费商品和服务价格水平的变动趋势和变动程度。

商品零售价格指数 是反映一定时期内城乡商品零售价格变动趋势和程度的相对数。商品零售价格的变动直接影响到城乡居民的生活支出和国家的财政收入，影响居民购买力和市场供需的平衡，影响到消费与积累的比例关系。

农业生产资料价格指数 指反映一定时期内农业生产资料价格变动趋势和程度的相对数。农业生产资料价格指数分为小农具、饲料、产品畜、役畜、半机械化农具、机械化农具、化学肥料、农药及农药械、农机用油、其他农业生产资料十大类。

代表规格品 选择用来反映某个基本分类价格变化的具有特定产地、规格、等级、牌号、花色等特征的具体商品和服务，称为代表规格品。

价格调查点 抽选一部分有代表性的商业业态、农贸市场以及服务类单位实施抽样调查。选取用来采集计算 CPI 的原始价格的地点和场所称为价格调查点。

工业生产者价格 包括工业企业产品第一次出售时的出厂价格和企业作为中间投入的原材料、燃料、动力购进价格。工业生产者价格调查的目的在于及时、准确、科学地反映全国及各地区的各工业行业产品价格水平和各种工业产品价格的变动趋势及幅度，为国民经济核算、计算工业发展速度、宏观经济分析和调控、理顺价格体系提供科学、准确的依据。

房地产价格指数 70 个大中城市的新建住宅销售价格、面积、金额等资料直接采用当地房地产管理部门的网签数据。二手住宅销售价格调查为非全面调查，采用重点调查和典型调查相结合的方法，按照房地产经纪机构上报、房地产管理部门提供与调查员实地采价相结合的方式收集基础数据。

农产品生产价格 是指农产品生产者第一手（直接）出售其产品时实际获得的单位产品价格。

农产品生产价格指数 是反映一定时期内，农产品生产者出售的农产品价格水平变动趋势及幅度的相对数。

农产品集贸市场价格 是指全国农产品主产区集贸市场主要农产品的成交价格。

四　农业调查

4-1 粮食生产情况(2022年)

单位：千公顷、公斤/公顷、万吨

指　标	播种面积	单位面积产量	总产量
粮食	**6463.5**	**5431.4**	**3510.5**
其中：夏收粮食	1105.8	3949.3	436.7
秋收粮食	5357.7	5737.2	3073.8
一、谷物	**4478.2**	**6285.4**	**2814.7**
(一)稻谷	1874.0	7803.0	1462.3
(二)小麦	588.8	4241.3	249.7
(三)玉米	1855.0	5640.0	1046.2
(四)其他谷物	160.4	3521.9	56.5
其中：高粱	65.0	4800.0	31.2
二、豆类	**696.2**	**2088.2**	**145.4**
其中：大豆	520.0	2025.0	105.3
三、薯类(折粮)	**1289.1**	**4270.0**	**550.5**
马铃薯	734.1	4209.5	309.0
红　苕	555.0	4350.1	241.4

说明：计算机小数点自动取舍，分项有微小出入(下同)。

4-2 粮食作物播种面积(2021-2022年)

单位：千公顷

指　标	2022	2021	增长(%)
粮食	**6463.5**	**6357.7**	**1.7**
其中：夏收粮食	1105.8	1090.4	1.4
秋收粮食	5357.7	5267.3	1.7
一、谷物	**4478.2**	**4463.3**	**0.3**
(一)稻谷	1874.0	1875.0	-0.1
(二)小麦	588.8	582.9	1.0
(三)玉米	1855.0	1849.4	0.3
(四)其他谷物	160.4	156.0	2.8
其中：高粱	65.0	64.0	1.6
二、豆类	**696.2**	**615.2**	**13.2**
其中：大豆	520.0	443.4	17.3
三、薯类(折粮)	**1289.1**	**1279.3**	**0.8**
马铃薯	734.1	688.3	6.7
红　苕	555.0	591.0	-6.1

4-3 粮食作物单位面积产量(2021-2022年)

单位：公斤/公顷

指　标	2022	2021	增长(%)
粮食	**5431.4**	**5634.3**	**-3.6**
其中：夏收粮食	3949.3	3936.2	0.3
秋收粮食	5737.2	5986.0	-4.2
一、谷物	**6285.4**	**6451.3**	**-2.6**
(一)稻谷	7803.0	7964.8	-2.0
(二)小麦	4241.3	4208.1	0.8
(三)玉米	5640.0	5865.1	-3.8
(四)其他谷物	3521.9	3590.7	-1.9
其中：高粱	4800.0	4968.8	-3.4
二、豆类	**2088.2**	**2332.7**	**-10.5**
其中：大豆	2025.0	2354.5	-14.0
三、薯类(折粮)	**4270.0**	**4371.2**	**-2.3**
马铃薯	4209.5	4248.0	-0.9
红　苕	4350.1	4514.4	-3.6

4-4 粮食作物产量(2021-2022年)

单位：万吨

指　标	2022	2021	增长(%)
粮食	**3510.5**	**3582.1**	**-2.0**
其中：夏收粮食	436.7	429.2	1.7
秋收粮食	3073.8	3152.9	-2.5
一、谷物	**2814.7**	**2879.4**	**-2.3**
(一)稻谷	1462.3	1493.4	-2.1
(二)小麦	249.7	245.3	1.8
(三)玉米	1046.2	1084.7	-3.6
(四)其他谷物	56.5	56.0	0.9
其中：高粱	31.2	31.8	-1.9
二、豆类	**145.4**	**143.5**	**1.3**
其中：大豆	105.3	104.4	0.9
三、薯类(折粮)	**550.5**	**559.2**	**-1.6**
马铃薯	309.0	292.4	5.7
红　苕	241.4	266.8	-9.5

4-5 粮食生产情况(1985-2022年)

单位：千公顷、公斤/公顷、万吨

年份	全年粮食			夏收粮食			小麦		
	播种面积	单位面积产量	总产量	播种面积	单位面积产量	总产量	播种面积	单位面积产量	总产量
1985	6636.0	4392	2914.6	2069.7	3077	636.8	1516.0	3344	507.0
1986	6678.0	4411	2945.5	2056.1	3113	640.1	1511.0	3319	501.5
1987	6715.0	4331	2908.6	2078.1	3105	645.2	1545.0	3367	520.2
1988	6798.0	4219	2868.0	2046.9	2767	566.3	1597.0	2948	470.8
1989	6887.0	4442	3058.9	2078.9	2861	594.7	1638.0	3059	501.1
1990	6985.0	4717	3294.8	2176.9	3154	686.7	1680.0	3349	562.7
1991	7048.0	4727	3331.5	2146.6	3244	696.4	1716.0	3433	589.1
1992	7029.0	4791	3367.4	2163.3	3248	702.7	1734.0	3443	597.0
1993	7050.3	4411	3110.1	2228.5	2839	632.6	1779.0	3023	537.8
1994	7015.0	4319	3029.9	2187.1	3202	700.4	1768.0	3394	600.0
1995	7055.0	4659	3286.8	2198.8	3283	721.8	1780.0	3490	621.3
1996	7138.0	4760	3398.0	2225.6	3131	696.8	1810.0	3310	599.1
1997	7214.0	4798	3461.3	2272.7	3186	724.1	1826.0	3347	611.1
1998	7337.7	4797	3519.7	2315.5	3064	709.5	1864.6	3224	601.2
1999	7296.7	4867	3551.4	2264.4	2853	646.0	1818.3	2986	543.0
2000	6854.5	4920	3372.4	2060.3	3101	638.8	1604.9	3315	532.0
2001	6702.4	4354	2918.5	1965.2	2781	546.6	1499.3	2971	445.5
2002	6645.9	4713	3132.4	1937.6	2961	573.8	1456.9	3151	459.0
2003	6387.2	4782	3054.1	1772.9	3009	533.5	1319.1	3231	426.2
2004	6476.5	4859	3146.7	1798.7	3048	548.2	1255.8	3310	415.7
2005	6564.9	4891	3211.1	1803.1	3134	565.0	1262.3	3386	427.4
2006	6455.5	4430	2859.7	1803.0	3206	578.0	1287.2	3446	443.6
2007	6434.6	4713	3032.7	1712.8	3306	566.2	1257.1	3440	432.5
2008	6408.8	4854	3111.0	1626.1	3285	534.1	1172.5	3400	398.7
2009	6213.0	5022	3120.4	1537.3	3250	499.6	1111.4	3295	366.2
2010	6195.1	5138	3182.8	1470.8	3357	493.7	1051.2	3386	355.9
2011	6196.7	5244	3249.5	1419.4	3399	482.4	998.5	3469	346.4
2012	6255.6	5229	3271.3	1369.7	3443	471.6	934.1	3549	331.5
2013	6269.9	5321	3336.1	1333.6	3448	459.8	878.7	3539	311.0
2014	6249.6	5320	3324.6	1274.8	3546	452.1	814.3	3660	298.0
2015	6286.1	5400	3394.6	1199.8	3682	441.8	746.9	3809	284.5
2016	6291.3	5515	3469.9	1147.8	3705	425.3	684.0	3795	259.6
2017	6292.0	5545	3488.9	1135.3	3722	422.6	652.7	3855	251.6
2018	6265.6	5576	3493.7	1113.2	3768	419.5	635.0	3895	247.3
2019	6279.3	5571	3498.5	1103.4	3833	422.9	611.1	4035	246.2
2020	6312.6	5588	3527.4	1095.0	3893	426.3	596.8	4134	246.7
2021	6357.7	5634	3582.1	1090.4	3936	429.2	582.9	4208	245.3
2022	6463.5	5431	3510.5	1105.8	3949	436.7	588.8	4241	249.7

4-5 续表 单位：千公顷、公斤/公顷、万吨

年 份	秋收粮食			稻谷(2005年前为中稻)			玉 米		
	播种面积	单位面积产量	总产量	播种面积	单位面积产量	总产量	播种面积	单位面积产量	总产量
1985	4566.3	4988	2277.8	2308.0	6609	1525.3	1072.0	3894	417.4
1986	4621.9	4988	2305.3	2292.0	6639	1521.7	1120.0	3970	444.6
1987	4636.9	4881	2263.4	2222.0	6688	1486.1	1154.0	3362	388.0
1988	4751.1	4845	2301.7	2255.0	6698	1510.4	1158.0	3565	412.8
1989	4808.1	5125	2464.2	2292.0	7014	1607.6	1166.0	3682	429.3
1990	4808.1	5424	2608.1	2300.0	6688	1538.3	1199.0	4150	497.6
1991	4901.4	5376	2635.1	2293.0	7158	1641.4	1228.0	4023	494.0
1992	4865.7	5476	2664.7	2298.0	7435	1708.6	1211.0	3902	472.5
1993	4821.8	5138	2477.5	2237.0	6889	1541.0	1200.0	3688	442.5
1994	4827.9	4825	2329.5	2184.0	6751	1474.4	1198.0	3336	399.6
1995	4856.2	5282	2565.0	2203.0	7330	1614.9	1202.0	3759	451.8
1996	4912.4	5499	2701.2	2218.0	7596	1684.9	1247.0	4260	531.2
1997	4941.3	5539	2737.2	2185.5	7559	1651.9	1288.3	4508	580.7
1998	5022.3	5595	2810.1	2150.0	7599	1633.8	1364.8	4566	623.1
1999	5032.3	5773	2905.4	2163.5	7769	1680.7	1359.2	4709	640.0
2000	4794.2	5702	2733.6	2115.9	7661	1620.9	1235.5	4413	545.2
2001	4737.2	5007	2371.9	2087.0	6828	1425.0	1200.8	3767	452.3
2002	4708.3	5434	2558.7	2070.7	7246	1500.5	1207.9	4347	525.1
2003	4614.4	5462	2520.6	2036.4	7214	1469.1	1161.3	4454	517.3
2004	4677.8	5555	2598.5	2059.1	7367	1516.9	1172.6	4750	557.0
2005	4761.8	5557	2646.1	2083.1	7215	1503.0	1196.6	4854	580.8
2006	4652.5	4904	2281.7	2081.9	6421	1336.7	1291.7	4282	553.1
2007	4721.8	5224	2466.6	2024.0	6974	1411.6	1369.4	4755	651.2
2008	4782.7	5388	2576.9	2011.6	7358	1480.1	1402.3	4812	674.8
2009	4675.7	5605	2620.8	1990.9	7501	1493.3	1454.8	4819	701.0
2010	4724.3	5692	2689.1	1966.9	7545	1484.1	1520.9	4936	750.7
2011	4777.3	5792	2767.1	1943.2	7607	1478.1	1574.3	5147	810.3
2012	4885.9	5730	2799.6	1929.8	7690	1484.0	1629.8	5115	833.6
2013	4936.4	5827	2876.2	1905.4	7785	1483.4	1685.8	5458	920.1
2014	4974.9	5774	2872.5	1892.4	7665	1450.5	1739.1	5444	946.7
2015	5086.3	5805	2952.8	1878.7	7799	1465.2	1816.9	5462	992.3
2016	5143.5	5919	3044.6	1874.0	7830	1467.3	1866.0	5670	1058.0
2017	5156.7	5946	3066.3	1874.9	7860	1473.7	1863.9	5730	1068.0
2018	5152.4	5967	3074.2	1874.0	7890	1478.6	1856.0	5745	1066.3
2019	5175.9	5942	3075.6	1870.0	7860	1469.8	1844.0	5760	1062.1
2020	5217.6	5944	3101.1	1866.3	7905	1475.3	1839.4	5790	1065.0
2021	5267.3	5986	3152.9	1875.0	7965	1493.4	1849.4	5865	1084.7
2022	5357.7	5737	3073.8	1874.0	7803	1462.3	1855.0	5640	1046.2

4-6 全省及各市(州)粮食作物播种面积(2022年)

单位：千公顷

地区	粮食作物播种面积	谷物	#稻谷	#小麦	#玉米	豆类	薯类
全省	**6463.5**	**4478.2**	**1874.0**	**588.8**	**1855.0**	**696.2**	**1289.1**
成都市	388.4	284.1	148.0	36.7	99.2	45.1	59.1
自贡市	240.3	138.0	82.0	0.3	40.3	55.9	46.4
攀枝花市	46.2	37.6	8.5	1.8	26.5	5.2	3.5
泸州市	409.5	274.4	135.0	3.5	112.8	31.7	103.5
德阳市	317.8	261.8	120.1	80.0	61.1	26.0	30.0
绵阳市	413.2	350.7	118.7	82.4	148.7	26.5	36.0
广元市	322.8	244.7	65.2	73.6	105.6	42.2	35.8
遂宁市	280.0	205.1	56.7	54.7	93.0	29.9	45.0
内江市	317.9	183.0	81.9	0.3	100.5	56.5	78.4
乐山市	226.7	157.3	84.4	0.3	72.4	28.1	41.3
南充市	577.7	424.8	153.4	116.1	151.6	47.9	105.1
眉山市	202.3	156.9	98.4	6.7	51.7	22.4	22.9
宜宾市	436.5	300.9	155.5	0.5	128.7	41.5	94.1
广安市	295.9	209.4	132.3	5.3	71.3	29.4	57.2
达州市	576.1	343.3	191.0	11.6	136.6	67.0	165.9
雅安市	71.2	51.8	16.1	0.1	35.5	6.2	13.2
巴中市	346.5	239.7	96.7	53.0	89.7	26.3	80.5
资阳市	337.8	188.4	71.1	7.1	110.1	70.8	78.6
阿坝州	50.1	28.0		3.4	15.6	5.6	16.5
甘孜州	69.0	53.0	0.2	7.8	11.4	5.1	10.9
凉山州	537.6	345.4	58.8	43.6	192.5	27.0	165.2

4-7 全省及各市(州)粮食作物播种面积(2021年)

单位：千公顷

地 区	粮食作物播种面积	谷 物	#稻 谷	#小 麦	#玉 米	豆 类	薯 类
全 省	**6357.7**	**4463.3**	**1875.0**	**582.9**	**1849.4**	**615.2**	**1279.3**
成都市	381.9	280.4	149.0	34.6	96.6	42.5	58.9
自贡市	235.2	137.8	81.8	0.5	40.3	53.4	43.9
攀枝花市	45.5	37.3	8.7	2.0	25.8	4.9	3.4
泸州市	402.1	275.8	134.8	3.4	114.6	28.1	98.2
德阳市	312.7	261.2	120.0	79.4	61.1	24.7	26.9
绵阳市	403.0	349.8	118.6	81.5	149.1	22.2	31.0
广元市	314.8	244.7	65.6	73.4	105.4	32.8	37.3
遂宁市	273.4	204.0	56.6	54.5	92.4	26.0	43.5
内江市	312.9	182.1	81.6	0.2	100.3	51.0	79.8
乐山市	222.7	156.7	84.5	0.2	72.0	24.8	41.2
南充市	566.4	419.9	152.8	113.8	150.1	41.2	105.3
眉山市	198.3	157.5	98.8	6.8	51.8	20.2	20.6
宜宾市	431.5	300.2	154.8	0.6	128.7	35.8	95.5
广安市	292.1	208.8	131.7	5.6	71.0	25.8	57.6
达州市	564.7	344.7	191.6	10.2	137.9	55.6	164.4
雅安市	69.7	51.8	16.4	0.1	35.2	4.1	13.8
巴中市	340.8	238.5	96.6	51.9	89.6	19.0	83.3
资阳市	336.1	189.0	70.9	7.8	110.2	67.8	79.4
阿坝州	49.9	28.7		3.3	16.7	5.5	15.7
甘孜州	68.6	52.7	0.2	8.1	11.6	4.7	11.2
凉山州	535.4	341.7	59.9	44.9	189.0	25.3	168.4

4-8 全省及各市(州)主要粮食产量(2022年)

单位：万吨

地　区	粮　食	谷　物	#稻　谷	#小　麦	#玉　米	豆　类	薯　类
全　省	**3510.5**	**2814.7**	**1462.3**	**249.7**	**1046.2**	**145.4**	**550.5**
成都市	227.0	191.0	118.0	17.2	55.8	10.2	25.7
自贡市	140.3	105.9	74.5	0.1	23.7	13.4	20.9
攀枝花市	26.0	23.6	7.1	0.6	15.6	1.0	1.4
泸州市	230.2	182.5	108.4	1.0	61.9	6.8	41.0
德阳市	196.1	176.9	98.8	40.9	37.0	6.0	13.1
绵阳市	230.8	209.3	90.9	38.0	80.1	6.0	15.5
广元市	158.2	135.0	49.8	29.7	55.3	7.9	15.3
遂宁市	144.6	118.9	44.2	22.6	51.9	6.0	19.7
内江市	169.4	125.2	66.1	0.1	58.8	10.4	33.9
乐山市	122.6	100.6	64.5	0.1	36.0	5.3	16.7
南充市	312.4	256.1	119.1	49.7	85.7	10.9	45.4
眉山市	125.4	111.6	78.4	2.6	30.5	4.3	9.5
宜宾市	251.4	202.1	122.8	0.1	71.3	10.1	39.2
广安市	179.7	150.7	104.5	1.7	44.3	5.2	23.9
达州市	319.6	236.7	139.4	3.6	91.9	13.0	69.9
雅安市	36.4	30.6	11.8	0.0	18.7	1.0	4.8
巴中市	191.9	150.6	69.4	21.5	59.5	5.7	35.7
资阳市	162.0	113.8	51.1	2.3	60.4	14.6	33.6
阿坝州	16.3	9.0		0.9	6.5	1.1	6.2
甘孜州	23.1	17.4	0.1	2.4	5.1	1.2	4.5
凉山州	247.2	167.4	43.3	14.5	96.5	5.2	74.6

4-9 全省及各市(州)主要粮食产量(2021年)

单位：万吨

地区	粮食	谷物	#稻谷	#小麦	#玉米	豆类	薯类
全省	**3582.1**	**2879.4**	**1493.4**	**245.4**	**1084.7**	**143.5**	**559.2**
成都市	230.6	194.3	120.2	16.4	57.7	10.0	26.3
自贡市	143.0	107.9	75.4	0.2	24.5	14.6	20.6
攀枝花市	26.3	23.9	7.3	0.7	15.7	1.0	1.4
泸州市	235.6	188.0	111.4	0.9	64.2	6.4	41.2
德阳市	199.4	181.0	101.1	40.2	39.4	6.2	12.2
绵阳市	235.2	216.0	94.3	37.3	84.2	5.7	13.4
广元市	161.3	138.3	50.8	29.2	58.3	6.8	16.2
遂宁市	146.8	121.1	45.3	22.3	53.4	5.9	19.8
内江市	174.6	125.4	65.6	0.0	59.7	13.6	35.6
乐山市	125.7	103.6	66.1	0.1	37.5	4.9	17.1
南充市	317.1	259.6	121.4	48.9	87.9	10.9	46.5
眉山市	127.5	114.1	80.1	2.7	31.3	4.5	9.0
宜宾市	259.8	208.7	125.6	0.1	74.8	9.5	41.6
广安市	183.7	153.8	106.2	1.8	45.7	5.1	24.8
达州市	324.2	242.7	141.1	3.2	96.2	11.7	69.8
雅安市	36.7	31.0	12.1	0.0	18.9	0.7	5.0
巴中市	195.8	154.4	71.6	21.2	61.5	4.4	37.1
资阳市	168.1	119.8	53.0	2.4	64.3	14.3	34.1
阿坝州	16.4	9.5		0.8	7.1	1.1	5.7
甘孜州	23.3	17.5	0.1	2.5	5.4	1.2	4.7
凉山州	250.8	168.7	44.8	14.6	97.1	5.0	77.1

4-10 分县粮食产量抽样调查数据(2022年)

单位：千公顷、公斤/公顷、万吨

县名	全年粮食			夏收粮食			秋收粮食		
	播种面积	单位面积产量	总产量	播种面积	单位面积产量	总产量	播种面积	单位面积产量	总产量
锦江区									
青羊区									
金牛区									
武侯区									
成华区									
龙泉驿区	3.0	4863	1.5	0.9	3672	0.3	2.2	5339	1.2
青白江区	11.4	5670	6.4	2.7	4185	1.1	8.7	6131	5.3
新都区	19.9	7025	14.0	5.1	4802	2.4	14.8	7786	11.5
温江区	1.4	7512	1.0	0.1	4262	0.0	1.3	7709	1.0
双流区	17.8	6343	11.3	1.9	4038	0.8	15.9	6613	10.5
金堂县	49.7	5163	25.7	9.1	3991	3.6	40.6	5424	22.0
郫都区	8.0	6398	5.1	1.5	4659	0.7	6.6	6787	4.5
大邑县	26.6	6233	16.6	7.9	4693	3.7	18.7	6883	12.8
蒲江县	9.1	5249	4.8	2.0	3934	0.8	7.2	5607	4.0
新津区	9.1	6954	6.4	2.1	4487	0.9	7.1	7681	5.4
都江堰市	15.0	7245	10.9	0.5	4556	0.2	14.5	7338	10.6
彭州市	37.9	6578	24.9	5.5	4370	2.4	32.4	6951	22.5
邛崃市	38.4	6315	24.3	7.9	4537	3.6	30.5	6777	20.7
崇州市	32.0	6988	22.4	7.6	4653	3.5	24.5	7709	18.9
简阳市	109.1	4757	51.9	13.6	2231	3.0	95.5	5115	48.9
自流井区	6.0	5076	3.0	0.5	3213	0.2	5.5	5239	2.9
贡井区	24.1	4884	11.8	2.1	3859	0.8	22.0	4982	11.0
大安区	21.8	5086	11.1	1.8	3517	0.6	20.0	5224	10.5
沿滩区	27.6	5876	16.2	2.6	3477	0.9	25.0	6126	15.3
荣　县	71.1	6087	43.3	6.2	3498	2.2	64.9	6333	41.1
富顺县	89.8	6111	54.9	10.4	3572	3.7	79.4	6444	51.2
攀枝花市东区	0.2	5799	0.1	0.0	3384	0.0	0.1	5957	0.1
攀枝花市西区	0.4	5750	0.2	0.0	2145	0.0	0.4	5795	0.2
仁和区	8.2	5347	4.4	1.6	2196	0.4	6.6	6114	4.0
米易县	18.2	6381	11.6	1.6	2742	0.4	16.6	6728	11.2
盐边县	19.3	5045	9.7	4.1	3017	1.2	15.2	5585	8.5
江阳区	32.7	6186	20.2	3.2	3346	1.1	29.5	6496	19.2
纳溪区	46.5	5951	27.7	3.9	3621	1.4	42.6	6163	26.3
龙马潭区	11.4	5966	6.8	0.7	3875	0.3	10.6	6111	6.5
泸　县	86.2	6281	54.1	4.7	3285	1.5	81.5	6453	52.6
合江县	82.3	6182	50.9	8.1	3622	2.9	74.2	6460	47.9
叙永县	75.7	4726	35.8	10.0	3599	3.6	65.7	4897	32.2
古蔺县	74.8	4652	34.8	8.7	3394	3.0	66.1	4819	31.8
旌阳区	35.6	6588	23.4	12.3	5098	6.3	23.2	7380	17.1
中江县	147.4	5452	80.3	31.5	4705	14.8	115.9	5655	65.5
罗江区	18.7	7203	13.5	3.0	4650	1.4	15.7	7699	12.1
广汉市	44.1	7121	31.4	18.2	5653	10.3	25.9	8154	21.1
什邡市	26.8	7208	19.3	5.8	5321	3.1	21.0	7728	16.2
绵竹市	45.2	6210	28.1	19.3	4645	9.0	25.9	7377	19.1
涪城区	14.5	5939	8.6	2.9	4425	1.3	11.6	6321	7.3

注：部分县播种面积、粮食总产量小数点保留1位后为0，用0.0表示。

4-10 续表 1　　单位：千公顷、公斤/公顷、万吨

县 名	全年粮食			夏收粮食			秋收粮食		
	播种面积	单位面积产量	总产量	播种面积	单位面积产量	总产量	播种面积	单位面积产量	总产量
游仙区	40.4	5948	24.0	11.9	4569	5.4	28.5	6521	18.6
安州区	39.0	6651	26.0	9.1	4787	4.4	29.9	7220	21.6
三台县	122.1	5411	66.1	26.2	4431	11.6	95.9	5680	54.5
盐亭县	53.7	5473	29.4	16.5	4511	7.4	37.2	5898	22.0
梓潼县	51.7	5675	29.3	16.9	4534	7.7	34.8	6229	21.7
北川县	19.5	4429	8.6	5.0	4135	2.1	14.5	4530	6.6
平武县	25.8	3944	10.2	6.0	3783	2.3	19.7	3992	7.9
江油市	46.5	6161	28.6	9.9	4561	4.5	36.5	6596	24.1
利州区	19.0	4208	8.0	7.2	2852	2.0	11.8	5034	5.9
昭化区	25.7	4892	12.6	6.3	3067	1.9	19.4	5479	10.6
朝天区	29.3	4064	11.9	11.5	3329	3.8	17.8	4537	8.1
旺苍县	45.0	5204	23.4	14.5	4345	6.3	30.5	5614	17.1
青川县	30.9	4084	12.6	7.8	3397	2.6	23.1	4315	10.0
剑阁县	91.7	5009	45.9	28.9	4397	12.7	62.8	5290	33.2
苍溪县	81.1	5390	43.7	24.9	4414	11.0	56.2	5822	32.7
船山区	24.3	5055	12.3	4.5	3821	1.7	19.8	5340	10.6
安居区	78.4	5113	40.1	20.3	4000	8.1	58.1	5502	32.0
蓬溪县	60.7	5356	32.5	15.8	4137	6.5	45.0	5783	26.0
射洪市	75.9	5125	38.9	17.1	4244	7.3	58.8	5382	31.6
大英县	40.6	5123	20.8	7.5	4182	3.1	33.1	5336	17.7
内江市市中区	23.3	4968	11.6	1.5	3132	0.5	21.9	5091	11.1
东兴区	69.1	5276	36.5	6.2	3346	2.1	62.9	5468	34.4
威远县	64.1	5209	33.4	5.4	3601	2.0	58.7	5358	31.5
资中县	109.6	5069	55.6	7.7	3145	2.4	101.8	5216	53.1
隆昌县	51.8	6259	32.4	2.2	3098	0.7	49.5	6401	31.7
乐山市市中区	16.5	6429	10.6	1.4	4116	0.6	15.1	6652	10.0
沙湾区	10.0	5099	5.1	0.8	3846	0.3	9.2	5210	4.8
五通桥区	13.1	6094	8.0	0.8	3971	0.3	12.3	6230	7.7
金口河区	5.3	3819	2.0	2.0	3726	0.7	3.3	3875	1.3
犍为县	44.4	6179	27.4	1.6	3950	0.6	42.8	6260	26.8
井研县	44.5	5363	23.8	1.4	2664	0.4	43.1	5451	23.5
夹江县	16.9	6618	11.2	1.3	3778	0.5	15.6	6855	10.7
沐川县	20.8	4855	10.1	1.8	3741	0.7	19.0	4962	9.4
峨边县	12.9	3883	5.0	3.1	3723	1.2	9.8	3934	3.8
马边县	23.6	3976	9.4	4.1	3531	1.4	19.5	4068	7.9
峨眉山市	18.8	5299	9.9	2.6	3609	0.9	16.2	5569	9.0
顺庆区	26.7	5475	14.6	5.9	3984	2.3	20.9	5893	12.3
高坪区	37.4	5562	20.8	8.3	4313	3.6	29.1	5916	17.2
嘉陵区	68.1	5184	35.3	17.0	4084	6.9	51.1	5550	28.4
南部县	100.0	5221	52.2	30.9	4188	12.9	69.1	5682	39.3
营山县	70.1	5647	39.6	17.6	4211	7.4	52.5	6128	32.2
蓬安县	55.0	5586	30.7	12.3	4369	5.4	42.7	5935	25.4
仪陇县	77.2	5579	43.1	16.6	4055	6.7	60.6	5996	36.4
西充县	56.9	5558	31.6	14.3	4279	6.1	42.5	5989	25.5
阆中市	86.2	5150	44.4	23.1	4338	10.0	63.2	5447	34.4
东坡区	39.0	7655	29.9	0.7	4006	0.3	38.3	7724	29.6
彭山区	12.9	7393	9.6	0.7	4059	0.3	12.2	7577	9.3

4-10 续表 2

单位：千公顷、公斤/公顷、万吨

县 名	全年粮食			夏收粮食			秋收粮食		
	播种面积	单位面积产量	总产量	播种面积	单位面积产量	总产量	播种面积	单位面积产量	总产量
仁寿县	118.1	5425	64.0	15.0	3801	5.7	103.1	5662	58.3
洪雅县	14.8	6928	10.2	0.5	4050	0.2	14.2	7032	10.0
丹棱县	8.0	6688	5.4	0.1	3646	0.0	7.9	6732	5.3
青神县	9.5	6694	6.4	0.3	3870	0.1	9.2	6793	6.3
翠屏区	54.0	6250	33.8	2.5	3864	1.0	51.5	6367	32.8
南溪区	28.9	6522	18.9	0.7	3876	0.3	28.2	6592	18.6
叙州区	101.8	5457	55.6	10.5	3993	4.2	91.3	5626	51.4
江安县	41.5	6457	26.8	2.1	3696	0.8	39.4	6604	26.0
长宁县	33.7	6168	20.8	1.2	3495	0.4	32.5	6271	20.4
高 县	46.4	5584	25.9	2.7	3599	1.0	43.7	5706	24.9
珙 县	36.4	5169	18.8	2.3	3818	0.9	34.1	5260	17.9
筠连县	35.3	4968	17.6	4.4	4100	1.8	30.9	5093	15.7
兴文县	40.9	5898	24.1	4.3	3968	1.7	36.6	6125	22.4
屏山县	17.4	5288	9.2	1.4	3343	0.5	16.0	5464	8.7
广安区	55.6	5889	32.7	9.2	3679	3.4	46.3	6330	29.3
前锋区	16.8	6399	10.7	1.2	3389	0.4	15.5	6639	10.3
岳池县	74.5	6479	48.3	7.0	3892	2.7	67.5	6746	45.6
武胜县	52.1	6210	32.3	4.3	3529	1.5	47.7	6454	30.8
邻水县	78.8	5765	45.4	9.3	3017	2.8	69.4	6134	42.6
华蓥市	18.3	5608	10.2	2.7	3787	1.0	15.5	5927	9.2
通川区	32.5	5626	18.3	5.5	3515	1.9	27.1	6054	16.4
达川区	91.0	5902	53.7	12.6	3457	4.4	78.3	6296	49.3
宣汉县	100.6	5877	59.1	16.0	3735	6.0	84.6	6281	53.1
开江县	53.7	5631	30.2	8.7	3285	2.9	45.0	6086	27.4
大竹县	114.6	5308	60.8	25.5	3141	8.0	89.1	5928	52.8
渠 县	121.5	5364	65.2	19.9	3441	6.8	101.7	5739	58.3
万源市	62.2	5175	32.2	11.7	3827	4.5	50.5	5487	27.7
雨城区	10.0	4930	4.9	1.4	3298	0.5	8.5	5207	4.4
名山区	11.1	6163	6.8	0.3	3206	0.1	10.7	6258	6.7
荥经县	6.3	5799	3.7	0.1	3280	0.0	6.2	5844	3.6
汉源县	20.2	4619	9.3	2.4	3421	0.8	17.7	4784	8.5
石棉县	4.7	4541	2.2	0.6	3420	0.2	4.2	4696	2.0
天全县	8.3	5411	4.5	0.2	3080	0.1	8.1	5471	4.4
芦山县	5.0	5287	2.7	0.4	2987	0.1	4.6	5489	2.5
宝兴县	5.6	4208	2.4	1.9	3333	0.6	3.8	4643	1.7
巴州区	61.5	5484	33.7	19.3	4262	8.2	42.2	6043	25.5
恩阳区	61.7	5510	34.0	18.4	4131	7.6	43.3	6094	26.4
通江县	82.9	5572	46.2	19.0	4201	8.0	63.9	5980	38.2
南江县	70.8	5514	39.0	19.3	4113	7.9	51.5	6037	31.1
平昌县	69.7	5592	39.0	18.2	4127	7.5	51.4	6111	31.4
雁江区	108.8	4609	50.1	15.1	3047	4.6	93.6	4861	45.5
安岳县	144.5	4988	72.1	12.8	3000	3.8	131.7	5181	68.3
乐至县	84.5	4704	39.8	8.7	2271	2.0	75.9	4981	37.8
马尔康市	4.0	2438	1.0	0.0	3149	0.0	3.9	2436	1.0
汶川县	3.1	3596	1.1	0.6	3634	0.2	2.6	3587	0.9
理 县	1.6	4521	0.7	0.0	3668	0.0	1.6	4537	0.7
茂 县	7.0	3844	2.7	0.5	3467	0.2	6.5	3875	2.5

4-10 续表 3 单位：千公顷、公斤/公顷、万吨

县 名	全年粮食			夏收粮食			秋收粮食		
	播种面积	单位面积产量	总产量	播种面积	单位面积产量	总产量	播种面积	单位面积产量	总产量
松潘县	4.2	3223	1.3				4.2	3223	1.3
九寨沟县	3.0	3665	1.1	0.0	2143	0.0	3.0	3677	1.1
金川县	5.9	3842	2.3	1.4	3152	0.4	4.5	4049	1.8
小金县	6.4	3369	2.1				6.4	3369	2.1
黑水县	6.1	2885	1.8	0.3	2907	0.1	5.9	2884	1.7
壤塘县	2.0	2131	0.4				2.0	2131	0.4
阿坝县	4.7	2320	1.1				4.7	2320	1.1
若尔盖县	2.2	2949	0.6	0.0	2088	0.0	2.2	2958	0.6
红原县									
康定市	5.1	3271	1.7	0.1	3782	0.1	5.0	3257	1.6
泸定县	3.7	3089	1.1	0.5	3265	0.2	3.2	3061	1.0
丹巴县	3.0	3473	1.0	0.6	3370	0.2	2.3	3502	0.8
九龙县	4.4	4634	2.0	0.5	2972	0.1	4.0	4827	1.9
雅江县	2.6	3784	1.0	0.1	3110	0.0	2.6	3803	1.0
道孚县	5.0	2839	1.4				5.0	2839	1.4
炉霍县	3.7	2813	1.0				3.7	2813	1.0
甘孜县	11.2	3171	3.6				11.2	3171	3.6
新龙县	3.3	3081	1.0				3.3	3081	1.0
德格县	3.6	2904	1.0				3.6	2904	1.0
白玉县	3.4	3108	1.1				3.4	3108	1.1
石渠县	2.7	2701	0.7				2.7	2701	0.7
色达县	0.9	2690	0.2				0.9	2690	0.2
理塘县	3.5	3754	1.3				3.5	3754	1.3
巴塘县	4.1	3822	1.6	0.8	3310	0.2	3.3	3937	1.3
乡城县	2.6	3717	1.0	0.7	3247	0.2	1.9	3885	0.7
稻城县	2.8	3427	1.0	0.2	3886	0.1	2.6	3391	0.9
得荣县	3.4	3858	1.3	0.7	3314	0.2	2.7	4007	1.1
西昌市	42.3	5732	24.3	10.9	3846	4.2	31.5	6382	20.1
木里县	17.7	4017	7.1	3.6	2919	1.1	14.1	4297	6.1
盐源县	50.9	4597	23.4	3.7	3921	1.5	47.2	4650	22.0
德昌县	18.6	5510	10.3	3.3	3293	1.1	15.3	5992	9.2
会理县	68.7	5044	34.7	17.0	3484	5.9	51.7	5558	28.7
会东县	56.7	4509	25.6	15.2	3199	4.9	41.6	4987	20.7
宁南县	25.1	4191	10.5	5.8	2487	1.4	19.3	4705	9.1
普格县	18.5	4307	8.0	2.0	2752	0.6	16.5	4498	7.4
布拖县	26.6	4026	10.7	2.5	1880	0.5	24.1	4245	10.2
金阳县	16.4	4346	7.1	1.8	3040	0.5	14.7	4502	6.6
昭觉县	27.4	4111	11.3	0.5	1560	0.1	26.9	4155	11.2
喜德县	20.4	3994	8.1	2.0	3809	0.7	18.4	4014	7.4
冕宁县	44.6	4982	22.2	12.2	4204	5.1	32.4	5276	17.1
越西县	32.2	4232	13.6	2.5	4024	1.0	29.8	4249	12.7
甘洛县	25.5	4400	11.2	3.2	2817	0.9	22.3	4624	10.3
美姑县	25.5	3863	9.8	1.2	1852	0.2	24.3	3961	9.6
雷波县	20.2	4554	9.2	1.0	3228	0.3	19.2	4622	8.9

4-11 主要畜禽生产情况(2021-2022年)

指标名称	单位	2022	2021	增长(%)
一、畜禽存栏				
1.猪	万头	4158.6	4255.1	-2.3
其中：能繁殖母猪	万头	398.0	405.2	-1.8
2.牛	万头	868.7	830.5	4.6
其中：肉牛	万头	583.6	524.8	11.2
奶牛	万头	84.3	78.3	7.6
役用牛	万头	200.8	227.3	-11.7
3.羊	万只	1529.9	1511.7	1.2
其中：山羊	万只	1358.0	1342.9	1.1
绵羊	万只	171.9	168.8	1.8
4.活家禽	万只	45473.7	45682.6	-0.5
其中：活鸡	万只	31825.9	31475.3	1.1
其中：肉鸡	万只	18010.9	17298.6	4.1
蛋鸡	万只	13815.0	14176.7	-2.6
二、畜禽出栏				
1.猪	万头	6548.4	6314.8	3.7
2.牛	万头	306.0	293.1	4.4
3.羊	万只	1792.7	1766.2	1.5
4.活家禽	万只	78087.1	77467.3	0.8
三、畜禽产品产量				
1.猪肉	万吨	478.0	460.5	3.8
2.牛肉	万吨	38.6	36.9	4.7
3.羊肉	万吨	27.4	27.1	1.3
4.禽肉	万吨	117.1	116.0	1.0
5.禽蛋	万吨	175.5	169.2	3.7
6.生牛奶	万吨	70.8	68.3	3.6

4-12 生猪生产情况(2012-2022年)

单位：万头、万吨

年 份	出栏头数	存栏头数	#能繁母猪	猪肉产量
2012	7170.7	4718.5	468.5	496.4
2013	7314.1	4507.7	470.0	510.8
2014	7445.0	4510.2	455.3	527.2
2015	7236.5	4288.4	427.2	512.4
2016	6907.8	4078.8	400.3	492.3
2017	6579.1	4376.6	430.0	472.2
2018	6638.3	4258.5	402.9	481.2
2019	4852.6	2870.7	274.0	353.4
2020	5614.4	3875.4	372.1	394.8
2021	6314.8	4255.1	405.2	460.5
2022	6548.4	4158.6	398.0	478.0

说明：根据第三次全国农业普查情况对2012-2017年数据重新核定修订。

4-13 牛生产情况(2012-2022年)

单位：万头、万吨

年 份	出栏头数	存栏头数	牛肉产量
2012	238.2	857.2	27.2
2013	242.0	858.7	28.4
2014	251.6	869.9	30.2
2015	263.3	857.8	31.5
2016	268.6	831.2	32.4
2017	267.3	853.2	33.3
2018	276.2	824.3	34.5
2019	291.7	851.7	36.4
2020	296.4	880.3	37.0
2021	293.1	830.5	36.9
2022	306.0	868.7	38.6

说明：根据第三次全国农业普查情况对2012-2017年数据重新核定修订。

4-14 羊生产情况(2012-2022年)

单位：万只、万吨

年 份	出栏只数	存栏只数	羊肉产量
2012	1562.7	1390.8	24.0
2013	1583.6	1362.8	24.5
2014	1632.7	1369.7	25.3
2015	1698.0	1352.3	26.3
2016	1739.2	1296.0	26.8
2017	1780.4	1599.3	27.2
2018	1740.9	1462.9	26.3
2019	1780.2	1504.1	27.1
2020	1792.1	1524.8	27.3
2021	1766.2	1511.7	27.1
2022	1792.7	1529.9	27.4

说明：根据第三次全国农业普查情况对2012-2017年数据重新核定修订。

4-15 家禽生产情况(2012-2022年)

单位：万只、万吨

年份	出栏只数	存栏只数	禽肉产量
2012	61999.6	36245.8	93.0
2013	63774.7	36052.6	95.6
2014	64667.6	37353.5	97.4
2015	66154.9	39869.8	99.7
2016	68489.7	38754.1	103.1
2017	65259.8	36619.2	99.0
2018	66071.0	38440.7	100.6
2019	78756.6	43949.4	119.7
2020	77444.5	43406.2	115.8
2021	77467.3	45682.6	116.0
2022	78087.1	45473.7	117.1

说明：根据第三次全国农业普查情况对2012-2017年数据重新核定修订。

4-16 蛋奶生产情况(2012-2022年)

单位：万吨

年份	牛奶	禽蛋
2012	71.7	146.4
2013	70.6	145.2
2014	70.8	145.3
2015	67.5	146.7
2016	62.8	149.7
2017	63.7	144.5
2018	64.2	148.8
2019	66.7	161.7
2020	68.0	167.9
2021	68.3	169.2
2022	70.8	175.5

说明：根据第三次全国农业普查情况对2012-2017年数据重新核定修订。

4-17　全省及各市(州)生猪生产情况(2021-2022年)

单位：万头、万吨

地　区	2021			2022		
	生猪存栏	生猪出栏	猪肉产量	生猪存栏	生猪出栏	猪肉产量
全　省	**4255.1**	**6314.8**	**460.5**	**4158.6**	**6548.4**	**478.0**
成都市	278.8	416.9	30.2	274.0	428.7	30.6
自贡市	116.3	181.4	12.9	112.0	189.5	13.6
攀枝花市	42.1	58.9	4.2	42.0	61.4	4.5
泸州市	266.8	399.9	29.6	259.2	415.4	30.4
德阳市	163.4	270.4	19.6	160.1	281.4	20.7
绵阳市	253.4	362.0	26.1	249.8	377.9	27.7
广元市	255.7	369.6	27.1	251.5	383.9	28.1
遂宁市	225.3	359.4	26.1	219.5	373.4	27.2
内江市	153.2	250.6	18.1	148.7	260.5	18.8
乐山市	174.8	263.3	19.2	180.7	275.8	20.1
南充市	414.7	591.4	43.6	403.9	607.6	44.6
眉山市	150.0	211.8	15.6	146.5	222.6	16.5
宜宾市	337.8	501.5	37.1	327.7	515.2	38.0
广安市	245.1	364.1	26.6	242.3	378.2	27.7
达州市	283.2	434.1	31.6	274.7	451.7	33.1
雅安市	97.0	131.3	9.6	94.5	136.2	10.0
巴中市	217.3	333.3	24.3	213.2	346.3	25.4
资阳市	185.5	274.9	20.1	183.0	286.5	20.9
阿坝州	39.1	38.7	2.9	37.0	40.7	2.9
甘孜州	20.0	22.1	1.6	19.5	22.9	1.7
凉山州	335.8	479.6	34.4	319.1	492.6	35.6

4-18 全省及各市(州)牛生产情况(2021-2022年)

单位：万头、万吨

地 区	2021			2022		
	牛存栏	牛出栏	牛肉产量	牛存栏	牛出栏	牛肉产量
全 省	**830.5**	**293.1**	**36.9**	**868.7**	**306.0**	**38.6**
成都市	6.6	3.9	0.5	7.0	3.9	0.5
自贡市	5.7	2.8	0.4	5.1	2.9	0.4
攀枝花市	8.7	3.6	0.5	8.8	3.7	0.5
泸州市	18.2	7.6	0.9	19.2	7.9	1.0
德阳市	12.6	6.7	0.9	12.9	7.0	0.9
绵阳市	26.1	12.0	1.5	27.1	12.5	1.6
广元市	24.8	9.5	1.2	26.7	10.7	1.3
遂宁市	8.0	3.7	0.5	8.2	3.8	0.5
内江市	4.6	2.2	0.3	4.6	2.3	0.3
乐山市	6.1	3.4	0.4	6.3	3.5	0.5
南充市	30.3	13.1	1.6	31.4	14.1	1.7
眉山市	5.6	2.5	0.3	5.9	2.7	0.3
宜宾市	31.1	14.7	1.9	32.5	15.2	2.0
广安市	7.9	2.6	0.3	8.4	2.8	0.4
达州市	60.2	34.1	4.4	63.8	36.0	4.6
雅安市	11.0	5.5	0.7	10.8	5.7	0.7
巴中市	40.1	18.1	2.2	43.0	19.5	2.4
资阳市	3.8	1.9	0.3	4.0	2.0	0.3
阿坝州	209.2	54.9	6.9	218.3	56.6	7.1
甘孜州	201.5	51.5	6.5	210.9	53.4	6.7
凉山州	108.3	38.9	4.7	113.7	39.7	4.9

4-19 全省及各市(州)羊生产情况(2021-2022年)

单位：万只、万吨

地 区	2021			2022		
	羊存栏	羊出栏	羊肉产量	羊存栏	羊出栏	羊肉产量
全 省	**1511.7**	**1766.2**	**27.1**	**1529.9**	**1792.7**	**27.4**
成都市	37.7	74.6	1.1	35.6	73.1	1.1
自贡市	52.3	97.9	1.4	50.2	100.4	1.5
攀枝花市	44.6	50.2	0.8	45.7	51.9	0.8
泸州市	39.4	53.8	0.8	39.1	55.1	0.9
德阳市	19.6	22.8	0.4	20.0	23.5	0.4
绵阳市	68.3	93.4	1.4	69.0	96.4	1.4
广元市	48.0	67.6	1.0	52.7	72.5	1.1
遂宁市	27.0	38.7	0.6	27.5	40.4	0.6
内江市	45.8	60.2	0.8	44.7	61.8	0.9
乐山市	24.2	34.1	0.5	25.1	35.5	0.6
南充市	149.3	199.0	3.1	158.8	200.3	3.1
眉山市	33.2	42.6	0.6	34.4	44.2	0.6
宜宾市	33.0	45.4	0.7	37.0	47.5	0.7
广安市	16.5	24.8	0.4	17.6	25.6	0.3
达州市	94.6	126.6	2.0	92.1	127.6	2.0
雅安市	17.3	22.8	0.3	16.2	22.9	0.3
巴中市	73.7	75.4	1.1	79.8	79.9	1.1
资阳市	65.0	130.3	1.9	70.5	131.4	2.0
阿坝州	79.7	43.7	0.7	76.0	40.6	0.7
甘孜州	50.6	34.7	0.6	33.0	31.9	0.5
凉山州	491.7	427.6	6.8	505.0	430.3	6.9

4-20 全省及各市(州)家禽生产情况(2021-2022年)

单位：万只、万吨

地区	2021			2022		
	禽存栏	禽出栏	禽肉产量	禽存栏	禽出栏	禽肉产量
全　省	**45682.6**	**77467.3**	**116.0**	**45473.7**	**78087.1**	**117.1**
成都市	3218.2	7319.2	11.3	3118.4	7159.9	11.3
自贡市	1896.8	3418.7	5.1	1891.0	3505.6	5.2
攀枝花市	360.8	456.2	0.7	362.5	464.7	0.7
泸州市	2956.2	4073.8	5.9	2952.4	4067.5	6.0
德阳市	3160.5	6963.2	11.3	3154.6	7013.1	11.4
绵阳市	3795.7	7324.4	11.1	3780.6	7490.7	11.4
广元市	2792.2	3764.1	5.3	2830.6	3796.3	5.5
遂宁市	1787.3	2612.9	4.3	1807.7	2626.8	4.3
内江市	2027.7	3384.8	4.9	2003.9	3403.4	4.9
乐山市	2517.8	4413.5	6.7	2543.1	4461.3	6.7
南充市	4927.0	7375.1	10.2	4890.5	7407.3	10.2
眉山市	1851.1	3802.5	5.6	1880.8	3941.8	5.8
宜宾市	3048.9	4865.6	7.2	3019.1	4952.9	7.2
广安市	2316.2	3523.4	4.9	2333.3	3470.4	4.7
达州市	3921.2	7631.6	11.5	3918.6	7676.7	11.6
雅安市	776.6	730.0	1.4	663.7	745.1	1.4
巴中市	888.7	1197.5	1.8	892.3	1222.9	1.8
资阳市	1739.5	2434.6	3.7	1738.5	2443.0	3.7
阿坝州	49.0	67.0	0.1	50.4	73.6	0.1
甘孜州	27.1	23.7	0.0	26.8	23.1	0.0
凉山州	1624.0	2085.6	3.1	1615.2	2141.2	3.2

4-21 全省及各市(州)蛋奶生产情况(2021-2022年)

单位：万吨

地　区	2021		2022	
	牛奶	禽蛋	牛奶	禽蛋
全　省	**68.3**	**169.2**	**70.8**	**175.5**
成 都 市	7.9	18.0	8.4	18.4
自 贡 市	1.7	6.5	1.8	6.7
攀枝花市	0.0	1.1	0.0	1.2
泸 州 市	0.1	4.9	0.1	5.2
德 阳 市	1.2	12.6	1.2	13.0
绵 阳 市	1.4	15.9	1.5	16.4
广 元 市		5.4		5.6
遂 宁 市	0.1	9.4	0.1	9.6
内 江 市	0.9	5.1	0.9	5.2
乐 山 市	0.1	15.3	0.1	15.8
南 充 市	2.8	23.9	2.7	24.8
眉 山 市	14.9	5.4	15.4	6.2
宜 宾 市	0.3	5.0	0.3	5.4
广 安 市	0.3	7.9	0.3	8.3
达 州 市	2.0	11.2	2.2	11.7
雅 安 市	3.4	2.7	2.9	2.6
巴 中 市		6.9		7.2
资 阳 市	1.4	8.8	1.6	9.0
阿 坝 州	14.0	0.2	15.5	0.2
甘 孜 州	11.2	0.1	11.0	0.1
凉 山 州	4.6	2.8	4.7	3.0

4-22 各生猪调出大县生猪生产情况(2022年)

单位：万头、万吨

县 名	生猪存栏	#能繁母猪存栏	生猪出栏	猪肉产量
金堂县	36.7	3.2	56.3	4.1
大邑县	33.8	3.0	48.1	3.5
蒲江县	26.3	2.7	39.0	2.9
彭州市	25.8	2.6	39.7	2.9
邛崃市	46.2	4.6	74.0	5.4
崇州市	31.5	2.7	46.5	3.3
简阳市	47.8	3.6	73.6	5.3
荣　县	42.7	4.3	69.0	5.1
富顺县	40.6	4.0	63.2	4.6
江阳区	17.1	1.6	27.4	2.0
纳溪区	35.3	3.6	55.7	4.1
泸　县	62.9	6.3	102.1	7.5
合江县	52.7	5.4	81.7	6.0
叙永县	43.8	4.4	71.6	5.2
古蔺县	40.8	4.2	66.5	4.9
旌阳区	21.6	1.6	35.7	2.6
罗江区	24.3	2.4	39.8	3.0
中江县	63.2	6.2	116.0	8.4
广汉市	13.0	1.2	22.9	1.7
什邡市	12.3	1.1	22.4	1.7
绵竹市	25.7	2.2	44.5	3.3
三台县	72.2	7.5	116.7	8.4
盐亭县	40.3	3.4	57.0	4.2
梓潼县	39.9	3.9	59.2	4.3
江油市	41.5	4.1	63.1	4.5
昭化区	41.5	4.5	63.0	4.6
旺苍县	38.5	3.6	57.2	4.3
剑阁县	61.7	5.5	99.3	7.3
苍溪县	69.5	6.2	106.0	7.9
船山区	37.9	3.3	57.5	4.2
安居区	48.9	4.8	92.7	6.8
蓬溪县	45.8	4.7	71.1	5.1
射洪县	52.3	5.5	94.4	6.9
大英县	34.4	3.3	57.6	4.2
东兴区	32.9	2.9	63.1	4.5
威远县	29.4	2.9	52.3	3.7
资中县	45.5	4.8	75.9	5.5
隆昌市	27.3	2.7	42.8	3.2
乐山市中区	19.1	2.0	32.9	2.4
犍为县	33.5	3.3	56.1	4.0
井研县	41.2	3.9	67.2	4.7
高坪区	39.1	4.0	57.5	4.1

4-22 续表 单位：万头、万吨

县 名	生猪存栏	#能繁母猪存栏	生猪出栏	猪肉产量
嘉陵区	43.3	4.1	65.4	4.9
南部县	56.1	5.2	87.3	6.4
营山县	54.3	5.0	79.3	5.8
蓬安县	42.6	4.1	60.2	4.5
仪陇县	61.4	5.6	84.6	6.2
西充县	44.3	4.1	67.8	5.0
阆中市	51.4	5.0	78.1	5.7
东坡区	36.7	3.7	52.1	3.8
仁寿县	67.2	6.7	105.7	7.8
翠屏区	33.0	2.9	51.0	3.8
南溪区	24.0	1.6	40.0	3.0
宜宾县	53.0	4.9	83.4	6.1
江安县	34.2	2.9	56.1	4.0
长宁县	34.0	3.1	50.3	3.7
高　县	29.8	3.3	48.0	3.6
珙　县	33.7	3.5	52.6	3.9
筠连县	34.6	3.5	49.9	3.6
兴文县	36.6	3.6	55.0	4.0
广安区	52.3	4.7	77.4	5.7
岳池县	54.4	5.4	85.4	6.3
武胜县	54.9	5.5	91.1	6.7
邻水县	54.6	5.3	84.0	6.2
达川区	49.7	4.8	83.5	6.1
宣汉县	49.5	4.6	80.9	5.9
大竹县	48.9	4.9	79.0	5.8
渠　县	50.2	4.8	95.1	7.0
万源市	25.9	2.5	38.7	2.8
名山区	42.4	3.7	58.3	4.2
巴州区	36.5	3.4	56.1	4.1
恩阳区	33.7	3.3	52.5	3.8
通江县	49.0	4.6	82.2	6.1
南江县	45.0	4.3	71.5	5.2
平昌县	49.0	4.5	84.0	6.2
雁江区	62.9	5.7	92.0	6.7
安岳县	70.3	6.3	114.4	8.4
乐至县	49.8	4.5	80.1	5.8
西昌市	21.9	2.3	34.1	2.5
盐源县	32.2	3.0	39.3	2.9
会理县	58.2	5.4	88.2	6.6
会东县	42.0	4.2	55.3	4.1
冕宁县	26.9	2.6	40.0	3.0

主要统计指标解释

粮食 按收获季节分包括夏粮、早稻、秋粮；按作物品种分包括谷物、薯类、豆类。

夏收粮食 指上年秋、冬季和本年春季播种、夏季收获的全部粮食作物，如冬小麦、夏收春小麦、大麦、元麦、蚕豆、豌豆、夏收马铃薯等。

早稻 指早籼稻。

秋收粮食 指本年春、夏季播种，秋季收获的粮食作物。如：中稻、晚稻、玉米、高粱、谷子、甘薯、大豆等。

谷物 指禾本科和蓼科粮食作物。这类作物具体包括稻谷、小麦、玉米、谷子、高粱和其他谷物。其他谷物包括大麦、燕麦、荞麦等，其中西藏、青海、甘肃等地种植的青稞是大麦中的裸麦，按大麦统计。

薯类 包括甘薯和马铃薯。不包括芋头、木薯等。芋头作为蔬菜统计，木薯作为其他作物统计。

豆类 是以食用种籽及其制成品为主的一类豆科植物，包括大豆、绿豆、红小豆、杂豆等。

粮食播种面积 指农业生产经营者应在日历年度内收获的粮食作物在全部土地（耕地或非耕地）上的播种或移植面积。凡是本年内收获的粮食作物，无论是本年还是上年播种，都算为当年播种面积，但不包括本年播种，下年收获的粮食作物面积。移植的粮食作物面积按移植后的面积计算，不计算移植前的秧田面积。如果因灾害等原因，应该收获却未能收获，也要按原播种面积计算，新补或改种，并在本年收获的，也要按复种作物计算面积。间种、混种的作物面积按比例折算各个作物的面积，如果完全混合、同步生长、收获的作物，按混合面积平均分配。复种、套种的作物，按次数计算面积，每种一次计算一次。再生稻、再生高粱等，因其没有经过播种或移植，不计入播种面积。

粮食产量 指稻谷、小麦、玉米、高粱等谷物及薯类和豆类的全社会的产量。包括国有经济经营的、集体统一经营的和农民家庭经营的粮食产量，还包括工矿企业办的农场和其他生产单位的产量。其产量计算方法，豆类按去荚后的干豆计算；薯类（包括甘薯和马铃薯，不包括芋头和木薯），按每 5 公斤鲜薯折 1 公斤粮食计算。城市效区作为蔬菜的薯类（如马铃薯等）不作粮食统计。其他粮食一律按脱粒后的原粮计算。

生猪期（年）末存栏 指本调查期末饲养生猪的总量，包括 15 公斤以下仔猪、待育肥猪（架子猪）和种猪等数量之和。

能繁母猪 是指猪龄约在 9 个月（包括 9 个月）以上的、具备繁殖能力的母猪。

生猪期内增加头数 指本调查期内以各种形式增加的生猪总量。增加的方式主要有自繁、购进、他人赠送等。

生猪期内减少头数 指本调查期内以各种形式减少的生猪总量。减少方式主要有自宰活肥猪、出售活肥猪、出售仔猪、待育肥猪（架子猪）、种猪等，以及赠送、丢失、死亡、疫病捕杀等。

猪肉产量 指本调查期内出栏肥猪头数折算出的鲜、冷鲜、冷冻猪肉总量，按胴体重计算。

牛总量 指肉牛、奶牛、役用牛的合计数量。

牛期（年）末存栏 指本调查期末饲养各类型的牛总量，包括牛犊、待育肥牛（架子牛）、奶牛和种牛等数量之和。

牛期内增加头数 指本调查期内以各种形式增加的牛犊、架子牛、成年牛等数量。增加的方式主要有自行繁殖、购进、他人赠送等。

牛期内减少头数 指本调查期内以各种形式减少的牛数量。减少的方式主要有自宰育肥肉牛、出售育肥肉牛、出售牛犊、架子牛、奶牛、种牛，赠送他人、丢失、死亡、疫病捕杀等。

牛肉产量 指本调查期内出栏肉牛头数折算出的鲜、冷鲜、冷冻牛肉产量，按胴体重计算。

生牛奶产量 指本调查期内奶牛所生产的牛奶总产量。

羊期末存栏 指本调查期末饲养各种羊只总量。包括羊羔、待育肥羊（架子羊）、奶羊和种羊等数量之和。

羊期内增加头数 指本调查期内以各种形式增加的羊只总量，增加的方式主要有自行繁殖、购进、他人赠送等。

羊期内减少头数 指本调查期内因各种原因减少的羊只数量。减少的方式主要有自宰肥羊、出售肥羊、出售羊羔或待育肥羊、出售种羊，赠送他人、丢失、死亡、疫病捕杀等。

羊肉产量 指本调查期内出栏肥羊头数折算出的鲜、冷鲜、冷冻羊肉产量，按胴体重计算。

绵羊毛产量 指本调查期内绵羊所生产的羊毛总量。

山羊绒产量 指本调查期内山羊所生产的羊绒总量。

家禽种类 主要包括鸡、鸭、鹅三个种类。

家禽期末存栏 指本调查期末饲养家禽的总量，包括幼禽、肉用家禽、蛋用家禽和种家禽等。

家禽期内减少只数 指本调查期内以各种形式减少的家禽总量。减少的方式主要有自宰活家禽、出售活家禽、出售幼禽、赠送他人、丢失、死亡、疫病捕杀等。

禽肉产量 指本调查期内出栏肉用家禽产出的禽肉总量。

禽蛋产量 指本调查期内饲养的蛋用家禽生产的禽蛋总重量。包括出售的和农民自产自用的部分。品种主要为鸡鸭鹅。

肉类总产量 指调查期内各种牲畜及家禽、兔等动物肉产量总计。猪、牛、羊、马、驴、骡、骆驼肉产量按去掉头蹄下水后带骨肉的胴体重量计算，兔禽肉产量按屠宰后去毛和内脏后的重量计算。猪牛羊禽四个品种肉产量由主要畜禽监测抽样调查获得，马、驴、骡、骆驼、兔肉产量由全面统计获得，其他特种养殖肉产量可用住户调查资料推算获得。

五 附 录

5-1　全国及各省(自治区、直辖市)农产品生产价格总指数(2022年)

(上年同期=100)

地　区	全　年	1季度	2季度	3季度	4季度
全国总计	**100.4**	**93.3**	**99.3**	**108.2**	**105.7**
北　京	102.7	96.6	100.8	107.1	105.3
天　津	98.4	92.4	102.2	105.8	98.6
河　北	103.5	96.2	98.0	115.0	113.0
山　西	104.0	98.9	110.3	107.8	106.6
内蒙古	100.8	96.2	99.4	102.1	107.5
辽　宁	103.6	91.1	99.9	113.0	106.7
吉　林	100.7	89.0	98.0	116.1	112.5
黑龙江	102.5	89.2	105.5	117.3	113.4
上　海	102.6	95.5	109.3	110.4	106.2
江　苏	100.1	93.3	98.1	109.4	107.6
浙　江	101.5	98.4	99.4	106.8	107.0
安　徽	102.8	88.9	105.4	112.5	102.4
福　建	100.8	94.5	102.4	105.7	105.4
江　西	97.5	85.7	94.6	105.7	104.9
山　东	100.6	99.6	104.0	110.4	100.7
河　南	97.2	86.4	91.3	113.3	123.3
湖　北	100.6	87.0	100.6	113.5	107.4
湖　南	103.6	96.3	94.9	117.0	112.6
广　东	100.1	93.7	100.7	106.0	103.2
广　西	100.8	92.4	97.5	112.1	107.2
海　南	106.8	116.9	121.3	104.7	98.3
重　庆	98.7	76.8	95.9	112.0	109.3
四　川	**99.1**	**84.3**	**93.9**	**115.7**	**109.9**
贵　州	95.9	71.6	88.9	109.3	108.6
云　南	96.7	84.2	94.8	108.2	109.3
西　藏					
陕　西	104.4	101.1	101.5	107.0	107.2
甘　肃	100.2	93.9	94.8	106.1	111.5
青　海	98.4	85.4	77.4	103.3	109.6
宁　夏	98.3	90.0	94.9	102.6	104.9
新　疆	99.6	96.8	96.0	104.7	101.0

注：西藏未开展农产品生产价格调查。

5-2 全国及各省(自治区、直辖市)城镇居民人均可支配收入(2017-2022年)

单位：元

地　区	2017	2018	2019	2020	2021	2022
全　国	**36396**	**39251**	**42359**	**43834**	**47412**	**49283**
北　京	62406	67990	73849	75602	81518	84023
天　津	40278	42976	46119	47659	51486	53003
河　北	30548	32977	35738	37286	39791	41278
山　西	29132	31035	33262	34793	37433	39532
内蒙古	35670	38305	40782	41353	44377	46295
辽　宁	34993	37342	39777	40376	43051	44003
吉　林	28319	30172	32299	33396	35646	35471
黑龙江	27446	29191	30945	31115	33646	35042
上　海	62596	68034	73615	76437	82429	84034
江　苏	43622	47200	51056	53102	57743	60178
浙　江	51261	55574	60182	62699	68487	71268
安　徽	31640	34393	37540	39442	43009	45133
福　建	39001	42121	45620	47160	51140	53817
江　西	31198	33819	36546	38556	41684	43697
山　东	36789	39549	42329	43726	47066	49050
河　南	29558	31874	34201	34750	37095	38484
湖　北	31889	34455	37601	36706	40278	42626
湖　南	33948	36698	39842	41698	44866	47301
广　东	40975	44341	48118	50257	54854	56905
广　西	30502	32436	34745	35859	38530	39703
海　南	30817	33349	36017	37097	40213	40118
重　庆	32193	34889	37939	40006	43502	45509
四　川	**30727**	**33216**	**36154**	**38253**	**41444**	**43233**
贵　州	29080	31592	34404	36096	39211	41086
云　南	30996	33488	36238	37500	40905	42168
西　藏	30671	33797	37410	41156	46503	48753
陕　西	30810	33319	36098	37868	40713	42431
甘　肃	27763	29957	32323	33822	36187	37572
青　海	29169	31515	33830	35506	37745	38736
宁　夏	29472	31895	34328	35720	38291	40194
新　疆	30775	32764	34664	34838	37642	38410

5-3 全国及各省(自治区、直辖市)农村居民人均可支配收入(2017-2022年)

单位：元

地 区	2017	2018	2019	2020	2021	2022
全 国	**13432**	**14617**	**16021**	**17131**	**18931**	**20133**
北 京	24240		28928	30126	33303	34754
天 津	21754	23065	24804	25691	27955	29018
河 北	12881	14031	15373	16467	18179	19364
山 西	10788	11750	12902	13878	15308	16323
内蒙古	12584	13803	15283	16567	18337	19641
辽 宁	13747	14656	16108	17450	19217	19908
吉 林	12950	13748	14936	16067	17642	18134
黑龙江	12665	13804	14982	16168	17888	18577
上 海	27825	30375	33195	34911	38521	39729
江 苏	19158	20845	22675	24198	26791	28486
浙 江	24956	27302	29876	31930	35247	37565
安 徽	12758	13996	15416	16620	18368	19575
福 建	16335	17821	19568	20880	23229	24987
江 西	13242	14460	15796	16981	18684	19936
山 东	15118	16297	17775	18753	20794	22110
河 南	12719	13831	15164	16108	17533	18697
湖 北	13812	14978	16391	16306	18259	19709
湖 南	12936	14093	15395	16585	18295	19546
广 东	15780	17168	18818	20143	22306	23598
广 西	11325	12435	13676	14815	16363	17433
海 南	12902	13989	15113	16279	18076	19117
重 庆	12638	13781	15133	16361	18100	19313
四 川	**12227**	**13331**	**14670**	**15929**	**17575**	**18672**
贵 州	8869	9716	10756	11642	12856	13707
云 南	9862	10768	11902	12842	14197	15147
西 藏	10330	11450	12951	14598	16935	18209
陕 西	10265	11213	12326	13316	40713	15704
甘 肃	8076	8804	9629	10344	36187	12165
青 海	9462	10393	11499	12342	37745	14456
宁 夏	10738	11708	12858	13889	38291	16430
新 疆	11045	11975	13122	14056	37642	16550

5-4 全国及各省(自治区、直辖市)居民人均可支配收入(2017-2022年)

单位：元

地　区	2017	2018	2019	2020	2021	2022
全　国	**25974**	**28228**	**30733**	**32189**	**35128**	**36883**
北　京	57230	62361	67756	69434	75002	77415
天　津	37022	39506	42404	43854	47449	48976
河　北	21484	23446	25665	27136	29383	30867
山　西	20420	21990	23828	25214	27426	29178
内蒙古	26212	28376	30555	31497	34108	35921
辽　宁	27835	29701	31820	32738	35112	36089
吉　林	21368	22798	24563	25751	27770	27975
黑龙江	21206	22726	24254	24902	27159	28346
上　海	58988	64183	69442	72232	78027	79610
江　苏	35024	38096	41400	43390	47498	49862
浙　江	42046	45840	49899	52397	57541	60302
安　徽	21863	23984	26415	28103	30904	32745
福　建	30048	32644	35616	37202	40659	43118
江　西	22031	24080	26262	28017	30610	32419
山　东	26930	29205	31597	32886	35705	37560
河　南	20170	21964	23903	24810	26811	28222
湖　北	23757	25815	28319	27881	30829	32914
湖　南	23103	25241	27680	29380	31993	34036
广　东	33003	35810	39014	41029	44993	47065
广　西	19905	21485	23328	24562	26727	27981
海　南	22553	24579	26679	27904	30457	30957
重　庆	24153	26386	28920	30824	33803	35666
四　川	**20580**	**22461**	**24703**	**26522**	**29080**	**30679**
贵　州	16704	18430	20397	21795	23996	25508
云　南	18348	20084	22082	23295	25666	26937
西　藏	15457	17286	19501	21744	24950	26675
陕　西	20635	22528	24666	26226	28568	30116
甘　肃	16011	17488	19139	20335	22066	23273
青　海	19001	20757	22618	24037	25919	27000
宁　夏	20562	22400	24412	25735	27904	29599
新　疆	19975	21500	23103	23845	26075	27063

5-5　全国与四川主要价格分类指数(2017-2022年)

(上年=100)

指　标	2017		2018		2019		2020		2021		2022	
	全国平均	四川	全国平均	四川	全国平均	四川	全国平均	四川	全国平均	四川	全国平均	四川
居民消费价格总指数	**101.6**	**101.4**	**102.1**	**101.7**	**102.9**	**103.2**	**102.5**	**103.2**	**100.9**	**100.3**	**102.0**	**102.0**
一、食品烟酒	99.6	98.6	101.9	101.3	107.0	108.9	108.3	111.0	99.7	98.0	102.4	101.9
粮　食	101.5	101.0	100.8	100.3	100.5	100.3	101.2	100.7	101.1	101.6	102.8	103.8
鲜　菜	91.9	93.5	107.1	109.2	104.1	102.2	107.1	110.4	105.6	103.2	102.8	101.8
畜　肉	95.0	92.2	96.2	96.0	129.1	137.0	138.4	139.3	82.8	79.1	95.7	96.2
水产品	104.4	104.0	102.3	100.9	100.3	100.8	103.0	103.8	109.4	110.5	101.9	100.7
蛋	96.0	97.8	112.0	109.6	105.1	103.5	90.6	94.9	110.8	102.5	107.2	105.8
鲜　果	103.8	104.0	105.6	104.5	112.3	110.5	88.9	91.6	102.8	102.1	112.9	110.6
二、衣着	101.3	102.5	101.2	101.1	101.6	101.2	99.8	99.7	100.3	99.8	100.5	101.4
三、居住	102.6	102.4	102.4	102.6	101.4	101.5	99.6	98.9	100.8	100.3	100.7	101.0
四、生活用品及服务	101.1	101.2	101.6	101.5	100.9	100.2	100.0	99.9	100.4	100.6	101.2	101.3
五、交通通信	101.1	101.6	101.7	101.2	98.3	97.1	96.5	96.4	104.1	104.1	105.2	105.4
六、教育文化娱乐	102.4	104.1	102.2	101.5	102.2	100.8	101.3	101.2	101.9	100.9	101.8	102.0
七、医疗保健	106.0	104.2	104.3	102.8	102.4	102.8	101.8	100.7	100.4	101.9	100.6	100.6
八、其他用品及服务	102.4	103.7	101.2	102.4	103.4	103.2	104.3	103.1	98.7	100.1	101.6	101.7
商品零售价格总指数	**101.1**	**100.5**	**101.9**	**101.4**	**102.0**	**102.7**	**101.4**	**102.7**	**101.6**	**101.4**	**102.7**	**102.9**
一、食品	99.4	98.3	102.1	101.5	107.8	110.6	109.0	112.5	99.7	99.0	102.6	102.3
二、饮料、烟酒	100.9	101.4	101.5	101.6	101.3	101.6	101.2	101.5	101.5	101.9	101.8	101.7
三、服装、鞋帽	101.1	101.6	101.3	100.9	101.6	101.4	99.7	99.6	100.3	99.1	100.5	101.3
四、纺织品	100.4	100.6	100.8	100.6	100.7	101.3	99.8	99.4	100.4	99.0	100.3	100.1
五、家用电器及音像器材	99.8	100.1	99.5	98.7	98.8	97.5	98.0	96.4	101.1	100.5	100.6	100.7
六、文化办公用品	99.6	94.7	100.0	99.4	99.9	99.2	100.2	98.9	101.5	103.3	100.9	100.8
七、日用品	100.5	99.7	101.1	100.9	100.7	101.1	100.2	100.0	99.8	99.6	101.1	101.0
八、体育娱乐用品	100.6	100.3	100.8	103.8	100.3	100.8	99.8	99.2	100.8	100.6	101.5	100.5
九、交通、通信用品	98.5	99.0	98.6	96.4	98.4	96.0	98.6	98.9	100.5	100.1	99.2	98.4
十、家具	102.0	103.0	102.5	103.8	101.1	101.8	99.8	102.2	101.3	103.2	101.3	103.6
十一、化妆品	101.2	101.2	101.0	99.7	101.5	100.1	101.3	101.9	98.7	99.7	102.1	102.0
十二、金银珠宝	101.9	102.3	97.9	98.5	108.3	107.8	117.0	113.7	99.5	101.4	101.8	100.5
十三、中西药品及医疗保健用品	105.4	102.6	104.5	104.9	103.9	103.7	100.9	100.9	99.6	99.9	100.1	99.9
十四、书报杂志及电子出版物	101.7	101.4	103.5	102.8	104.6	102.7	101.5	100.5	100.6	100.4	101.9	101.6
十五、燃料	108.4	108.1	109.7	109.1	97.0	99.4	91.1	92.7	114.3	110.4	117.6	115.5
十六、建筑材料及五金电料	102.1	102.0	102.8	102.8	101.0	100.7	100.3	100.0	101.8	101.2	101.9	102.7
农业生产资料价格指数	**100.6**	**99.8**	**103.1**	**101.8**	**104.6**	**109.0**	**106.1**	**120.9**	**-**	**-**	**-**	**-**

5-6 全国及各省(自治区、直辖市)居民消费价格指数(2017-2022年)

(上年=100)

地　　区	2017	2018	2019	2020	2021	2022
全国平均	**101.6**	**102.1**	**102.9**	**102.5**	**100.9**	**102.0**
北　　京	101.9	102.5	102.3	101.7	101.1	101.8
天　　津	102.1	102.0	102.7	102.0	101.3	101.9
河　　北	101.7	102.4	103.0	102.1	101.0	101.8
山　　西	101.1	101.8	102.7	102.9	101.0	102.1
内 蒙 古	101.7	101.8	102.4	101.9	100.9	101.8
辽　　宁	101.4	102.5	102.4	102.4	101.1	102.0
吉　　林	101.6	102.1	103.0	102.3	100.6	102.1
黑 龙 江	101.3	102.0	102.8	102.3	100.6	101.9
上　　海	101.7	101.6	102.5	101.7	101.2	102.5
江　　苏	101.7	102.3	103.1	102.5	101.6	102.2
浙　　江	102.1	102.3	102.9	102.3	101.5	102.2
安　　徽	101.2	102.0	102.7	102.7	100.9	102.0
福　　建	101.2	101.5	102.6	102.2	100.7	101.9
江　　西	102.0	102.1	102.9	102.6	100.9	102.0
山　　东	101.5	102.5	103.2	102.8	101.2	101.7
河　　南	101.4	102.3	103.0	102.8	100.9	101.5
湖　　北	101.5	101.9	103.1	102.7	100.3	102.1
湖　　南	101.4	102.0	102.9	102.3	100.5	101.8
广　　东	101.5	102.2	103.4	102.6	100.8	102.2
广　　西	101.6	102.3	103.7	102.8	100.9	101.9
海　　南	102.8	102.5	103.4	102.3	100.3	101.6
重　　庆	101.0	102.0	102.7	102.3	100.3	102.1
四　　川	**101.4**	**101.7**	**103.2**	**103.2**	**100.3**	**102.0**
贵　　州	100.9	101.8	102.4	102.6	100.1	101.6
云　　南	100.9	101.6	102.5	103.6	100.2	101.6
西　　藏	101.6	101.7	102.3	102.2	100.9	101.5
陕　　西	101.6	102.1	102.9	102.5	101.5	102.1
甘　　肃	101.4	102.0	102.3	102.0	100.9	101.9
青　　海	101.5	102.5	102.5	102.6	101.3	102.4
宁　　夏	101.6	102.3	102.1	101.5	101.4	102.3
新　　疆	102.2	102.0	101.9	101.5	101.2	101.8

5-7　全国及各省(自治区、直辖市)商品零售价格指数(2017–2022年)

(上年＝100)

地　区	2017	2018	2019	2020	2021	2022
全国平均	**101.1**	**101.9**	**102.0**	**101.4**	**101.6**	**102.7**
北　京	99.2	101.1	100.5	101.0	101.7	101.8
天　津	100.8	101.6	101.7	101.0	101.5	102.0
河　北	101.4	102.2	101.8	101.4	101.9	102.5
山　西	101.3	101.7	101.8	100.9	102.7	103.7
内蒙古	101.2	101.6	101.5	100.5	103.8	103.8
辽　宁	100.7	101.4	101.7	101.1	101.9	102.6
吉　林	101.4	102.4	102.1	100.7	101.8	103.1
黑龙江	99.9	101.1	102.1	101.5	101.6	102.5
上　海	100.9	101.6	100.4	100.9	101.3	101.7
江　苏	101.9	102.6	102.6	101.8	102.3	102.9
浙　江	101.4	102.1	102.5	101.2	102.2	103.2
安　徽	101.7	101.9	101.9	101.6	101.6	102.7
福　建	100.6	101.5	101.9	101.3	101.1	102.7
江　西	101.0	101.0	101.9	101.6	101.2	102.6
山　东	100.8	102.2	102.2	102.0	101.4	102.3
河　南	101.3	102.9	102.4	100.9	101.5	102.7
湖　北	100.3	101.2	102.6	102.2	101.2	102.8
湖　南	101.3	102.3	102.3	101.3	101.6	103.2
广　东	101.6	102.1	101.4	100.8	101.4	102.5
广　西	101.2	101.6	103.2	101.4	101.1	102.2
海　南	102.0	102.5	102.5	101.6	101.3	102.1
重　庆	100.8	101.2	101.6	102.2	101.4	102.5
四　川	**100.5**	**101.4**	**102.7**	**102.7**	**101.4**	**102.9**
贵　州	100.9	101.8	101.7	101.6	101.2	103.0
云　南	101.3	101.5	101.5	102.4	101.4	103.1
西　藏	101.4	101.5	102.0	102.0	101.5	102.7
陕　西	101.3	102.1	102.4	101.9	101.6	103.1
甘　肃	101.4	101.7	101.9	101.3	102.0	103.7
青　海	101.2	102.1	102.0	102.4	101.5	103.2
宁　夏	101.8	102.9	101.1	100.6	102.0	102.4
新　疆	100.9	100.9	101.3	100.6	102.0	102.8

5-8 全国及36个大中城市居民消费价格指数(2017-2022年)

(上年=100)

地　区	2017	2018	2019	2020	2021	2022
平均指数	**101.8**	**102.2**	**102.8**	**102.1**	**101.1**	**102.1**
北　京	101.9	102.5	102.3	101.7	101.1	101.8
天　津	102.1	102.0	102.7	102.0	101.3	101.9
石家庄	101.4	102.3	102.7	102.3	100.9	101.2
太　原	101.8	101.8	102.7	102.6	101.0	102.1
呼和浩特	101.4	102.1	102.6	102.0	100.9	102.1
沈　阳	101.4	103.0	102.4	102.3	101.3	101.7
大　连	102.1	103.0	102.4	102.1	101.4	102.2
长　春	101.3	102.0	102.9	101.9	100.5	101.9
哈尔滨	101.6	102.5	102.6	101.4	100.6	101.9
上　海	101.7	101.6	102.5	101.7	101.2	102.5
南　京	101.9	102.4	103.1	102.4	101.5	102.2
杭　州	102.5	102.3	103.1	102.1	101.3	102.4
宁　波	101.8	102.2	103.0	101.9	102.1	102.3
合　肥	101.4	102.0	102.9	102.3	101.7	102.4
福　州	101.4	101.5	102.5	102.4	100.6	102.4
厦　门	102.0	101.8	103.0	102.5	101.2	101.8
南　昌	102.1	102.3	102.8	102.5	101.0	101.8
济　南	102.0	102.6	103.3	102.4	101.5	101.4
青　岛	102.0	102.1	103.3	102.4	101.5	102.0
郑　州	101.8	102.4	103.1	102.3	101.1	101.2
武　汉	101.9	101.9	103.2	102.4	100.6	102.3
长　沙	101.3	102.0	102.9	101.8	101.1	101.7
广　州	102.3	102.4	103.0	102.6	101.1	102.4
深　圳	101.4	102.8	103.4	102.3	100.9	102.3
南　宁	102.3	102.5	103.4	102.3	101.4	101.7
海　口	103.3	102.4	103.3	101.6	100.5	101.1
重　庆	101.0	102.0	102.7	102.3	100.3	102.1
成　都	102.0	101.4	102.8	102.5	100.5	102.4
贵　阳	101.0	101.7	102.7	102.4	100.5	101.9
昆　明	100.5	101.7	102.3	103.1	100.2	101.7
拉　萨	101.4	101.1	102.2	102.0	100.5	101.8
西　安	102.0	101.9	102.7	102.1	101.7	102.2
兰　州	101.5	101.7	102.2	102.0	101.3	102.3
西　宁	101.8	102.7	102.5	102.7	101.3	102.5
银　川	101.7	102.2	102.2	101.8	101.4	102.0
乌鲁木齐	102.8	102.2	102.0	100.9	101.3	101.6

5-9 全国及36个大中城市商品零售价格指数(2017-2022年)

(上年=100)

地 区	2017	2018	2019	2020	2021	2022
平均指数	**100.9**	**101.7**	**101.6**	**101.2**	**101.6**	**102.5**
北 京	99.2	101.1	100.5	101.0	101.7	101.8
天 津	100.8	101.6	101.7	101.0	101.5	102.0
石家庄	100.9	101.9	101.6	101.3	101.7	101.9
太 原	101.7	101.7	101.5	100.5	102.8	103.8
呼和浩特	101.2	101.6	101.3	99.9	105.3	103.6
沈 阳	101.0	101.7	101.4	100.8	102.5	102.6
大 连	101.5	101.5	102.1	101.4	102.0	102.2
长 春	101.2	102.9	102.2	100.0	101.8	103.1
哈尔滨	99.7	100.7	102.2	101.5	101.8	102.2
上 海	100.9	101.6	100.4	100.9	101.3	101.7
南 京	101.6	102.8	102.1	101.4	102.1	102.6
杭 州	101.0	102.0	103.1	100.9	101.6	102.9
宁 波	101.1	102.1	102.3	100.2	103.3	104.1
合 肥	102.3	101.7	101.6	101.3	101.9	102.7
福 州	100.3	101.5	101.8	100.8	100.9	103.1
厦 门	100.8	101.8	102.5	102.1	101.5	102.4
南 昌	101.0	100.8	101.3	101.5	101.6	102.8
济 南	101.0	102.6	102.5	101.9	101.3	102.2
青 岛	100.8	101.8	102.4	101.5	101.4	102.8
郑 州	101.7	103.6	103.0	100.8	101.3	102.4
武 汉	100.1	101.4	102.5	102.2	101.3	102.8
长 沙	101.4	102.5	102.2	100.8	102.0	103.3
广 州	102.0	102.2	100.6	100.6	101.3	102.5
深 圳	101.5	102.0	101.3	100.5	101.8	102.7
南 宁	100.9	101.1	103.1	100.9	101.1	102.2
海 口	101.7	102.4	102.4	101.3	101.4	101.8
重 庆	100.8	101.2	101.6	102.2	101.4	102.5
成 都	99.4	100.7	101.9	102.2	101.1	102.8
贵 阳	101.4	102.3	102.3	101.2	101.7	103.1
昆 明	101.3	101.1	101.5	102.3	101.5	102.7
拉 萨	101.2	101.1	102.3	102.1	101.4	102.9
西 安	101.7	102.2	102.1	101.5	101.4	103.1
兰 州	101.8	101.7	102.0	101.4	102.0	103.8
西 宁	101.4	102.0	101.9	102.4	101.3	103.0
银 川	101.5	102.7	101.1	100.5	102.0	102.2
乌鲁木齐	100.7	100.5	101.2	100.7	102.2	103.1

5-10 全国及各省(自治区、直辖市)工业生产者出厂价格指数(2017-2022年)

(上年=100)

地区	2017	2018	2019	2020	2021	2022
全国	**106.3**	**103.5**	**99.7**	**98.2**	**108.1**	**104.1**
北京	100.7	100.0	99.6	99.1	101.1	102.3
天津	108.4	105.4	99.3	97.1	110.9	105.8
河北	115.0	106.2	100.2	98.5	116.4	100.5
山西	119.4	106.7	99.7	96.7	130.2	111.4
内蒙古	110.6	103.2	102.1	99.7	128.5	108.6
辽宁	108.1	104.8	99.5	97.0	113.6	107.9
吉林	103.1	102.8	98.9	98.6	105.1	101.9
黑龙江	109.3	109.0	98.2	93.4	112.3	110.9
上海	103.5	101.7	98.8	98.3	102.1	102.6
江苏	104.8	102.8	98.9	97.8	106.3	103.2
浙江	104.8	103.4	98.9	96.9	106.3	104.0
安徽	108.0	103.0	100.3	99.1	107.7	103.2
福建	104.1	102.8	100.6	98.4	104.9	102.9
江西	107.9	104.2	98.9	98.3	110.5	103.5
山东	105.5	103.7	99.7	98.1	110.3	105.1
河南	106.8	103.6	100.2	99.2	107.8	105.0
湖北	105.6	104.2	100.2	99.1	104.1	103.4
湖南	105.8	103.2	99.6	99.0	105.9	102.0
广东	103.3	101.8	100.2	99.0	103.4	103.0
广西	107.6	103.2	99.3	99.4	108.9	102.5
海南	108.8	108.2	97.4	93.8	113.5	115.0
重庆	104.1	102.1	99.8	99.1	103.2	102.3
四川	**106.5**	**103.6**	**100.4**	**98.8**	**105.9**	**102.8**
贵州	107.2	101.8	99.8	98.3	106.5	105.7
云南	105.2	102.4	100.0	98.6	110.0	105.4
西藏	110.0	100.1	98.9	99.4	101.5	104.1
陕西	110.8	105.4	100.8	95.1	116.9	107.3
甘肃	114.5	109.5	98.3	93.9	116.4	110.9
青海	116.7	104.8	98.5	96.6	114.5	112.2
宁夏	112.1	107.3	99.4	96.9	119.9	111.1
新疆	113.7	111.2	98.5	91.6	119.4	112.3

5-11 全国及各省(自治区、直辖市)工业生产者出厂价格指数(2022年)

(上年同月=100)

地 区	1月	2月	3月	4月	5月	6月	7月	8月	9月	10月	11月	12月
全 国	**109.1**	**108.8**	**108.3**	**108.0**	**106.4**	**106.1**	**104.2**	**102.3**	**100.9**	**98.7**	**98.7**	**99.3**
北 京	103.3	102.7	103.2	103.2	102.6	102.4	102.0	102.3	102.2	101.9	101.4	100.8
天 津	110.5	111.0	111.0	109.6	108.2	109.4	106.1	103.4	102.0	99.6	100.3	100.1
河 北	111.6	110.1	107.8	106.4	102.5	101.8	98.6	95.7	94.4	92.3	93.0	95.4
山 西	132.3	128.0	130.8	134.0	124.0	119.8	112.6	103.9	96.8	89.2	91.7	98.5
内蒙古	126.6	128.5	130.6	126.2	118.7	115.1	108.9	100.8	95.9	85.7	91.5	97.5
辽 宁	113.6	112.9	110.8	112.2	110.6	111.3	109.4	105.4	104.8	102.4	101.2	101.8
吉 林	104.1	104.4	103.9	102.9	102.6	102.6	102.2	101.2	100.7	99.8	99.6	99.5
黑龙江	113.2	113.9	114.7	116.2	115.2	116.2	112.5	109.4	109.4	105.2	103.1	103.6
上 海	103.5	103.7	103.4	103.1	103.1	103.1	102.7	101.8	101.6	101.4	101.7	101.9
江 苏	107.8	107.3	106.6	106.1	105.1	104.9	103.4	101.9	100.9	99.0	98.3	98.5
浙 江	108.3	108.0	106.7	106.7	105.9	105.6	104.0	102.8	102.2	100.3	99.3	99.6
安 徽	108.7	108.0	107.5	107.1	105.8	104.6	102.9	101.3	99.9	98.3	97.7	97.9
福 建	105.7	105.4	104.7	104.7	104.3	104.4	103.1	101.9	101.0	100.1	99.7	100.2
江 西	109.7	109.5	108.1	107.5	105.4	105.1	102.9	100.9	99.8	98.3	98.0	98.5
山 东	110.6	110.1	109.9	109.2	107.4	107.2	105.1	103.2	102.2	99.2	99.1	99.9
河 南	109.6	109.7	109.6	109.5	107.1	106.9	105.6	103.1	101.2	99.4	98.7	100.8
湖 北	106.1	106.1	105.8	105.8	105.0	104.8	103.7	102.5	101.8	100.8	99.9	99.4
湖 南	105.7	105.3	104.6	104.5	103.2	102.9	101.7	100.6	99.7	98.4	98.7	99.2
广 东	104.7	104.9	104.5	104.3	104.2	104.3	102.9	101.9	101.4	101.1	100.9	100.9
广 西	108.2	108.4	107.5	107.2	104.9	104.8	103.1	100.2	98.0	95.5	96.3	97.7
海 南	118.1	118.1	117.7	119.6	118.2	120.3	117.8	113.7	114.4	109.5	106.4	108.2
重 庆	105.2	105.3	104.8	104.2	103.7	103.2	102.5	101.2	100.9	99.4	99.2	99.2
四 川	**106.9**	**106.3**	**105.9**	**105.8**	**104.3**	**104.0**	**103.0**	**101.6**	**100.4**	**98.7**	**98.4**	**98.8**
贵 州	110.5	111.4	110.5	110.5	110.3	108.1	107.1	104.5	101.6	98.5	97.7	99.6
云 南	112.6	112.1	111.9	111.2	110.1	109.1	106.1	102.7	99.9	95.3	97.4	99.1
西 藏	103.7	104.1	105.2	104.7	103.6	102.7	102.5	106.1	103.0	103.4	105.2	105.5
陕 西	117.6	117.2	118.3	118.8	112.5	111.9	107.4	104.6	99.6	91.9	96.6	99.4
甘 肃	118.8	120.1	120.3	120.9	115.6	115.3	109.2	105.8	104.8	100.6	100.6	102.8
青 海	121.4	122.3	121.1	120.3	117.4	116.6	111.8	109.4	105.3	101.3	101.6	104.0
宁 夏	120.6	119.9	124.7	125.4	119.6	117.2	113.4	108.3	101.4	95.5	97.5	100.6
新 疆	124.8	125.5	124.3	122.2	119.5	119.4	114.1	108.9	106.5	97.3	96.3	98.8

5-12 全国及各省(自治区、直辖市)工业生产者购进价格指数(2022年)

(上年同月=100)

地区	全年	1月	2月	3月	4月	5月	6月	7月	8月	9月	10月	11月	12月
全国	**106.1**	**112.1**	**111.2**	**110.7**	**110.8**	**109.1**	**108.5**	**106.5**	**104.2**	**102.6**	**100.3**	**99.4**	**100.3**
北京	106.2	108.9	108.3	108.0	108.0	106.4	107.7	106.7	106.5	104.7	104.4	103.2	102.4
天津	104.4	109.3	109.4	109.5	109.5	107.2	106.2	104.4	101.5	100.3	98.6	97.6	100.6
河北	104.7	116.5	113.4	113.1	115.0	110.4	106.9	103.2	100.1	97.2	94.5	94.4	97.4
山西	109.7	121.2	119.7	121.0	122.8	118.9	116.0	110.3	105.4	100.0	95.5	96.5	99.7
内蒙古	111.2	129.7	126.4	128.0	128.0	121.1	118.6	114.0	106.9	101.7	93.3	92.2	95.3
辽宁	110.1	116.5	115.9	115.6	115.7	113.8	114.0	110.5	106.7	105.5	104.2	102.0	103.4
吉林	104.6	105.8	105.2	104.6	105.2	104.6	105.1	105.4	104.2	105.5	104.7	102.7	102.2
黑龙江	110.0	110.8	111.5	110.8	112.8	113.2	113.1	112.1	109.5	108.2	107.8	105.5	106.3
上海	104.9	107.8	107.9	108.6	107.9	106.2	106.4	104.6	103.5	102.9	101.3	100.7	102.2
江苏	105.8	114.0	112.4	111.4	110.5	108.8	107.8	105.7	103.1	101.3	99.9	98.2	99.1
浙江	106.1	114.4	112.4	111.4	112.2	110.2	109.1	106.4	103.4	101.9	99.1	97.2	98.4
安徽	104.0	111.0	110.1	109.2	109.1	107.5	106.1	103.3	101.1	99.9	98.1	97.3	97.3
福建	105.2	110.1	109.4	108.8	108.2	107.3	107.4	105.4	104.0	102.8	101.5	99.5	99.7
江西	109.4	116.9	115.9	114.6	116.2	114.6	112.9	110.2	107.7	105.7	102.4	99.1	100.7
山东	105.8	110.0	109.6	108.5	108.8	107.7	107.4	106.0	104.5	103.5	101.7	101.2	101.5
河南	105.7	110.8	109.9	109.8	109.6	108.6	108.4	106.5	104.2	102.6	99.6	99.3	101.0
湖北	107.8	113.0	112.7	112.3	111.7	111.0	110.4	109.8	107.3	105.7	102.4	100.3	99.0
湖南	104.8	109.3	108.9	108.4	108.2	106.2	106.2	104.7	103.7	102.0	100.5	100.2	99.8
广东	104.1	107.9	107.4	107.0	106.6	106.0	105.2	104.1	102.4	101.8	100.6	100.5	101.0
广西	107.3	111.8	111.8	111.0	111.6	110.5	110.2	108.4	106.1	103.6	101.7	100.6	102.0
海南	119.8	127.4	122.6	120.9	123.0	123.2	128.0	123.1	120.2	117.6	117.0	111.3	108.0
重庆	104.4	110.5	109.7	108.4	107.7	106.2	105.6	104.2	102.6	101.2	99.4	99.0	99.3
四川	**105.8**	**109.9**	**109.0**	**108.1**	**108.8**	**108.0**	**108.6**	**107.9**	**105.2**	**103.4**	**101.3**	**100.2**	**101.1**
贵州	111.2	117.8	118.5	117.1	117.1	116.8	115.3	112.8	109.4	107.4	104.2	101.1	101.7
云南	107.9	111.6	113.0	113.0	113.3	111.9	112.0	109.2	106.2	104.0	100.8	99.9	102.0
西藏													
陕西	106.2	115.6	115.0	116.5	117.0	111.1	109.7	107.4	102.2	98.6	91.5	96.7	100.9
甘肃	113.5	123.2	122.8	122.2	123.1	119.8	120.5	114.9	111.6	108.4	102.5	100.4	100.2
青海	114.0	123.7	121.9	123.1	121.5	119.1	118.1	115.4	113.1	109.6	103.7	101.5	103.8
宁夏	117.6	127.5	125.4	127.5	130.5	126.6	124.6	120.1	114.9	111.2	105.7	103.2	104.0
新疆	114.6	124.2	124.6	124.1	121.9	122.2	121.5	117.9	113.2	109.4	104.4	100.3	99.0

5-13　全国70个大中城市二手住宅同比价格指数(2022年)

(上年同月=100)

城　市	1月	2月	3月	4月	5月	6月
北　京	108.0	107.4	107.2	106.5	105.3	104.5
天　津	100.7	100.8	100.1	99.3	98.0	97.4
石家庄	96.1	95.9	95.5	95.1	95.1	95.0
太　原	96.0	95.6	95.1	93.8	94.7	95.2
呼和浩特	98.2	97.6	97.1	97.0	96.6	96.0
沈　阳	101.1	99.7	98.5	97.6	97.0	96.3
大　连	103.2	102.4	101.3	99.7	98.6	98.2
长　春	99.2	99.0	99.2	99.4	97.4	96.3
哈尔滨	97.9	96.6	95.5	94.0	92.8	91.6
上　海	105.8	105.3	104.6	103.7	103.0	102.3
南　京	102.7	101.3	100.3	99.1	97.6	96.5
杭　州	104.8	104.6	103.6	102.7	101.6	101.4
宁　波	101.8	101.5	100.9	100.1	99.4	99.2
合　肥	101.5	100.5	99.5	98.2	97.3	97.6
福　州	101.8	100.8	99.8	99.3	98.9	98.1
厦　门	101.0	100.4	100.1	100.0	100.4	100.4
南　昌	99.0	99.0	99.2	98.6	98.2	98.0
济　南	100.7	100.8	100.5	99.1	98.2	97.6
青　岛	101.1	100.8	100.5	99.4	98.7	99.0
郑　州	100.5	99.8	99.2	98.2	97.3	96.2
武　汉	101.3	100.1	99.1	98.1	97.3	95.9
长　沙	104.4	103.7	102.9	101.9	101.4	100.7
广　州	104.1	103.8	102.7	102.0	101.3	101.2
深　圳	98.5	97.4	96.7	97.2	97.4	96.6
南　宁	97.7	97.3	96.8	96.6	96.1	95.4
海　口	107.2	106.6	106.6	105.8	105.1	104.7
重　庆	104.7	104.4	103.7	101.9	100.5	100.1
成　都	103.6	103.3	103.2	103.6	103.8	105.4
贵　阳	97.8	97.7	96.6	96.0	95.0	94.6
昆　明	100.6	99.4	99.5	99.5	99.5	100.1
西　安	104.5	103.2	102.7	101.8	100.4	99.6
兰　州	100.4	99.4	98.7	97.9	96.4	96.0
西　宁	100.7	99.6	99.4	99.3	98.7	97.5
银　川	101.9	101.1	100.2	99.1	97.8	97.3
乌鲁木齐	98.0	97.0	97.4	96.9	97.0	96.5

5-13 续表 1 (上年同月=100)

城 市	1月	2月	3月	4月	5月	6月
唐 山	98.3	97.7	97.6	97.5	96.9	95.8
秦皇岛	96.8	96.9	96.2	96.3	96.6	96.5
包 头	100.0	99.6	98.8	97.7	97.0	96.5
丹 东	99.5	98.4	97.6	97.0	96.6	96.5
锦 州	97.5	96.7	96.4	96.1	95.7	95.5
吉 林	98.8	98.1	97.8	97.6	95.9	94.9
牡丹江	93.4	92.2	90.3	90.4	89.5	89.6
无 锡	103.0	102.5	102.1	101.1	101.5	101.0
扬 州	102.0	101.2	99.3	98.3	97.5	96.5
徐 州	101.7	100.7	100.2	98.1	97.1	96.4
温 州	102.5	101.5	100.4	99.1	97.8	96.5
金 华	101.5	100.4	99.2	98.4	96.8	95.4
蚌 埠	101.2	100.7	99.9	99.4	98.2	97.4
安 庆	95.6	95.5	94.8	94.7	94.5	94.0
泉 州	102.2	101.2	100.0	98.5	97.3	96.3
九 江	100.5	100.0	99.2	99.0	98.7	98.2
赣 州	100.4	99.8	100.0	100.4	100.9	100.9
烟 台	101.5	100.6	99.8	98.5	97.5	97.2
济 宁	100.7	99.7	99.2	98.4	97.1	96.1
洛 阳	100.6	99.9	99.1	97.3	96.0	95.0
平顶山	99.8	99.2	98.6	98.1	97.7	97.5
宜 昌	97.4	97.1	96.6	96.6	96.0	94.9
襄 阳	99.0	98.9	98.5	97.6	96.5	95.7
岳 阳	97.0	97.0	97.4	97.8	97.1	96.2
常 德	97.1	96.6	96.2	95.7	95.2	94.9
惠 州	99.3	98.5	97.9	96.7	96.5	96.5
湛 江	99.2	98.8	97.9	97.1	96.0	95.6
韶 关	100.3	100.4	99.7	99.2	98.6	97.8
桂 林	98.3	97.8	97.9	97.7	97.9	97.4
北 海	97.2	96.9	96.7	96.7	95.8	95.1
三 亚	103.7	103.0	102.4	101.6	100.5	100.0
泸 州	99.1	98.6	98.4	97.8	97.2	96.8
南 充	94.8	95.3	95.6	95.7	96.6	98.1
遵 义	97.7	97.2	96.3	96.1	95.8	95.3
大 理	97.3	96.0	95.3	94.3	93.6	94.0

5-13 续表 2 (上年同月=100)

城　市	7月	8月	9月	10月	11月	12月
北　京	104.1	103.9	104.6	105.2	105.2	103.9
天　津	96.5	95.8	94.4	93.9	93.8	93.6
石家庄	95.3	95.5	95.6	95.6	95.7	96.6
太　原	94.5	94.5	94.5	94.3	94.8	95.3
呼和浩特	96.0	94.9	95.0	95.5	95.9	94.9
沈　阳	95.4	94.5	94.1	93.8	93.4	93.1
大　连	97.8	97.1	96.2	95.4	95.0	94.9
长　春	95.5	94.9	94.5	94.1	94.0	93.6
哈尔滨	91.1	90.5	90.5	90.3	90.5	90.9
上　海	102.4	102.8	103.9	103.9	103.5	102.6
南　京	96.3	96.6	96.6	96.2	96.4	96.3
杭　州	100.6	100.0	99.8	99.5	99.4	99.1
宁　波	99.1	98.6	98.5	98.3	98.2	98.4
合　肥	98.1	98.4	98.8	98.8	98.5	98.6
福　州	97.8	97.7	97.6	97.4	97.0	96.9
厦　门	99.6	99.0	98.7	98.6	98.5	98.4
南　昌	98.5	98.6	98.4	98.6	98.4	98.3
济　南	97.0	96.4	96.7	96.6	96.6	96.5
青　岛	98.4	97.9	97.5	97.0	96.8	96.6
郑　州	95.4	94.9	94.7	94.7	94.5	94.3
武　汉	95.4	94.9	94.4	94.2	93.8	93.9
长　沙	99.9	99.6	99.6	99.9	99.9	99.9
广　州	100.6	100.0	99.8	99.8	99.7	99.5
深　圳	96.5	96.4	96.5	96.5	96.4	96.3
南　宁	95.1	94.6	94.5	94.0	94.2	93.9
海　口	103.1	102.1	100.8	99.9	99.3	98.7
重　庆	100.2	99.8	99.1	98.5	97.9	97.9
成　都	106.7	106.8	107.0	107.5	108.5	109.1
贵　阳	94.1	94.8	95.3	95.0	95.3	96.0
昆　明	99.8	100.8	101.5	101.2	102.1	101.9
西　安	99.3	98.5	97.9	97.9	97.7	97.7
兰　州	95.2	95.0	94.9	94.8	95.1	94.9
西　宁	97.0	96.8	96.5	96.3	96.6	96.8
银　川	96.8	96.8	96.5	96.5	96.3	96.4
乌鲁木齐	96.4	96.6	97.1	97.6	98.0	97.7

5-13 续表 3 (上年同月=100)

城市	7月	8月	9月	10月	11月	12月
唐山	95.5	95.4	95.3	95.0	94.3	94.2
秦皇岛	96.6	96.1	95.9	95.5	95.3	95.5
包头	96.4	96.1	95.6	95.7	95.6	95.5
丹东	95.6	95.0	94.0	93.5	93.3	93.0
锦州	95.5	94.9	94.7	94.1	94.4	94.4
吉林	93.9	93.2	92.9	92.3	91.6	91.4
牡丹江	89.5	89.3	89.0	88.9	88.2	88.4
无锡	100.7	100.7	100.3	100.2	100.3	100.4
扬州	96.3	95.8	95.8	96.3	97.0	97.7
徐州	96.6	96.5	96.3	96.6	96.8	97.2
温州	95.9	95.3	95.4	95.5	95.0	95.2
金华	94.6	94.5	94.2	94.1	93.9	93.9
蚌埠	96.8	96.1	95.9	95.9	96.7	96.9
安庆	94.0	93.8	93.6	93.6	93.3	93.3
泉州	95.4	94.3	93.9	93.7	93.7	93.8
九江	97.8	97.4	97.4	96.8	96.9	97.0
赣州	100.7	100.5	100.1	99.5	98.9	98.8
烟台	97.5	97.3	97.0	97.4	97.2	97.2
济宁	96.1	95.5	94.5	93.8	92.9	92.9
洛阳	94.3	93.6	93.0	92.3	92.5	92.4
平顶山	97.1	96.7	96.4	96.1	96.0	95.8
宜昌	94.8	93.8	93.5	93.1	93.3	93.2
襄阳	95.4	94.9	94.3	94.3	94.1	94.3
岳阳	96.2	96.2	95.7	95.4	95.2	95.2
常德	94.6	94.4	94.4	93.8	93.5	93.4
惠州	96.1	95.6	95.3	95.8	95.8	95.7
湛江	95.3	94.6	94.2	94.2	93.4	93.5
韶关	98.1	98.2	98.2	98.3	98.4	98.4
桂林	96.5	96.4	96.2	96.5	96.4	96.1
北海	94.3	93.5	92.7	92.1	91.9	91.4
三亚	99.4	99.2	98.9	97.9	97.6	98.1
泸州	97.0	96.4	96.5	96.5	96.6	96.9
南充	99.4	99.7	99.9	101.1	101.4	101.4
遵义	95.8	95.8	95.6	95.6	95.6	95.0
大理	94.2	94.7	95.0	95.5	95.6	95.9

5-14　全国70个大中城市二手住宅环比价格指数(2022年)

(上月=100)

城　市	1月	2月	3月	4月	5月	6月
北　京	100.5	100.7	101.2	100.6	99.9	100.5
天　津	99.3	100.2	99.7	99.5	99.1	99.6
石家庄	99.5	99.7	99.6	99.8	100.1	99.5
太　原	99.7	99.5	99.3	98.4	100.6	100.5
呼和浩特	99.9	99.5	99.7	99.8	99.5	99.3
沈　阳	99.3	99.0	99.3	99.6	99.9	99.7
大　连	99.5	99.8	99.5	99.0	99.5	100.2
长　春	99.4	99.4	100.0	100.0	98.4	99.2
哈尔滨	99.3	99.0	99.2	98.9	99.1	99.0
上　海	100.6	100.9	100.4	100.0	100.0	100.2
南　京	99.4	99.2	99.9	99.4	99.1	99.6
杭　州	100.4	100.2	100.3	100.1	99.8	100.6
宁　波	99.5	100.5	100.2	99.9	99.6	100.4
合　肥	99.6	99.7	99.8	99.2	99.5	100.6
福　州	99.5	99.6	99.7	100.3	100.2	99.8
厦　门	100.2	99.9	100.1	100.2	100.5	100.3
南　昌	100.0	99.9	100.2	99.5	99.3	99.7
济　南	99.7	99.8	99.9	99.2	99.6	99.9
青　岛	99.8	99.9	100.2	99.3	99.8	100.5
郑　州	99.8	99.6	99.8	99.5	99.7	99.3
武　汉	99.7	99.3	99.4	99.6	99.5	99.3
长　沙	99.9	99.8	100.0	99.5	99.8	100.1
广　州	99.8	100.6	100.3	100.5	100.2	100.5
深　圳	99.5	99.8	99.7	100.5	100.1	99.0
南　宁	99.8	99.7	99.3	99.6	99.4	99.5
海　口	100.4	100.0	100.6	100.1	99.9	100.3
重　庆	100.6	99.9	100.1	99.5	99.7	100.5
成　都	100.8	100.6	100.6	100.7	100.9	102.0
贵　阳	99.6	100.1	99.1	99.8	99.2	99.3
昆　明	100.8	99.6	100.4	100.6	100.2	100.1
西　安	100.0	99.7	100.1	99.9	99.6	100.1
兰　州	99.6	99.5	99.8	99.8	98.8	99.6
西　宁	99.4	99.3	100.2	100.3	99.8	99.4
银　川	99.5	99.7	99.8	99.5	99.6	99.9
乌鲁木齐	99.8	99.6	100.3	99.9	99.9	99.2

5-14 续表 1 (上月=100)

城市	1月	2月	3月	4月	5月	6月
唐山	100.0	99.9	100.0	99.6	98.8	99.1
秦皇岛	99.7	99.8	99.5	99.9	100.1	99.5
包头	99.8	99.7	99.5	99.4	99.9	99.7
丹东	99.2	99.1	99.4	99.6	100.0	100.0
锦州	99.8	99.3	99.9	99.2	99.4	99.6
吉林	99.5	99.4	100.0	100.0	98.2	98.9
牡丹江	98.7	98.5	97.9	100.0	98.7	99.5
无锡	100.3	99.8	100.5	99.8	100.8	100.5
扬州	99.8	99.6	99.3	100.4	100.3	99.4
徐州	99.7	99.4	100.4	98.8	99.7	99.9
温州	100.0	99.7	99.5	99.5	99.4	99.3
金华	99.7	99.3	99.3	99.6	99.0	99.5
蚌埠	99.8	99.9	99.7	99.8	99.1	99.9
安庆	99.3	99.5	99.2	99.7	99.4	99.2
泉州	99.5	99.8	99.6	99.4	99.5	99.5
九江	99.8	100.0	99.7	100.1	99.9	99.9
赣州	99.5	99.7	100.2	100.3	100.3	100.2
烟台	99.5	99.4	99.7	99.3	99.2	100.1
济宁	99.4	99.6	99.8	99.5	99.3	99.5
洛阳	99.4	99.2	99.6	99.1	99.2	99.3
平顶山	99.8	99.8	99.6	99.7	99.7	99.8
宜昌	99.6	99.5	99.7	99.9	99.2	98.9
襄阳	99.5	99.7	99.9	99.4	99.1	99.4
岳阳	100.0	99.7	100.1	100.2	99.0	98.9
常德	99.2	99.4	99.6	99.5	99.3	99.7
惠州	99.6	99.4	99.8	99.3	100.2	99.7
湛江	99.1	99.9	99.6	99.8	98.8	99.9
韶关	100.4	100.6	99.7	99.7	99.6	99.6
桂林	99.8	99.6	100.2	99.6	100.3	99.7
北海	98.8	99.5	99.6	99.7	99.0	99.8
三亚	99.6	100.0	100.2	100.0	99.7	99.9
泸州	99.3	99.9	99.5	99.8	99.8	99.6
南充	99.8	100.3	99.9	100.4	100.6	101.0
遵义	99.5	99.7	99.4	99.7	99.2	99.5
大理	99.9	99.3	99.5	99.1	99.4	100.4

5-14 续表 2 (上月=100)

城市	7月	8月	9月	10月	11月	12月
北京	100.2	100.2	100.4	100.1	99.8	99.6
天津	99.2	99.3	99.1	99.4	99.6	99.3
石家庄	100.1	99.6	99.8	99.5	99.3	99.9
太原	99.7	99.6	99.5	99.4	99.7	99.3
呼和浩特	99.5	99.3	99.5	100.0	100.0	98.8
沈阳	99.4	99.2	99.6	99.5	99.2	99.2
大连	99.8	99.7	99.3	99.3	99.4	99.7
长春	99.4	99.7	99.7	99.5	99.5	99.2
哈尔滨	99.6	99.1	99.4	99.2	99.2	99.4
上海	100.8	100.6	100.5	99.6	99.5	99.5
南京	100.2	100.7	100.1	99.4	99.7	99.5
杭州	99.7	99.6	99.4	99.2	99.8	99.9
宁波	100.1	99.4	99.7	99.5	99.6	100.1
合肥	100.7	100.2	100.2	99.9	99.6	99.7
福州	99.9	99.7	99.7	99.4	99.5	99.7
厦门	99.5	99.3	99.5	99.6	99.7	99.5
南昌	100.5	100.1	99.8	99.9	99.6	99.6
济南	99.8	99.6	99.9	99.7	99.5	99.8
青岛	99.7	99.6	99.5	99.4	99.3	99.5
郑州	99.5	99.2	99.6	99.5	99.2	99.4
武汉	99.9	99.4	99.2	99.5	99.3	99.6
长沙	100.3	100.2	100.2	99.9	100.1	100.2
广州	100.1	99.9	99.4	99.3	99.4	99.4
深圳	99.5	99.5	99.6	99.8	99.7	99.5
南宁	99.6	99.2	99.6	99.2	99.5	99.3
海口	99.7	99.8	99.3	99.3	99.7	99.5
重庆	100.3	99.6	99.5	99.3	99.4	99.6
成都	101.3	100.6	100.3	100.4	100.3	100.2
贵阳	99.5	100.3	99.9	99.4	99.6	100.1
昆明	99.3	100.4	100.3	99.4	100.5	100.3
西安	100.3	99.5	99.6	99.8	99.3	99.7
兰州	99.4	99.7	99.6	99.5	100.0	99.5
西宁	99.9	100.1	99.7	99.2	99.7	99.8
银川	99.7	99.8	99.6	99.8	99.5	99.9
乌鲁木齐	99.6	99.9	100.0	100.0	100.0	99.4

5-14 续表 3

(上月=100)

城市	7月	8月	9月	10月	11月	12月
唐山	99.2	99.6	99.3	99.5	99.5	99.5
秦皇岛	99.6	99.3	99.5	99.3	99.6	99.7
包头	99.6	99.6	99.2	100.0	99.6	99.4
丹东	99.2	99.3	99.1	99.4	99.5	99.0
锦州	99.9	99.6	99.4	98.9	99.6	99.6
吉林	99.1	99.1	99.3	99.0	99.2	99.3
牡丹江	99.3	99.3	98.9	99.1	98.8	99.0
无锡	100.1	100.2	99.7	99.5	99.7	99.4
扬州	99.6	99.2	99.7	100.1	100.2	100.2
徐州	100.5	99.9	99.6	99.9	99.7	99.7
温州	99.6	99.4	99.8	99.5	99.3	99.9
金华	99.5	99.7	99.5	99.6	99.5	99.8
蚌埠	99.7	99.4	99.7	99.6	100.4	99.8
安庆	99.6	99.5	99.4	99.5	99.1	99.6
泉州	99.4	99.1	99.4	99.4	99.3	99.6
九江	99.8	99.4	99.8	99.1	99.6	99.7
赣州	99.6	99.7	99.7	99.9	99.8	99.9
烟台	100.9	99.8	99.6	100.2	99.6	99.9
济宁	99.8	99.2	99.2	99.1	99.0	99.3
洛阳	99.6	99.4	99.4	99.2	99.3	99.3
平顶山	99.4	99.7	99.5	99.6	99.6	99.7
宜昌	99.7	98.7	99.4	99.3	99.7	99.4
襄阳	99.5	99.3	99.3	99.5	99.6	99.8
岳阳	99.5	100.1	99.2	99.4	99.6	99.5
常德	99.2	99.5	99.8	99.2	99.4	99.3
惠州	99.5	99.8	99.5	99.7	99.5	99.6
湛江	99.7	99.0	99.2	99.5	99.1	99.6
韶关	100.2	99.8	99.7	99.6	99.8	99.7
桂林	99.4	99.6	99.5	99.6	99.3	99.5
北海	99.2	99.0	98.9	99.1	99.5	98.8
三亚	99.8	100.0	99.9	99.4	99.7	99.8
泸州	100.3	99.9	100.2	99.3	99.1	100.1
南充	100.6	99.7	99.7	100.3	99.4	99.6
遵义	100.4	99.7	99.5	99.5	99.8	99.0
大理	99.6	100.3	99.9	99.7	99.2	99.5

5-15　全国70个大中城市新建商品住宅同比价格指数(2022年)

(上年同月=100)

城　市	1月	2月	3月	4月	5月	6月
北　京	105.5	105.5	105.7	105.8	105.9	105.8
天　津	101.3	101.0	100.5	99.7	98.6	97.6
石家庄	98.0	98.3	98.0	97.8	97.1	96.9
太　原	97.4	97.1	97.1	96.3	95.7	96.0
呼和浩特	98.9	98.9	99.1	98.6	98.3	97.7
沈　阳	101.2	100.6	100.0	99.2	98.2	97.6
大　连	104.3	103.6	102.0	101.2	99.8	98.5
长　春	100.9	100.8	100.9	100.6	100.1	99.3
哈尔滨	97.5	96.2	95.2	94.4	93.6	93.2
上　海	104.2	104.1	104.1	103.8	103.4	103.4
南　京	104.0	104.1	103.6	102.4	101.0	100.6
杭　州	105.8	106.0	106.2	106.3	106.1	106.3
宁　波	103.3	103.5	102.8	102.0	101.3	100.8
合　肥	102.5	101.2	100.1	99.5	99.4	99.7
福　州	103.2	103.1	101.6	100.4	99.7	99.6
厦　门	103.3	102.3	101.7	101.0	99.7	99.4
南　昌	100.5	100.8	100.8	100.7	100.9	100.3
济　南	105.0	104.8	104.5	103.5	102.9	101.7
青　岛	103.7	103.4	103.3	102.6	102.0	101.9
郑　州	101.5	100.8	99.4	98.4	97.5	96.6
武　汉	103.2	102.4	101.5	99.7	98.2	97.1
长　沙	106.9	106.0	105.9	105.5	104.8	103.9
广　州	104.5	104.2	103.0	102.0	101.0	100.3
深　圳	103.5	103.8	104.5	103.9	103.9	103.6
南　宁	101.8	100.9	100.2	99.9	99.6	99.2
海　口	103.7	102.8	103.0	102.3	102.4	101.5
重　庆	108.3	108.5	108.1	106.1	103.9	103.4
成　都	102.5	102.5	102.7	102.9	103.4	104.5
贵　阳	100.3	99.5	99.3	99.2	98.7	98.7
昆　明	99.4	99.2	98.1	97.1	96.6	97.1
西　安	105.9	106.1	105.6	105.2	104.9	104.2
兰　州	101.6	100.6	99.7	98.4	97.7	96.7
西　宁	102.7	101.2	100.4	99.8	98.0	97.5
银　川	107.7	106.8	106.6	106.2	105.4	104.7
乌鲁木齐	102.6	102.3	102.9	103.2	103.2	102.9

5-15 续表 1 (上年同月=100)

城 市	1月	2月	3月	4月	5月	6月
唐 山	99.0	99.2	99.0	98.8	98.8	97.7
秦皇岛	96.1	96.0	94.8	94.5	94.7	94.0
包 头	99.8	99.8	98.7	97.7	96.6	96.3
丹 东	100.8	99.9	99.0	97.9	97.7	97.6
锦 州	102.5	101.3	101.7	100.0	99.7	99.4
吉 林	102.5	102.0	101.7	100.9	100.0	99.6
牡丹江	98.2	97.8	97.4	97.0	97.0	97.1
无 锡	104.5	104.9	104.4	103.6	102.6	101.6
扬 州	104.0	102.6	102.1	100.7	100.2	100.0
徐 州	102.7	101.7	100.7	98.7	97.2	95.8
温 州	104.3	103.3	102.5	101.1	99.8	98.7
金 华	103.0	102.7	102.4	102.3	101.7	100.8
蚌 埠	100.5	100.4	100.3	99.3	99.2	98.9
安 庆	98.2	98.1	97.9	97.7	97.5	97.3
泉 州	103.0	102.6	101.4	100.5	99.2	98.1
九 江	101.0	99.8	99.3	98.7	98.1	97.3
赣 州	101.9	101.6	101.5	101.4	101.1	101.1
烟 台	100.8	100.6	99.9	99.0	98.1	97.9
济 宁	103.7	102.4	101.2	100.7	99.7	98.6
洛 阳	102.3	101.9	101.3	99.9	98.5	97.8
平顶山	101.3	100.3	99.7	99.4	98.9	98.7
宜 昌	102.1	101.2	100.5	99.5	99.0	97.0
襄 阳	100.1	99.5	99.3	97.4	96.6	96.0
岳 阳	97.8	96.7	96.3	95.0	94.1	92.9
常 德	96.9	96.0	95.8	94.8	94.6	94.9
惠 州	99.7	98.8	98.9	97.4	97.1	95.8
湛 江	98.6	98.2	97.1	95.3	93.5	93.0
韶 关	100.4	100.6	99.9	99.1	98.1	97.7
桂 林	99.9	99.2	98.2	97.3	96.7	96.4
北 海	98.5	96.7	96.3	95.0	93.7	92.6
三 亚	105.4	105.0	104.1	103.4	102.8	101.8
泸 州	96.9	96.8	95.6	95.3	94.0	93.7
南 充	97.6	95.9	95.5	94.4	93.5	93.7
遵 义	99.4	99.1	99.3	98.8	97.7	98.0
大 理	95.5	95.1	94.4	93.9	94.0	93.7

5-15　续表 2　　　　(上年同月=100)

城　市	7月	8月	9月	10月	11月	12月
北　京	105.5	105.8	106.1	105.9	105.7	105.8
天　津	96.5	95.8	95.7	95.9	96.0	96.0
石家庄	96.4	96.3	95.6	95.9	96.8	97.1
太　原	95.7	95.5	95.5	95.3	95.1	95.4
呼和浩特	98.0	96.8	97.3	97.7	98.2	96.9
沈　阳	96.8	95.8	95.5	95.2	94.9	94.8
大　连	97.8	97.0	96.3	95.4	95.1	95.1
长　春	98.8	98.7	97.7	96.9	96.5	95.7
哈尔滨	93.0	92.8	92.5	92.2	92.0	92.4
上　海	103.5	103.7	103.8	104.0	104.0	104.1
南　京	100.6	100.9	100.3	99.9	100.6	100.3
杭　州	106.6	106.5	106.5	106.4	106.6	106.4
宁　波	100.3	100.3	100.4	100.9	101.2	101.8
合　肥	100.3	100.4	100.7	101.5	101.9	101.6
福　州	99.7	99.0	98.2	97.9	98.0	97.7
厦　门	98.6	97.6	97.0	96.1	96.4	96.1
南　昌	100.9	100.8	101.2	101.5	101.9	101.8
济　南	101.4	101.0	100.9	101.5	102.0	101.9
青　岛	100.8	100.3	100.1	100.1	100.2	100.6
郑　州	96.4	96.2	96.2	96.2	96.4	96.6
武　汉	96.3	94.7	93.9	93.6	94.2	94.4
长　沙	103.2	103.0	102.7	102.7	103.0	103.2
广　州	100.4	100.3	100.1	100.2	100.2	100.4
深　圳	103.0	101.6	100.9	100.5	100.0	99.8
南　宁	98.0	97.7	97.5	97.0	96.5	96.6
海　口	100.8	100.7	100.6	100.5	100.8	101.0
重　庆	103.1	101.2	101.4	100.8	100.7	100.0
成　都	105.1	105.3	106.2	107.2	108.0	109.0
贵　阳	97.9	97.8	98.0	98.0	98.4	98.6
昆　明	97.2	97.2	97.3	97.3	97.5	97.0
西　安	104.1	103.6	102.5	101.8	101.4	102.0
兰　州	95.8	95.0	94.5	94.2	94.5	94.4
西　宁	96.9	96.0	95.5	95.3	95.7	96.4
银　川	104.2	104.3	103.5	102.7	101.8	102.3
乌鲁木齐	102.3	101.4	101.1	101.2	101.7	101.7

5-15 续表 3 (上年同月=100)

城市	7月	8月	9月	10月	11月	12月
唐山	98.2	98.3	98.6	99.2	98.7	97.9
秦皇岛	93.6	93.6	93.5	93.6	93.7	94.1
包头	96.0	95.3	94.9	95.2	95.3	95.4
丹东	96.5	95.9	95.2	95.0	95.1	95.2
锦州	98.9	98.4	97.6	96.4	96.7	96.5
吉林	98.1	97.2	96.8	96.8	96.7	96.2
牡丹江	97.4	97.1	97.7	97.1	96.7	96.8
无锡	100.4	100.5	99.6	98.8	98.8	99.7
扬州	99.8	99.3	99.5	99.2	98.9	99.0
徐州	96.0	95.7	95.6	95.6	96.1	96.7
温州	97.5	96.9	95.6	94.9	94.2	93.7
金华	100.1	99.4	98.7	98.3	98.1	97.9
蚌埠	98.0	97.5	97.4	97.5	97.2	97.3
安庆	96.4	96.0	95.1	95.3	95.4	95.1
泉州	97.0	95.8	95.0	94.6	95.5	96.9
九江	97.2	96.8	96.9	96.8	96.9	97.5
赣州	101.3	101.0	101.2	100.9	100.6	99.9
烟台	97.0	97.2	97.1	97.3	97.9	98.0
济宁	97.6	96.8	96.3	95.8	95.1	95.3
洛阳	97.4	96.6	96.0	95.2	95.0	95.2
平顶山	98.9	98.1	97.6	97.0	97.1	97.4
宜昌	96.0	95.9	95.5	94.9	94.9	95.0
襄阳	95.5	94.7	94.5	94.6	94.7	95.6
岳阳	93.0	92.9	92.7	92.6	92.0	91.8
常德	94.3	94.0	94.3	94.4	94.3	94.3
惠州	96.4	96.2	96.3	97.0	96.5	96.5
湛江	92.0	91.1	91.2	91.3	91.2	91.7
韶关	97.9	98.0	98.0	97.9	97.6	97.2
桂林	96.2	95.9	96.1	96.5	96.2	95.3
北海	91.2	89.9	89.7	89.3	89.4	89.7
三亚	101.6	101.4	101.0	100.1	99.5	99.2
泸州	93.7	93.4	94.3	94.9	96.0	95.7
南充	94.2	94.2	93.8	95.3	96.4	97.2
遵义	98.3	98.1	98.6	98.5	99.3	98.7
大理	93.4	93.1	94.0	94.3	95.3	95.4

5-16 全国70个大中城市新建商品住宅环比价格指数(2022年)

(上月=100)

城 市	1月	2月	3月	4月	5月	6月
北 京	101.0	100.6	100.4	100.7	100.4	100.8
天 津	99.3	100.1	100.2	99.9	99.5	99.8
石家庄	99.6	100.0	100.3	100.2	99.7	99.8
太 原	99.9	99.6	99.8	99.4	99.7	100.1
呼和浩特	99.9	99.8	99.9	99.5	100.1	99.6
沈 阳	99.4	99.4	99.6	99.8	99.9	100.1
大 连	99.8	99.6	99.3	99.9	99.8	99.7
长 春	100.2	99.7	100.0	100.0	99.8	99.3
哈尔滨	98.8	99.1	99.3	99.3	99.6	99.4
上 海	100.6	100.5	100.3	100.0	100.0	100.5
南 京	100.1	100.7	100.2	99.5	99.4	100.4
杭 州	100.3	100.4	100.7	100.6	100.4	101.0
宁 波	100.4	100.7	100.1	99.7	99.7	100.1
合 肥	99.9	99.3	99.6	99.9	100.1	100.5
福 州	100.4	100.3	99.4	99.4	99.8	100.3
厦 门	99.6	99.5	99.7	99.5	99.6	100.5
南 昌	100.3	100.4	100.4	100.5	100.1	99.4
济 南	100.1	100.1	100.3	99.8	100.5	100.3
青 岛	99.6	100.0	100.4	100.1	100.2	100.6
郑 州	99.8	99.8	99.3	99.7	99.9	99.8
武 汉	100.3	99.5	99.6	99.2	99.2	99.6
长 沙	100.1	100.2	100.4	100.3	100.2	100.4
广 州	100.5	100.6	99.9	100.1	100.5	100.3
深 圳	100.5	100.4	100.8	99.9	100.5	100.2
南 宁	100.4	99.6	99.9	100.2	100.2	100.1
海 口	99.9	99.7	100.5	100.4	100.5	99.8
重 庆	100.9	100.6	100.5	99.6	99.8	100.4
成 都	101.0	100.7	100.8	100.8	100.9	101.3
贵 阳	100.3	99.6	100.2	100.8	99.8	99.8
昆 明	100.4	100.5	99.7	99.9	99.5	99.8
西 安	100.0	101.0	100.4	100.2	100.3	100.3
兰 州	99.8	99.7	99.6	99.3	99.7	99.5
西 宁	99.7	99.2	99.7	100.0	98.9	100.4
银 川	101.5	99.9	100.4	100.1	100.2	100.1
乌鲁木齐	100.2	100.7	101.0	100.6	100.7	99.8

5-16 续表 1 (上月=100)

城市	1月	2月	3月	4月	5月	6月
唐山	100.7	100.0	100.0	100.1	100.2	99.3
秦皇岛	99.5	99.8	99.2	99.7	100.2	99.0
包头	99.8	99.7	99.4	99.3	99.5	99.6
丹东	99.3	99.6	99.2	99.1	100.0	100.0
锦州	99.8	99.4	100.4	98.5	100.4	100.2
吉林	100.1	100.2	100.0	100.0	99.4	100.1
牡丹江	99.6	99.4	99.7	100.0	100.3	100.3
无锡	100.3	100.5	100.2	99.9	99.8	100.2
扬州	100.8	99.9	99.8	99.5	100.2	100.5
徐州	99.5	99.6	99.7	99.0	99.3	99.7
温州	100.7	99.2	99.3	99.2	99.5	99.4
金华	100.0	100.1	100.4	100.3	99.9	99.7
蚌埠	100.0	100.1	100.2	98.8	99.6	100.2
安庆	99.7	99.4	99.4	99.5	99.5	99.6
泉州	100.1	100.4	99.6	99.8	99.3	99.4
九江	99.4	99.6	99.9	99.8	99.7	99.6
赣州	100.1	100.3	100.2	100.1	100.2	100.4
烟台	99.6	100.1	99.8	99.6	99.4	100.2
济宁	99.5	99.4	99.6	100.2	100.1	99.6
洛阳	99.7	99.6	99.5	99.3	99.3	99.7
平顶山	99.8	99.3	99.7	99.9	99.8	99.9
宜昌	99.8	99.6	99.9	99.8	100.1	98.5
襄阳	99.2	99.5	100.2	98.8	99.5	99.8
岳阳	99.9	99.2	99.2	98.7	99.5	98.4
常德	99.4	99.3	100.1	99.0	99.4	99.8
惠州	99.3	99.7	100.6	99.0	100.1	99.5
湛江	99.2	100.4	99.1	98.8	98.7	99.3
韶关	99.8	100.4	99.5	99.6	99.7	100.2
桂林	99.9	99.8	99.4	99.5	99.9	99.9
北海	99.8	97.9	99.5	98.4	99.2	99.0
三亚	100.7	99.8	99.9	99.6	99.8	99.6
泸州	99.5	99.5	99.6	99.3	99.2	99.5
南充	99.4	99.1	100.1	99.2	98.8	99.8
遵义	99.4	100.3	100.4	99.8	99.5	100.5
大理	99.5	99.4	99.6	99.3	99.7	99.0

5-16 续表 2

(上月=100)

城 市	7月	8月	9月	10月	11月	12月
北 京	100.5	100.4	100.2	100.4	100.1	100.2
天 津	99.4	99.6	99.8	99.7	99.4	99.3
石家庄	99.7	99.5	99.7	99.3	99.8	99.4
太 原	99.6	99.5	99.4	99.6	99.3	99.4
呼和浩特	100.3	99.0	100.1	100.0	100.0	98.6
沈 阳	99.6	99.2	99.7	99.4	99.3	99.4
大 连	99.9	99.8	99.5	98.8	99.5	99.6
长 春	99.7	100.2	99.3	99.3	99.2	98.9
哈尔滨	99.8	99.5	99.2	99.4	99.1	99.6
上 海	100.5	100.6	100.2	100.3	100.3	100.4
南 京	100.3	100.4	99.6	99.5	100.3	99.9
杭 州	100.7	100.4	100.4	100.3	100.7	100.3
宁 波	99.8	100.3	100.2	100.4	100.1	100.2
合 肥	100.7	100.3	100.7	100.6	100.1	99.9
福 州	100.4	99.5	99.3	99.5	99.7	99.8
厦 门	99.6	99.4	99.7	99.3	99.8	99.9
南 昌	100.8	100.1	100.3	99.9	99.9	99.7
济 南	100.4	100.2	100.3	100.1	99.9	99.9
青 岛	99.8	100.3	99.9	99.8	99.8	100.3
郑 州	100.3	99.6	99.7	99.5	99.6	99.4
武 汉	99.8	98.7	99.1	99.4	99.8	99.9
长 沙	100.1	100.3	100.1	100.2	100.5	100.5
广 州	100.3	99.8	99.7	99.7	99.5	99.6
深 圳	99.8	99.6	99.5	99.3	99.5	99.7
南 宁	99.0	99.3	99.4	99.0	99.4	99.8
海 口	100.3	100.2	100.2	99.9	99.8	99.8
重 庆	100.4	98.9	100.3	99.4	99.7	99.5
成 都	101.0	100.4	100.7	100.3	100.5	100.5
贵 阳	99.7	99.9	100.0	99.6	99.2	99.8
昆 明	99.5	99.6	99.4	99.2	100.2	99.3
西 安	100.6	100.1	99.5	99.7	99.7	100.1
兰 州	99.4	99.0	99.1	99.6	99.9	99.5
西 宁	100.1	99.6	99.7	99.4	100.0	99.7
银 川	100.5	100.4	99.9	99.8	99.3	100.1
乌鲁木齐	99.8	99.9	99.7	99.8	100.0	99.7

5-16　续表 3　　(上月=100)

城　　市	7月	8月	9月	10月	11月	12月
唐　　山	100.2	99.4	99.6	99.8	99.3	99.4
秦 皇 岛	99.4	99.5	99.3	99.3	99.7	99.5
包　　头	99.9	99.4	99.3	100.0	99.7	99.6
丹　　东	99.2	99.6	99.5	99.9	99.9	99.8
锦　　州	99.8	99.7	99.7	99.1	99.8	99.6
吉　　林	99.0	99.3	99.4	99.7	99.5	99.5
牡 丹 江	100.2	100.1	99.9	98.9	99.0	99.5
无　　锡	99.6	100.4	99.6	99.2	99.7	100.4
扬　　州	100.1	99.6	99.9	99.5	99.5	99.7
徐　　州	100.8	99.7	99.5	99.6	99.8	100.6
温　　州	99.3	99.6	99.1	99.3	99.2	99.8
金　　华	99.6	99.6	99.4	99.4	99.5	99.7
蚌　　埠	99.5	99.9	99.8	99.9	99.4	99.9
安　　庆	99.0	99.6	99.5	100.1	99.9	99.7
泉　　州	99.5	99.0	99.3	99.4	100.5	100.7
九　　江	100.4	99.8	99.9	99.6	99.7	100.2
赣　　州	100.1	99.6	100.2	99.4	99.6	99.7
烟　　台	99.6	100.1	99.7	99.8	100.3	99.8
济　　宁	99.7	99.2	99.9	99.4	98.9	99.7
洛　　阳	100.1	99.7	99.6	99.3	99.6	99.5
平 顶 山	100.1	99.6	99.8	99.7	99.8	100.2
宜　　昌	99.6	99.8	99.3	99.1	99.8	99.8
襄　　阳	99.9	99.6	99.8	99.9	99.5	99.9
岳　　阳	99.5	99.5	99.3	99.2	99.6	99.4
常　　德	99.2	99.4	99.6	99.5	99.7	99.6
惠　　州	100.2	100.2	99.6	99.7	99.3	99.4
湛　　江	99.4	98.8	99.1	99.4	99.5	99.5
韶　　关	100.2	99.8	99.7	99.3	99.8	99.3
桂　　林	99.5	99.3	99.6	99.7	99.2	99.4
北　　海	98.7	98.6	99.4	99.3	99.6	99.6
三　　亚	100.3	100.0	99.7	99.9	100.2	99.8
泸　　州	99.8	99.5	99.9	99.7	100.4	99.6
南　　充	100.2	99.4	99.5	101.0	100.5	100.1
遵　　义	99.7	99.7	100.2	99.4	100.3	99.5
大　　理	99.2	99.9	100.4	99.5	100.1	99.7

5-17　全国与四川农民工总量(2013-2022年)

单位：万人

年　份	总　量		外出农民工		本地农民工	
	全国	四川	全国	四川	全国	四川
2013	26894	2049.7	16610	1521.3	10284	528.4
2014	27395	2061.4	16821	1535.6	10574	525.8
2015	27747	2110.3	16884	1569.4	10863	540.9
2016	28171	2116.7	16934	1531.4	11237	585.3
2017	28652	2162.8	17185	1539.4	11467	623.4
2018	28836	2163.0	17266	1552.7	11570	610.3
2019	29077	2165.6	17425	1578.4	11652	587.2
2020	28560	2117.6	16959	1537.9	11601	579.7
2021	29251	2119.7	17172	1541.4	12079	578.3
2022	29562	2139.7	17190	1519.3	12372	620.4